Wolfgang Schultheiß

UMGANGSFORMEN

Wolfgang Schultheiß

UMGANGSFORMEN

Protokoll und Etikette
Privat und im Beruf

LIT

∞

Gedruckt auf alterungsbeständigem Werkdruckpapier entsprechend
ANSI Z3948 DIN ISO 9706

Bibliografische Information der Deutschen Nationalbibliothek
Die Deutsche Nationalbibliothek verzeichnet diese Publikation in der Deutschen Nationalbibliografie; detaillierte bibliografische Daten sind im Internet über http://dnb.d-nb.de abrufbar.

2. Auflage 2019

ISBN 978-3-643-14132-3 (br.)
ISBN 978-3-643-34132-7 (PDF)

Verlagskontakt:
Fresnostr. 2 D-48159 Münster
Tel. +49 (0) 2 51-62 03 20
E-Mail: lit@lit-verlag.de http://www.lit-verlag.de

Auslieferung:
Deutschland: LIT Verlag, Fresnostr. 2, D-48159 Münster
Tel. +49 (0) 2 51-620 32 22, E-Mail: vertrieb@lit-verlag.de

E-Books sind erhältlich unter www.litwebshop.de

In Erinnerung an Giorgo

Vorwort

Umgangsformen sind eine Ausprägung von Höflichkeit und Rücksichtnahme. Sie erleichtern das Zusammenleben – Robinson brauchte auf seiner Insel keine Umgangsformen, bis Freitag kam. Sie vermeiden Misshelligkeiten, schaffen eine angenehme Atmosphäre und nehmen für die Person ein, die sie beachtet. Sie sind nicht genetisch bedingt, sondern können erlernt werden. Durch dieses Buch zum Beispiel.

Der richtige Umgang mit Menschen ist nicht an gesellschaftliche Schichten oder Berufe gebunden, sondern letztlich eine Frage der inneren Einstellung. Nämlich der, die Rechte und Gefühle anderer respektieren zu wollen. Die äußere Form dafür lernt sich schnell. Die Welt geht nicht unter, wenn man einmal den falschen Anzug an hat oder nicht weiß, welches Besteck man benutzen soll. Mangelnde Rücksichtnahme wiegt dagegen schwerer.

Dieses Buch reflektiert meine dreißigjährige Erfahrung als Diplomat im In- und Ausland. Acht Jahre lang war ich Botschafter, weitere vier Jahre Leiter der Auslandsabteilung im Bundespräsidialamt. Ich habe in dieser Zeit die Bundespräsidenten Rau und Köhler bei allen Terminen mit ausländischen Staatsoberhäuptern und Regierungschefs begleitet. Diese Erfahrung hat mir Gelassenheit verliehen. Beides, die Erfahrung und die damit einhergehende Gelassenheit, will ich dem Leser vermitteln.

Natürlich habe ich nicht alles im Beruf gelernt. Entgegen einer weit verbreiteten Annahme gab es im Auswärtigen Amt zu meiner Zeit keinen Kurs über Tischmanieren oder gesellschaftlich angemessenes Verhalten. Man musste schon mit dem auskommen, was man von zu Hause mitbrachte. Das gilt auch heute noch in den allermeisten Berufen. Deswegen kann ich Eltern nur ermutigen, ihren Kindern mit Hinweisen zum richtigen Benehmen ruhig ein wenig auf die Nerven und ihnen vor allem mit gutem Beispiel voranzugehen. Sie werden es ihnen später danken.

Laut einer Umfrage des Meinungsforschungsinstituts Yougov, zitiert in der FAZ vom 27./28. Januar 2018, wünschen sich 75 Prozent der Deutschen „Benehmen“ als Schulfach. 51 Prozent hätten gerne ein entsprechendes Pflichtfach, 24 Prozent ein Wahlfach. Mit diesem Buch können Sie die Sache selbst in die Hand nehmen.

Dieses Buch zeigt allen, die es wissen wollen, wie man es „richtig macht“ – vom Berufsanfänger bis zum Firmenchef. Dazu drei Vorbemerkungen:

Erstens: Ich bin durch ein Berufsleben im öffentlichen Dienst geprägt. Die dort herrschenden Formvorschriften gelten im Großen und Ganzen auch in anderen Lebensbereichen. Unternehmensprotokoll folgt den Regeln des diplomatischen Protokolls, und Etikette ist ohnehin für alle gleich. Was das Protokoll des Bundesinnenministeriums und des Auswärtigen Amts empfiehlt, ist für alle relevant. Einige Branchen und Personenkreise mögen mehr, andere weniger Form verlangen. Ich gehe darauf ein.

Zweitens: Ich bin in einem bürgerlichen Umfeld und in einer Zeit groß geworden, in der auf Umgangsformen Wert gelegt wurde. Ich habe den Eindruck, dass das Interesse an ihnen wieder steigt. Wenn ich von diesem Buch berichte, fragen viele meiner Freunde, auch die jungen, zwar: „Wer soll denn das lesen?“ – um dann aber den ganzen Abend mit mir über Fragen des richtigen Benehmens zu diskutieren. Das Buch ist für alle geschrieben, besonders nützlich jedoch für junge Leute am Beginn ihres Berufslebens. Auch den Älteren wird eine Vergewisserung nicht schaden.

Mir ist bewusst, dass Umgangsformen ständiger Veränderung unterworfen sind. Der Umgang mit dem Handy und die Umgangsformen im Netz, die Netiquette, sind ein ganz neues Feld. In Zeiten globaler Vernetzung sollte man auch wissen, wie man ausländische Partner auf Englisch anspricht und anschreibt. Ich widme beiden Themen einige Kapitel.

Drittens: Ich schreibe, wie kann es auch anders sein, aus der Perspektive eines Mannes. Ich versuche zwar, den Leserinnen und ihren Fragen gerecht zu werden, doch bitte ich hier, eventuelle Lücken zu verzeihen.

Der Sokratische Dialog war die erste Form interaktiven Lernens. Knigge erinnert daran, dass „die Leute unterhalten, amüsiert sein wollen“. Ich versuche, beides in „Test-Sketchen“ am Ende des Buches zu verbinden. Sie spielen in der Welt der Diplomaten, sind aber ohne Weiteres auf die der Wirtschaftsunternehmen zu übertragen.

Sie werden in diesem Buch, anders als in anderen Ratgebern, eine Fülle von Fußnoten finden. In sie verbanne ich, was interessant ist, aber den Schreibfluss stören würde. Dieses Buch ist trotz aller Bemühungen, es unterhaltsam zu gestalten, kein Schmöker für den Strand – so gerne ich das sähe –, sondern ein Nachschlagewerk. Nicht alles ist spannend. Sie müssen den Inhalt auch nicht im Kopf haben, sondern es genügt, wenn Sie wissen, wo Sie bei einer Frage nachschauen können. Deshalb hat das Buch ein ausführliches Register.

Schreiben Sie mir, wenn Sie anderer Meinung sind als ich und wenn Sie Anregungen haben. Auch Lob tut gut. Ich bin an Kritik und Kommentaren interessiert. Ich habe dafür eine besondere E-Mail-Adresse eingerichtet. Sie lautet umgangsformen.schultheiss@gmail.com.

Danksagungen sind tricky. Denn meistens vergisst man jemanden. Ich wage es aber dennoch und danke insbesondere Herrn Köhler von der Akademie Auswärtiger Dienst in Berlin und Herrn Hess und Frau Kresse vom Sprachendienst des Auswärtigen Amts. Ohne ihre Hinweise hätte ich den englischen Text nicht schreiben können. Ich danke weiter Willi Kampmann, meinem geduldigen Helfer in allen Fragen des Formatierens. Und schließlich danke ich, last but not least, meinen vielen, hier namenlos bleibenden kritischen Test- und Korrekturlesern jungen und reiferen Alters. Ich habe viel von ihnen gelernt.

Berlin, den 20. Januar 2019 *Wolfgang Schultheiß*

Vorwort zur 2. Auflage

Die zweite Auflage wurde um einige Druckfehler bereinigt. Kurze Ergänzungen gibt es zu Orden, zur Anrede in Österreich, zur Frage, ob eine Dame einem Herren in den Mantel helfen darf, und – im englischen Teil – zur open punctuation. Das sind nur Schönheitsreparaturen.

Die „Kleine Adelskunde" habe ich überarbeitet und deutlicher gemacht, welche Anreden im heutigen Sprachgebrauch eine rechtliche Grundlage haben und welche – selten werdende – gesellschaftliche Höflichkeitsformen sind.

Viele Leser haben gesagt, ich widmete dem Adel mehr Raum, als seinem Anteil an der Gesamtbevölkerung entspreche. Das mag sein. Doch ist der Adel für das Studium der Umgangsformen besonders interessant. Adlige Familien neigen dazu, traditionelle Umgangsformen in besonderem Maße zu pflegen. Das bedeutet nicht, dass sie allgemeinverbindlich wären, doch sollte man sie kennen. Man könnte ja einmal mit solchen Familien zu tun haben. Die Kenntnis veraltender Umgangsformen schärft auch den Blick für gesellschaftliche Entwicklungen.

In anderen Ländern, insbesondere Monarchien, werden tradierte Formen mehr gepflegt. In Großbritannien zum Beispiel. Die letzte Hochzeit im britischen Königshaus hat mir gezeigt, wie wenig ich über den britischen Adel weiß. Ist ein Viscount nun höher als ein Earl, oder andersherum? Und wer wird durch die Ordensverleihung zu einer „Dame"? Ich kann am Straßenrand zwar begeistert „Meghan" und „Harry" rufen, aber kann ich sie auch so ansprechen? Das alles klärt mein kurzer Exkurs über den britischen Adel.

Betrachten Sie ungewohnte Formen nicht unbedingt als Instrument der Ausgrenzung. Sie sind meistens bloß Tradition. Jede gesellschaftliche Gruppe hat ihre eigenen Formen, vom Bauarbeiter bis zum Hochadel. Staunen Sie ruhig, denn das ist nach Sokrates der Beginn des Philosophierens. Überlegen Sie dann, und das gilt natürlich nicht nur für den Adel, ob das das Umfeld ist, in dem Sie sich wohlfühlen. Wenn nein, ziehen Sie sich kommentarlos zurück, wenn ja, passen Sie sich an. Denn es ist ebenso falsch, sich in Gesellschaft zu vornehm wie zu wenig vornehm zu benehmen.

Ich wurde darauf hingewiesen, dass Frauen traditionelle Höflichkeiten gar nicht mehr erwarteten, nicht einmal mehr wollten. Wie eine meiner Gesprächspartnerinnen sagte: „Ich sehe gar nicht ein, warum ein Mann in der U-Bahn für mich aufstehen sollte. Ich bin als Frau doch stark wie er!"

Das ist mir klar. Weniger klar ist allerdings, wo die Trennlinie verläuft. Bei den heutigen Umgangsformen treffen traditionelle Muster guten Benehmens auf emanzipiertes Denken. Früher hätte ein alter Herr einem jungen Mädchen in der Straßenbahn seinen Platz angeboten. Heute sähe das fast komisch aus. Dennoch hat sich ein Rest solcher Höflichkeit erhalten und wird noch erwartet. Denn es reagieren ja beileibe nicht alle gleich. Daher mein Rat an junge wie ältere Männer: Helfen Sie Ihrer Frau ruhig in den Mantel, so fit sie auch sein mag. Und lassen Sie sich, wenn Sie nach einer mehrstündigen Wanderung mit Ihrer Freundin endlich den überfüllten Vorortzug erreichen, nicht mit den Worten „Es lebe die Gleichberechtigung" auf den einzigen freien Platz sinken. Es könnte bei aller Emanzipation die letzte gemeinsame Wanderung gewesen sein. Lassen Sie lieber Ihr (Fein-)Gefühl sprechen.

Das ist letztlich auch die Quintessenz meines Buchs. Sie lässt sich in der Regel der „Drei A" zusammenfassen. Diese stehen weder für die „American Automobile Association" noch für „Triple A", das beste Rating der Bonität eines Schuldners in der Finanzwelt. In der Welt guter Umgangsformen stehen sie für Anstand (ein etwas seltener gebrauchter Begriff für Rücksichtnahme), Ästhetik und Anpassung. Wer sich an diesen „Drei A" orientiert, wird immer das beste Rating in gutem Benehmen erhalten.

Berlin, den 1. August 2019 *Wolfgang Schultheiß*

Inhalt

Einleitung

Haltung und Kleidung

Begrüssung

Rangordnung und ihre Folgen

Tischordnung

Tischmanieren

Wir laden ein

Wir werden eingeladen

Fragen des Alltags

Kommunikation

Im Büro

Englischer Teil

Anhang

Einleitung

Form und Inhalt. Bedeutung

Laut einer Emnid-Umfrage ist wichtigstes Zeichen guten Benehmens, andere ausreden zu lassen. In der Hitliste folgen Hilfsbereitschaft (Damen und Älteren den Koffer tragen oder einen Sitzplatz anbieten), Pünktlichkeit („die Höflichkeit der Könige"), gute Tischmanieren und eine dem Anlass gemäße Kleidung. Rücksichtnahme gegenüber anderen (also ausreden lassen, helfen, nicht warten lassen) hat damit einen höheren Stellenwert als formvollendetes Auftreten. Aber auch das gehört dazu. Denn die Befragten fühlten sich ebenfalls durch schlechte Tischmanieren und unpassende Kleidung gestört.

Das Ergebnis der Umfrage trifft genau das, worauf es bei Umgangsformen ankommt. Es sind Respekt, Aufmerksamkeit und Rücksichtnahme ebenso wie sportliche Fairness.[1] Der Titel mancher „Benimmbücher" spiegelt das wider. Gräfin Schönfeldt nennt das Ihre „Anstand".

Dennoch treffen die korrespondierenden Begriffe „Protokoll" und „Etikette" häufig auf nur verhaltene Wertschätzung. Wenn man von ihnen spricht, spielt gelegentlich ein undefinierbares Lächeln um die Züge des Gesprächspartners. Weniger, weil er das Goethe-Zitat „Im Deutschen lügt man, wenn man höflich ist" kennt, sondern eher, weil ihm „Mehr Inhalt, wen'ger Form!" durch den Kopf schießt.[2] Dabei decken sich beide bei gutem Benehmen. Nur ihr Auseinanderklaffen ist bedenklich.

Die Beachtung von Protokoll und Etikette sagt nichts über die Qualität eines Menschen aus; es gibt großartige Menschen, die von ihren Regeln wenig Ahnung haben. Protokoll und Etikette verkörpern keine ewigen Wahrheiten, bei ihrer Verletzung droht nicht ewige Verdammnis. Allerdings möglicherweise gesellschaftliche Ausgrenzung und berufliche Einschränkung[3]. Sie nicht zu kennen, ist Zeichen einer gewissen Naivität und Nachlässigkeit. Sie sind ein

---

1 Nicht ohne Grund erhob sich in den Medien heftige Kritik, als die hochfavorisierte Mannschaft im DFB-Pokalendspiel 2018 unterlag und in der Kabine verschwand, ohne, wie üblich, der Siegerehrung des Pokalsiegers beizuwohnen. Charakter und sportliche Größe zeigen sich gerade in der Niederlage.

2 Goethe, Faust II, 2. Akt, Zeile 6771, und Shakespeare, Hamlet, II 2 („More matter, with less art"). Dennoch ist die Begründung „Ich war doch nur ehrlich" keine Entschuldigung für verletzendes Verhalten.

3 Marius sagt in „Les Misérables" von Victor Hugo verächtlich: „Um in den Salons empfangen zu werden, muss nur ein Einziges untadelig sein. Das Gewissen? Nein – die Stiefel!" (3/3/V).

Türöffner, auch für den Arbeitsmarkt. Die Unkenntnis der hiesigen Rollenvorstellungen, Sitten und Gebräuche wird von 53 Prozent der Jobcenter-Berater als Integrationshemmnis am Arbeitsmarkt bezeichnet.[4]

Wenn gutes Benehmen auch nichts über die Qualität eines Menschen aussagt, so öffnet es ihm aber doch Türen. Jeder wird nach seinem Verhalten eingestuft, ob er will oder nicht. Man merkt es nicht einmal unbedingt selbst, aber es kann Konsequenzen haben, die einem nicht gefallen. So kann es sein, dass man zu bestimmten Anlässen nicht wieder eingeladen oder vielleicht bei einer Beförderung nicht berücksichtigt wird.

Das sichere Auftreten in Gesellschaft ist bei manchen Personalentscheidungen ein wichtiges Kriterium. Ihr Auftreten und Ihr Erscheinungsbild lassen Rückschlüsse auf Ihr Gespür für situationsgerechtes Verhalten zu, nach allgemeiner Meinung, sei sie nun berechtigt oder nicht, auch auf einige Seiten Ihres Charakters. Nicht zuletzt bei Vorstellungsgesprächen ist das wichtig.

Wem es also ein Bedürfnis ist, zu einer offiziellen Einladung in abgetragener Arbeitshose direkt vom Tapezieren der eigenen Wohnung zu kommen, um zu zeigen, was für ein toller Kerl er ist und was er von der feinen Gesellschaft hält, der kann das natürlich tun. Doch wird er danach nicht mehr viele Gelegenheiten zu weiteren solchen Demonstrationen haben. Wenn ihm das egal ist, ist es in Ordnung, wenn nicht, sollte er sein Verhalten überdenken.

Die richtige Form kann auch geschäftsfördernd sein. Mitte der 1990er Jahre war ich in Kopenhagen auf Posten. In Dänemark war man dazu übergegangen, alle zu duzen, ausgenommen die Königin. Es kam daher vor, dass sich ältere Dänen bei jedem Bankbesuch durch die Frage einer (oder eines) jugendlichen Angestellten: „Hey, was kann ich für Dich tun? Willst Du Geld überweisen oder Dein Wertpapierdepot sehen?“ unangenehm berührt fühlten. So sehr, dass sie zu einer Bank wechselten, in der sie wie früher noch mit „Sie“ angeredet wurden. Worauf die Banken, die umgangssprachlich dem Zug der Zeit gefolgt waren, Kurse für ihre Mitarbeiter einrichteten. Dort lernten diese, Rücksicht auf die Erwartungshaltung der Kunden zu nehmen und wieder zu früheren Höflichkeitsformen zurückzukehren.

Einer meiner Freunde pflegte zu sagen: „Das erwarten die Fans“. Er hatte Recht. Es ist sinnvoll und hilfreich, die Erwartungshaltung der Umwelt, also der „Fans“, im Auge zu behalten. Der Grundsatz der Juristen, dass es bei Willenserklärungen auf den „Empfängerhorizont“ ankommt, gilt auch hier. Es kommt nicht darauf an, was Sie ausdrücken wollen, sondern was der Gesprächspartner versteht bzw. verstehen muss. Sie können Ihre Worte noch so

4 FAZ vom 19.11.2018.

gut gemeint haben: Wenn sie schlecht ankommen, haben Sie Mühe, den ungünstigen Eindruck wieder zu korrigieren.

Die richtige Form sollte auch dann gewahrt werden, wenn man alleine ist. Nicht nur, weil man sich oft fälschlicherweise unbeobachtet glaubt. Auch aus Selbstachtung. Um Knigge zu zitieren: „Respektiere Dich selbst, wenn Du willst, dass andere Dich respektieren. (…) Handle weniger, andern zu gefallen, als um Deine eigene Achtung nicht zu verscherzen. (…) Selbst in Deinem Äußern, in Deiner Kleidung sieh Dir nicht nach, wenn Du allein bist. Gehe nicht schmutzig, nicht lumpig, nicht unrechtlich, nicht krumm, noch mit groben Manieren einher, wenn Dich niemand beobachtet. Misskenne Deinen eigenen Wert nicht!“[5]

Manche werden das Wort „Manieren“ in schlechter Erinnerung haben, da sie den Satz: „Hast Du denn keine Manieren?“ in ihrer Jugend überreichlich gehört haben. Eigentlich schade, denn das Wort kommt von *„manus“* (*lat.* die Hand) und bedeutet, dass man „behände“, also geschickt ist. Das rheinische „Er tut das aus der Lamäng“ ist ein Lob und heißt, dass man etwas auch unvorbereitet mit Leichtigkeit tut, also „aus dem Handgelenk schüttelt“. Das Buch „Manieren“ von Asfa-Wossen Asserate war vor 15 Jahren gerade wegen seiner Verbindung von Leichtigkeit und Tiefe ein großer Erfolg.

Doch was steht hinter den Begriffen „Protokoll“ und „Etikette“?

Diplomatisches Protokoll und Staatsprotokoll

Das Wort „Protokoll“ kommt, wie sollte es anders sein, aus dem Griechischen und steht für das einer Akte vorgeheftete Blatt mit dem Inhaltsverzeichnis.[6] An sich eigentlich nicht sehr prickelnd: Verhalten nach einem Inhaltsverzeichnis! Nun ja, man darf es nicht wörtlich nehmen. Es geht um die Regeln, auf die auf diesem Vorblatt verwiesen wird. Und das ist die Gesamtheit der im diplomatischen Verkehr (diplomatisches Protokoll) und zwischen den Staatsorganen und seinen Vertretern (Staatsprotokoll) geübten Formen.

Zweck des Protokolls ist es, durch das Befolgen allgemein akzeptierter Regeln Verstimmungen zwischen den handelnden Staaten und Institutionen zu vermeiden. Das tut man vor allem dadurch, dass man ihre Vertreter protokollgerecht behandelt. Der Bruch protokollarischer Regeln konnte früher durchaus zu Kriegen führen oder als Vorwand für solche genommen werden – denken Sie nur an die Nibelungensage und den Streit zwischen Kriemhild

5 Umgang, I 2 S.84.

6 „Protos“ = erster und „kolláo“ = ich leime.

und Brunhild um den Vortritt auf der Treppe zum Dom von Worms. Es muss ja nicht immer gleich so blutig enden wie an König Etzels Hof. Auch eine bloße Verstimmung zwischen Staaten wie auch zwischen Freunden und Kollegen – von Vorgesetzten ganz zu schweigen – ist ärgerlich genug.

Das Protokoll wird daher im Prinzip dazu eingesetzt, um eine besonders gute Atmosphäre zu schaffen. Es gibt aber auch das Gegenteil. Anfang 2010 gab es einen diplomatischen Eklat zwischen der Türkei und Israel, weil dem – ins israelische Außenministerium einbestellten – türkischen Botschafter ein wesentlich niedrigerer Sitzplatz zugewiesen wurde als der, auf dem der israelische Vizeaußenminister saß. Auch war auf dem Tisch neben dem israelischen kein türkisches Fähnchen aufgestellt. Die Sache wurde nicht besser dadurch, dass der Vizeaußenminister die Presse vor dem Treffen ausdrücklich auf dieses Arrangement hinwies. Ein solch gezielter protokollarischer Affront ist selten, zeigt aber auch heute noch Wirkung. Mit Protokoll lässt sich also Politik machen!

Protokollregeln sind nicht in Stein gemeißelt, wenn sie ihren Ursprung auch im Völkerrecht haben. Man kann unter den Beteiligten ohne weiteres ihre Änderung vereinbaren. Jede vereinbarte Protokollregel ist eine gute Regel, denn sie erfüllt ihren Zweck, einen reibungslosen Ablauf zu gewährleisten. Dabei muss man allerdings darauf achten, dass die Vereinbarung auch den Erwartungen der Öffentlichkeit entspricht, sonst gibt es von unerwarteter Seite Kritik, die man lieber vermieden hätte.[7]

Wir stoßen in diesem Zusammenhang auf die Frage, ob man eine Protokollregel brechen darf, um die Situation für die Beteiligten leichter und angenehmer zu machen. Beispiel: Kann ich bei der Tischordnung einmal die Rangfolge außer Acht lassen und zwei Personen, die als einzige dieselbe Sprache sprechen oder die ein ausgeprägtes Interesse teilen, nebeneinander setzen und ihnen so ermöglichen, das Essen in angeregtem Gespräch zu verbringen, statt es schweigend zu genießen? Natürlich kann ich! Das entspricht sogar der Harmoniefunktion des Protokolls. Falls Sie befürchten, dass sich jemand, der die Hintergründe nicht kennt, dadurch zurückgesetzt fühlt, sollten Sie ihm selbige kurz erläutern – nicht als Entschuldigung, sondern als Erklärung.

---

7 Ein Beispiel: Im Oktober 2016 hatten der Vorsitzende der deutschen Bischofskonferenz, Kardinal Marx, und der Ratsvorsitzende der EKD, Bedford-Strohm, in Jerusalem bei einem Besuch der al-Aqsa-Moschee und der Klagemauer ihre Kreuze abgelegt. In deutschen Medien gab es daraufhin einen Sturm der Entrüstung. Bedford-Strohm erklärte ihr Verhalten damit, dass sie, von den Zuständigen darum gebeten, der Bitte aus Respekt gegenüber den muslimischen und jüdischen Gastgebern nachgekommen seien. Er habe als Repräsentant einer Religion die Aufgabe, friedensstiftend zu wirken, nicht provozierend. In der Presse half das wenig; es wurde von einer Unterwerfungsgeste gegenüber dem Islam gesprochen.

Manchmal wird der Bruch einer Regel auch zur Auflockerung verwandt – bei Regeln der Etikette allerdings mehr als bei denen des strengeren Protokolls. Ich habe einmal an einem – vom französischen Staatspräsidenten Chirac für den deutschen Bundespräsidenten Rau gegebenen – Mittagessen in kleinem Kreis im Élysée teilgenommen. Zum Nachtisch wurde eine Eistorte gereicht, von der sich Chirac, als sie zum Servieren an ihm vorbeigetragen wurde, mit dem Ausruf „Ach, ich mag sie so gerne“ mit den Fingern eine der süßen Fruchtverzierungen nahm und in den Mund steckte. Das war ein kalkulierter Bruch der Etikette, um die Stimmung etwas aufzulockern. Das darf sich allerdings nur die in der Runde tonangebende Person erlauben; bei jedem anderen würde es als ungezogen angesehen werden.

Unternehmensprotokoll

Protokoll ist nicht auf den öffentlichen Bereich beschränkt. Es gibt auch ein Unternehmensprotokoll, das – mit den sich aus seiner Zielsetzung und der Funktion der handelnden Personen ergebenden Abweichungen – nach den Regeln des diplomatischen Protokolls funktioniert und mit diesem vergleichbar ist.[8] Leser, die in der Wirtschaft arbeiten, haben also keinen Grund, sich beim Thema Protokoll zurückzulehnen. Denn Protokoll ist ein wichtiges Element der Besuchsorganisation und Repräsentation einer Firma. Das sagt einem schon der gesunde Menschenverstand, zeigt sich aber auch daran, dass es einen Arbeitskreis Unternehmensprotokoll (AKUP) gibt (früher Arbeitskreis Industrieprotokoll, AKIP).

Staatliche Akteure und Vertreter von Industrieunternehmen nehmen häufig bei Besuchen und Veranstaltungen des jeweils anderen teil und müssen schon deshalb wissen, wie dort der Ablauf und die Gepflogenheiten sind. Auch erwarten Vorstandsvorsitzende und Vorstände großer Unternehmen genau so wie Regierungsmitglieder ein angemessenes Niveau der Wahrnehmung, und junge Firmenmitarbeiter tun gut daran, diese Erwartung nicht zu enttäuschen.

Der Zweck des Unternehmensprotokolls ist derselbe wie der des diplomatischen Protokolls. Es geht darum, für die Firma zu werben, sie im besten Licht erscheinen zu lassen und Besuche harmonisch und zur Zufriedenheit der Partner durchzuführen. Das langfristige Ziel des Unternehmensprotokolls ist allerdings unternehmerischer Natur. Das Unternehmen will sich gut präsentieren und dem Gast zeigen, dass es ein interessanter Geschäftspartner ist oder wäre. Die Vermarktung von Produkten und ein guter Geschäftsabschluss stehen im Vordergrund. Davon ist aber auch das Staatsprotokoll nicht ganz

8 Jelinski, Corporate Protocol, S.276. Dort finden Sie eine umfassende Erörterung des Themas „Unternehmensprotokoll“.

frei; man denke nur an die großen Wirtschaftsdelegationen, die Bundeskanzler und Bundespräsidenten gelegentlich begleiten.

Das Unternehmensprotokoll ist flexibler als das Staatsprotokoll. Das hat zwei Gründe. Staatsprotokoll bewegt sich im hoheitlichen, Unternehmensprotokoll im privaten Rahmen. Und Staatsprotokoll arbeitet mit Steuergeldern und unterliegt den Haushaltsbeschränkungen, während Unternehmensprotokoll mit eigenem Geld arbeitet und im Rahmen der Compliance-Richtlinien frei ist.

Etikette und Umgangsformen

„Etikette" steht für die Gesamtheit der festgelegten gesellschaftlichen Umgangsformen, also die Art, wie Menschen miteinander umgehen. Das Wort bedeutet „Zettel mit Hinweisen" und entstand zur Zeit des französischen „Sonnenkönigs" Ludwig XIV., als das Zeremoniell bei Hofe auf einem am Kleid befestigten Zettel genau beschrieben wurde. Heute beschränkt sich das Etikett an Textilien auf Hinweise bedeutend profanerer Natur.[9]

„Etikette war eine Erfindung von Höflingen. (...) Dass Etikette noch immer als Etikettierung von Menschen verstanden wird, hat den Fachausschuss für Umgangsformen schon bei seiner Gründung veranlasst, sich dieses Klischees nicht zu bedienen; er hat sich für den Ausdruck ‚Umgangsformen' entschieden", schrieb dieser Fachausschuss 1970 im Vorwort zu seinem Buch „Umgangsformen heute". Die Umbenennung durch den Tanzlehrerverband hat am Inhalt zwar nur wenig geändert, doch berücksichtigt sie klug das Unbehagen mit einem Begriff, dem viele mit Misstrauen begegnen.

Man kann sagen, Protokoll ist Organisation und Etikette gutes Benehmen. Trotz des unterschiedlichen Adressatenkreises ist die Zielsetzung der beiden Regelwerke aber doch so ähnlich, dass sie für den Betrachter häufig ineinanderfließen. Das ist kein Wunder, denn Staaten und Institutionen fühlen sich so gut oder so schlecht behandelt, wie man ihre Vertreter behandelt. Daneben gibt es natürlich auch von ihrer persönlichen Bedeutung erfüllte Einzelpersonen, die eifersüchtig darauf achten, dieser ihrer Bedeutung entsprechend protokollarisch wahrgenommen zu werden.[10]

---

9 Auch das Wort „Etikettenschwindel" hat mit unserem Thema nichts zu tun. Der Begriff hat u.a eine juristische Konnotation und bezeichnet die irreführende Angabe des Inhalts auf dem Etikett einer Dose oder einer Flasche.

10 Typischer Beschwerdepunkt ist falsche Platzierung bei einer Veranstaltung. Das gibt zwar keine diplomatischen Verwicklungen, aber u.U. persönlichen Ärger. Ich empfehle den Protokollverantwortlichen Gelassenheit und den Beschwerdeführern, persönliche Eitelkeiten ein wenig zurückzustellen. Nur wenn Sie eine Institution oder als Botschafter Ihr Land vertreten, dann müssen Sie Ihren Protokollstandpunkt klar machen und darauf dringen, angemessen behandelt zu werden.

Regeln der Etikette sind Ergebnis eines gesellschaftlichen Konsenses und hängen stark vom kulturellen Hintergrund ab. Was in einigen Ländern ein Zeichen guten Benehmens ist, kann in anderen völlig unüblich sein. Dieser Konsens wird vor allem von der älteren und damit konservativeren Generation geprägt. Die Jugend begehrt verständlicherweise häufig gegen solche „Zwänge" auf und kann sie auch verändern – nachhaltig aber meistens erst dann, wenn sie selbst in das konsensprägende Alter gekommen und bei ihren jugendlichen Überzeugungen geblieben ist. Sie werden diese Fälle sich wandelnder Umgangsformen kennen: das Duzen und Siezen, die schriftlichen und mündlichen Anreden, äußeres Erscheinungsbild und die Kleidung.[11]

Die Regeln der Etikette bzw. Umgangsformen wandeln sich aber nicht nur deshalb langsam. Die meisten wünschen sich Regeln, nach denen sie sich richten können, die Halt geben in einem Umfeld, in dem man sich nicht sicher fühlt. Daher ist die Beobachtung gewisser Formen ein Grundbedürfnis der Gesellschaft. Die Frage ist nur, wie so häufig, die nach dem rechten Maß und der Akzeptanz des Regelwerks.[12]

Übung und Selbstbewusstsein

Man sollte die Regeln guten Benehmens nicht nur kennen – ich denke jetzt an so Banales wie Tischmanieren –, man muss sie auch üben. Sie müssen einem in Fleisch und Blut übergegangen sein. Dann braucht man bei späteren Anlässen nicht mehr an sie zu denken, sondern kann sich auf wichtigere Dinge konzentrieren. Man tritt mit größerer Selbstsicherheit auf, vielleicht sogar mit Anmut, in der ja auch das Wort „Mut" steckt.

Und schließlich: Lassen Sie sich von Protokoll und Etikette nicht zu sehr beeindrucken, geschweige denn einschüchtern. Manche Ratgeber für gutes Benehmen sprechen dauernd von Fettnäpfchen und Fallstricken, die auf diesem Gebiet auf einen lauern. Du liebe Güte, nur keine Panikmache! Das Leben ist voller Fettnäpfchen, in die wir gelegentlich treten. Jeder macht Fehler, und die auf dem Gebiet der Etikette gehören noch zu den harmlosesten. Was Sie hier lesen werden, ist eine Gebrauchskunst, die man erlernen kann und die hilfreich ist, mehr nicht.

---

11 Bei der Kleidung spielt noch die Mode eine Rolle, die ich in manchen Ausprägungen allenfalls als Stiefschwester der Etikette betrachten möchte. „Was die Mode streng geteilt" in Schillers „Ode an die Freude" bezieht sich allerdings nicht auf die Kleidermode, sondern auf die Trennung in gesellschaftliche Schichten.

12 Marie Calm wusste das schon 1886 in kluge Worte zu kleiden: „Sitten sind nichts anderes als durch die Zeit geheiligte Gebräuche. Diese Heiligkeit ist aber nicht unantastbar; vielmehr sollte man untersuchen, welches das Prinzip ist, aus dem ein Gebrauch hervorgegangen, und danach seine Berechtigung beurteilen. ( ) Leere Formen haben keine Berechtigung, – wir dürfen sie über Bord werfen." (Die Sitten der guten Gesellschaft, S.2f.)

Ein wenig Geschichte

Die Regeln der Etikette haben häufig einen weit in die Vergangenheit zurückreichenden, manchmal überraschenden Ursprung. Asfa-Wossen Asserate leitet die Verehrung der Dame stark aus der christlichen Marienverehrung ab;[13] so ganz unschuldig daran dürften aber auch die Minnesänger nicht gewesen sein. Hingegen meint Ari Turunen, der Brauch, Damen den Vortritt zu lassen, sei von den Rittern des Mittelalters erfunden worden, die befürchteten, in den verwinkelten Gängen der Burg könnten Meuchelmörder lauern.[14]

Auch in den folgenden Beispielen werden Sie sehen, dass der für die Architektur entwickelte Grundsatz „Form follows function" („Die Funktion bestimmt die Form") auch für die Etikette gilt – wobei ich allerdings mit der Funktion der Dame in verwinkelten Burggängen Schwierigkeiten habe.

Warum geht der Mann links von der Dame? Die gängige Erklärung dafür ist, damit er, wenn vor ein paar hundert Jahren Gefahr drohte, leichter mit der rechten Hand den Degen ziehen konnte, ohne dass sich dessen Griff in den Röcken seiner Begleiterin verfing. Die alten Bedrohungsszenarien sind vorbei, die Regeln aber geblieben; sie gehören zu unserem kulturellen Erbe. Auf neue Bedrohungen stellen wir uns aber auch ein, etwa durch die Empfehlung, dass der Herr auf der Straßenseite gehen soll, wenn von dort Gefahr droht, und seien es nur Wasserspritzer vorbeibrausender Autos.

Das Heben des Glases beim Zuprosten soll von dem im alten Griechenland üblichen Ablauf eines Trinkopfers für die Götter herrühren.[15] Das Anstoßen der Gläser wiederum wird auf die frühe christliche Glaubensvorstellung zurückgeführt, dass der Teufel durch den Mund in den Körper des Menschen schlüpft; durch das geräuschvolle Zusammenstoßen der Trinkgefäße wird er vertrieben, bevor man den Mund öffnet.[16] Nach anderer Lesart hat man im

---

13 Manieren, S.48f.

14 Bitte nach Ihnen, S.7.

15 Ebd., S.53. Die römische libatio, das Verschütten des ersten Schlucks auf den Boden als Dankopfer an die Götter, hat glücklicherweise keine Spuren in unserer Esskultur und unseren Wohnzimmern hinterlassen. Die aus Russland überlieferte Tradition, dass die Gastgeberin vor dem Essen absichtlich etwas verschüttet, um den Gästen das schlechte Gewissen zu nehmen, sollte ihnen versehentlich Ähnliches passieren, hat bei uns auch nicht Einzug gehalten.

16 Ebd., S.54. Dort finden wir auch den Hinweis, dass Erasmus von Rotterdam, der tatsächlich auch ein Buch über gutes Benehmen geschrieben hat, aus demselben Grund riet, nach lautem, ausgedehntem Gähnen das Kreuz zu schlagen. Heute genügt es, den Geräuschpegel niedrig und die Hand vor den Mund zu halten.

Mittelalter die Pokale kräftig aneinandergeschlagen, um den Wein auch in das andere Trinkgefäß schwappen zu lassen und so auszuschließen, dass einer der Trinkenden Gift in den Becher des anderen gemischt hatte.[17]

Der Herr lüpft beim Gruß den Hut, weil Ritter früher zum Zeichen friedlicher Gesinnung den Helm abnahmen. Ähnlich verhält es sich mit dem Winken der rechten Hand, wenn wir einen Bekannten treffen, oder dem militärischen Salutieren: Römische Soldaten sollen bei der Begrüßung ihre rechte Hand gehoben haben, um zu zeigen, dass sie in ihr keine Waffe trugen. Denselben Grund hat das Händeschütteln. Zum Ziehen des Hutes bietet Turunen aber noch eine andere Erklärung: Während der großen Epidemien der früheren Jahrhunderte sei es gesünder gewesen, den Hut zu ziehen, als sich zur Begrüßung auf Wange oder Hand zu küssen.[18] Ich bezweifle allerdings, dass man damals schon so genau die Übertragungswege der Epidemien kannte.

Im Mittelalter war man davon überzeugt, dass die Benutzung einer Gabel, die an die Forke des Teufels erinnerte, ein langsames Schmoren im Fegefeuer nach sich zog. Eine byzantinische Prinzessin, die im 11. Jahrhundert bei ihrer Vermählung mit einem venezianischen Dogen während des Festmahls eine Gabel aus dem Täschchen zog und, wie gewohnt, mit ihr aß, ist nach Ansicht ihrer Zeitgenossen vor allem deshalb kurz darauf verstorben. Die Verwendung der „Teufelsforke“ wurde von der Kirche in Westeuropa lange missbilligt. Denn schließlich habe Gott den Menschen die Finger gegeben, und nicht dieses Teufelswerkzeug, um seine Gaben entgegenzunehmen. Noch im 16. Jahrhundert las der Prinz von Monteverdi jedes Mal drei Messen, wenn er mit der Gabel gegessen hatte.[19] Darauf verzichten wollte er aber anscheinend nicht. Das wiederum spricht für seinen praktischen Sinn.

Die Benutzung des Messers bei Tisch wurde aus anderen Gründen lange reglementiert: Man fürchtete im finsteren Mittelalter, dass sich rauflustige Ritter des Messers nicht nur zum Zerteilen des Wildprets bedienten, sondern es auch mal dem Nachbarn in die Rippen stießen. Jane Aster schreibt 1859 in ihrem Buch *The Habits of Grand Society* ganz im Sinne dieser Befürchtung, man solle alles, was man ohne Messer zerlegen könne, mit der Gabel zerteilen.[20] Und siehe da: Wir kennen diese Regel tatsächlich auch heute noch. Trotz ihres dubiosen Ursprungs hat sie es in unseren Kanon der Tischmanieren ge-

17 Helbach-Grosser, Erfolg, S.140.

18 Bitte nach Ihnen, S.41.

19 Ebd., S.64f. Auch Au, Der kulinarische Knigge, berichtet davon (S.15f.).

20 Turunen sieht in der Tatsache, dass das Essen in China in der Küche geschnitten und bei Tisch mit Essstäbchen verzehrt wird, das Zeichen eines wichtigen kulturellen Unterschieds. „Die Europäer sind Barbaren; sie essen mit Schwertern“, sage man dort (Bitte nach Ihnen, S.66ff.).

schafft. Es ist aber vielleicht kein Zufall, dass sie heute, wie wir sehen werden, nicht unumstritten ist.

Und warum waschen wir uns die Hände vor dem Essen, wenn wir doch mit Messer und Gabel essen? Zumindest auch, weil man im Hochmittelalter kein Besteck verwendete. Und Asserate führt die Sitte, ein Tischtuch auf den Esstisch zu decken, möglichst noch ein weißes, fernab von ästhetischen Überlegungen darauf zurück, dass das Essen fast überall auf der Welt als heiliger, friedensstiftender Akt betrachtet und sein Ort dadurch zum Altar gemacht wird, dass man ein Tuch darüber breitet.[21] Und eine Tafel hebt man schließlich auf, weil früher das Essen auf einem großen Brett hereingetragen und auf zwei Holzblöcke gestellt wurde; nach dem Essen hob man es hoch, um es wieder wegzutragen.

Knigge, Pappritz und die 68er

Der Name Knigge steht für gutes Benehmen. Sieht man ein Buch mit dem Titelbestandteil „Knigge“, weiß man sofort, dass es sich um einen modernen Ratgeber für gute Umgangsformen handelt. Das berühmte Buch von Adolph Freiherr von Knigge, der vor gut 200 Jahren lebte, hatte allerdings nicht den Titel „Regeln der Etikette“, sondern „Über den Umgang mit Menschen“ und damit einen viel breiteren (und tieferen) Ansatz. Es ist so lesenswert, dass ich im Anhang ausgiebig aus ihm zitieren werde. Sie sollen einen Eindruck vom „wahren Knigge“ bekommen; das gehört zur kulturellen Abrundung unserer Betrachtung.

Erica Pappritz ging es hingegen in dem 1956 erschienenen „Buch der Etikette“ gerade um die guten Manieren und den guten Ton, wie man damals gerne sagte.[22] Dafür stand in den 50er und 60er Jahren des vorigen Jahrhunderts ihr Name, auch weil sie stellvertretende Protokollchefin des Auswärtigen Amts war. Zwei oder drei Jahrzehnte lang hieß es „Hast Du die Pappritz gelesen?“ oder „In der Pappritz steht“. Der Autor der ersten Auflage und spätere Ko-Autor, der Journalist Karlheinz Graudenz, wurde in der Öffentlichkeit kaum

---

21 Manieren, S.311.

22 Die 1. Auflage, Autor Karlheinz Graudenz „unter der Mitarbeit von Erica Pappritz“, trug den Titel „Das Buch der Etikette“; in späteren Auflagen, hieß es „Etikette neu“. Das Buch enthält auch heute noch gültige Hinweise. Es ist ein Zeitdokument - trotz oder gerade wegen seines altväterlich-neckischen Tons. Es war umstritten, aber etabliert, und führte sogar zu einer parlamentarischen Anfrage der sozialdemokratischen Abgeordneten Annemarie Renger, ob das Buch mit Kenntnis des Auswärtigen Amts entstanden sei und ob man Frau Pappritz weiter für geeignet halte, Diplomaten auszubilden (Spiegel Nr.22 vom 20.3.1957, S.16.). Man hielt.

wahrgenommen. Das Buch erntete starke Kritik und viel Spott. Ihm wurde vorgeworfen, elitär zu sein und die Benimmregeln der Zwischenkriegszeit unkritisch übernommen zu haben.

Gleichzeitig fand das Buch aber auch großes Interesse, da viele unsicher waren, wie man sich nach der Zäsur des Zweiten Weltkriegs in der jungen Bundesrepublik Deutschland gesellschaftlich richtig verhalten sollte. Die Bundesbürger zogen dieses Buch zu Rate und konnten mit Erstaunen, viele wohl auch mit Befriedigung feststellen, dass sich kaum etwas verändert hatte. Der Hinweis, Herren sollten keine langen Unterhosen, aber knielange Socken tragen, damit man beim Übereinanderschlagen der Beine nicht ein Stück Fleisch blitzen sah, war legendär und in aller Munde. Zumindest der zweite Hinweis, es sei vermerkt, ist übrigens auch heute noch richtig.

Es waren seit den 1950er Jahren die Tanzlehrer, die die Kritik an der „hohlen Förmlichkeit einer überholten Etikette" aufgriffen und durch Umfragen unter dem Motto „Weniger Formen, mehr Takt" ermittelten, was die modernen Umgangsformen waren.[23] Es kam heraus, dass die jungen Leute „gutes Benehmen" kritisierten, hinter dem sich Rücksichtslosigkeit verbarg. Sie glaubten, und natürlich schwang in dieser Bewertung die drückende Last der deutschen Geschichte mit, in ihm die Verlogenheit des alten „guten Tons" ihrer Eltern zu erkennen. Daher sprachen sie nicht mehr vom „guten Benehmen", sondern von guten „Umgangsformen". Entscheidend war nicht (mehr) die äußere Form, sondern die Art, wie man wirklich miteinander umging – ganz im Sinne des alten Knigge.

Die Generation der 68er protestierte erst recht gegen überlieferte Förmlichkeiten und wollte es locker und individuell. Jeans und Hippie-Look waren ebenso auf dem Vormarsch wie dicke, weite und lange Pullover, denen man Eleganz möglichst nicht nachsagen konnte. Spurenelemente dieser Mode sieht man auch heute noch, doch schwingt das Pendel wieder in die andere Richtung. Die junge Generation will es gerne auch einmal eleganter, wenn auch phantasievoller als früher.

Gleichheitsgrundsatz

Was die Gleichbehandlung der Geschlechter anbelangt, so ist das Feld der Etikette voller Widersprüche. Gesellschaftliche Überlieferung und neue Entwicklungen stoßen aufeinander. Männer stehen vor Damen auf und lassen ihnen (meistens) den Vortritt, doch adressieren wir unsere Briefe immer noch

23 Umgangsformen heute, S. 10. Noch heute gibt der „Arbeitskreis Umgangsformen International" in Zusammenarbeit mit dem Allgemeinen Deutschen Tanzlehrerverband Empfehlungen zu Umgangsformen heraus.

– nicht immer, aber vielfach – ganz korrekt in umgekehrter Reihenfolge an „Herrn und Frau Helmut Meyer". Frauen erwarten, im Berufsleben wie Männer behandelt zu werden, doch sobald sie privat oder im gesellschaftlichen Rahmen unterwegs sind, erwarten und erfahren sie reflexartig eine kulturell gewachsene Vorzugsbehandlung. Die Emanzipation der Frau hat den Regeln der Etikette nur im Berufsleben ihren Stempel aufgedrückt, nicht aber im gesellschaftlichen Verkehr. Ein in sich stimmiges System gibt es nicht. Vielfach ist es eine Frage der Perspektive und der – auch unter Frauen durchaus unterschiedlich gesehenen – Bedeutung, die dem „Gender-Mainstreaming" beigemessen wird.

Das gilt auch für die gendergerechte Sprache. Ihre Beurteilung hat viele Facetten: gesellschaftspolitische, rechtliche, sprachliche und protokollarische. Die Sprache entwickelt sich in Richtung „Gendergerechtigkeit". Als ich im Ministerium anfing, hieß es „Frau Minister"; heute sagt man meistens „Frau Ministerin". Der „Vorstand" war für mich bislang ein geschlechtsneutrales Gremium; heute bezeichnet man weibliche Vorstandsmitglieder als „Vorständin". So steht es neuerdings auch im Duden. Es ist also alles eine Frage der häufigen Nutzung und sprachlichen Gewöhnung.

Will man Männer und Frauen derselben Berufs- oder Personengruppe erfassen, wiederholt man heute die personenbezogenen Begriffe in der weiblichen und männlichen Form – in dieser Reihenfolge (bei absoluter Gleichheit ist eine Reihenfolge so „ungerecht" wie die andere). Das kann auf die Dauer etwas ermüden, ist aber in jeder Hinsicht korrekt. Der Kürze wegen wird häufig eine Partizipialkonstruktion gewählt, etwa „die Studierenden". Das hat sich fest eingebürgert, ist aber sprachlich nicht ganz richtig. „Student" bezeichnet einen Status, „Studierende" eine Tätigkeit.[24] Das fällt nur in seltenen Fällen zusammen, etwa bei „Reisende".

Für das gendergerechte Schreiben sind in den vergangenen Jahren verschiedene Kurzformen entwickelt worden: der Genderstern, der Gendergap, das Binnen-I, Schrägstriche mit oder ohne Ergänzungsstrich, Klammern und eine „salvatorische" Klausel zu Beginn eines Schriftstücks.[25] Keine dieser Formen

24 Das ist die Regel. Ein besonders einleuchtendes Beispiel ist der Unterschied zwischen „Irre" und „Irrende". Natürlich gibt es Ausnahmen, die die Regel bestätigen, wie „Vorsitzende". Das Partizip wirkt meistens bemüht. Bei der Unterscheidung zwischen „Flüchtlingen" und „Flüchtenden" sind wiederum andere, ganz handfeste politische Überlegungen im Spiel.

25 Arbeiter*innen, Arbeiter_innen, ArbeiterInnen, Arbeiter/innen, Arbeiter/-innen und Arbeiter(innen). Für eine gendergerechte Rede taugen diese Formen nicht, da man sie nicht aussprechen kann; es bleibt nur „Arbeiterinnen und Arbeiter". Bei Stellenaus-

hat sich bislang durchgesetzt. Viele Beobachter erwarteten im Herbst 2018 vom Rat für deutsche Rechtschreibung eine Klärung. Doch der hat diese Entscheidung vertagt. Keine der genannten Alternativen könne Allgemeingültigkeit beanspruchen; er wolle daher die Entwicklung weiter beobachten. Das bedeutet, dass die bisherigen Freiräume für die verschiedenen Arten gendergerechter Sprache erhalten bleiben. Die Frage, welche Form ein amtliches Gütesiegel bekommt, bleibt vorerst offen.

Der Rat für deutsche Rechtschreibung betonte dabei, dass das generische Maskulinum („der Handwerker“) beide biologische Geschlechter erfasse, unabhängig davon, ob die grammatische Form des Worts weiblich oder männlich sei. Die Frage am Frühstückstisch „Wann kommt heute eigentlich der Handwerker?“ bedeutet nicht, dass man nicht auch eine Handwerkerin einlassen würde, und bei der Durchsage im Flugzeug „Gibt es einen Arzt unter den Passagieren“ wird sich auch eine Ärztin angesprochen fühlen.[26]

In rechtlicher Hinsicht wurde eine mögliche Verletzung des Gleichheitsgrundsatzes geprüft. Der BGH musste über die Klage einer Frau entscheiden, die sich nicht als Frau wahrgenommen fühlte, wenn auf den Überweisungsformularen ihrer Sparkasse neben „Kontoinhaber“ nicht auch „Kontoinhaberin“ stand. Die Klage wurde am 13.3.2018 abgewiesen. Der BGH begründete das Urteil – ganz in Übereinstimmung mit dem Rat für deutsche Rechtschreibung – damit, dass das Wort „Kontoinhaber“ nach allgemein üblichem Sprachgebrauch und -verständnis auch Personen erfasse, deren natürliches Geschlecht nicht männlich sei.

Der für die Gesellschaftspolitik zuständige Staat ist gesetzgeberisch aktiv geworden. Laut §1 Abs.2 des Bundesgleichstellungsgesetzes und §42 Abs.5 der Gemeinsamen Geschäftsordnung der Bundesministerien sollen Gesetzesentwürfe die Gleichstellung von Mann und Frau auch sprachlich zum Ausdruck bringen. Andere legitime Ziele wie Verständlichkeit und eine vertretbare Kosten-Nutzen-Relation erschweren allerdings eine konsequente Umsetzung diese Vorgabe. So können Gesetze nicht ohne weiteres gendergerecht (neu) gefasst werden.[27]

---

schreibungen, bei denen die Klarstellung besonders wichtig ist, steht häufig (m/w) hinter der Berufs- bzw. Funktionsbezeichnung. Schließlich gibt es noch die Klausel „Die personenbezogenen männlichen Bezeichnungen erfassen auch Frauen“.

26 Einige Institutionen sind dazu übergegangen, nur die weibliche Form mit dem Hinweis zu benutzen, dass damit auch Männer gemeint seien. Eine unerwartete Art, diesen den Spiegel vorzuhalten. Das ist als ein revolutionärer Schritt legitim, entspricht er aber nicht dem historisch gewachsenen, allgemeinen Sprachverständnis.

27 So werden Ausdrücke wie „Käufer“ und „Mieter“ im BGB nicht geändert oder in

Der Berliner Senat ist der Empfehlung des Bundesgesetzgebers gefolgt und hat bei offiziellen Schriftstücken den Genderstern zur Norm gemacht.[28] Frankreich ist den anderen Weg gegangen und hat den gordischen Knoten zugunsten der Sprache durchgeschlagen: Der französische Premierminister Edouard Philippe hat den Behörden des Landes die „Genderschreibweise" mit der Begründung untersagt, sie müssten sich aus Gründen der Verständlichkeit und Klarheit an die grammatikalischen Regeln halten.

Die im Auftrag der evangelischen Kirche angefertigte Übersetzung der „Bibel in gerechter – also auch in gendergerechter – Sprache" („Gott" wird u.a. mit „ErSie" übersetzt), ist umstritten und wird selbst vom Auftraggeber, von der katholischen Kirche ganz zu schweigen, für den Gebrauch im Gottesdienst und Religionsunterricht abgelehnt. Neben theologischen Gründen dürfte es daran liegen, dass gerade Religion von überkommenen Riten und vertrauter Sprache lebt.

Fassen wir zusammen: Politisch korrekt ist nur die gendergerechte Sprache, mündlich wie schriftlich, in welcher Form auch immer. Laut höchstrichterlicher Entscheidung und nach Meinung der obersten Instanz für Fragen der Rechtschreibung genügt das generische Maskulinum den Anforderungen. Was aber sagen Protokoll und Etikette? Ihre Regeln dienen dazu, dass sich niemand durch das Verhalten anderer verletzt fühlt. Da sich viele Frauen missachtet und in ihrer Persönlichkeit verletzt fühlen, wenn sie sprachlich nicht gesondert gewürdigt werden, ist die Antwort klar: Benutzen Sie eine gendergerechte Sprache. Ich werbe nur dafür, dass der deutschen Sprache dabei so wenig Gewalt wie möglich angetan wird.

Ein Autor, der politisch und sprachlich korrektes Deutsch schreiben will, steckt in einer Zwickmühle. Wenn er gutes und auch gut lesbares Deutsch schreiben will, kommen Genderstern und Gendergap nicht in Frage. Er kann auch schlecht jeden personenbezogenen Begriff in weiblicher Form wiederholen. Ich wähle daher die „salvatorische Klausel": In diesem Buch sind bei maskulinen Personenbezeichnungen auch Frauen gemeint, solange sich aus dem Zusammenhang nichts Gegenteiliges ergibt. Nur gelegentlich benutze ich zur Verdeutlichung einen Schrägstrich oder eine Klammer.

weiblicher Form wiederholt.

28 „Dort gibt es nur noch Bürger*innen, Bäcker*innen und Bäcker*innenbeauftragte, bloß jugendliche Intensivtäter sind weiterhin männlich" (FAZ vom 21.9.2017).

Haltung und Kleidung

Stehen. Sitzen. Körpersprache

Wohin mit den Händen?

Man sagt ja, Hände in den Hosentaschen gehe für Männer gar nicht – für Frauen natürlich ebenso wenig. Das gilt ausnahmslos nur für die Begrüßung: Wer die linke Hand in der Hosentasche lässt, während er mit der rechten einem anderen die Hand schüttelt, zeigt in unseren Breiten eine Lässigkeit, wenn nicht sogar Respektlosigkeit, die nicht gut ankommt. Aber auch wenn Sie auf einer Bühne stehen, alleine oder mit Kollegen zu einem Foto aufgereiht oder sonst den Blicken der Öffentlichkeit ausgesetzt sind, ist es am besten, die Arme locker herabhängen zu lassen, ohne eine Hand in die Hosentasche zu stecken. Es ist erstaunlich schwer, aber es geht.

Doch gibt es kulturelle Unterschiede. Die Amerikaner lieben es, die linke Hand in der Hosentasche zu lassen, und würden unserer Regel nicht folgen. Auch ich meine, dass man im Gespräch eine Hand in die Hosentasche stecken kann; je entspannter und informeller das Gespräch ist, umso eher. Aber denken Sie daran: Wenn Sie mit einer sehr viel älteren Person, Ihrem Chef oder mit einer Dame sprechen, sollten Sie es sich möglichst verkneifen. Die Hand in der Hosentasche ist ein Zeichen der Gleichheit, und Sie sollten sich überlegen, ob Sie ein solches Signal aussenden können und wollen.

Bitte stecken Sie immer nur eine Hand und nie, nie alle beide zur selben Zeit in die Hosentaschen. Denn dann würden Sie aussehen wie Tom Sawyer, kurz bevor er mit Huckleberry Finn zu neuen Abenteuern aufbricht, und das wollen Sie in der betreffenden Situation wahrscheinlich nicht.

Wenn Sie einen Vortrag halten, ist es ohnehin so, dass Sie die Hände entweder am Manuskript oder am Podium, unter Umständen auch am Mikrofon und damit wenig Gelegenheit dazu haben, sie in die Hosentasche zu stecken. Auch sollen Sie bei einer Rede ja maßvoll gestikulieren; eine Hand in der Hosentasche macht das fast unmöglich. Bei Tischreden ertappe ich mich selbst dabei, aus einer gewissen Nervosität und aus dem Bemühen heraus, souverän zu wirken, eine Hand in die Hosentasche zu stecken. Das ist eine lässliche Sünde und hilft mir, mich wohler zu fühlen, aber es ist nicht wirklich gut; man kann mit locker herunterhängenden Armen auch ganz gut eine entspannte (und eine mindestens ebenso eindrucksvolle) Figur machen. Rufen Sie sich also zur Ordnung, wenn es Ihnen geht wie mir.

Am besten lassen Sie die Arme und damit auch die Hände locker an der Seite herabhängen. Einige Leute lieben es, bei Fototerminen, Vorstellungen, Gedenkminuten oder ähnlichen Anlässen die Hände vor dem Unterleib zusammenzulegen oder hinter dem Rücken zu verschränken. Das ist nicht verpönt, aber unvorteilhaft: Im ersten Fall sehen Sie aus, als würden Sie beten oder bereiteten sich als Fußballer auf einen Freistoß der Gegenseite vor, und im zweiten betonen Sie auf meist recht unvorteilhafte Weise den Bauch und setzen den Knopf, der das Jackett zusammenhält, einer harten Belastungsprobe aus.

Sitzen

Beim Sitzen, sei es auf dem Stuhl oder auf der Couch, gilt vor allem: Gerade sitzen! So schwer das manchmal fallen mag. Es sieht viel besser aus, als wenn Sie – vermeintlich bequemer – mit krummem Rücken dasitzen würden. „Haltung gibt Halt". Gerade zu sitzen ist auch gesünder und macht den Eindruck körperlicher und geistiger Disziplin.[29]

Frauen haben nicht nur auf das Geradesitzen zu achten, sondern vor allem auch auf die Beinhaltung, insbesondere dann, wenn sie Kleid oder Rock tragen. Am besten sitzen sie dann mit parallel gestellten, aneinanderliegenden Beinen. Wie sagte doch die britische Mutter zu ihrer heranwachsenden Tochter, die zum Skilaufen in die Alpen fuhr: „Always keep your knees together, and you never will be in trouble!" Das war noch die Zeit extremer Parallelschwünge, gilt aber auch heute noch für die allgemeine Etikette. Elegant übereinander geschlagene Beine gehen natürlich auch. Das gilt auch für Männer.[30]

Körpersprache

Wie ich lese, erregt es Misstrauen, wenn jemand die Hände hinter dem Rücken versteckt, wirkt es überheblich, mit den Händen ein Spitzdach zu formen, zeigt es Schadenfreude, wenn man sich die Hände reibt, strahlt es Selbstgefälligkeit aus, wenn man die Hände ständig zum Kinn führt, wirkt es unsicher und verlegen, wenn man die Finger kurz zum Mund nimmt, zeigt es Verachtung, wenn man die Oberlippe hochzieht, und wirkt es überlegen oder

---

29 Schneider-Flaig, Knigge, S.29, würde jetzt bei mir eine Nostalgie zur „Höhere-Töchter-Haltung" diagnostizieren. Ich trüge das mit Fassung und meine, dass das gerade Sitzen bei den meisten Menschen mit guter Erziehung und ästhetischer Schönheit assoziiert wird.

30 Doch Vorsicht: In arabischen Ländern ist das Zeigen der Schuhsohle ein Zeichen der Missachtung.

faul-arrogant, wenn man die Hände hinter dem Nacken verschränkt.[31]

Das wird ja alles auf seriösen wissenschaftlichen Untersuchungen beruhen, die ich gar nicht in Frage stellen will, zumal sie teilweise schon zum Allgemeingut geworden und selbst – denken Sie nur an die in die Hüfte gestemmten Arme – in die Literatur Eingang gefunden haben. Doch warne ich vor vorschneller Anwendung so verkürzter Befunde. Menschen sind viel zu differenziert und die Einflüsse, denen sie in der jeweiligen Situation ausgesetzt sind, zu mannigfaltig, als dass man sie unter einem einzigen und dazu noch so simplen Aspekt in Schubladen einordnen könnte. Es handelt sich hier um einen ersten Eindruck, der sich später beim besseren Kennenlernen leicht als unzutreffend herausstellen kann. Geben Sie also einerseits nicht zu viel auf die Körperhaltung anderer. Denken Sie andererseits aber auch daran, dass viele eine solche „Parallelwertung in der Laiensphäre" durchführen. Seien Sie dennoch natürlich, soweit Ihnen das in der Situation möglich ist.

Es gibt zudem viele Interpretationsmöglichkeiten. Um die Stuhlbeine geschlungene Beine mögen ein Zeichen von Nervosität sein, doch viel wichtiger ist doch, wie jemand, etwa bei einem Vorstellungsgespräch, mit seiner Nervosität fertig wird. Wenn ein Kandidat trotz seiner Nervosität – und wer ist bei einem wichtigen Auswahlgespräch nicht nervös – die Fragen konzentriert und mit relativ ruhiger Stimme beantwortet, halte ich das sogar für ein Zeichen dafür, das er später mit beruflichen Schwierigkeiten gut fertig wird.[32]

---

31 So in Schneider-Flaig, Knigge, S.26. Ich kann die Liste problemlos weiterführen: Trippelschritte wirken angeblich schüchtern oder kindlich, sehr breites Sitzen und Wegstrecken der Beine zeigen mangelnden Respekt, das Sitzen auf der Stuhlkante indiziert Dienstbereitschaft oder Ängstlichkeit, das Scharren mit den Füßen Nervosität, die in die Hüfte gestemmten Arme furchtlose Entschlossenheit, das breitbeinig oder eng geschlossene Stehen dominantes oder nachgiebigen Verhalten (Helbach-Grosser, Erfolg. S.7). Letzteres bezweifele ich allerdings schon deshalb, weil sehr große Menschen im Gespräch deshalb breitbeinig dastehen, um mit dem Gesprächspartner auf Augenhöhe zu sein. Schneider-Flaig, Knigge, S.28, empfiehlt, mit offenen Handinnenflächen auf andere zuzugehen, da die offenen Hand Großzügigkeit und Selbstsicherheit ausstrahle, verdeckte Handbewegungen dagegen darauf hindeuteten, dass man etwas zu verbergen habe. Ich allerdings denke, dass sich Selbstsicherheit und Großzügigkeit auf andere Weise wirkungsvoller vermitteln lassen, und kann mich nicht erinnern, bei einer Begrüßung auf die Handhaltung meiner Gegenüber geachtet zu haben. Im Übrigen gibt es auch kulturelle Unterschiede. So dürfen orthodoxe jüdische Männer Frauen nicht die Hand geben und verstecken sie deshalb hinter ihrem Rücken.

32 Und wenn wir schon beim Thema Nervosität sind, das für einige peinlich und peinigend sein kann: Versuchen Sie, feuchte Hände und feuchte Achseln zu ignorieren. Ziehen Sie allerdings in diesem Fall nicht Ihr Jackett aus. Bei starkem Schwitzen verhin-

Um dieses Thema abzuschließen, kann ich unter dem Aspekt der Etikette nur sagen, dass jede große Armbewegung, das Deuten mit spitzem Finger auf andere und jede Bewegung der Hände über Schulterhöhe hinaus dubios sind und im Gespräch nach Möglichkeit unterlassen werden sollten. Das Verschränken der Arme hinter dem Kopf ist in etwas formellerer Gesellschaft geradezu ungehörig; das mag nur angehen, wenn Sie mit Freunden auf der Couch sitzen.

Image-Pflege

Jeder will durch sein Auftreten einen bestimmten Eindruck erwecken – einen sportlichen, einen modernen, den eines Kämpfers für die Umwelt, eines Widerspruchsgeistes oder eines Unangepassten. Oder man will im Gegenteil staatstragend erscheinen, der äußeren Form Bedeutung beimessen. Das ist alles ganz in Ordnung. Man muss sich nur der Signalwirkung bewusst sein.

Jürgen Trabant analysiert das im Tagesspiegel vom 30.6.2019 bei Politikern. Pablo Iglesias, der Vorsitzende der spanischen Partei Podemos, ist danach der Erfinder des politisch hochgekrempelten Ärmels. Auch Robert Habeck, Ko-Vorsitzender der Grünen, hat die Ärmel politisch hochgekrempelt. Beide wollen mit diesem „vestimentären Zeichen" zeigen, dass sie ihre Aufgaben anpacken wollen, vor Anstrengungen nicht zurückschrecken und „männlich, jung, kräftig und zupackend, handwerklich oder arbeitermäßig, also mild proletarisch, sind. Beide Politiker eignen sich damit etwas an, das meilenweit von ihrer eigenen Klasse und Arbeit entfernt ist. Weder Iglesias noch Habeck sind Arbeiter oder Handwerker. Sie sind hochgebildete Akademiker mit Doktortitel." Jeans verstärken diesen Eindruck von Arbeit und Jugendlichkeit noch, ein Dreitagebart den der Männlichkeit.

Das alles ist legitim. Entscheidend dabei ist, dass Bild und Taten übereinstimmen. Das sollte man als Beobachter wie auch als Akteur beachten. Denn wenn das nicht der Fall ist, schadet man auf Dauer der eigenen Glaubwürdigkeit. Ein wenig Geschmack gehört auch dazu, denn nicht jedem steht der Dreitagebart. Und man muss die Zielgruppe richtig einschätzen.

---

dern Achselpads Schweißflecken. Fragen Sie (ich mache keine Reklame für die Apothekenrundschau) Ihren Arzt oder Apotheker, dem Sie Ihre Schwäche anvertrauen können. Es gibt dagegen Mittel, die vielleicht nicht vollständig, aber doch zu einem gewissen Grad helfen. So etwas ist nicht ehrenrührig, nur lästig; andere haben andere Schwächen. Also: Tun Sie etwas dagegen, suchen Sie Hilfe, es ist für Ihr Wohlbefinden und Selbstvertrauen und damit auch für Ihren Erfolg im gesamten Berufs- und Privatleben wichtig.

Äusseres Erscheinungsbild

Der Satz, man solle sich dem Anlass entsprechend kleiden, ist banal, aber die Grundregel. Das bedeutet zunächst einmal Planung: Wer abends eine Veranstaltung mit förmlicher Kleidung, nach Dienstschluss aber nicht mehr die Möglichkeit zum Umkleiden hat, muss sich morgens schon in den gedeckten Anzug oder in das „kleine Schwarze" werfen.

Aber was anziehen? Männer haben zu Recht die Tendenz, bei der Wahl der Kleidung dem allgemeinen Trend zu folgen. Für sie gilt der Satz von George Bryan Brummell, vor 200 Jahren in England bekannter Dandy und Stilikone, der erkannte: „Elegant ist, was nicht auffällt." Seinem Rat, die Stiefel mit Champagner zu polieren, brauchen Sie nicht zu folgen.

Damen lassen erfahrungsgemäß, und auch das zu Recht und zur Freude der Umwelt, ihr modisches Bewusstsein spielen. Aber bitte nicht übertreiben, sonst wird man zum Paradiesvogel. Für elegante Kleidung bekannt zu sein, kann hingegen niemandem schaden. Dabei muss allerdings das Gefühl für die Situation wach bleiben.[33] In meinen Jahren im diplomatischen Dienst habe ich neidvoll festgestellt, mit welcher Eleganz sich zum Beispiel die Italiener kleideten. Orientieren Sie sich also an Kollegen, deren Aussehen Sie gut finden.

Wenn Sie im Zweifel sind, wählen Sie die konservativere Alternative; damit machen Sie nichts falsch. Legen Sie als Mann an heißen Tagen bei Sitzungen oder Mittagessen nur dann das Jackett ab, wenn der Höchstrangige dazu das Zeichen oder die Erlaubnis gibt; dabei ist es egal, ob er es selber tut. Sie müssen dann selbst entscheiden, ob Sie ein total durchgeschwitztes Hemd

---

33 Bei Melania Trump trug die Freude am Modischen den Sieg über jeden Gedanken an die Situation davon, als sie sich am 30. August 2017 mit ihrem Mann aufmachte, um das gerade vom Hurrikan „Harvey" überschwemmte und verwüstete Texas zu besuchen. Sie trug eine Designer-Sonnenbrille, eine trendige Bomberjacke und zwölf Zentimeter hohe Schlangenleder-Stilettos. Daraufhin entlud sich in den sozialen Medien schon beim Abflug in Washington ein Unwetter über sie. Für die „New York Times" war das ein Symbol dafür, „wie abgekoppelt von der Wirklichkeit die Regierung Trump ist". Bei der Ankunft in Texas hatte Melania Trump dann weiße Turnschuhe an und trug eine schwarze Baseball-Kappe mit der Aufschrift „Flotus" („First Lady of the United States"). Dies alles ist nachzulesen in der FAZ vom 31.8.2017. Der Verfasser (kai.) endet die Meldung mit Sätzen, die klingen, als hätte er sie für dieses Buch geschrieben: „Melania Trump verwechselte das Modische mit dem Menschlichen. Zum guten Stil gehört eben nicht nur, dass man gut gekleidet ist wie bei einem Cocktailempfang. Modischer Ausdruck ergibt sich immer nur in der Wahrnehmung der anderen. Und wer den Erwartungshorizont des Publikums falsch einschätzt – der ist einfach nicht passend gekleidet".

den Blicken anderer preisgeben wollen oder nicht. Nach meiner Erfahrung ist Hitze, solange man sich nicht selbst bewegt oder psychisch unter Druck steht, auch in förmlicher Kleidung gut auszuhalten; es ist eine Frage der Einstellung.

Sie können ganz gut testen, ob Sie nicht auch selbst für die Sprache der Kleidung empfänglich sind. Was halten Sie von einem Arzt, der in Bermudashorts und Hawaii-Hemd an Ihr Krankenbett tritt? Beginnen Sie sich nicht leicht besorgt zu fragen, ob er sich sorgfältig mit Ihnen befasst oder geistig schon im Urlaub ist? Möglicherweise zu Unrecht, aber so ganz werden Sie den Verdacht nicht los. Es muss ja nicht gleich der weiße Kittel sein. Mein Hausarzt hält seine Sprechstunden nicht im weißen Kittel, sondern in farbigen Jeans ab. Das ist nachvollziehbar dem Bemühen geschuldet, ein Gefühl der Normalität zu vermitteln. Es kommt auf die Akzeptanz beim Betrachter an.[34]

Über Geschmack lässt sich natürlich streiten, und wir leben, auch was das äußere Erscheinungsbild anbelangt, in einem freien Land. Aber viele Firmeninhaber oder Bürochefs werden der Ansicht sein, und das nicht zu Unrecht, dass das Erscheinungsbild der Mitarbeiter Rückschlüsse auf ihre Einstellung und die Art ihrer Arbeit zulässt. Sie werden also wollen, dass sich ihre Mitarbeiter so kleiden, wie man es in der Branche erwartet.[35] Deswegen gibt es dort häufig ausbuchstabierte Bekleidungsregeln. Nicht alle Mitarbeiter mögen darüber glücklich sein, weil die Vorschriften nicht mit ihrem Lebensgefühl übereinstimmen, doch sind diese Regeln unverzichtbar, wenn nach außen ein einheitliches und als angemessen empfundenes Erscheinungsbild („corporate dress code“) vermittelt werden soll.

Da die Meinungen über die Angemessenheit der Kleidung – auch unter modischen Gesichtspunkten – im Einzelfall auseinandergehen können, ist es

---

34 Zum Verhalten von Politikern hat die FAZ am 1.8.2017 folgende Kerngedanken aus dem Buch „Die zentralen Nebensächlichkeiten der Demokratie“ zusammengefasst: „Jede Form der gesellschaftlichen Arbeitsteilung führt zur Herausbildung einer Berufsgruppe mit identifizierbaren Verhaltensmustern, Erkennungszeichen und professionellen Deformationen. (…) Politiker (…) dürfen die Macht, das Kennzeichen ihres Berufs, nicht als Statussymbol tragen. Jede professionelle Distinktion ist latent verdächtig: extravagante Kleidung ebenso wie besondere Ess-, Trink- und Rauchgewohnheiten oder Frisuren.(...) Gerade das völlig Gewöhnliche wird vom Bürger honoriert, und nur ausnahmsweise wird das allzu Gewöhnliche zu einem Selbstdarstellungsproblem. (…) Die Bratwurst ist insofern (…) das ideale kulinarische Repräsentationsmittel deutscher Politik, weil sie durch ihre Nichtdistinktion ein Maximum an Zustimmungsfähigkeit verspricht.“ Beobachten Sie daraufhin einmal die Politiker!

35 Eine Aufstellung branchenspezifischer Kleidung findet sich in Anlage C.

besser, allgemeine Regeln aufzustellen, auf die sich alle einstellen können und auf die man als Chef verweisen kann. Denn es kann für einen Vorgesetzten schwierig sein, im Einzelfall die Bekleidung eines Mitarbeiters oder einer Mitarbeiterin zu monieren und sie unter Umständen mit der Bitte, etwas anders anzuziehen, nach Hause zu schicken. Ich habe das erlebt, aber hier gibt es unerfreuliches Diskussionspotential. Das vermeidet man durch vorherige Bekleidungshinweise, die auch diskutiert werden können, aber in genereller, entpersonalisierter Form.

Bei meiner Lektüre und beim Surfen im Internet habe ich festgestellt, dass die Bekleidungsvorschriften unter der Überschrift „Business-Etikette" teilweise sehr viel strenger sind als die, die ich bei Diplomaten und im Staatsdienst erlebt habe. Ich halte einige für übertrieben und werde das gegebenenfalls auf den folgenden Seiten auch anmerken.

Gepflegtes Auftreten

Schlimmer, als falsch gekleidet zu sein, sind nachlässige Kleidung und ungepflegtes Äußeres. Daher sollten Sie immer an folgende Grundregeln denken:

- *Gewaschene Haare, gekämmt und gepflegt:* Dabei ist die Länge der Haare gleichgültig. Auch für Männer ist inzwischen zum Zopf oder am Hinterkopf hochgebundenes Haar akzeptiert. Langes Haar ist nicht mehr, wie in meiner Jugend, Zeichen für eine Protesthaltung, doch immer noch für einen eher unkonventionellen, zumindest jugendlichen Geschmack. Glücklich, wer die Haarpracht dafür hat, kann ich in meinem Alter nur sagen! Ob ein kahl rasierter Kopf für die Umwelt Grund zur Besorgnis ist, hängt von der übrigen Kleidung und dem gesamten Auftreten ab.
- *Deodorant, Parfum, Rasierwasser:* Nutzen Sie sie routinemäßig und nicht nur zu besonderen Anlässen. Das Traurige ist ja, dass kaum jemand einen darauf aufmerksam macht, wenn man mal übelriechend durch die Welt läuft.
- *Frischer Atem:* Wir putzen uns ja alle die Zähne, und das sollte meistens genügen. Mundgeruch tritt manchmal aber trotzdem auf und ist dann eine Frage der körperlichen Disposition. Das Schlimme ist: Sie merken es nicht, und kaum jemand macht Sie darauf aufmerksam; Gesprächspartner hängen nur weniger an Ihren Lippen.[36] Vermeiden Sie auch Knoblauchgerichte am Abend vor einer Prüfung, einer Sitzung oder dem Empfang eines Besuchers – von dem Rendezvous mit einer Freundin oder einem Freund ganz

36 Hellbach-Grosser, Erfolg, S.16, empfiehlt einen Selbsttest: Lecken Sie zweimal über den gewaschenen, trockenen Handrücken, lassen Sie ihn antrocknen und schnuppern Sie dann.

zu schweigen. Beim Skilaufen mag Ihnen ein Knoblauchgericht am Vorabend in einer überfüllten Kabine der Bergbahn allerdings etwas Platz verschaffen. Manche Personen finden Zwiebelgeruch übrigens genauso schlimm. Verlegen Sie also, wenn Sie es über das Herz bringen, solche Gerichte auf das Wochenende.[37]

- *Kaugummis* helfen hier, doch bitte kauen Sie sie nur, wenn Sie alleine oder privat mit Freunden unterwegs sind. Kaugummikauen bei einem Gespräch oder einer Besprechung wird von den meisten als Respektlosigkeit wahrgenommen. Auch in der Kirche macht es sich nicht gut.
- *Piercings und Tätowierungen:* ein kontroverses Thema. Hier wandelt sich die Akzeptanz. Letztlich ist der seit Jahrhunderten für Frauen übliche Ohrring auch nichts anderes als ein Piercing. Dennoch: Sie müssen sich darüber im Klaren sein, dass Piercings und Tätowierungen bei der älteren Generation selten akzeptiert sind. Ob es nun gerecht ist oder nicht: Wenn Sie mit einem voll tätowierten Arm und Piercings in Lippe und Nase zu einem Vorstellungsgespräch in einer Bank antreten, sind die Chancen gering, ausgewählt zu werden. Denn Sie entsprechen nicht dem berufsspezifischen Erscheinungsbild. Das mag, was Ihre Qualifikation anbelangt (von dem fehlenden Gespür für Situationen einmal abgesehen), falsch und ungerecht sein. Es ist aber Fakt. Selbst wenn dieser Ablehnungsgrund nicht genannt wird – und er wird es kaum jemals –, beeinflusst das Erscheinungsbild unausgesprochen das Gesamturteil. Es gibt hierzu Gerichtsurteile; die Dinge sind im Fluss.[38]

---

37 Hier noch eine Ermunterung: Weisen Sie, wenn es irgend möglich ist, andere diskret auf diese Dinge hin. Das geht ja auch auf Umwegen. Ich habe mich nach manchem Gespräch gefragt, warum die Frau des Gesprächspartners ihm nicht gesagt hat, er solle etwas gegen seinen Mundgeruch tun. Dasselbe gilt, wenn Sie bei jemandem Essensreste am Mund oder auf der Kleidung, eine ungeputzte Nase oder einen offenen Hosenstall sehen. Sagen Sie das nicht nur Ihrem Partner, sondern auch Ihrem Gesprächspartner, dem Kollegen und auch Ihrem oder Ihrer Vorgesetzten. Es ist ein bisschen peinlich, aber der oder die Angesprochene wird Ihnen dankbar sein. Das Ganze ist einfacher, wenn ein Herr einen Herren und eine Dame eine Dame auf so etwas anspricht. Aber auch wenn das nicht möglich ist: Der Hinweis „Sie sollten Ihre Kleidung korrigieren" ist hinreichend dezent und deutlich.

38 Das Verwaltungsgericht Düsseldorf hat am 8.5.2018 (Aktenzeichen 2L3279/17) durch Urteil entschieden, dass ein junger Mann, der auf der Innenseite seines linken Unterarms eine großflächige Löwenkopf-Tätowierung trug, für das Auswahlverfahren für den höheren Polizeidienst zuzulassen sei. Und das, obwohl nach einem Erlass des Innenministeriums großflächige Tattoos, die beim Tragen der Polizei-Sommeruniform erkennbar seien, einen absoluten Eignungsmangel darstellen, da solche Tätowierungen die Legitimation und Autorität von Polizisten beeinträchtigten. Das Gericht be-

Wenn Sie sich dagegen als Verkäufer oder Verkäuferin in einer Modeboutique für junge Leute bewerben, werden Sie diese Probleme nicht haben; hier passen Sie in das „corporate design". Und wenn Sie als Bauarbeiter tätig werden wollen, mag eine Tätowierung, bei der sich der Mund einer Schlange bei jeder Bewegung Ihres Bizeps öffnet, Ihre Akzeptanz bei den Kollegen beträchtlich erhöhen. Es ist alles vom Umfeld und den dort üblichen Erwartungen abhängig.

Ich bin hier vielleicht etwas altmodisch und will Ihnen zum Ausgleich nicht vorenthalten, dass 2017 jeder vierte Deutsche (mindestens) eine Tätowierung trug.[39] Dennoch sollte man daran denken, dass die Abneigung älterer Menschen gegen Tätowierungen tief sitzt.

- Natürlich kommt es auch hier, wie so häufig, auf das Maß und darauf an, ob die Tätowierungen sichtbar sind. Solange das nicht der Fall ist, und solange sich Piercings auf Ohren beschränken, haben Sie als Frau auch im konservativen Umfeld keine Probleme. Die Ohrringe bei Männern stellen insoweit einen Sonderfall dar, als sie ein Hinweis auf die sexuelle Orientierung sein können.[40]
- *Keine zerrissenen Jeans:* Diese, meist den Damen vorbehaltene Mode ist, so hübsch das hervorlugende braune Knie auch sein mag, nur der Freizeit

fand, für einen Eignungsmangel reiche es nicht aus, dass Teile der Bevölkerung großflächige Tätowierungen für unpassend oder unästhetisch hielten. Zudem deute die augenfällige Zunahme von Tätowierungen gerade an den Armen eher auf einen gesellschaftlichen Wandel hin. Die Ablehnung eines Bewerbers wegen gewaltverherrlichender Motive sei hingegen weiterhin zulässig. Berlin hat daraufhin seine Dienstvorschriften für die Polizei geändert und erlaubt, Tätowierungen offen zu tragen, solange sie nicht entwürdigend, sexistisch, extremistisch oder gewaltverherrlichend sind. Zu diesem Aspekt hat das Bundesverwaltungsgericht am 17.11.2017 entschieden, dass ein Polizist, der rechtsextreme Tätowierungen trägt, aus dem Beamtenverhältnis entlassen werden kann. „Es ist kaum eine intensivere Bekundung der inneren Einstellung denkbar, als sich diese eintätowieren und sie so nach außen wirken zu lassen.".

39 Statista Umfrage vom 15.6.2017.

40 Das Bundesverwaltungsamt warb im Oktober 2017 auf großen Plakaten mit dem Aufruf „Bewirb dich wie du bist und gestalte die moderne Verwaltung in Deutschland mit" und mit dem Bild eines Mädchens mit Kopftuch, das seine mit Henna gefärbten und mit schönen Ornamenten verzierten Hände zeigt, um Mitarbeiter. Ganz abgesehen davon, dass eigentlich Kommas hinter „dich" und „bist" gehört hätten, darf man diese Werbung nicht als Zeichen einer allgemeinen Akzeptanz traditioneller Tätowierungen für alle Berufe werten. Dies hier ist ein Werbeplakat, auf dem das Bundesverwaltungsamt mit dem lobenswerten Ziel der Integration begabter junger Menschen mit Migrationshintergrund neue Wege beschreitet. Gut so, aber eher ein Pilotprojekt.

vorbehalten. Wenn Sie so zu einem Vorstellungsgespräch oder einer Besprechung kommen, wird man an Ihrer Fähigkeit zu situationsgerechtem Verhalten zweifeln.

- Insbesondere bei jungen Männern ist es derzeit Mode, die *Hosen* so weit über den Po rutschen zu lassen, dass sich der Schritt etwas oberhalb des Knies befindet. Das ist nicht jedermanns Geschmack und wird dem Betrachter dann richtig peinlich, wenn sich bei jedem Bücken ein gutes Stück der Pofalte zeigt.
- *Saubere und gebügelte Kleidung:* Wenn Sie einen kleinen Fleck auf Ihrem Anzug, Ihrer Krawatte oder Ihrer Bluse finden, sagen Sie sich nicht: „Ach, das sieht doch keiner." Meistens sehen es die anderen doch, da sie mit ihren Augen nicht nur an Ihren Lippen hängen. Also: Mit diesem Kleidungsstück ab in die Schmutzwäsche oder die Reinigung und ein sauberes angezogen. Sie fühlen sich dann auch wohler.
- *Saubere Schuhe:* Auf meinem ersten Auslandsposten in Algerien begleitete ich 1977 den damaligen Staatssekretär im Wirtschaftsministerium, Detlev Karsten Rohwedder, bei einer Fahrt zu den Öl- und Gasfeldern in der Sahara. Nach der Übernachtung in einer Oase sagte er, als wir auf die Autos warteten, er schaue bei seinen Mitarbeitern immer darauf, ob ihre Schuhe geputzt seien. Meine Kollegen und ich blickten betreten auf unsere Schuhe: Alle trugen noch deutliche Spuren des Wüstenstaubs vom Vortage. Nur die seinigen nicht. 1977 ist schon eine Weile her, doch das Kriterium dürfte bei vielen nach wie vor Gültigkeit haben.
- *Keine Muster mischen,* also kein kariertes Hemd zu einem gestreiften Anzug, keine gestreifte Bluse zum geblümten Rock.
- *Keine zu enge Kleidung*. Bei Männern fragt man sich, ob das Geld für einen neuen Anzug fehlt, bei Frauen tippt man auf einen schlechten Geschmack. Christian Dior riet beim Kauf neuer Kleider: „Eine Nummer zu groß ist elegant".
- *Farben:* Dunkle Kleidung indiziert Autorität. Bei Farbkombinationen ist es optisch günstiger, oben Helles und unten Dunkles zu tragen. Das gilt auch für Schuhe.
- Keine *Sonnenbrille* nach Sonnenuntergang und in geschlossenen Räumen, es sei denn, sie ist ärztlich indiziert.[41]

---

41 Ob Sie als Mann die Sonnenbrille den halben Tag lang unternehmungslustig in das mehr oder weniger volle Haar schieben wollen, müssen Sie mit Ihrem Stilempfinden

- *Lieber „overdressed" als „underdressed".* Sich förmlicher als nötig zu kleiden, kann immerhin als Zeichen des Respekts gegenüber den Gastgebern gewertet werden. Gastgeber werden häufig bemüht sein, etwas „underdressed" zu erscheinen, um einem Gast, der den Dresscode auf der Einladung nicht genau gelesen hat, Peinlichkeiten zu ersparen.

- Wenn Sie merken, dass Sie nicht so gekleidet sind wie die anderen, bleiben Sie ruhig. Es ist meistens völlig egal. Der einzige, der darunter leidet, sind Sie, weil Sie sich Gedanken darüber machen. Genießen Sie den Abend, Sie können es ohnehin nicht mehr ändern. So wichtig sind Bekleidungsvorschriften nun auch nicht. Sie machen das mit ihrem Charme locker wieder wett; auf den kommt es an.

Hinweise speziell für Herren

- *Gut rasiert oder gepflegter Bart.* Mir ist bewusst, dass der Drei-Tage-Bart „in" und durchaus akzeptiert ist. Aber hinter vielem, was lässig und locker ausschaut, steckt erstaunlich viel Arbeit. Also: Pflegen Sie Ihren (Drei-Tage-)Bart, selbst wenn Sie der staunenden Umwelt kundtun wollen, dass Sie gerade von einer dreitägigen Orgie oder einer Abenteuerfahrt in der Wüste ohne Oasenberührung zurückkommen. Sonst könnten Betrachter noch glauben, sie trügen den Bart, um Ihre Abneigung gegen eine arbeitsintensive Morgentoilette zu verbergen.

- *Keine kurzen Hosen:* Die sind für zu Hause oder für den Strand.

- *Lange Hosen:* Hosen mit Aufschlag sind eher sportlich und Kombinationen und Zweireihern vorbehalten.[42]

- *Anzug:* Im Büro tragen Sie tagsüber einen hellen Anzug oder eine Kombination, abends einen dunklen Anzug. Dunkler Anzug bedeutet Anthrazit oder dunkelblau. Dunkelbraune Anzüge sieht man selten; sie sind als Abendanzug – das ist jedenfalls vorherrschender Geschmack – nicht akzeptiert.[43] Alles hängt natürlich von der Art der Abendveranstaltung ab. Viele sind unsicher und tragen vorsichtshalber den ganzen Tag einen dunklen Anzug. Das ist nur richtig, wenn man keine Zeit hat, sich vorher umzuziehen; sonst zeigt es ein nur wenig ausgeprägtes modisches Verständnis

---

ausmachen. Es ist eher etwas für die Ferien als für Vorstellungsgespräche. Bei Damen ist es als modisches Accessoire im nicht-offiziellen Umfeld akzeptiert.

42 So die reine Lehre. Ich halte das für vernachlässigenswert.

43 Der Grund dafür liegt darin, dass Anfang des 20. Jahrhunderts für die damals tonangebende britische Oberschicht Braun die Farbe der Freizeitkleidung war.

und auch wenig Gefühl für die Variationsmöglichkeiten im Rahmen des Protokolls.[44]

Groß gemusterte Anzüge wirken für die meisten ein wenig großspurig, selbst wenn der, der sie trägt, nur ausgesprochen modebewusst ist. Der Satz von Erica Pappritz „Auffällig gemusterte Jacketts verlieren schnell an Reiz“ gilt auch heute noch.

Beerdigungen erfordern einen schwarzen (hat man aber selten), dunkelgrauen oder dunkelblauen Anzug und eine schwarze, auf jeden Fall gedeckte Krawatte. Die silbergraue Krawatte der fünfziger Jahre ist weitgehend „out“. Zunehmend werden für jüngere Leute auch schwarze Jeans und dunkles Hemd akzeptiert, von der älteren Generation allerdings nur nach einem kurzen Schlucken.

- *Das Jackett* muss, wenn man steht, bei Fototerminen, Gedenkminuten und Vorstellungen auf der Bühne, zugeknöpft sein. Bei einem Jackett mit zwei Knöpfen sollten der obere, bei einem Jackett mit drei Knöpfen der mittlere oder die beiden oberen Knöpfe geschlossen sein; bei zwei geschlossenen Knöpfen sitzt das Jackett meistens besser. Probieren Sie es bei jedem Anzug aus. Ein Doppelreiher sollte auch im Sitzen zugeknöpft sein, den Einreiher kann man meines Erachtens beim Hinsetzen aufatmend öffnen. Trägt man eine Weste, kann man (muss man aber nicht) das Jackett immer offen lassen.[45]
- *Der dreiteilige Anzug mit Weste* wird von manchen Mode- bzw. Stilratgebern als besonders festlich betrachtet. Ich teile diese Auffassung nicht. Es stimmt zwar, dass ein Anzug ohne Weste etwas sportlicher und dynami-

---

44 Laut Meyden, Business, S.106, sind helle Sommeranzüge und Kombinationen für die Führungsetage tabu. Das ist traurig und kann nur mit dem Wunsch, nicht aufzufallen, und modischem Desinteresse erklärt werden. Unter Diplomaten ist eine solche Einschränkung jedenfalls nicht bekannt.

45 Die Regel, dass ein Jackett zugeknöpft sein sollte, ist bei jungen Leuten auf dem Rückzug, aber nicht nur bei ihnen. Ein Blick in die Fernsehnachrichten genügt: Einige Politiker erscheinen mit zugeknöpftem Jackett – ein bewusstes Zeichen von Disziplin und Form. Andere laufen mit offenem Jackett durch die Gegend, und da sehen Sie schon am Gang und an der Körpersprache, ob es Nachlässigkeit ist (meistens) oder eine Demonstration der Macht und des Gefühls, dass man sich um solche Kleinigkeiten nicht zu kümmern braucht. Natürlich ist es auch eine Frage der Situation. Ich sitze manchmal in einer Auswahlkommission. Wenn dort die Kandidaten zur Begrüßung antreten, hat im Allgemeinen nur ein Mann sein Jackett zugeknöpft, die anderen drei oder vier (übrigens auch einige Kommissionsmitglieder) nicht. Das sieht für mich nachlässig und nicht situationsgerecht aus. (Dennoch gibt es dafür keinen Punktabzug. Denn ich muss zugeben: Nicht jedes zugeknöpfte Jackett sitzt gut.)

scher aussieht, ein Anzug mit Weste gesetzter, fast etwas altväterlich. Beide unterscheiden sich aber nicht in der Förmlichkeit. Wählen Sie, was zu Ihrem Typ passt. Der unterste Knopf der Weste wird übrigens nicht zugeknöpft; das sieht man schon an seiner seitlich versetzten Anordnung.

- *Krawatte oder nicht?* Die Krawatte ist auf dem Rückzug, aber nicht aus dem Feld geschlagen. Folgen Sie dem, was an Ihrem Arbeitsplatz üblich ist. Bei Bürotätigkeit mit Außenkontakten wird häufig eine Krawatte erwartet. Manchmal ist sie vom Chef auch vorgeschrieben. Und wenn Sie schon eine Krawatte tragen, dann binden Sie sie bitte korrekt, ziehen Sie also den Krawattenknoten bis unter den Kragen hoch und lassen Sie ihn nicht auf Halbmast hängen, um sich mehr Luft zu verschaffen. Selbst bei Hitze. Vieles ist hier eine Frage der Autosuggestion. Nur wenn Sie in einem Büro ohne Publikumsverkehr sitzen, können Sie sich „Marscherleichterung" verschaffen. Vergessen sie aber nicht, die Krawatte wieder hochzuziehen, wenn Sie auf den Flur treten. Die Krawatte sollte so gebunden sein, dass sie gerade bis zum Gürtel reicht. Idealerweise gilt: Die Spitze der gebundenen Krawatte liegt in der Mitte der Gürtelschnalle.[46]

- *Krawattennadeln* und *Krawattenspangen* sind heute selten und nicht „in". Schon zur Zeit von Frau Pappritz waren sie nur etwas für „Herren gesetzten Alters".

- *Hemden.* Im Büro keine kurzärmligen Hemden oder Polohemden, von T-Shirts ganz zu schweigen, auch nicht unter dem Jackett.[47]

---

46 Wenn Sie Geschichte interessiert: Die Verbreitung der Krawatte – Halstücher gab es schon zu römischer Zeit – ist den Kroaten zu verdanken. Ihnen war das Stärken und Bügeln des zur Zeit des Dreißigjährigen Krieges üblichen Umlegekragens zu mühsam; sie schlangen sich stattdessen ein Tuch um den Hals. Durch kroatische Söldner verbreitete sich die Mode in ganz Europa und fand insbesondere in Ludwig XIV. einen großen Befürworter. Deutsche Patrioten jedoch – denken Sie nur an den Schillerkragen des Sturm und Drang – lehnten die fremdländische französische Mode ab. Ernst Moritz Arndt forderte in seinem „Wort über Sitte, Mode und Kleidertracht" die „altdeutsche Tracht", den freien Hemdkragen ohne knechtisches Tuch um den Hals. Kleidung wurde – und ist es auch heute noch – Ausdruck der Gesinnung. 1820 ging es dieser Freiheit aber sozusagen an den Kragen: Der Preußenkönig Friedrich Wilhelm III. führte die Krawatte als Teil der „staatserhaltenden" Kleidung ein. Wer heute gerne ohne Krawatte geht, kann sich also auf historische Vorbilder berufen, sollte allerdings König Friedrich Wilhelm III. dabei nicht aus den Augen verlieren. Der griechische Ministerpräsident Tsipras sagte 2015 vor laufenden Kameras, er werde erst wieder eine Krawatte umbinden, wenn Griechenland einen Schuldenschnitt erhalte. Er benutzt die Ablehnung der Krawatte also wieder, wie einstmals Arndt, als Signal politischen Neuanfangs, wenn nicht gar als Symbol der Befreiung von politischer Bevormundung.

Einfarbige Hemden lassen sich am leichtesten mit Anzug und Krawatte kombinieren. Großkarierte Hemden sind dubios, schreiende Farben *out*. Längsgestreifte Hemden sind in Ordnung und weniger langweilig, aber möglichst nicht zu einem karierten Anzug oder einer karierten Krawatte. Muster sollten aufeinander abgestimmt sein. Die Faustregel ist, dass man durch Eleganz, nicht durch schreiende Farben und unübliche Kombinationen auffallen sollte. Leider kommt es nicht nur auf den eigenen Geschmack, sondern auch auf den der Umwelt an.[48]

- *Manschetten*: Umschlagmanschetten mögen heute im täglichen Gebrauch ein wenig aus der Mode gekommen sein, doch sind sie besonders elegant und festlich. Sie sollten daher ein weißes oder hellblaues Hemd mit Umschlagmanschetten für besondere Anlässe immer im Schrank haben. Manschetten, welcher Art auch immer, sollen beim elegant gekleideten Mann ein bis zwei Zentimeter unter dem Ärmel des Jacketts hervorschauen.[49] Das ist mir, ehrlich gesagt, leider nur selten geglückt; meistens verschwanden sie beim Arbeiten oder Gestikulieren wie von Zauberhand gezogen unter dem Ärmel, aus dem ich sie, wenn ich daran dachte, in einem Moment der Muße mühsam wieder hervorzog.
- Bekümmern Sie sich also nicht, wenn Sie dieses Ideal nicht erreichen; ich habe jahrzehntelang mit dieser Anforderung gekämpft und meistens verloren; wahrscheinlich ist es niemandem aufgefallen.
- *Der Hemdkragen* ist der Mode unterworfen.[50] Nach strenger Lehre (die ich persönlich nicht befolge) sind Button-down-Hemden nur etwas für die Freizeit und nicht für Krawatten bestimmt.

---

47 Kurzärmlige Hemden „vermitteln Pfadfinder-Status" (Helbach-Grosser, Erfolg, S.25). Das gilt allerdings nicht für Uniformen.

48 Schwarzes Hemd zu weißer Hose oder zu hellem Anzug mag als schick empfunden werden, ist aber doch mehr etwas für den Urlaub in südlichen Gefilden. „Das Hemd ist der hellste Punkt des Gesamtbildes" (Meyden, Business, S.108). Wenn ich im Fernsehen Kommentatoren mit grauem Jackett, dunklem Hemd und grün-grau gestreifter Krawatte sehe, gibt es nun gar keinen Lichtblick. Manchmal ist die Farbkombination aber auch vorgeschrieben. Als ich 1986 in Santo Domingo Präsident Balaguer mein Beglaubigungsschreiben überreichte, musste ich weißen Anzug, weißes Hemd mit schwarzer Krawatte, schwarze Schuhe und schwarze Socken tragen.

49 Es gibt dafür einen praktischen Grund: die transpirierende Haut soll den Anzugstoff nicht verunreinigen; ein Hemd ist leichter zu waschen als der Anzug.

50 Ich habe gelesen, schon der falsche Hemdkragen könne signalisieren, dass der Träger nicht detailfreudig sei. Diese Aussage halte ich für maßlos übertrieben: Lassen Sie sich durch so etwas nicht verunsichern.

- Einen *Gürtel* sollten Sie tragen, wenn Ihre Hose die dafür erforderlichen Schlaufen im Bund aufweist. Auch hier: farblich anpassen. Brauner Gürtel zu hellem Anzug, schwarzer zu dunklem. Hosenträger und Gürtel gleichzeitig geht nicht; entscheiden Sie sich.
- *Socken*: einfarbig, möglichst ohne Muster, zur Farbe des Anzugs und der Schuhe passend, und lang genug, dass man beim Sitzen keine nackte Haut sieht. Deswegen sind Füßlinge und die kurzen Sneakersocken – zu welchen Schuhen auch immer – nichts für lange Hosen. Weiße Strümpfe oder Socken sind Ärzten und Sportlern vorbehalten. Tennissocken nur zu Tennisschuhen, und diese nur auf dem Tennisplatz.
- *Schuhe* waren früher Ausdruck von Macht und Würde. Gelegentlich gilt das immer noch, denken Sie nur an die roten Schuhe des Papstes. Aber in Führungsetagen fällt auch heute der Blick schnell auf die Schuhe. Alle Stilratgeber sind sich einig, dass es sich lohnt, in gutes Schuhwerk zu investieren. Dabei gilt: Je schlichter der Schuh, desto vornehmer. Manche halten braune Schuhe zu dunklem Anzug für verfehlt. Ich meine, es kommt hier auf die Art des Brauns an; bordeauxfarbene Schuhe zu dunkelblauem Anzug halte ich für vertretbar, hellbraune Schuhe, selbst wenn sie schönster italienischer Machart sind, dagegen nicht.
- Eine alte Regel lautet: „No brown after six". Sie bedeutet, dass man zu Abendveranstaltungen schwarze Schuhe tragen soll. Das ist insoweit richtig, als bei Abendveranstaltungen häufig dunkle Anzüge getragen werden. Frau Pappritz sagt: „Schwarze Schuhe sind nie falsch. Braune Schuhe sollen nicht zu hell sein und können zu allen hellen Anzügen getragen werden. Je festlicher der Abend, desto weniger wuchtig das Schuhwerk." Daran hat sich bis heute nichts geändert. Vor der Vielfalt der zur Auswahl stehenden Schuharten strecke ich hier die Waffen.[51] Nur so viel: Zweifarbige Schuhe sind informellen Anlässen vorbehalten.
- In gehobenen Positionen: *Keine Sandalen*, auch keine *Joggingschuhe* und keine *Turnschuhe* im Büro, von offiziellen Essen und Vorstellungsgesprächen ganz zu schweigen.[52] Das gilt dann natürlich auch für Tennissocken.

---

51 Wer etwas über *Oxford, Brogue, Budapester, Derby, Loafer, Boot* und *Sneaker* wissen will, kann bei Starlay, Stilcoach, S.78ff., oder Rusche, Brevier, S.160ff. (mit Zeichnungen) nachschlagen.

52 Als Joschka Fischer 1985 bei der Vereidigung als hessischer Umweltminister weiße Turnschuhe trug, war das damals eine Provokation und wäre in dieser Situation auch heute noch ungewöhnlich. Im Straßenbild und im Fernsehen sind weiße Joggingschuhe zu jeder Art Bekleidung, auch zu dunklen Anzügen, heute aber überall zu

- *Keinen Trainingsanzug*, und zwar nirgends, es sei denn, man macht Sport. Auch auf der Straße, beim Einkaufen oder bei der Fahrt in den Urlaub hat er nichts zu suchen.

- *Der Mantel* dient in erster Linie dem Schutz vor Kälte und Nässe. Dem ist auch die Eitelkeit unterzuordnen: „Nur dumme und arme Leute frieren“. In Ihrer Freizeit können und sollen Sie den Mantel oder die Jacke anziehen, die Ihnen gefällt – vom Anorak bis zum Dufflecoat. Beim Parka schwingt trotz seines harmlosen Ursprungs[53] nicht nur Forschermut im Inlandeis mit, sondern wegen seiner Nutzung für militärische Zwecke und bei Studentenprotesten auch etwas Militantes und Nonkonformistisches. Das sollten Sie berücksichtigen, wenn Sie nicht gerade auf eine Demo gehen. Bei offiziellen Anlässen, insbesondere abends, sollten Sie einen normalen Stadtmantel tragen. Bei Frack und Cut sollte er auch die „Schwalbenschwänze“ bedecken. Wenn Sie zum Frack noch einen weißen Seidenschal à la Graf Danilo aus „Die lustige Witwe“ zur Hand haben, umso besser. Kürzere Mäntel sind modisch, aber eher sportlich und lassen den Körper gedrungen erscheinen. Ein leichter heller Sommermantel und ein dickerer dunkler Wintermantel wären die ideale Kombination für Ihren Kleiderschrank. Wenn Sie im Sommer einen dunklen Mantel brauchen, etwa für eine Beerdigung, können Sie die Zähne zusammenbeißen und – unter Protokollaspekten – auch den Wintermantel nehmen.

- Mit *Accessoires* wird in Ratgebern ein für meinen Geschmack schwer erträglicher Kult getrieben. Das beginnt bei gewissen Zeitungsbeilagen und führt zu Sätzen wie „Der Status einer Uhr – und damit der vermutete Preis – wird durch das Wertebewusstsein der Marke sichergestellt. Für viele Männer ist sie das Statussymbol schlechthin“.[54] Wenn das bei dem einen oder anderem Leser der Fall sein sollte, kann er hier mit dem Lesen aufhören. Denn das hat mit Etikette nichts mehr zu tun. Das ist etwas für Snobs. Echte Klasse, für die ich hier die äußere Form vermitteln will, zeigt sich anders. Tragen Sie ruhig eine Uhr, die Ihnen gefällt und die zu Ihrer Kleidung und zu Ihrem Lebensstil passt, aber glauben Sie nicht, durch den Preis Ihrer Uhr Ihren Status verbessern zu können. Sie laufen nur Gefahr, als protzig eingestuft zu werden.

---

sehen und damit als Mode akzeptiert. Mich persönlich stört es allerdings, wenn bei dunkler Kleidung das Auge des Betrachters zunächst einmal vom strahlenden Weiß der – gelegentlich überdimensionierten – Joggingschuhe gebannt wird.

53 Entweder der Sprache der Eskimos entlehnt oder ein russisches Lehnwort aus der Sprache der Nenzen, eines indigenen Volks im Norden Russlands.

54 Starlay, Stilcoach, S.71.

- *Manschettenknöpfe* bitte nur zu Umschlagmanschetten und zum Frackhemd. Denn an den Manschetten angenähte Perlmuttknöpfe und eingesteckte Manschettenknöpfe schließen einander aus.
- *Der Hut* gehörte bis zur Mitte des 20. Jahrhunderts zur Kleidung des Mannes, nicht nur des „Herren", wie Sie leicht auf historischen Fotos erkennen können. Heute wird er nur noch selten getragen, und wenn, dann häufig auf Anraten der Hautärzte als Sonnenschutz. Nur eine Grundregel sei hier genannt: „Je steifer der Hut ist, desto offizieller ist er, je weicher, desto sportlicher".[55]
- *Der Regenschirm* wird gelegentlich als „echtes Statussymbol" bezeichnet. Dafür halte ich ihn bestimmt nicht. Doch er muss zur Kleidung passen. Daher ist der am Handgelenk eines elegant oder gar festlich gekleideten Mannes baumelnde Knirps ein gravierender Stilbruch.

Hinweise speziell für Damen

- *Länge des Rocks* oder des Kleides am Arbeitsplatz: nicht zu kurz, „knieumspielend" oder höchstens eine Handbreit über dem Knie.[56] Den Minirock sollten Sie für eine private Abendveranstaltung aufsparen.
- *Dekolleté: D*a bin ich als Mann natürlich in einem Interessenkonflikt. Aber dennoch: bitte zurückhaltend. Sie wollen (und sollten) doch nicht auffallen und Ihre Kollegen von der Arbeit abhalten (oder doch?).
- Im gleichen Sinne gilt: Keine *durchsichtigen Blusen,* nicht *bauchfreie* und nicht *hautenge Kleidung* im Büro (ist sowieso meistens nicht vorteilhaft).[57]
- *Ärmellose Kleider oder Blusen? Schulterfreie Kleider?* Bei – arbeitsbezogenen – offiziellen Anlässen lieber lange Ärmel. Wollen Sie auf Ihre kurzärmelige Bluse nicht verzichten, in der Sie vorher arbeiten wollen, empfiehlt es sich, noch ein Jackett oder einen Schal dabei zu haben, die sie darüberziehen können. Dieser Rat gilt insbesondere, wenn Sie ein schulterfreies Kleid tragen. Dieses wäre aber ohnehin eher etwas für eine private festliche Veranstaltung.
- *Schmuck:* Es ist schön, wenn Sie viel davon besitzen, aber stellen Sie nicht alles gleichzeitig zur Schau. Weniger ist mehr. Sie wollen (und sollen) ja nicht Aufsehen erregen. Modeschmuck ist ganz in Ordnung. Fußkettchen da-

---

55 Rusche, Brevier, S.188, mit detaillierter Beschreibung.

56 „Der Rock sollte dort enden, wo das Bein schmal ist" (Helbach-Grosser, Erfolg, S.31).

57 „Je mehr Haut eine Frau zeigt, umso weniger Autorität hat sie" (ebd. S.14).

gegen nicht. Bei Businesskleidung sind sie deplatziert und untergraben Ihre Autorität.[58] Ähnliches kann man bei Männern von Freundschaftsbändern sagen.

- Offene *Sandalen* sind für Damen kein Problem. *Joggingschuhe* aber schon.
- *Die Höhe der Absätze* bemisst sich meines Erachtens danach, wie gut Sie in den Schuhen laufen können. Es gibt den Rat, bei der Businesskleidung maximal Absätze von fünf Zentimetern (andere sagen sechs Zentimeter) zu tragen. „Die klassischen Businessschuhe für Frauen sind Pumps mit einer Absatzhöhe von vier Zentimetern".[59]
- *Strümpfe/Strumpfhosen:* In Deutschland gehören sie zum Gut-angezogen-Sein.[60] In einigen Ländern, wie den USA, sind sie ein absolutes „must". Richten Sie sich nach Ihren Kolleginnen oder gehen Sie auf Nummer sicher und ziehen Sie Strumpfhosen an. Das ist ein Punkt, auf den in einigen Ländern wirklich geachtet wird.
- *Handschuhe* sind heute kein Thema mehr. Noch vor 60 Jahren war eine Dame beim Verlassen des Hauses nur dann „angezogen", wenn sie Handschuhe anhatte und einen Hut trug. Der Umschlag des Buchs „Etikette neu" von Erica Pappritz aus den 1960ern zeigt Debütantinnen beim Ball mit Handschuhen bis zu den Ellbogen. Diese Zeiten sind, vielleicht vom Hochadel und dem Wiener Opernball abgesehen, vorbei. Frauen tragen heute im Allgemeinen nur noch Handschuhe, wenn es ihnen kalt ist oder wenn sie sie bei der Arbeit schützen und nicht schmutzig machen wollen. Wie die Männer auch.
- Ein Ratgeber empfiehlt, dass sich Frauen in von Männern dominierten Bereichen eher zurückhaltend, gegebenenfalls *leicht maskulin kleiden* sollten. Ich höre, dass das dort geradezu eine Überlebensstrategie sein kann. Das ist schockierend und sehr bedauerlich. Wo dieser Druck nicht besteht, würde ich Frauen im Sinne von Yves Saint Laurent dennoch raten, ihre Weiblichkeit und Stärke zu betonen, statt sie zu verbergen. YSL sagte: „Ich liebe Frauen, die Hosen tragen, allerdings nicht, wenn sie dadurch das Ebenbild des Mannes werden wollen".

---

58 „Sie wirken je nach Alter süß oder lächerlich" (Helbach-Grosser/Hofmann, Frauen, S.42).

59 Helbach-Grosser/Hofmann, Frauen, S.32.

60 Mehr zu diesem Thema finden Sie bei Schneider-Flaig, Knigge, S.209ff.

Dresscodes

Kleiderordnungen gibt es seit alters her; durch sie wurden gesellschaftliche Hierarchien nach außen erkennbar gemacht. Daneben gab es andere Gründe: Das „Aufwandsgesetz“ von Karl dem Großen aus dem Jahr 808 schrieb vor, wie viel jeder Stand für seine Kleidung ausgeben durfte. Auch die Moral forderte ihr Recht: Das anscheinend besonders sittenstrenge Straßburg verbot 1356 Frauen lang herabfallendes, offen getragenes Haar und erließ ein Verbot von Unterwäsche, das die Brüste hervorhob. Die Reichspolizeiordnung von 1530 regelte, welcher Stand welchen Pelzbesatz tragen durfte, und im 17. Jahrhundert gab es zunehmend Luxusbeschränkungen, die auch religiöse Gründe hatten. Und es ist noch nicht lange her, dass ein Hauptmann von Köpenick allein aufgrund seiner Uniform Autorität ausstrahlte.

Auch heute gibt es Kleiderordnungen im beruflichen und Kleidungsempfehlungen im gesellschaftlichen Bereich. Das sind die Dresscodes. Ein matter Abglanz der Signalfunktion der Kleidung für den Stand einer Person finden Sie nur noch darin, dass förmliche Gesellschaftskleidung in Adelskreisen häufiger anzutreffen ist als in bürgerlichen. Für Berufe gilt der Satz „Form follows function“, also „Die Funktion bestimmt die Kleidung“: Ein Elektriker, der im Auswärtigen Amt nach einem Kurzschluss sucht, kann das in Jeans und Polohemd tun, ohne aufzufallen, bei einem Abteilungsleiter, der so einen ausländischen Botschafter empfangen will, ist das anders.[61]

Ich hatte ursprünglich vor, das Kapitel „Dresscodes“ schnell abzuhandeln, da ich von Einladungskarten her allenfalls drei oder vier Bekleidungsvorschriften kannte. Damit glaubte ich gewappnet zu sein. Ein Blick in die reichhaltige Literatur und in das Internet belehrten mich dann aber eines Besseren: Der Dresscode wird dort mit Stil und Mode angereichert und damit unübersichtlich und teuer. Das muss nicht sein. Es überfordert – auch finanziell – „Otto Normalverbraucher“, also die überwältigende Mehrheit in unserem Land, und verunsichert ihn. Zur Beruhigung aller: Man kann sich auch mit geringem Aufwand korrekt und gut kleiden.

Die vier Pfeiler der offiziellen Dresscodes sind „Informal/Informell“, „Straßenanzug“, „Dunkler Anzug“ und „Smoking“, als Extra vielleicht noch der seltene „Cut“ und „Frack“. Meine 35jährige Berufserfahrung im Diplomatischen Dienst und beim Bundespräsidenten haben mir gezeigt, dass man damit auskommt.

61 Die Umkehrung des Satzes „Form follows function“, also „Function follows form“, funktioniert, so gerne das mancher sähe, hingegen nicht.

Ansonsten bleibt für den Mann eigentlich nur zu überlegen: Anzug ja oder nein, Krawatte ja oder nein, Farbe des Anzugs und der Krawatte. Einen Smoking könnten Sie gelegentlich brauchen, Cut und Frack so gut wie nie. Also seien Sie nicht bedrückt, wenn Sie dafür kein Geld haben oder es dafür nicht ausgeben wollen. Ein dunkler Anzug ist im republikanischen Deutschland immer akzeptiert. Was darüber hinausgeht, ist entweder beruflicher Zwang, Modebewusstsein und/oder der Wunsch, zu den „Oberen Zehntausend" zu gehören.[62]

Bei den Damen bietet sich hingegen eine ganz andere Bandbreite von Möglichkeiten, die natürlich ausgenutzt werden sollte. Aber auch das muss nicht teuer sein. Geschmack ist hier entschieden wichtiger als Geld.

Hinweise, wie man sich bei Veranstaltungen anziehen soll, finden Sie meistens auf den Einladungskarten. Wenn nicht, und Sie sind sich nicht sicher, welche Bekleidung erwartet wird, sollten und können Sie ohne weiteres den Gastgeber oder die Gastgeberin fragen. Aus den Hinweisen für die Männer ergeben sich im Allgemeinen auch die Konsequenzen für die Bekleidung der Damen, die allerdings größere Freiheit haben.

Hier folgt nun die ganze Palette möglicher Dresscodes:

- *Informal/Informell:* Bedeutet im Allgemeinen das, was es sagt: Freizeitkleidung, Jeans, keine Krawatte, doch sollte man auch hier daran denken, dass man beim Gastgeber keine Gartenarbeiten machen soll, sondern zu einer gesellschaftlichen Veranstaltung eingeladen ist.[63] Hauptkriterium für den Mann: Er kann (und sollte) seine Krawatte zu Hause oder im Auto lassen. Die *Damen* haben bei diesem Bekleidungshinweis eine große Bandbreite angemessener Kleidung – von Jeans bis zum Kleid. Sie sind meistens etwas eleganter oder zumindest einfallsreicher als die Männer. Für „Informal"/"Informell" gibt es dann noch folgende Spielarten:
- *Casual* kann man mit lässig oder leger übersetzen und bedeutet mehr oder weniger „informell". Sie ziehen also zweifelsfrei legere Kleidung an, der Herr Jeans, Cordhose, dezent farbiges Hemd, Jackett, keine Krawatte. Auch ein Leinenanzug fällt unter diese Rubrik – der typischen Knitterfalten

62 Wer sich intensiv und erschöpfend mit Herrenbekleidung beschäftigen will, mit der Geschichte des Anzugs, mit Stoffen, Mustern, Verarbeitung und Varianten, aber auch mit anderen Bekleidungsstücken, die hier nicht weiter relevant sind, sollte das „Kleine SØR-Brevier der Kleidungskultur" von Thomas Rusche lesen. Er kann dann fast als Herrenausstatter auftreten.

63 Ein Hinweis für Reisende in die britische high society: „Informal" bedeutet in Großbritannien, dass kein Smoking oder Frack getragen wird.

wegen. *Damen* tragen beispielsweise Rock und Bluse, Hose und Polohemd oder T-Shirt.

- *„Sportlich"* zeigt an, dass man in ganz entspannter Kleidung kommen kann, bis hin zu kurzer Hose (etwa zum Grillabend, aber auch da wäre ich vorsichtig) und Polohemd. Aber bitte nicht im Trainingsanzug. Dieses Bekleidungsstück ist bei gesellschaftlichen Veranstaltungen geächtet – es sei denn, eine Sportmannschaft stellt sich vor. Untrügliches Zeichen für ein sportliches Jackett sind aufgesetzte Taschen, wie sie auch der Blazer hat, eine Art Klubjacke und hinsichtlich der Bekleidung sozusagen die Allzweckwaffe des Mannes.
- *„Smart casual"* kann man mit „sportlich elegant" übersetzen und ist ein gelegentlich anzutreffender Bekleidungshinweis, der mich selbst immer wieder ratlos macht. Wie sehe ich am besten „smart" aus? Gemeint ist elegant legere Kleidung, was Frauen im Allgemeinen besser gelingt als Männern. Diesen sei empfohlen, ein sportliches Jackett ohne Krawatte zu tragen, einfarbige oder auch dezent gemusterte Hemden, ruhig auch farbige Hosen und vielleicht ein Halstuch. Zwar ist die große Zeit der Halstücher für Männer seit den 60er Jahren eigentlich vorbei, doch bedecken sie immerhin den bei Männern nicht immer vorteilhaften Halsausschnitt und erfüllen damit zweifellos das Kriterium „smart". Für die *Damen* ist dieser Dresscode legitimer Ansporn, noch ein bisschen Eleganz zuzulegen.
- *„Creative casual"* gibt es anscheinend auch noch, eine mir bislang unbekannte, in kreativen Branchen wie Werbung, Informationstechnik und Fernsehen übliche Variante von „smart casual". Alles halt noch etwas einfallsreicher. Hier hat die Kleidung wieder berufliche Signalfunktion.
- *„Business casual"* ist eine etwas förmlichere Variante von „casual". Die Betonung liegt hier auf „business". Im Endeffekt gibt es nur keinen Krawattenzwang. In Frage kommt diese Kleiderordnung bei informellen Geschäftsessen oder Geschäftsreisen (außerhalb des eigentlichen Treffens). Sie bedeutet Anzug oder Kombination mit und ohne Krawatte mit hellem, auch farbigem Hemd für den Herren, Kleid, Hosenanzug, Kostüm oder Rock mit Bluse für die Damen, also viele Möglichkeiten.[64] Ohne Krawatte aufzutreten, halte ich allerdings für gefährlich (man weiß nie, ob der Chef eine trägt), aber ein heller Anzug ist legitim und ein Beweis dafür, dass man im Dresscode zu differenzieren weiß.[65]

---

64 Wenn Männern bei diesem Dresscode empfohlen wird, nur dunklen Anzug zu tragen, halte ich das für zu eng. Was bleibt dann für eine förmliche Veranstaltung?

65 Neu ist ist mir der Ausdruck *„coolbiz"*, eine „gelockerte Kleiderordnung im Ge-

- *„Casual day"* oder *„Casual Friday"*: In einigen Ländern gibt es einen Tag in der Woche, an dem man etwas legerer gekleidet in das Büro kommen kann. Am Freitag könnte man dann gleich ins Wochenende starten; das war wohl auch der Grund für die Bezeichnung dieses Dresscodes. Oder man könnte nach dem (früheren) Dienstschluss richtig gekleidet und ohne sich vorher mühsam die Krawatte vom Hals reißen zu müssen, zu einer „After Work Party" gehen. Folgen Sie bei diesem Dresscode dem allgemeinen Trend und kleiden Sie sich wie die anderen. Sie wollen ja nicht als besonders steif und altmodisch auffallen. Andererseits müssen Sie auch an diesen Tagen den Erwartungen entsprechen, die Kunden und Besucher an Ihr Erscheinungsbild haben; die Erleichterungen des „casual day" sind also durchaus begrenzt. Denn „casual day" bedeutet nicht Freizeitkleidung, sondern nur geringfügige „Marscherleichterung" wie (eventuell) keine Krawatte, (saubere) Jeans mit Jackett und Ähnliches. Also: auf geht's ins Wochenende!

  In Ministerien gibt es diesen Dresscode nicht. Ich persönlich kann mich – vielleicht deshalb – nicht so recht mit ihm anfreunden. Anzug und Krawatte scheinen ja für einige eine Tortur zu sein, die man nicht fünf Tage in der Woche aushält. Ich finde das überraschend.[66]

- *Come as you are*, meistens vorgegeben für Veranstaltungen nach Büroschluss, indiziert nicht Freizeitkleidung oder Overall für Heimwerker, sondern den am Tag getragenen Büroanzug. Es werden Anzug und Kostüm/Hosenanzug erwartet. Wer üblicherweise im Büro nicht so förmlich gekleidet ist, sollte sich für diese Veranstaltung sogar umkleiden und etwas Eleganteres anziehen.[67] Eine irreführende Bezeichnung also. Entspricht dem „casual Friday", nur eine Nuance förmlicher.

- *Straßenanzug (business suit, tenue de ville)*: Das ist die heute wohl gängigste Kleidervorschrift bei privaten und dienstlichen Einladungen, nachmittags wie abends. Sie besagt, dass man in der Kleidung, mit der man auf die Straße und in das Büro geht, kommen darf bzw. soll. Das darf man allerdings nicht allzu wörtlich nehmen. Erwartet wird bei diesem Hinweis

---

schäfts- und Bürobetrieb, die kurzärmlige Hemden und den Verzicht auf Krawatte gestattet" (FAZ vom 26.7.2018 in einem Bericht über ein Treffen des deutschen und des japanischen Außenministers im sommerlich heißen Japan). Vielleicht bei großer Hitze, doch auch darauf müssen sich die Beteiligten bei einer solchen Gelegenheit vorher einigen. Kurze Ärmel gehen in unseren Breitengraden überhaupt nicht.

66 Laut Helbach-Grosser, Erfolg, S.34, ist der *Casual Friday* auch „tot, mausetot. Schon seit Jahren".

67 www.dresscode-guide.de/buerokleidung/come-as-you-are.

vom Herren ein heller oder dunkler Anzug oder eine Kombination, beides mit Krawatte. Kommen Sie also als Mann nicht in Jeans und Pullover, auch wenn Ihre Erklärung „So gehe ich doch auf die Straße“ von bestechender Logik ist.

Der modischen Phantasie der *Damen* sind keine Grenzen gesetzt: Kleid, Rock mit Bluse, Hosenanzug, Kostüm – alles ist erlaubt. Jeans nur, wenn sie besonders modisch sind. Ihr Geschmack entscheidet. Nur ein langes Kleid wäre „overdressed“.

- *Business* oder *business attire* entspricht dem Straßenanzug. Klingt nur toller.
- *Dunkler Anzug (dark suit, costume foncé)*: Soll es abends etwas festlicher sein, steht „Dunkler Anzug“ auf der Einladungskarte. Es bedeutet genau das, was es sagt. Allerdings sieht man dunkelbraun selten; gemeint ist dunkelgrau oder dunkelblau, aber nicht schwarz.[68]

Mode- und Stilratgeber schlagen bei offiziellen und halboffiziellen Anlässen das Tragen einer *Weste* vor. Mit meinen Erfahrungen deckt sich das allerdings nicht; so streng kann diese Empfehlung also nicht sein. Ich habe es nur selten gesehen und auch selbst nie Anzug mit Weste getragen (außer bei Smoking, Cut und Frack); dabei hatte ich nie das Gefühl, auch im Vergleich zu anderen, „underdressed“ zu sein. Nach meinem Gefühl sieht man mit Weste gesetzter, ohne sie eine Spur dynamischer aus; entscheiden Sie sich!

Wenn der Herr ein Ordensband für den Anzug hat, etwa die Bandschnalle des Bundesverdienstkreuzes oder die Rosette der Ehrenlegion, kann er sie sich jetzt ins linke Knopfloch seines Jacketts stecken. Bei Einladungen zu Nationalfeiertagen oder bei der Begrüßung eines Würdenträgers des Landes, das den Orden verliehen hat, empfehle ich das sogar. Das ist keine Angabe, sondern wäre ein Akt der Höflichkeit.

Für die *Damen* bedeutet dieser Bekleidungshinweis, dass sie das „kleine Schwarze“ anziehen können, aber keineswegs müssen. Sie haben wieder mehr Flexibilität: kurzes Kleid, Hosenanzug, Rock und Bluse, halt etwas förmlicher. Ein langes Kleid wäre „overdressed“, ein langer Rock mit Bluse hingegen in Ordnung.

---

68 Schneider-Flaig, Knigge, S.71, hält einen dunkelbraunen Anzug sogar für ein No-Go. Braun war in England zur stilprägenden Zeit ein Zeichen der Freizeitkleidung; das hat sich bis heute erhalten, auch bei dem „No brown after six“, das wir im vorigen Kapitel bei den Schuhen erörtert haben.

- *Smoking* (auf Englisch *black tie*, amerikanisch *tuxedo*, franz. *cravate noire*)[69]: Ihn zeichnen der Seidenbesatz am Revers, ein einfacher Seidengalon[70] an der Hose und ein plissiertes Hemd, häufig mit verdeckter Knopfleiste, aus. Ein einreihiger Smoking erfordert, um perfekt zu sein, eine Weste oder einen Kummerbund; letzterer ist für meinen Geschmack die elegantere Variante. Der Kummerbund ist ein breiter, gefalteter Seidengürtel; er wird so umgebunden, dass die Falten nach oben offen sind, da man dort früher Visitenkarten hineinsteckte. Sie werden sich ein wenig wie ein Spanier beim Flamenco vorkommen, wenn Sie sich ohne Jackett im Spiegel anschauen.[71] Zum Smoking gehören schwarze glatte Schuhe, auch gerne Lackschuhe.[72]

Der Smoking ist eine Stufe festlicher und förmlicher als der dunkle Anzug und wird auch „kleiner Gesellschaftsanzug" genannt. Er ist in Deutschland bei staatlichen Abendveranstaltungen, etwa bei einem Staatsbankett, das Höchste der Gefühle und daher relativ selten. Bei privaten Einladungen gehobener Art ist er hingegen durchaus üblich. Eine Anschaffung lohnt sich also – im Gegensatz zu Frack oder Cut.

---

69 Der Name kommt daher, dass der Smoking ursprünglich in England als Hausjacke getragen wurde, wenn sich die Herren zum Rauchen in den Salon zurückzogen. Auf Amerikanisch heißt er „Tuxedo", weil er 1889 zum ersten Mal im exklusiven Country Club in Tuxedo Park, New York, getragen wurde. In Deutschland weiß jeder Verkäufer, was Sie meinen, wenn Sie nach einem Smoking fragen. In England bekommen Sie im Geschäft allerdings nur eine schwarze Fliege, wenn Sie ein „black tie" verlangen. Das ist dort also nur der Dresscode; der Anzug an sich heißt „dinner-jacket".

70 Ein einreihiger schwarzer Tressenbesatz aus Seide.

71 Der Kummerbund trägt seinen Namen nicht deshalb, weil er etwa Ihren Kummer (gleich Bauch) in elegante Schlankheit bindet, sondern nach dem hinduistischen „Kamarband", einer Schärpenmode aus Indien, die durch britische Soldaten in Europa populär wurde.

72 Ich kann aus meiner Erfahrung nicht bestätigen, dass keine Schnürschuhe getragen werden dürfen, wie einige Stilratgeber sagen.

Wenn ich bei www.dresscode-guide.de/festliche-kleidung/black-tie lese, dass statt der Armbanduhr eine Taschenuhr vorzuziehen sei (so auch Rohner, Knigge, S.21) und dass man andernfalls eine goldene Armbanduhr wählen müsse, denn eine Armbanduhr aus Stahl sei ein Fauxpas, revoltiere ich innerlich. Erstens frage ich mich, wo die Taschenuhr in einem Smoking ohne Weste untergebracht werden soll. In den Kummerbund kann man sie nicht stecken, da seine Falten nicht tief genug sind; da fällt sie wieder heraus. Ich zweifle, ob die Autoren jemals einen Smoking mit Kummerbund getragen haben. Und zweitens: Ich habe Dutzende von Smoking-Veranstaltungen mitgemacht und kann Ihnen versichern, dass es nicht auf das Metall Ihrer Armbanduhr ankommt, sondern auf die bescheidene Eleganz, mit der Sie sich bewegen. Die Betonung der goldenen Uhr halte ich für Schickimicki.

Als Gastgeber müssen sie sich fragen, wie festlich Sie es haben wollen, aber auch, wie viele Gäste einen Smoking besitzen. Wahrscheinlich nur wenige. Das Erscheinen im dunklen Anzug müssen Sie daher akzeptieren, denn Sie können nicht verlangen, dass man sich für einen privaten Abend einen Smoking ausleiht.

Der Herr kann die Miniatur seines Ordens anstecken, die allerdings nur bei wenigen Ordensverleihungen mitgeliefert und nur sehr selten getragen wird. Ich würde daher davon abraten, wenn Sie nicht auffallen wollen.

Für *Damen* bedeutet der Hinweis „Smoking“, dass sie ein langes Kleid tragen können, aber nicht müssen. Manchmal steht da allerdings auch „Smoking, langes Kleid“, und dann ist jeder Zweifel behoben.

- Das *Dinnerjacket* wird in Deutschland irreführend so bezeichnet, da es typischerweise nicht in geschlossenen Räumen zum Dinner getragen wird, sondern im Prinzip im Freien, also bei Gartenfesten oder auf Seereisen.[73] Es ist ein Smoking mit weißem Sakko, etwas für die lauen Tropennächte an der Reling des Schiffes, das Cocktailglas in der Hand – wer denkt da nicht gleich an das „Traumschiff“. Dementsprechend kann es natürlich auch zum anschließenden „Captain's Dinner“ getragen werden und damit hat es seinen Namen auch verdient. Auf deutschen Gartenfesten sehen Sie das Dinnerjacket eher selten.
- *Frack* (auf Englisch *white tie*, auch *tails,* franz. *cravate blanche*) ist der festlichste aller Abendanzüge („großer Gesellschaftsanzug“). Er sollte nicht vor 18 Uhr und möglichst erst bei Dunkelheit getragen werden. Steht „Frack“ auf der Einladungskarte, ist es für die meisten Zeit, zum Frackverleih zu gehen. Sie erkennen den Frack an den langen Rockschößen („Schwalbenschwänze“), dem Revers aus schwarzer Seide und an den schwarzen Hosen ohne Umschlag mit Doppelgalons. Damit sind Sie aber noch nicht fertig. Das Hemd mit gestärkter Hemdbrust hat keine Knöpfe, sondern wird mit Durchsteckknöpfen geschlossen. Das schaffen Sie nur, wenn Sie durch einen extra dafür angebrachten seitlichen Schlitz im Hemd eine Hand unter selbiges führen, um die Durchsteckknöpfe (die gerne mit Perlen verziert sind) festzustecken. Die Weste ist weiß, die Fliege ebenfalls.[74]

---

73 Deutscher und englischer Sprachgebrauch fallen hier auseinander, da jeder Smoking auf Englisch „dinner-jacket“ heißt, „black tie“ nur als Dresscode.

74 Frau Starlay, Stilcoach, S.139, schreibt, man könne beim Frack statt der Weste einen Kummerbund tragen. Das tun zwar zunehmend Orchestermusiker, doch entspricht das nicht dem typischen Erscheinungsbild. Bei der Einladung in Schloss Windsor würde

Rechnen Sie mindestens eine halbe Stunde zum Anziehen ein, bis Sie alle Knöpfe in die gestärkte Hemdbrust gesteckt und die weiße Fliege angelegt haben. Die Lasche am Hemd ist übrigens dazu da, dieses an dem dafür an der Hose befindlichen Knopf festzumachen, sonst schiebt sich die ganze gestärkte Pracht beim Setzen wie die Brünne eines germanischen Recken nach oben unter Ihr Kinn. Ich habe mich im Frack im Stehen eigentlich immer wohler gefühlt als im Sitzen. Die weiße Fliege ist übrigens ein wichtiges Unterscheidungsmerkmal zur Berufskleidung der Kellner: Diese tragen schwarze Fliegen. Werfen Sie also einen vergewissernden Blick auf Ihre Fliege, wenn ein fremder Herr Sie um die Rechnung bittet. Zum Frack sollten Sie im übrigen ausnahmsweise Lackschuhe anziehen,[75] möglichst mit Socken aus Seide. Ich habe allerdings noch nie erlebt, dass jemand meine Socken nachgeprüft hätte.

Der Frack wird selbst bei offiziellen Abendessen der Bundesregierung und bei Staatsbanketten des Bundespräsidenten seit einigen Jahren nicht mehr getragen. Auch Dirigenten verzichten zunehmend auf ihn. In Adelskreisen und anderen gesellschaftlich anspruchsvollen Schichten ist er aber durchaus noch üblich, auch in Ländern mit regierenden Königshäusern sowie zu besonderen Ereignissen wie den Wagner-Festspielen in Bayreuth und der Schaffer-Mahlzeit in Bremen.

Steht „Frack" auf der Einladung, ist es für die *Damen* das Zeichen, dass sie ihr langes Kleid aus dem Schrank holen sollen; häufig ist das auch noch extra vermerkt („Frack, langes Kleid").

Die Armbanduhr sollte nach Möglichkeit passen, also festlich (Edelmetall) und nicht gerade eine Kombination von Stoppuhr und Pulsmesser sein; Ratgeber empfehlen Damen sogar, bei solchen Anlässen ganz auf eine Armbanduhr zu verzichten. Dann sollten sie sie in das zum Abendkleid passende Täschchen stecken. Ein Herr sollte nach traditioneller, heute meines Erachtens überholter Regel keine Armbanduhr, sondern eine Taschenuhr tragen, die in die Weste gesteckt wird. Ich habe das allerdings als unpraktisch empfunden, da ich immer zuerst auf mein leeres Handgelenk schaute, wenn ich die Zeit wissen wollte.

- Der *Cut* oder *Cutaway* (auf Englisch *morning-coat,* französisch *jaquette*) ist der „Frack des Tages", also für Veranstaltungen bis 18 Uhr, die vor 15 Uhr

---

ich es nicht gerade empfehlen.

75 Die Vorschrift „schwarze Lackschuhe ohne Schnürung" (Rohner, Knigge, S.19) halte ich für übertrieben. Schon Lackschuhe an sich sind eine Seltenheit.

begonnen haben.[76] Zu ihm gehören eine schwarz-weiß-grau gestreifte Hose ohne Umschlag und ein schwarzer (Geh-)Rock mit runden Schößen, glatte schwarze Schuhe und graue oder schwarz-weiße Krawatte. Heute wird er auch mit farbiger Weste und bunten Einstecktüchern getragen. Von staatlicher Seite ist der Cut nur noch bei der Überreichung des Beglaubigungsschreiben der Botschafter und beim Neujahrsempfang des Bundespräsidenten für das diplomatische Korps vorgegeben. Bei diesen Veranstaltungen, wie auch bei Beerdigungen, ist eine schwarze Weste zu tragen. Helle Weste trägt man dagegen bei Hochzeiten und anderen freudigen Anlässen. Das Kleidungsstück soll bei jungen Leuten wieder im Kommen sein, beim Adel war es das schon immer. Keine Orden. *Damen:* kurzes Kleid.

- *Stresemann,* (englisch *striped pants* oder *short black coat,* französisch *pantalons rayés, veston foncé)*: Was der Cut für den Frack ist, ist der Stresemann für den Smoking, also der passende „kleine Gesellschaftsanzug“ für den Tag. Benannt nach dem deutschen Außenminister der 1920er Jahre, entspricht er dem Cut, aber mit einem schwarzen Jackett statt eines Gehrocks. Ich denke, Stresemann wollte nach dem Krieg die mit traditionellen Bekleidungsvorschriften einhergehende Bürde finanziell erleichtern und auch eine Alternative zu dem vielleicht als elitär angesehen „Gehrock“ der Vorkriegszeit schaffen. Nach meiner Erfahrung ist der „Stresemann“ nur noch selten im Gebrauch, doch höre ich, dass er bei Hochzeiten, Beerdigungen und Empfängen eine Renaissance erlebt.[77]
- *Nationaltracht (*engl. *national dress,* franz. *costume national)*: Diese Bekleidungsvorschrift findet sich manchmal auf offiziellen Einladungen zu Diplomatenempfängen und ist hochformell. Für Deutsche ist dieser Hinweis ohne Bedeutung, da wir keine Nationaltracht haben. Zwar ist es zulässig und auch willkommen, wenn Damen im Ausland bei offiziellen Anlässen im kleidsamen Dirndl erscheinen. Aber Herren möchte ich dringend davon abraten, ihrerseits im Janker oder in Lederhosen zu kommen.[78]

76 Der Name kommt daher, dass in England die vorderen Rockschöße des Gehrocks abgeschnitten wurden (to cut away), damit sie beim Reiten nicht störten.

77 Rusche, Brevier, S.43. Er nennt den Stresemann „Bonner Anzug“.

78 Auch im Inland gilt Tracht als halb oder ganz offizielles Kleidungsstück. Doch sollte sie meines Erachtens nur im richtigen landsmannschaftlichen Umfeld getragen werden. Die von einem Berliner getragene alpenländische Tracht halte ich für schlicht nicht stimmig. Sie hat auch eine gewisse Signalfunktion. Ich tippe dann immer auf Adel oder Jäger. Wenn Sie dieses Signal aussenden wollen, kann ich nur sagen: „Tragen Sie Janker!“

- Wenn *langes Kleid* oder *kurzes Kleid* auf einer Einladung steht – häufig wird es sich auch aus der Bekleidungsvorschrift für dem Herren ergeben – können Sie im Prinzip auch im *Hosenanzug* kommen, der beim Dresscode „langes Kleid“ natürlich entsprechend eleganter und festlicher ausfallen sollte.[79] Bei einer Frackveranstaltung brauchen Sie dafür etwas Mut.

79 Binder, So kann's gehen, S.61f.

Orden

Die Bundesrepublik Deutschland kennt nur eine einzige allgemeine Verdienstauszeichnung, den 1951 gestifteten Verdienstorden der Bundesrepublik Deutschland in verschiedenen Stufen, umgangssprachlich kurz „Bundesverdienstkreuz" genannt.[80] Für Damen gibt es ihn in der Form einer Schleife.

Hinzu kommt, für normale Sterbliche kaum erreichbar, der 1842 gestiftete Orden „Pour le Mérite für Wissenschaft und Künste".[81] Ihm gehören eine genau festgesetzt Zahl von Ordensträgern an (höchstens 40 Persönlichkeiten im Inland und 40 im Ausland).

Andere Länder haben mehrere Orden, um Verdienste in verschiedenen Bereichen differenziert zu erfassen.[82]

Ob man einen Orden und in welcher Ausführung man ihn trägt, richtet sich nach der Bekleidung. Für Herren gilt:

Die große Ausführung eines Ordens wird nur zum Frack getragen. Wenn ein Frack als Bekleidung vorgeschrieben ist und nicht ausdrücklich „Frack und Orden" auf der Einladungskarte steht, sollten Sie nachfragen, ob Orden angelegt werden sollen. Als einziger in voller Ordenspracht aufzutreten, ist noch peinlicher, als inmitten ordensgeschmückter Gäste ohne Orden dazustehen.

Bei vielen Orden wird bei der Verleihung eine Beschreibung mitgegeben, wie man ihn tragen soll. Schärpen werden meistens von der rechten Schulter zur linken Hüfte getragen, wo dann der Orden schlackert. Bitte: Eine Schärpe genügt!

Die Orden „zum Hals raus" werden eng um den Hals gebunden und baumeln nicht wie die „Chaîne des Rôtisseurs" vor dem Bauch. Wer sich mehr als drei dieser Orden umbindet, verletzt das Gebot vornehmer Zurückhaltung und wird entsprechend eingestuft.

Das gilt auch für die an der linken Brustseite halbhoch anzubringenden Ordenssterne. Mehr als drei sind angeberisch. Um den Frack zu schonen, kann man sich am Jackett kleine Schlaufen anbringen lassen, durch die man die ziemlich dicke Ordensnadel führt, ohne den Frack zu zerlöchern.

Zum Smoking trägt der Herr eine Miniatur, sofern eine solche bei der Ordensverleihung mitgegeben wurde. Allerdings ist das Tragen der Miniatur zum

---

80 Vgl. Anlage N.

81 Die von Friedrich dem Großen 1740 gestiftete Kriegsauszeichnung gleichen Namens gibt es heute nicht mehr.

82 Vergleichen Sie nur die Liste britischer Orden in Anlage T.

Smoking relativ unüblich. Auch hier müssen Sie sich fragen, ob Sie eventuell als einziger im Ordensschmuck erscheinen wollen. Wenn Sie merken, dass das so ist, ist die Miniatur schnell wieder in der Jackentasche verschwunden.

Zum dunklen Anzug trägt der Mann die Bandschnalle oder die Rosette des Ordens im Knopfloch des linken Aufschlags. Niemand wird daran Anstoß nehmen, wenn Sie, wie etwa die Franzosen, das auch bei hellen Anzügen tun. Diese Ordensausführung sollten Sie anlegen, wenn Sie in die Botschaft des Landes eingeladen sind, das Ihnen den Orden verliehen hat. Damit zeigen Sie, dass Sie die Verleihung des Ordens wertschätzen. Aus demselben Grund sollten Sie einen deutschen Orden tragen, wenn Sie beim Bundespräsidenten oder bei der Person eingeladen sind, die Ihnen den Orden verliehen hat.

Einem – dem alten Moltke zugerechneten – Spruch zufolge sind Orden *„erdient, verdient, erdiniert oder erdienert“*. Das deutsche Bundesverdienstkreuz ist „verdient“. Es wird nach strengen Kriterien vor allem für zivilgesellschaftliches, ehrenamtliches Engagement verliehen. Früher gab es im öffentlichen Dienst auch „erdiente“ Orden, die man bei der Pensionierung bekam. Heute geht man – zu Recht – davon aus, dass auch lebenslange Dienste für den Staat, von Ausnahmefällen abgesehen, durch das Gehalt abgegolten sind. Diplomaten bekommen gelegentlich aufgrund eines früheren Notenaustauschs bei der Verabschiedung einen Orden des Gastlandes. Er ist meistens „erdient“. „Erdinierte“ ausländische Orden bekommen Delegationsmitglieder bei Staatsbesuchen, wenn – was bei uns immer seltener wird – Ordensaustausch vereinbart ist. Hier geht es schlicht nach Rang; es sind Instrumente der Diplomatie. In solchen Fällen ist – bei aller Freude über die dekorative Auszeichnung – Dankbarkeit den Mitarbeitern gegenüber angesagt, die die Hauptlast der Arbeit getragen haben. Und Demut, wenn man eine Person aus dem fremden Land trifft, die denselben Orden für ihre Verdienste bekommen hat. „Erdienerte“ Orden entziehen sich der Erfassung.

Es ist ziemlich unfein, sich selber für einen Orden vorzuschlagen. Tun Sie es also bitte nicht. Auch ist es im Allgemeinen völlig aussichtslos. Sie können aber verdiente Personen aus Ihrem Bekanntenkreis vorschlagen. Die Voraussetzungen für einen Ordensvorschlag finden Sie im Internet.

Fontane erzählt in seinem „Schach von Wuthenow“ von einem verdienten Mann, der den roten Adlerorden erhielt, während er den – weitaus begehrteren, höheren – schwarzen erwartet hatte. Er warf ihn wütend ins Schubfach und schrie: „Da liege, bis du *schwarz* wirst“. Und Fontane fügt hinzu, es gebe kaum einen Grad der Klugheit, der vor dem Hang zu Schmuck und Putz, auch in der Form eines Ordens, schütze.

Begrüssung

Reihenfolge. Was sagt man?

Reihenfolge

Der Herr grüßt zuerst die Dame, der Jüngere den Älteren, der im Rang Niedrigere den Höherrangigen – welche dann natürlich alle freundlich den Gruß erwidern.[83] Im Büroalltag hat sich mittlerweile eingebürgert, dass derjenige zuerst grüßt, der den anderen zuerst sieht. Das entspricht der Lebenswirklichkeit, denn es erspart unnötiges Nachgrübeln darüber, wer wohl der Höherrangige ist.

Unbekannte Begleitung

Treffen Sie jemanden mit einer Ihnen unbekannten Begleitung, begrüßen Sie zuerst die Ihnen bekannte Person – also gegebenenfalls den Herren vor der Dame – und dann die Begleitung, die Ihr Bekannter Ihnen dann hoffentlich vorstellt. Wenn nicht, stellen Sie sich selbst vor. Das ist häufig notwendig. Man glaubt gar nicht, wie oft Personen bei einem Empfang den Namen ihres Gesprächspartners, mit dem sie sich bereits seit geraumer Zeit glänzend unterhalten, nicht kennen oder vergessen haben. Wahrscheinlich (ich schließe mich da nicht aus) wartet Ihr Bekannter in einem solchen Fall mit gespitzten Ohren darauf, dass sein Gesprächspartner sich Ihnen noch einmal deutlich vorstellt und ihm so eine peinliche Nachfrage erspart.

Zwei Paare

Wenn sich zwei Paare treffen, begrüßen sich zuerst die Frauen, dann bieten sie den Männern die Hand und dann begrüßen sich die Männer. Es wird allerdings selten so ablaufen, und das ist auch kein Drama; meistens treffen sich in einem solchen Fall befreundete Paare, und dann geht die Begrüßung ganz formlos vonstatten.

Gruppe

Wenn Sie, auch als Dame oder Hochrangiger, zu einer Gruppe stoßen, grüßen Sie zuerst und warten nicht, bis Sie von den Mitgliedern der Gruppe gegrüßt werden. Also: Der Einzelne grüßt die Gruppe.

---

83 Nur der Vollständigkeit halber eine terminologische Unterscheidung: Wir „grüßen“ auf Distanz; „begrüßen“ bedeutet, dass wir stehen bleiben und Grußworte wechseln, uns im Allgemeinen auch die Hand geben.

Sie begrüßen als neu Hinzutretender mit Handschlag zuerst die Personen, die Sie kennen, und dann die anderen. Kennen Sie mehrere Personen, gehen Sie zunächst auf den Höchstrangigen zu. Es ist dann ganz in Ordnung, wenn Sie als Mann zuerst einen anderen Mann begrüßen. Sie tun das wieder nicht nur wegen des Glücksgefühls des Wiedererkennens, sondern auch in der Hoffnung, dass er Sie mit den Umstehenden bekannt macht. Wenn diese Hoffnung trügt, gehen Sie nach der Grundregel des Kapitelanfangs vor.

Wenn Sie niemanden kennen, genügt bei größeren Gruppen, etwa ab acht Personen, ein allgemeiner Gruß in die Runde. Wenn Sie doch alle einzeln begrüßen wollen, können Sie es der Reihe nach tun, so wie die Leute stehen, sonst springen Sie wie ein Weberschiffchen hin und her. Bei einer größeren Gruppe werden Sie nach einigen Begrüßungen ohnehin in ein Gespräch verwickelt werden und nicht alle begrüßen können. Unterbrechen Sie kein Gespräch, um sich vorzustellen. Bleiben Sie gelassen und geduldig; Sie werden nach einer gewissen Zeit angesprochen oder bekommen die Gelegenheit, sich einem Mitglied der Gruppe vorzustellen.

Grundsätzlich gilt: Lieber zehnmal zu viel grüßen als einmal zu wenig. Der Gruß ist eine freundliche Geste, die nichts kostet und nur positive Reaktionen hervorrufen kann.

Was sagt man zur Begrüßung?

Eigentlich ist es ja nicht so schwer. Sie sagen, wenn Sie einen Bekannten treffen: „Guten Tag, Herr Meyer“ oder „Guten Morgen, Hans“. „N'Abend“ oder „Morg'n“ sagen Sie, wenn Sie besonders leger sein können, und das mundartliche „Moin“ ist im Norden Deutschlands (und in der deutschen Minderheit in Nordschleswig) zu jeder Tages- und Nachtzeit und in allen Gesellschaftskreisen gang und gäbe; so mancher Schleswig-Holsteinische Ministerpräsident hat diesen Gruß gepflegt. Im Süden findet er seine Entsprechung im „Servus“ zur Begrüßung und zur Verabschiedung.[84]

„Mahlzeit“ ist nur in Firmen und Behörden üblich, ob man nun zum Essen geht oder nicht, also auch im Flur, weit von der Kantine entfernt. Und das nicht selten über einen langen Zeitraum hinweg, so etwa von 10.30 bis 14.30 Uhr, von dem Zeitpunkt also, zu dem sich die ersten zur Kantine aufmachen,

84 Leser mit dem kleinen Latinum werden gleich merken, dass „servus“ im Lateinischen „Sklave“ heißt und diese Grußform daher ein Relikt der früheren Grußformel „(Ich bin) Ihr Diener“ ist. „Servus“ ist unter Freunden und guten Bekannten üblich, aber auch in Adelskreisen, wenn man sozusagen unter sich ist. Das gerne verwandte italienische „ciao“ leitet sich übrigens auch von „Sklave“ (italienisch „schiavo“) ab.

bis die letzten von dort zurückkommen. Selbst wenn diese Begrüßung zunächst nicht zu ihren Lieblingsvokabeln gehören mag: Benutzen Sie sie und antworten Sie mit einem kräftigen „Mahlzeit", wenn Sie so gegrüßt werden. Sonst könnte man denken, Sie seien arrogant. Man gewöhnt sich sogar daran, denn das „Mahlzeit" ist volkstümlich, praktisch und völlig unverbindlich.

Bei Damen sagen Sie natürlich „Guten Morgen, Frau Friedrich" oder „Guten Morgen, Martha". Das „Fräulein", auf das früher unverheiratete Damen, auch ältere, Wert gelegt haben, hat offensichtlich seine Strahlkraft eingebüßt und wird im Mündlichen wie im Schriftlichen nicht mehr gebraucht. Es wird nur noch streng nach Geschlechtern zwischen Mann und Frau unterschieden. Dabei ist interessant, dass die Begriffspaare „Mann-Frau" und „Herr-Dame" nicht konsequent benutzt werden: Man beginnt zwar seine Rede mit „Meine sehr geehrten Damen und Herren", doch wenn man anschließend ein Paar aus dem Kreis der Zuhörer begrüßt, sagt man „Guten Tag, Frau Friedrich", „Guten Tag, Herr Friedrich".[85]

Die früher häufig gebrauchte Anrede „Gnädige Frau" ist zwar sehr praktisch, insbesondere dann, wenn man den Namen der Gesprächspartnerin vergessen hat, doch wird sie heute immer weniger genutzt. In Österreich hört man sie öfter. Ich gebrauche sie nur noch gelegentlich bei älteren Damen, bei denen ich das Gefühl habe, dass sie diese Anrede gerne hören, und in Zeiten der Not (Namen-Blackout).

„Guten Tag, mein Herr" oder „Guten Tag, meine Dame" findet sich nur in schlechten Übersetzungen französischer Romane, denn zu dem höflichen „Monsieur" oder „Madame" im Französischen gibt es im Deutschen keine Entsprechung; hier malt die Übersetzung allenfalls französisches Lokalkolorit nach. „Hi" („hai" ausgesprochen), „Hallo" und das etwas persönlichere „Hallo, wie geht's?" ist ebenso wie die Antwort „Danke, und selbst?" oder „Man schlägt sich so durch" der Jugend und guten Freunden vorbehalten.

---

85 Das liegt daran, dass „Frau" früher eine hochgestellte oder verehrte Dame bezeichnete („die edle frouwe"). „Dame" (von lateinischen „domina" für Herrin) kam erst im 17. Jahrhundert über das Französische ins Deutsche.

Ich gebrauche in diesem Buch beide Begriffspaare unterschiedslos, nur nach Sprachgefühl. Zwar ist das Begriffspaar „Herr und Dame" auf einer gesellschaftlich höheren Ebene angesiedelt als „Mann und Frau". Man sagt aber auch: „Im Kabinett/Bundestag gibt es soundso viele Männer und soundso viele Frauen". Folgen Sie dem gängigen Sprachgebrauch. „Männer und Frauen" ist eigentlich immer richtig, wenn auch nicht immer sehr elegant. „Die Männer und Frauen der höheren Gesellschaft" klänge ebenso unstimmig, wie wenn Sie von den „Damen und Herren Strafgefangenen in der Justizvollzugsanstalt X" sprächen.

Schließlich gehört es bei der Begrüßung auch dazu, seinen Namen deutlich zu nennen. Er soll ja auch verstanden werden. Und wie vermeide ich schließlich, dass ich den Namen der anderen Person sofort wieder vergesse? Das einfachste Verfahren – hilfreich, aber auch keine Erfolgsgarantie – ist, den Namen desjenigen, der sich gerade vorgestellt hat oder vorgestellt worden ist, beim Händeschütteln zu wiederholen. Die Amerikaner machen das durchweg so. Das macht die Begrüßung auch persönlicher, da sich der andere dadurch unmittelbar angesprochen fühlt. Man kann (und sollte) nachfragen, wenn man den Namen (wie so häufig) nicht verstanden hat.

Akademische Grade, Berufsbezeichnungen

Man hört immer wieder, der Doktortitel sei Bestandteil des Namens. Das ist nicht richtig; der Gesetzgeber hat das nicht vorgesehen. Doch gibt es die verbreitete Praxis, andere mit Namen und Doktortitel anzusprechen, wenn man ganz korrekt sein will. Ein schönes Beispiel für die (fast) normative Kraft des Faktischen. Behörden tragen auf Wunsch den Doktortitel in Personalausweis und Pass im Feld „Familienname" ein und benutzen ihn im Schriftverkehr. Wer ihn hat, kann mit ihm auch unterschreiben. Man ist berechtigt, einen akademischen Grad zu führen, doch hat man keinen Rechtsanspruch darauf, dass andere einen mit ihm ansprechen oder anschreiben.[86]

Man sollte also Dr. Meyer mit „Guten Tag, Herr Dr. Meyer" ansprechen. Mit „Guten Morgen, Herr Doktor" werden Sie nur einen Arzt begrüßen. Wenn Sie selber einen Doktortitel tragen, ist es weder nötig noch üblich, den anderen mit „Doktor" anzureden. Hier gibt es eine Art Selbstbeschränkung der Doktoren, sich untereinander nicht mit ihrem Titel anzusprechen.

Andere akademischen Grade wie Bachelor oder Master werden nicht genannt, wenn es auch einen altmodischen Reiz hätte, einmal mit „Master Wolfgang" angeredet zu werden.

Der Professorentitel hingegen ist kein akademischer Grad, selbst wenn er häufig für einen solchen gehalten wird, sondern eine Berufs- und eine Amtsbezeichnung. Der zum Professor führende akademische Grad ist der „Dr. habil.". Doch das ist nur eine Qualifikation. Zum Professor wird man erst durch den förmlichen Akt der Ernennung, so wie ein Beamter. Da man sich als Professor Meriten erwirbt, wird man beim Eintritt in den Ruhestand „emeritiert" und nicht pensioniert; man kann anschließend die Amtsbezeichnung „Professor" weiterführen, im Schriftverkehr dann häufig mit dem Zusatz „em.".

86 Protokoll Inland der Bundesregierung (www.protokoll-inland.de/PI/DE/Anschriften Anreden/AkademischeGrade).

Sie können also ohne weiteres „Guten Morgen, Herr Professor" sagen, ob der Betreffende noch aktiv oder schon emeritiert ist. „Guten Morgen, Herr Professor Meyer" geht natürlich auch. Wie beim Doktorgrad redet ein Professor einen anderen nicht mit „Professor" an. Das ist unter Kollegen ebenso unüblich, wie sich zwei Ministerialräte nicht gegenseitig mit „Herr Ministerialrat" ansprechen. Bei der Vorstellung Dritten gegenüber sollte natürlich der akademische Grad und, wenn sie für den Gesprächspartner von Interesse ist, auch die Amtsbezeichnung genannt werden.

Man spricht zwar von einer Professorin und spricht sie auch „Frau Professorin (Meyer)" an, doch ist „Frau Professor (Meyer)" immer noch auch möglich. Von „Doktor" gibt es auch eine weibliche Form, die aber im täglichen Leben als Anrede kaum verwandt wird; die Ärztin ist immer noch „Frau Doktor (Meyer)".

Amtsbezeichnungen

Sie wählen im Allgemeinen die Anrede, die Ihrer Wertschätzung und der Erwartung des Angesprochenen entspricht. Hochgestellte Persönlichkeiten reden Sie mit ihrer Amtsbezeichnung an, also „Herr Bundespräsident", „Frau Bundeskanzlerin", „Herr Minister" oder „Frau Bundesministerin".[87] Bei langen Amtsbezeichnungen wählen Sie eine Kurzform; der Präsident des Bundesverfassungsgerichts wird mit „Herr Präsident" angesprochen. Ehemalige Bundespräsidenten oder Bundeskanzler reden Sie nicht, wie Sie in der Presse häufig lesen, mit „Herr Altbundespräsident" oder „Herr Altbundeskanzler" an, sondern mit „Herr Bundespräsident" bzw. „Herr Bundeskanzler", also genau so wie den aktuellen Amtsinhaber.[88] Auch pensionierte Beamte und andere Würdenträger können Sie mit ihrer früheren Amtsbezeichnung anreden, etwa „Frau Ministerin" oder „Herr Ministerialrat". Außerhalb des öffentlich Dienstes sagen Sie „Herr Vorsitzender" und „Herr Direktor". Deutsche Botschafter reden Sie mit ihrem Namen oder „Herr Botschafter" an. „Exzellenz" ist ausländischen Botschaftern vorbehalten. Die Mitglieder des Bundestags werden formell mit „Herr Abgeordneter" angesprochen.

Früher war es üblich, Beamte aller und nicht nur der oberen Ränge mit ihrer

87 Die weibliche Form des österreichischen Landeshauptmanns (entspricht dem Ministerpräsidenten eines Bundeslandes bei uns) lautet übrigens Landeshauptfrau. In deutschen Stadtstaaten heißen die Minister Senatoren. Landesminister werden mit „Herr Minister" und nicht etwa mit „Herr Landesminister" angesprochen.

88 Nicht aber in den USA. Dort darf nur der amtierende Staatspräsident mit „Mr. President" angesprochen werden.

Amtsbezeichnung anzusprechen.[89] Heute tut man es nur noch selten. Mit abnehmendem Grad des offiziellen Charakters des Gesprächs kann auf die Amtsbezeichnung zugunsten des einfachen Namens verzichtet werden. Es sei denn, Sie wollen besonders nett sein, etwa mit einem: „Aber, Herr Wachtmeister, ich bin doch nur ein bisschen schneller gefahren!". Oder bei namentlich nicht bekannten Soldaten, deren Rang man an der Uniform erkennt.

Die Ehefrauen nehmen an der formellen Anrede, die ihren Männern gilt, nicht teil – und andersherum natürlich auch nicht. Es heißt also bei der Begrüßung eines Ehepaars „Guten Tag, Frau Ministerin, guten Tag, Herr Meyer".

Adel

Bei adligen Gesprächspartnern sollten Sie Folgendes wissen: Die damals geführten Adelsbezeichnungen wurden durch Art.109 der Weimarer Reichsverfassung[90] Bestandteil des Familiennamens, nur nicht die Herrschertitel regierender Häuser („Kaiser", „König", „Großherzog"). Neue Adelstitel wurden nicht verliehen; die Namen wurden damit in ihrer Form festgelegt. Allerdings können die Adelsbezeichnungen, obwohl Namensbestandteil, auch in der weiblichen Form verwandt und dekliniert werden.[91] Anredeformen wie „Königliche Hoheit" oder „Durchlaucht" mögen gelegentlich noch zu hören oder zu lesen sein, sind aber nicht Bestandteil des Namens und erscheinen daher auch nicht in amtlichen Ausweisen.[92]

Jeder hat ein Recht darauf, mit „Herr" oder „Frau" angesprochen zu werden. Die Anrede „Herr Graf von Korff Schmising" ist aus diesem Grund namensrechtlich korrekt, wird aber meistens nur von Behörden verwandt, nicht aber

---

89 Als elfjähriger Schüler wandte ich mich in der Sportstunde einmal ganz aufgeregt an meinen Lehrer: „Herr Beulkatz, Herr Beulkatz" (der Name ist verfremdet) brachte ich noch heraus, dann hatte ich schon eine Ohrfeige gefangen. „Wie heiße ich?" „Aber Sie heißen doch Beulkatz", stammelte ich verwirrt und mit dröhnendem Kopf. „Das heißt Herr Oberstudienrat!", war die Antwort. Das habe ich dem Mann nie verziehen. Diese Zeiten haben sich glücklicherweise geändert.

90 Gilt nach Art.123 GG als einfaches Gesetz weiter.

91 Um das festzulegen, bedurfte es 1926 einer Entscheidung des Reichsgerichts (RGZ, 113, 107ff.). Es heißt also „Gräfin von Korff Schmising" und „des/dem/den Grafen von Korff Schmising".

92 Das Recht auf solche Adels*prädikate* wurde in Preußen durch das „Gesetz über die Aufhebung der Standesrechte des Adels und die Auflösung der Hausvermögen" vom 26.3.1920 aufgehoben (§1 Abs.2 Nr.3, PrGS S.367; vgl.Protokoll Inland der Bundesregierung, www.protokoll-inland.de/PI/DE/Anschriften/Anreden/Familiennamen).

im gesellschaftlichen Verkehr und schon gar nicht von den Adligen selbst.[93] Reden Sie den Grafen von Korff Schmising daher bitte mit „Guten Morgen, Graf", „Guten Morgen, Graf von Korff Schmising" oder „Guten Morgen, Herr von Korff Schmising" an.[94] Alle drei Anreden sind korrekt. „Herr Korff" dagegen nicht; das käme bei allem Verständnis für das schwierig zu durchschauende adlige Namensrecht nicht gut an. Sagen Sie bitte auch nicht „Herr Graf"; das ist den Kammerzofen und Butlern in Heimat- oder historischen Filmen, also Dienstboten, vorbehalten.

Da „Graf von Korff Schmising" der Familienname ist, wird der Vorname vorangestellt, also „Michael Graf von Korff Schmising" und „Dr. Barbara Gräfin von Korff Schmising". Es ist inzwischen aus der Mode gekommen, die Tochter eines Grafen Komtesse zu nennen; sie heißt „Maria Gräfin von Korff Schmising", der Sohn „Clemens Graf von Korff Schmising". Es steht allen Familienmitgliedern natürlich frei, ob sie im täglichen Leben ihren ganzen Familiennamen benutzen wollen.[95]

Wenn Sie nicht wissen, welchen Adelsrang ein Adliger hat, können Sie ihn immer mit „von" plus Familiennamen anreden. Das ist beim untitulierten Adel und bei Freiherrn ganz korrekt. Bei den anderen Adligen ist es eine akzeptierte Notlösung.

In Ländern mit monarchischer Staatsform werden Sie das Staatsoberhaupt auch heute noch mit „Majestät" und die Mitglieder des regierenden Hauses mit „Königliche Hoheit" ansprechen.

Mehr über den richtigen Umgang mit Trägern adliger Namen finden Sie in der „Kleinen Adelskunde" in Anlage H.

---

93 Einer meiner korrekten Testleser war der Ansicht, dadurch werde dem Adel eine höfliche Anredeform verwehrt. Dem ist aber nicht so; der Adel selbst legt keinen Wert darauf. Darauf angesprochen, soll ein Graf einmal gesagt haben, im „Grafen" sei der „Herr" schon enthalten. Bescheidener gesagt: Adelsprädikate haben Anredewirkung.

94 Die Familie hat mir den Gebrauch des Namens erlaubt, sodass ich nicht lächerliche Phantasienamen erfinden muss. Dafür, ob man „Graf Korff Schmising" oder „Graf von Korff Schmising" sagt, gibt es keine generelle Regel; der Gebrauch des „von" ist von Adelsfamilie zu Adelsfamilie verschieden. Bei der Familie von Korff ist die zweite Alternative korrekt. Denn der ganz offiziell Name lautet „Graf/Gräfin von Korff genannt Schmising"; das kürzt man in der oben genannten Weise ab.

95 In *Österreich* sind die Adelstitel nach dem Ersten Weltkrieg ganz abgeschafft worden. Ein Mitglied des alten Kaiserhauses heißt offiziell schlicht „Herr Habsburg", und es liegt am Gesprächspartner zu erkennen, dass er nicht der Inhaber der gleichnamigen Wäscherei ist. Das ändert natürlich nichts daran, dass er im gesellschaftlichen Verkehr von einigen noch mit „Kaiserliche (und Königliche) Hoheit" angesprochen wird.

Doppelnamen

Doppelnamen sollten Sie immer vollständig nennen. Denn der zweite Name dient entweder von alters her zur Unterscheidung von einem anderen Familienzweig gleichen Namens oder zur Bewahrung des Mädchennamens der Frau nach der Eheschließung.[96] Er ist also wichtig. Das gilt für Doppelnamen mit und ohne Bindestrich, wenn auch für erstere natürlich noch mehr.

Was aber machen Sie, wenn Sie den Bundestagsabgeordneten Alexander Graf Lambsdorff anreden wollen, dessen voller Name Alexander Freiherr von der Wenge Graf Lambsdorff lautet? Folgen Sie dem allgemeinen Sprachgebrauch und beschränken Sie sich auf „Graf Lambsdorff" oder „Herr von Lambsdorff".

Grußlos?

Gibt es Momente, in denen man die anderen nicht grüßt, ohne dass das als Affront aufgefasst wird? Ja, und zwar dann, wenn Sie mit einem lauten Gruß den Ablauf einer Veranstaltung, etwa die bereits begonnene Besprechung, stören würden. Sie brauchen es doch nicht gleich an die große Glocke zu hängen, dass Sie ausnahmsweise einmal zu spät kommen! Eine angedeutete Verbeugung zu der oder dem Vorsitzenden genügt, bevor Sie geräuschlos Platz nehmen.

Formelle Anreden („Prädikate")

Für einige Berufsgruppen gibt es formelle Anreden, die über die Berufsbezeichnung hinausgehen. Die gängigste ist wohl die Anrede „Exzellenz" für ausländische Botschafter(innen), aber auch für Staatsoberhäupter, Regierungschefs, Parlamentspräsidenten, Minister und Bischöfe. Sie können, müssen sie aber nicht gebrauchen. Manchmal ist es zu Beginn einer Rede allerdings durchaus praktisch, mit dem Ausruf „Exzellenzen!" alle genannten Honoratioren erfasst zu haben und sich sofort dem Inhalt der Rede widmen zu können. Im persönlichen Gespräch sind diese Anreden eher selten und sehr förmlich; Sie werden in den allermeisten Fällen „Herr Minister" oder „Herr Botschafter" sagen. Ein Kardinal ist „Eminenz" oder „Herr Kardinal". Nur beim Papst sollten Sie schon „Eure Heiligkeit" sagen; Katholiken sagen „Heiliger Vater". „Papst" oder „Herr Papst" gehen gar nicht. Die wichtigsten Beispiele für solche Prädikate finden Sie Anlage F.

---

96 Wenn Sie also Lena Meyer-Landrut ansprechen oder anschreiben, gebrauchen Sie daher, wenn Sie nicht einfach „Lena" sagen, den vollen Namen und sagen Sie nicht der Kürze wegen „Frau Meyer".

Gelegentlich wird der Anrede das Possessivpronomen vorangestellt, also „Euer (oder „Eure“) Exzellenz“. Das ist zwar korrekt und sehr förmlich, für mein Gefühl aber doch etwas des Guten zu viel und zu nah an der Vorstellung vom Gottesgnadentums des Herrschers. Nur bei „Eure Heiligkeit“ ist es schon aus sprachlichen Gründen erforderlich. Sonst geht es auch ohne Possessivpronomen; nur in der Schriftform findet man es manchmal noch.[97]

97 Es gehört zu den Mysterien der deutschen Sprache, dass dieses „Eure“ oder auch „Euer“ mit „Ew.“ abgekürzt wird. Der Internet-Duden lüftet das Geheimnis: Es kommt vom frühneuhochdeutschen „Ewer“. Wenn das kein Zopf ist!

Wie grüsst man?

Handschlag

In Deutschland begrüßt man sich im Allgemeinen mit Handschlag. Das ist bei uns so sehr üblich, dass sich Ärzte genötigt sehen, in ihren Praxen mit einem Anschlag im Wartezimmer zu erklären, dass der Arzt dem Patienten aus Hygienegründen nicht die Hand gibt und dass das kein Zeichen der Missachtung sei! Denn natürlich können durch Händeschütteln Krankheiten übertragen werden, weswegen auch viele – gerade in der Grippezeit – über das Händeschütteln nicht ganz froh sind. Dennoch wird es als Wesensmerkmal deutscher Kultur bezeichnet.[98]

Und wie macht man es richtig? Ein kurzer, fester Händedruck mit der rechten Hand, auch bei Linkshändern, in aufrechter Haltung und dabei dem anderen kurz in die Augen schauend.[99] Das nur, falls Sie es noch mal üben wollen, um Punkt 10 der deutschen Leitkultur möglichst perfekt zu erfüllen. Ein Handschlag über den Schreibtisch hinweg gilt als unhöflich.[100] „*Give me five*“ ist ausschließlich der Begrüßung und Beglückwünschung guter Freunde vorbehalten.

Es ist eine bei uns kaum erkennbare Reihenfolge, dass die Dame, nachdem der Mann zuerst gegrüßt hat, als erste ihre Hand zum Gruß ausstreckt – wenn sie will. Nicht er. Warum? Damit sie nicht gezwungen ist, einem ihr unsympathisch (oder unsauber) erscheinenden Mann die Hand zu schütteln.

Selbst wenn man kosmopolitische Distanz zum Händeschütteln entwickelt hat, sollte man die Bedeutung des Händedrucks in unserem Kulturkreis nicht unterschätzen. Ob wir hier Geborenen uns darüber Rechenschaft ablegen oder nicht: Der Händedruck setzt bei uns unbewusst ganz bestimmte Reaktionen frei.

Ein lascher Händedruck vermittelt den Eindruck mangelnder Energie, ein die

---

98 Das Händeschütteln zur Begrüßung ist von Innenminister Thomas de Maizière 2017 in die Liste der 10 Punkte der deutschen Leitkultur aufgenommen worden. Das dürfte im konkreten Fall allerdings mehr der Abgrenzung gegenüber anderen Kulturen im politischen Kontext der Flüchtlings- und Integrationsdebatte gedient haben als einer Überhöhung des Händeschüttelns als Wert an sich.

99 Drei Sekunden werden von „Knigge-Beratern“ als optimal erachtet, sonst werde es zum Starren (FAZ 19.11.2018). Ich halte auch das schon für ziemlich lang.

100 Ist aber, verbunden mit einem nur angedeuteten Aufstehen des Vorgesetzten, nicht selten, wenn man zu einer Besprechung zu diesem kommt. Das würde ich nicht tragisch nehmen; es ist der Arbeitsroutine zuzuschreiben.

Finger an den Ringen zerquetschender Händedruck eine ungestüme ehrliche Art. Wer nur die Fingerspitzen reicht, wird als arrogant, uninteressiert oder sehr scheu empfunden. Wenn uns jemand bei der Begrüßung nicht in die Augen schaut, halten wir das für fehlendes Interesse (denn vielleicht nimmt er ja gerade die hinter uns stehende, viel attraktivere Person in den Blick, der er sich gleich zuwenden will!) oder auch als Zeichen mangelnder Aufrichtigkeit. In anderen Ländern jedoch, in China und Japan zum Beispiel, vermeidet man den direkten Blickkontakt nach Möglichkeit..

Tief gebückte Haltung beim Handschlag kann als devot ausgelegt werden, das Fehlen einer zumindest leichten Neigung des Kopfes als respektlos oder herausfordernd. Aber keine Sorge: Sie werden das schon richtig machen. Es ist nur interessant, sich einmal bewusst zu machen, wie wir auf die Begrüßung mit Handschlag reagieren und wie bestimmte Bewegungen eingesetzt werden, um etwa Dynamik zu vermitteln.

Händeschütteln ist für uns ein Zeichen der Freundschaft oder zumindest der Achtung und (vor allem früher) dafür, keine feindliche Gesinnung zu hegen; na klar, man kann ja nicht eine Rechte schütteln und gleichzeitig zum Dolch im Gewande greifen (es sei denn, man ist Linkshänder, aber wir wollen diesen Fall nicht zu weit treiben...). Der frühere Bundespräsident Lübke hat sich 1966 vor einem Staatsbesuch in Togo noch im Flugzeug die rechte Hand bandagieren lassen, um den für seine Menschenrechtsverletzungen berüchtigten Armeechef und späteren Präsidenten Eyadema, der den – von Lübke geschätzten – früheren Präsidenten Sylvanus Olympio drei Jahre zuvor bei einem Putsch getötet hatte, nicht die Hand schütteln zu müssen.

Da sehen Sie, welche Bedeutung das Händeschütteln als Zeichen des persönlichen Respekts bei einigen Politkern hatte. Im politischen Leben durchgesetzt hat sich das etwas naive, aber ehrliche Verhalten Lübkes allerdings nicht. Sonst gäbe es auch heute noch manche Bilder von Gipfeltreffen, auf denen einige Staats- oder Regierungschefs etwas lädiert aussähen.

Doch genug der Scherze: Im Jahr 2017 ging es bei dem Treffen des französischen Staatspräsidenten Macron mit dem amerikanischen Präsidenten Trump immerhin auch darum, wer beim Händeschütteln länger und fester zugreifen und den anderen beeindrucken konnte. Das wurde von Macron sogar vor der Presse thematisiert. Bei Putin dürfte das ähnlich sein. So ganz unerheblich ist die Art des Händedrucks also nicht. Das werden Sie selbst auch so empfinden, wenn Sie Hände schütteln, etwa die eines Verhandlungspartners oder eines Bewerbers.[101]

---

101 Die Hacken schlägt man als Zivilist nicht mehr zusammen. Die Zeiten sind vorbei.

Und wie steht es bei Handschuhen? Der elegante Damenhandschuh kann bei der Begrüßung anbehalten werden. Herren ziehen ihre Handschuhe zum Handschlag immer aus. Beim Skilaufen auf 3000 m Höhe mag aus Praktikabilitätsgründen etwas anderes gelten. Beim Neujahrsempfang der dänischen Königin war seinerzeit für alle, auch für Herren, das Tragen von weißen Handschuhen zum Frack vorgeschrieben, die bei der Begrüßung anbehalten wurden – aus nachvollziehbaren Gründen der Hygiene, denke ich.

Kein Handschlag

Es gibt in einigen Ländern natürlich kulturelle Gründe, jemandem nicht die Hand zu schütteln. So wird ein konservativer Moslem oder auch ein orthodoxer Jude keiner Frau die Hand reichen. Das kann man zum Beispiel, in der „receiving line" wartend, bei jedem Empfang des iranischen Botschafters sehen. Den Männern wird die Hand geschüttelt, bei den Frauen legt der Gastgeber die Hände vor die Brust und verneigt sich leicht, selbst wenn die Dame, ihrem westlichen Impuls folgend, ihre Hand schon ausgestreckt hat. Jede Dame, die das gar nicht fassen kann und weiterhin ihre Hand ausgestreckt hält, schafft eine für sie peinliche Situation und zeigt mangelnde interkulturelle Kompetenz.

Wieder in anderen Ländern, so zum Beispiel in Kirgisistan, schüttelt die Frau in traditionellen, ländlichen Gebieten nur Mitgliedern der eigenen Familie die Hand. Wundern Sie sich als Leserin dieser Zeilen also nicht, wenn in der Fremde nicht jeder freudig Ihre Hand ergreift!

Küsse

Männer küssen sich zur Begrüßung nur in fremden Kulturkreisen. Ansonsten ist es unter Freunden und Freundinnen auch bei uns zunehmend üblich, sich bei der Begrüßung und bei der Verabschiedung zu umarmen und einen Kuss auf die Wange zu geben. Je nach der Enge der Freundschaft wird der Kuss auf die Wange gedrückt oder gehaucht. Viele begnügen sich damit, die Wangen andeutungsweise zu berühren und dabei demonstrativ in die Luft zu küssen. Das ist in Ordnung; manchen ist es einfach zu viel der Nähe. In Frankreich ist die *bise* schon lange üblich, bei uns hat sie sich erst in den letzten 30 Jahren durchgesetzt, ein wenig affektiert beginnend in der „high society". Die Zahl der „Küsse" ist ganz unterschiedlich – entweder einer, zwei oder in Belgien sogar drei.[102] Folgen Sie dem jeweiligen Brauch – ein kurzer Blick in

102 Von Ari Turunen lerne ich, dass in Belgien den Flamen nur ein Wangenkuss genügt, während die Wallonen gleich drei verteilen (Bitte nach Ihnen, S.67). Rohner (Knigge, S.6) informiert darüber, dass in südlichen Ländern wie Frankreich und Italien links/

die Runde genügt. Aber differenzieren Sie nicht zu offensichtlich nach Ihren Vorlieben. Ein Wangenkuss hat keine tiefere emotionale Bedeutung. Er ist zwar nicht gerade für die erste Begrüßung von Fremden das Richtige, aber später doch, wenn man ein wenig vertrauter miteinander geworden ist. Beobachten Sie Ihre Umgebung. Eine "bise" zu wenig macht auch nichts und ist weniger nachteilig als eine zu viel.

Wangenküsse sind etwas für den privaten und gesellschaftlichen Bereich; ins Berufsleben passen sie nicht.

Handküsse

Handküsse gehören nicht mehr zum bürgerlichen Kanon der modernen Etikette, selbst wenn Damen, wie ich höre, sie lieben. In Adelskreisen werden sie noch mit Hingabe gepflegt. Asserate widmet ihnen ein ganzes – ebenso informatives wie amüsantes – Kapitel.[103]

Dass ein Handkuss von Ihnen erwartet wird, merken Sie als Mann daran, dass die Ihnen entgegengestreckte Hand der (meist älteren) Dame waagerecht gehalten und dann mit leichtem Druck in Richtung Ihres Unterkiefers nach oben geführt wird. Sie haben dann eine protokollarisch gleichwertige Wahl: Entweder Sie geben einen Handkuss (es tut nicht weh und man kann sich richtig dran gewöhnen) oder Sie ignorieren den Hinweis und schütteln der Dame wie üblich die Hand.

Beim Handkuss wird der Handrücken der Dame nicht mit den Lippen berührt; der Kuss wird in der Luft nur angedeutet. Ein leichtes Berühren des Handrückens ist kein Unglück, vermeiden Sie aber einen „Schmatz". Sie haben sich als Mann beim Handkuss wie bei einer Verbeugung nach vorne zu neigen. Wenn jemand kerzengerade stehend mit der Linken den Ellbogen der Dame ergreift, ihn anhebt und dann, mit einem tiefen Blick in ihre Augen,

---

rechts geküsst wird, in Deutschland eher rechts/links. Kommen Sie also nicht durcheinander, sonst treffen sich die Münder doch noch in der Mitte! Mein Rat: Küssen Sie die Wange, die Ihnen dargereicht wird.

103 Manieren, S.267ff. Er weist darauf hin, dass der Handkuss eine uralte Geste der Ergebenheit und des Respekts, ja der Unterwerfung sei. Beim Papst küsse man allerdings nicht die Hand, sondern den – früher eine Reliquie enthaltenden – Ring. Daher stehe der Handkuss eigentlich im krassen Widerspruch zu den politischen Überzeugungen der Gegenwart, zumal man gesellschaftlich nur aufgrund des Geschlechts einen Unterschied mache. „Es gibt aber Milieus – durchaus keine sehr kleinen –, in denen der Handkuss die übliche Begrüßungsform ist, und große, sehr ehrenwerte Kreise, in denen er gelegentlich vorkommt, und noch größere, in denen er fremdartig und unverstanden bleibt."

ihre Hand mit seiner Rechten zu seinen Lippen führt, hat das mit Protokoll nichts mehr zu tun, sondern ist auf andere Gründe verschiedenster Art (Angeber, selbstgefällig, verliebt) zurückzuführen, die den beiden aber vielleicht Freude bereiten.

Aber Achtung: Ein Handkuss wird nach alter Regel nur verheirateten Damen und in überdachten Räumen gegeben. Dabei gelten Bahnsteige auf Bahnhöfen – dort soll man sich nach Herzenslust begrüßen und verabschieden können – und der Garten bei privaten Gartenfesten als überdacht. Heute wird es allerdings eher darauf ankommen, ob man sich in homogener Gesellschaft Gleichgesinnter befindet (dann Handkuss, aber nicht zwingend) oder in der Öffentlichkeit. So werden Sie kaum sehen, dass im beruflichen Umfeld ein Handkuss gegeben wird, und wenn, dann geschieht es entweder zur Demonstration oder ist deplatziert. Eine behandschuhte Hand küsst der Herr von Welt nie.

Ein im Freien applizierter Handkuss hat also seinen Grund entweder in Leidenschaft oder in Unkenntnis der Regeln, die heute angesichts des Seltenheitswertes des Handkusses aber auch nicht mehr so streng gehandhabt werden. Der sonst recht konservative Asserate sagt in schöner Offenheit, dass man sich heute die Hände küsse, „wo immer es sich ergibt, in der Stadt auf der Straße, unter freiem Himmel, am Strand, auf dem Boot, beim Geländeturnier, staubbedeckt, schlammbespritzt, halbnackt“.[104] Das ist eine sympathische Konzession an die Lebensfreude; als Regel der Etikette hat der Handkuss in Zeiten des Insistierens auf Gleichberechtigung eigentlich ausgedient.

Und im Ausland? Österreicher, Polen und die Menschen in Südosteuropa sind große Freunde des Handkusses. In anderen Ländern würde ich ihn vermeiden, es sei denn, Sie sehen die Männer um Sie herum Handküsse verteilen. Überhaupt gilt ja im Ausland der Satz: *"When in Rome, do as the Romans do"*.[105] In manchen Ländern könnte der Ehemann der Dame, die Sie gerade mit einem Handkuss beglückt haben, allerdings meinen, Sie wollten mit seiner Frau anbandeln und ihr oder ihm zu nahe treten. Einer meiner Onkel, der in die USA ausgewandert war, pflegte den Damen auch dort einen Handkuss zu geben und sagte später lachend, er habe dabei aufpassen müssen, von den Ehemännern keinen Kinnhaken zu bekommen.

Wenn Sie mit Lateinamerikanern zu tun haben, ist eine Umarmung, ein Klaps auf die Schulter oder ein Tätscheln des Armes auch bei Männern durchaus üblich, egal ob der andere sitzt oder steht. Diese Art der Begrüßung, die ein (leicht!) erhöhtes Maß an körperlichem Kontakt beinhaltet, und die Sitte,

104 Manieren, S.271.

105 „In Rom soll man sich wie ein Römer verhalten.“

dem oder der anderen beim Gespräch die Hand auf den Arm zu legen, hat eine herzliche und vertraute Note, sodass ich sie mir in meiner Zeit in Santo Domingo richtig angewöhnt habe; in Deutschland können Sie damit allerdings auf Befremden stoßen.[106]

Wenn Sie mehrere Personen begrüßen, sollten Sie bei der Art der Begrüßung nicht differenzieren, um niemanden zu verletzten. Also: Wenn Sie einer Person oder mehreren in der Gruppe die Hand schütteln, sollten Sie es bei allen tun – es sei denn, Sie drücken einem guten Freund am Rande der Gruppe schnell die Hand, um die anderen, die vielleicht einer Führung lauschen, nicht zu stören. Beim Wangenkuss gibt es hingegen gute Gründe, freundschaftlich verbundene Damen mit einem solchen zu begrüßen, andere, die man vielleicht zum ersten Mal sieht, hingegen nicht. Nach Schönheit zu differenzieren geht gar nicht, nach Alter schon, da eine ältere Dame einen Wangenkuss als unpassend empfinden könnte. Bei ihr vielleicht eher ein Handkuss? Sie werden sehen, was die anderen tun.

Ein Knicks vor hochgestellten Persönlichkeiten wird von Damen nicht mehr erwartet. Den sehen Sie bei uns allenfalls noch in Adelskreisen, häufiger schon im Ausland bei Hofe; daher der Name „Hofknicks".[107]

Kopfbedeckung

Herren tragen heutzutage nur noch selten Hut, selbst wenn die Hutmode wieder zunimmt – sei es, um sich gegen die Sonne zu schützen, sei es, wie etwa bei den Jägern, üblich und als Regenschutz auch praktisch. Daher sind die Regeln des Huttragens etwas in Vergessenheit geraten.

Die Herren lüften bei der Begrüßung – von Herren wie Damen – ihren Hut. Dabei sollten sie den Hut zu der dem Begrüßten abgewandten Seite heben, um den Blickkontakt nicht zu unterbrechen. Ein Schwenken des Huts à la d'Artagnan wäre übertrieben und nur bei ausgelassener Stimmung erlaubt. Damen behalten bei der Begrüßung ihre Kopfbedeckung auf.

---

106 Eine gute und gedrängte Übersicht der länderspezifischen Arten der Begrüßung weltweit finden Sie in Zehnder/Senn, Meeting, S.21ff. Danach ist die Begrüßung mit Handschlag und Blickkontakt nur in Westeuropa, Nordamerika, Australien und Neuseeland üblich.

107 Falls Sie eine der europäischen Königinnen oder einen Monarchen formvollendet mit einem Knicks begrüßen wollen (Sie müssen das nicht tun, doch ist es im Hochadel durchaus üblich), sollten Sie vorher üben, damit Sie dabei nicht aus dem Gleichgewicht kommen. Sie setzen den rechten Fuß nach hinten (es fällt niemandem auf, wenn es der linke ist; das Fotomaterial hierzu ist unterschiedlich), gehen leicht in die Knie (nicht zu tief, sonst laufen Sie Gefahr, nicht mehr elegant hochzukommen) und ergreifen die Hand der Respektsperson mit einer leichten Neigung des Kopfes. Üben Sie vor dem Spiegel, hier kommt es in besonderem Maße auf die Außenwirkung an!

Sonnenbrillen

Es ist weder elegant noch besonders höflich, beim Gespräch die Sonnenbrille aufzubehalten, da man dann, insbesondere bei gespiegelten Sonnenbrillen, nicht die Augen des Gesprächspartners sieht. Es wäre also eine Geste der Höflichkeit, die Sonnenbrille bei der Begrüßung und anschließenden Unterhaltung abzunehmen.[108]

Visitenkarten

Früher waren Visitenkarten noch etwas wert. Ich zitiere aus dem Baedeker für Indien aus dem Jahr 1914, Seite XIX: „Ein Pass ist in Indien an sich nicht notwendig, da für den einfachen Ausweis bei der Post und den niederen Behörden die Visitenkarte genügt." Das waren Zeiten!

Die Bezeichnung „Visitenkarte" kommt daher, dass man früher bei Hausbesuchen, also einer Visite, dem Dienstmädchen seine Karte gab, damit es einen bei den „Herrschaften" mit Namen anmelden konnte. Die Gastgeberin nahm dann, wir kennen das aus Filmen, die Karte entgegen, sagte „Der Herr von Wörth? Ach, wie reizend. Führen Sie ihn doch bitte herein, Emilie."

Falls die „Herrschaften" nicht zu Hause waren, gab es ganz genaue Regeln, wie viele Visitenkarten (bis zu drei Stück) man abzugeben hatte – je nachdem, ob man als Dame, als Herr oder als Ehepaar einem Herren, einem Ehepaar oder einer Dame einen Besuch machte. Eine Wissenschaft für sich.[109]

---

108 Die sozialen Medien haben Melania Trump Anfang Oktober 2017 Respektlosigkeit vorgeworfen, weil sie bei Gesprächen mit den Helfern und Bewohnern der vom Hurrikan Maria zerstörten Karibikinsel Puerto Rico ihre Sonnenbrille nicht abgenommen hatte; auch wurde sie gleich noch dafür kritisiert, dass sie anschließend nachts mit dunklen Gläsern vor den Augen vom Flugzeug zum Weißen Haus gegangen sei (FAZ vom 6.10.2017). Ich halte Letzteres allerdings eher für eine Unvorsichtigkeit als für einen Fauxpas.

109 Auf die Visitenkarten wurden Abkürzungen geschrieben, die den Grund des Besuchs angaben. Sie werden gelegentlich noch gebraucht. Ich liste sie deshalb einmal auf:

p.r.	pour remercier	um zu danken
p.p.c.	pour prendre congé	um sich zu verabschieden
p.p.	pour présenter	um sich vorzustellen
p.f.	pour féliciter	um zu gratulieren
p.f.n.a.	pour féliciter nouvel an	um ein glückliches neues Jahr zu wünschen
p.c.	pour condoler	um zu kondolieren
p.p.p.	pour prendre part	um Beileid auszudrücken.

Auch heute sind Visitenkarten noch üblich, selbst wenn förmliche Hausbesuche und Hausmädchen außerordentlich selten geworden sind. Bei Einladungen und im Geschäftsverkehr haben sie eine wichtige Funktion bewahrt und neu erobert. Da sie wie die Kleidung einen Eindruck von der Person vermitteln, die sie überreicht, sollten die Visitenkarten gut aussehen. Drucken Sie sie nicht selbst auf Ihrem Computer oder kaufen Sie nicht 500 Stück für 2,50 Euro; damit beeindrucken Sie vielleicht ihre Freunde wegen Ihrer Sparsam- und Geschicklichkeit, aber sicher nicht einen potentiellen Geschäftspartner oder künftigen Chef. Lassen Sie sich vielmehr im Geschäft von Fachleuten beraten. Visitenkarten kosten auch dort kein Vermögen. Es muss ja nicht gleich Prägedruck sein. Edle Visitenkarten sind auf weißem, eventuell elfenbeinfarbigem Karton gedruckt und haben einen glatt geschnittenen Rand. Sie sollten eine gewisse Größe nicht überschreiten, damit sie nicht protzig wirken und in ein Etui für Visitenkarten passen. Dann präsentieren Sie sich gut.

Wenn Sie international unterwegs sind, macht es Sinn, auf der anderen Seite der Visitenkarte den Text in der benötigten Fremdsprache zu drucken. Stellen Sie aber sicher, dass Sie Ihre (Amts-)Bezeichnung und Ihre Funktion richtig übersetzen. Das ist nicht immer leicht; Sie könnten versehentlich hoch- oder tiefstapeln. Und schreiben Sie bitte im Englischen nicht „Dr.“ vor Ihren Namen, wenn es nicht gerade ein „Dr. med.“ ist, sonst laufen Sie Gefahr, als Jurist oder Philologe im Notfall zu einem Verletzten gerufen zu werden.

Inhaltlich sollte die Visitenkarte alle notwendigen Informationen bzw. die, die Sie jedem preisgeben wollen, enthalten. Das ist vor allem der Name, es sind aber auch der akademische Grad, die Amtsbezeichnung (wenn Sie eine solche haben) und/oder Ihre gegenwärtige Funktion, nur in ganz herausgehobenen Fällen eine frühere. Sodann Ihre Firma und die Erreichbarkeit dort (es kann durchaus das Vorzimmer sein). Bei Privatleuten sind es die Adresse und die Telefon- (auch Handy-)Nummer, wenn Sie diese nennen wollen. Meistens dürfte das ungefährlich sein, die spätere Kommunikation erleichtern und Ihnen die handschriftliche Ergänzung bei besonders sympathischen Gesprächspartnern ersparen. Führen Sie, wenn Sie mehrere Aufsichtsratsposten oder Ehrenfunktionen haben, diese bitte nicht alle auf. Weniger ist mehr, die

Wollte man anzeigen, dass man persönlich da war und nicht jemanden (etwa mit Blumen) geschickt hatte, knickte man den ganzen rechten Rand der Visitenkarte nach oben. Wohlgemerkt den rechten Rand und nicht eine der rechten Ecken; das hätte, wenn ich meine Jugendromane richtig gelesen habe, zu peinlichen Missverständnissen führen können, bis hin zur Forderung zu einem Duell! Alles Weitere darüber finden Sie, wenn es Sie aus historischen Gründen interessiert, bei Graudenz/Pappritz, Etikette, S.311-324.

wichtigste genügt. Ein einfaches „Walter Hausmann“ mit dem Zusatz „Thyssen-Krupp“ ist viel eindrucksvoller, als wenn Sie alle Ihre Funktionen ausbuchstabieren und drei Telefonnummern anfügen. Wenn Sie wirklich eine bekannte Person sind, wird der Gesprächspartner Sie schon zu finden wissen.

Häufig legt die Behörde oder die Firma, für die Sie arbeiten, die Ausgestaltung der Visitenkarte fest, etwa Logo und Schriftzug. Das nennt man dann mangels eines entsprechenden deutschen Ausdrucks „corporate design“. Dieses hat natürlich den Vorteil, die Zuordnung einer Person zu einer Institution oder Firma auf den ersten flüchtigen Blick zu erlauben. Ich habe mich zunächst etwas gegen die uniformen Visitenkarten für Bundesbeamte gesträubt, finde sie inzwischen aber doch ganz praktisch. Sie haben Signalfunktion. Wenn ich beim Durchblättern fremder Visitenkarten links oben einen senkrechten schmalen schwarz-rot-goldenen Balken aufleuchten sehe, weiß ich nun gleich, dass es sich um jemanden aus der Bundesverwaltung handelt, und kann entweder genauer hinschauen oder die Karte gleich weglegen.

Wem geben Sie nun eine Visitenkarte? Allen geschäftlichen Gesprächspartnern, ob Sie nun viel mit ihnen gesprochen haben oder nicht. Die Karte dient ja der Erinnerung und möglicherweise zur Geschäftsanbahnung. Sie ist kein persönlicher Vertrauensbeweis und auch keine Anmache. Deshalb brauchen Sie keine Scheu zu haben, als Mann einer Dame Ihre Karte mit den Worten: „Haben Sie eine Karte?“ zu geben, also mit dem Ausdruck der Erwartung, auch Ihrerseits eine Karte zu bekommen.

Auch bei gesellschaftlichen Veranstaltungen sind Visitenkarten hilfreich und akzeptiert. Sie brauchen dann nicht mühsam nach Stift und Papier zu suchen, um einem interessanten Gesprächspartner aufzuschreiben, wie er Sie erreichen kann. Damen sind inzwischen so emanzipiert, dass ein Mann ihnen seine Visitenkarte geben kann, ohne aufdringlich zu wirken. Auch die Frage: „Wie könnte ich Sie erreichen?“ ist ganz in Ordnung.

Nehmen Sie die Karte mit einer gewissen Sorgfalt entgegen. Das bedeutet: Widmen Sie ihr kurz Ihre Aufmerksamkeit und lesen Sie sie, bevor Sie sie wegstecken. Das hilft Ihnen auch, sich den Namen einzuprägen. Wenn Sie eine Karte erhalten, überreichen Sie dem Gesprächspartner die Ihre. Es heißt nicht umsonst „Austausch“ von Visitenkarten; es ist sozusagen ein Geschäft auf Gegenseitigkeit.

Aber wohin stecken Sie das gute Stück? Es gibt Etuis für Visitenkarten, in die Sie die eigenen und fremden Visitenkarten stecken können. Sie tragen zwar Jackentaschen auf und nehmen Platz weg, sind aber die einzig wirklich angemessene Unterbringungsform. Ich allerdings gebe zu, dass ich meine eigenen und auch die fremden Visitenkarten einfach in die Brusttasche stecke; aber das ist natürlich schon grenzwertig. Asiaten gegenüber sollten Sie bedenken, dass man bei ihnen die Visitenkarte aus Höflichkeit mit beiden Händen und einer kleinen Verbeugung überreicht und entgegennimmt.

Bei Gesprächen oder Verhandlungen legen die Teilnehmer die empfangenen Visitenkarten gelegentlich vor sich auf den Tisch. Das ist nicht nur zulässig, sondern auch praktisch, weil es ihnen hilft, sich die Namen der Gesprächspartner zu merken, und die Zuordnung zu den Gesichtern erleichtert.

Stecken Sie also genug Visitenkarten ein, wenn Sie zu einer Besprechung oder einem Empfang gehen.

Besorgen Sie sich kleine Umschläge für Ihre Visitenkarten. Dann können Sie die Visitenkarten auch für einen Gruß nutzen, in den Umschlag stecken und einem Geschenk beifügen. Das ist eleganter, als nur eine lose herumflatternde Visitenkarte dazuzulegen.[110]

Und schließlich: Notieren Sie abends auf der empfangenen Visitenkarte, bevor Sie sie Ihrer Sammlung einverleiben, wann und bei welcher Gelegenheit Sie sie erhalten haben. Notieren Sie eventuell auch kurze Charakteristika der Person, die sie Ihnen gegeben hat. Sonst fragen Sie sich nach 2 Jahren beim Durchblättern Ihrer alten Visitenkarten immer wieder „Wer war denn das noch mal?“.

---

110 Für diesen Zweck noch besser geeignet ist eine „Komplimentenkarte“, eine Klappkarte, etwa in der Größe einer großen Visitenkarte, auf der außen Ihr Name oder Ihr Name und der Ihres Partners aufgedruckt ist. Auf der Innenseite haben Sie dann Platz für eine kurze Mitteilung. Auch hier empfiehlt sich ein kleiner Umschlag.

Wie stellt man sich und andere vor?

Zunächst einmal etwas zum Sprachlichen. Personen gleicher Hierarchieebene, also etwa zwei Damen oder Herren gleichen Alters und Ranges, werden „miteinander bekannt gemacht". Bei unterschiedlichen Hierarchieebenen „stellen Sie vor", und zwar den Rangniederen dem Höherrangigen, den Herren der Dame, den Jüngeren dem Älteren.

Der Begriff „vorstellen", so korrekt er ist, ist allerdings etwas auf dem Rückzug. Und das mit Recht. Ich würde Ihnen daher raten, auch bei Unterschieden in der Rangordnung immer zu sagen „Herr Vorsitzender, darf ich Sie mit Herrn Meyer bekannt machen. Er ist neuer Mitarbeiter in der Rechtsabteilung", und nicht zu sagen „Darf ich Ihnen Herrn Meyer vorstellen". Herr Meyer wird es Ihnen danken, wenn er es angesichts der furchteinflößenden Präsenz des Vorsitzenden überhaupt merkt. Und Ihrem Vorsitzenden wird diese Feinheit wahrscheinlich gar nicht auffallen, und wenn, dann wird er Ihnen Ihre Formulierung nicht übel nehmen, im Gegenteil. Denn sie ist ein Ausfluss moderner Mitarbeiterführung. Man sollte Worte, die ein Unterordnungsverhältnis ausdrücken, nach Möglichkeit vermeiden. So spricht man ja auch von „Mitarbeitern", wenn Untergebene gemeint sind.[111]

Ich stelle mich vor

Wenn Sie sich selber vorstellen, nennen Sie Ihren Vor- und Nachnamen, ohne akademische Grade. Das früher gebräuchliche kurze „Müller" und das altertümliche „Gestatten, Müller" gehören der Vergangenheit an; beide erinnern doch ein wenig an Kaisers Zeiten. Genau so antiquiert ist es, auf eine Vorstellung „Angenehm" oder „(Sehr) Erfreut" zu antworten. Sie sagen also „Hans Müller" bzw „Henriette Müller" oder „Mein Name ist/ich bin Hans Müller" bzw. „Mein Name ist/ich bin Henriette Müller".[112]

---

111 Diese Art der Höflichkeit tut allen gut, selbst wenn einem klar ist, wie die (Macht-) Verhältnisse sind. Als junger Attaché im AA hatte ich einen Botschaftsbericht zu beantworten, der mit der „Bitte um Weisung" überschrieben und vom Botschafter unterschrieben war (das ist die übliche Formulierung, wenn die Botschaft von der Zentrale wissen will, wie sie vorgehen soll). Ich leitete meine Antwort mit den Worten „Hiermit weise ich Sie an..." ein, was mir ganz logisch erschien. Weit gefehlt. Mein Ausbilder, dem ich meinen Entwurf vorlegte, wies mich lachend darauf hin, dass eine „Bitte um Weisung" aus Höflichkeit mit den einleitenden Worten „Die Botschaft wird gebeten, ..." zu beantworten sei. Was der Autorität der „Weisung" keinen Abbruch tat.

112 „Mein Name ist Müller, Hans Müller" würde wahrscheinlich eher als Bond-Persiflage aufgefasst werden.

Auf keinen Fall sagen Sie bitte „Herr Müller“ oder „Frau Müller“; man nennt sich nicht selber „Herr“ oder „Frau“. Nur am Telefon kann sich eine Dame mit „Frau Müller“ melden. Darüber sprechen wir später im Kapitel über das Telefonieren.

Viele brauchen einen Anlauf und sagen: „Darf ich mich vorstellen? Mein Name ist Hans Müller“. Das ist länger, geht aber natürlich auch. Der Satz „Darf ich mich Ihnen bekannt machen“ ist auch richtig; er wird von einem etwa Gleichgestellten oder Höherrangigen gebraucht werden. In ihm liegt ein gewisser Anspruch auf Gleichrangigkeit. Der Chef wird sich selten dem Praktikanten „vorstellen“.

Sie können auch Ihre Funktion nennen, aber wirklich nur, wenn Sie den Eindruck haben, dass das für den Gesprächspartner von Interesse ist. Es empfiehlt sich also, auf einer Hochzeit nach der Nennung des Namens zu einer unbekannten Person zu sagen „Ich bin der Vater der Braut“ oder „Ich bin ein Mitarbeiter unseres Gastgebers“, nie aber „Franz Meyer, Abteilungsleiter im Finanzministerium“.

Jegliche Anfügung eines Titels (etwa „Dr. Müller“, „Professor Müller“, „Direktor Müller“ oder „Ministerialrat Dr. Müller“) ist in Deutschland verpönt, wenn man von sich selbst spricht. Daher stellen sich Adlige nicht mit ihrem Adelstitel vor. Der Graf von Korff Schmising sagt einfach „Korff Schmising“. Es wird erwartet, dass der Angesprochene weiß, dass das ein adliger Name ist und er mit einem „Guten Tag, Herr von Korff Schmising“ oder „Guten Abend, Graf“ antworten sollte.[113] Wenn nicht, bricht die Welt auch nicht zusammen. Es gibt zum Beispiel ja auch den Namen „von Müller“, und da bedarf es schon hellseherischer Fähigkeiten zu erkennen, dass der sich „Müller“ vorstellende Herr ein „Herr von Müller“ ist.

---

113 Einer meiner gut republikanisch gesinnten Testleser fand das empörend. Tatsächlich ist es ja auch etwas viel verlangt, sich so gut im „Gotha“ auszukennen, dass man richtig antworten kann. Früher war das vielleicht anders; da spielten adlige Familien eine größere Rolle als heute und waren besser bekannt. Wahrscheinlich stammt diese Sitte daher, dass Adlige, wenn sie unter sich waren, nicht ihren Adelstitel nannten, so wie sich ja auch heute Promovierte nicht untereinander mit „Doktor“ anreden. Diese Art der Vorstellung, auch Bürgerlichen gegenüber, ist also kein Zeichen von Arroganz, sondern wird von Adligen als standesgemäße Zurückhaltung und Bescheidenheit angesehen; man will sich mit seinem Adelstitel nicht aufdrängen. Dennoch ist es Bürgerlichen peinlich, wenn sie noch im Gespräch oder erst später merken, dass sie einen Adligen nicht richtig angesprochen haben. Braucht es aber nicht zu sein, denn das ist eine vertrackte Art der Vorstellung, die namensrechtlich gesehen auch nicht korrekt ist, da nicht der ganze Name genannt wird. Im Allgemeinen stellt man sich nämlich so vor, wie man angeredet werden will.

In Österreich wird auf akademische Titel und Amtsbezeichnungen mehr Wert gelegt. Dort hört man noch immer häufig, dass sich ein Herr mit Amtsbezeichnung oder akademischem Titel vorstellt und auch die Ehefrau mit diesen angeredet wird. Das war jedenfalls so, als ich vor 40 Jahren in Wien auf Posten war. Ein österreichischer Kollege sagt mir nun, das nehme heute ab. Der Österreich-Korrespondent der FAZ schrieb aber noch am 17. 4. 2019: „Es beginge einen Fauxpas, wer jemanden mit Promotion nicht mit ‚Herr Doktor' anredet oder eine Gymnasiallehrerin nicht mit ‚Frau Professor'. Vom Gymnasiallehrer will übrigens der ‚Herr Universitätsprofessor' unbedingt unterschieden werden."

Die Vorstellung anderer

Wenn wir andere vorstellen, nennen wir den akademischen Grad und im beruflichen Umfeld, wenn sie interessieren könnte, auch die Position. Sie können „Herr und Frau Meyer" sagen, oder auch „Herr Dr. Meyer und seine Frau" und „Herr Meyer und Frau Professor Meyer". Sie können dann ergänzen: „Frau Meyer ist Leiterin des Instituts für Europäisches Recht" oder „Herr Meyer kommt gerade aus China zurück, wo er die Niederlassung der Firma XYZ leitete". Das sind Ergänzungen, die einerseits der Höflichkeit geschuldet sind, da sie eine herausgehobene Position signalisieren, andererseits aber auch Stichworte für ein Gespräch geben können. Sie werden sehen, ob Sie Zeit für eine so lange Vorstellung haben.

Sie werden die Vorstellung häufig mit den Worten „Darf ich Sie mit … bekannt machen" einleiten. Und Sie werden nicht nur den akademischen Grad, sondern bei Adligen auch den Adelstitel nennen – aus Höflichkeit ihm selbst gegenüber und zur Information der Umstehenden.

Bei einem Paar mit unterschiedlichen Namen sagen Sie natürlich „Herr Professor Meyer und Frau Dr. Gross". Sie können die Ehefrau – ganz so, als wären die beiden nicht verbandelt – auch als erste nennen; das mag dann Sinn machen, wenn die Frau viel bekannter ist als ihr Mann.[114]

Ein Ratgeber meint, man solle Personen immer mit ihrem Vor- und Nachnamen vorstellen. Das wird häufig jedoch gar nicht möglich sein, da Sie bei einem Empfang auch als Gastgeber nicht alle Vornamen kennen werden. Aber

114 Bei gleichen Familiennamen ist es aber immer noch üblich, „Herr und Frau Meyer" zu sagen. Wir sind schon so sehr an diese Reihenfolge gewöhnt, dass wir hinter ihrer Änderung eine verborgene Botschaft wittern. Es ist zugegebenermaßen ein alter Zopf, der auch daher rühren mag, dass bei der Eheschließung früher immer der Name des Mannes Familienname wurde.

selbst wenn Sie sie mühsam auswendig gelernt haben (ich habe bei größeren Gruppen ja schon einzelne Nachnamen vergessen), sollte man beachten, dass die Nennung des Vornamens eine unpassende Nähe signalisieren kann. Beispiel: Ich würde es als unpassend empfinden, wenn mich, selbst ergraut, ein mir kaum bekannter junger Mann mit den Worten „Das ist Wolfgang Schultheiß“ vorstellte. Denn er würde damit eine Nähe ausdrücken, die nicht besteht. Dieser Eindruck wird nur durch distanzierende Zusatzinformationen neutralisiert. Es wäre also schon etwas besser, wenn er „Dr. Wolfgang Schultheiß“ oder „Botschafter Dr. Wolfgang Schultheiß“ sagte. Sie können daher „Herr Professor (Dr.) Wilhelm Meister, Chefarzt am hiesigen Klinikum, und Frau Hermine Schmitz, Inhaberin der bekannten Medien-Agentur“ vorstellen, ohne große Verluste aber auch die Vornamen weglassen.

Anders verhält es sich, wenn Sie Freunde und gute Bekannte vorstellen. Dann werden Sie im Allgemeinen sagen: „Das sind meine alten Freunde Hans und Inge Meyer“ und fügen vielleicht hinzu: „Hans (oder „Herr Meyer“) hat gerade eine Zahnarztpraxis in Spandau eröffnet“. Hier ist die Nennung der Vornamen stimmig.

Auf eines sollten Sie schließlich unbedingt achten: Stellen Sie Ihre Frau nicht als „Meine Gattin“ oder „Meine (Frau) Gemahlin“ oder Ihren Mann als „Mein Gatte“ oder „Mein (Herr) Gemahl“ vor. Sagen Sie „Mein Mann“ oder „Meine Frau“. Sonst kommen Sie bei uns in den Ruf eines sozialen Aufsteigers, der besonders vornehm sein will, sich aber nicht auskennt.[115] Sollten Sie also gefragt werden: „Wie geht es Ihrer Frau Gemahlin?“, antworten Sie: „Danke, meiner Frau geht es gut.“

Reihenfolge

Es werden vorgestellt:

- der Herr der Dame,
- der/die Jüngere dem/der Älteren,
- der Rangniedere dem Ranghöheren,
- der Mitarbeiter dem Vorgesetzten,
- der Neuankömmling dem Anwesenden,
- die ganz junge Dame dem älteren Herren,
- der Firmen-/Behördenangehörige dem externen Besucher.

---

115 Rümpfen Sie aber nicht gleich die Nase, wenn jemand so etwas sagt oder schreibt. „Andere Länder, andere Sitten“. In Österreich ist dieser Sprachgebrauch noch anzutreffen.

Nur Staatschefs werden niemandem vorgestellt; ihr Name und ihre Funktion werden als bekannt vorausgesetzt.

Da mehrere Kriterien zusammentreffen können, ist die Reihenfolge nicht immer leicht zu bestimmen. Zur Beschreibung dieser Situation brauchen wir zwei Standard-Ehepaare. Lassen wir einmal Lisa und Hans Müller mit Dr. Walter Friedrich und seiner Frau Martha zusammentreffen.

Hans und Lisa Müller sind bei dem Ehepaar Friedrich zum Abendessen eingeladen. Wenn sie sich gut kennen, ist die Begrüßung kein Problem: Martha schließt Lisa in die Arme, während sich die Männer die Hand schütteln und dann die Damen begrüßen. Protokoll spielt hier keine Rolle, entscheidend ist das Maß der Verbundenheit.

Was aber, wenn Herr Friedrich der Chef von Herrn Müller ist und nur die beiden sich kennen? Dann schütteln sich zuerst Herr Müller und Herr Friedrich die Hand. Dann stellt Herr Müller Herrn Friedrich seine Frau vor, worauf sich dieser zu seiner Frau wendet und sagt: „Martha, darf ich Dir/Ich möchte Dir gerne Herrn und Frau Müller vorstellen. Herr Müller ist Leiter unserer Marketing-Abteilung“. Und dann wird Frau Friedrich zuerst Frau Müller und dann Herrn Müller die Hand reichen.[116]

Wenn Herr Friedrich der Chef von Frau Müller ist, wird diese zuerst ihn begrüßen und ihm dann ihren Mann vorstellen. Herr Friedrich verfährt dann wie oben, wobei er natürlich seiner Frau erklärt, welche Funktion Frau Müller in der Firma ausübt, also zum Beispiel „Frau Müller ist für unsere Pressearbeit zuständig. (Ich erzählte Dir doch gestern, dass....)“. Unter Umständen könnte er noch anfügen: „Und Herr Müller ist übrigens ein recht bekannter Fußballer“, aber das muss nicht sein und wird sich später im Gespräch ohnehin herausstellen.

Wenn Frau Müller aber für Frau Friedrich arbeitet und die anderen Personen sich nicht kennen, wird sie zuerst Frau Friedrich begrüßen und ihr dann ihren Mann vorstellen. Daraufhin wird Frau Friedrich ihrem Mann zuerst Frau Müller („Liebling, das ist meine Mitarbeiterin, Frau Müller“) vorstellen und dann Herrn Müller. Und wenn schließlich Herr Müller ihr Mitarbeiter ist, wird er zuerst sie begrüßen und ihr seine Frau vorstellen, und dann wird Frau Friedrich beide ihrem Mann vorstellen.

---

116 Frau Helbach-Grosser (Frauen, S.50) ist der Ansicht, dass die Frau des Chefs zuerst dem Mitarbeiter ihres Mannes und dann seiner Frau die Hand reicht. Sie können also erleichtert aufatmen, denn es gibt hier unterschiedliche Meinungen und Sie können eigentlich kaum etwas falsch machen.

Das klingt ziemlich kompliziert und ist es bei mehreren Personen auch; meistens gerät die Reihenfolge durch irgendeinen Zufall, oder weil jemand zu früh seine Hand ausstreckt, auch durcheinander. Das ist schade, aber nicht schlimm. Die Regel, die Sie sich merken sollten, ist vor allem die, zuerst die bekannte Person zu begrüßen und dann Ihre Begleitung vorzustellen; die Ihnen bekannte Person stellt dann Sie beide ihrem Partner vor.

Wenn eine dritte Person zwei Ehepaare miteinander bekannt macht, also in unserem Bild Frau Friedrich die Müllers zu der Gruppe der wartenden Gäste führt, wird sie der Einfachheit halber sagen: „Lieber Bernhard, liebe Susanne, darf ich Euch das Ehepaar Müller vorstellen", und zum Ehepaar Müller gewandt wird sie sagen: „Ich möchte Sie gerne mit meinen alten Freunden Bernhard und Susanne Tauber bekannt machen". Dann schütteln sich zuerst die Damen die Hand und reichen sie dann den Herren, die sich erst anschließend die Hände schütteln. Da Ehefrauen bei solchen Gelegenheiten gerne im Kielwasser ihrer Männer bleiben – es ist ein alter Zopf, erleichtert ihnen aber auch das Prozedere, da sie nur ihren Männern folgen müssen –, kommt es aber meistens so, dass Herr Müller beherzt die Hand von Susanne und dann die von Bernhard ergreift und seine Frau es ihm nachmacht.

Auch das ist in Ordnung. Häufig ist es schon aus Platzgründen nicht möglich, die protokollarisch perfekte Reihenfolge einzuhalten. Gelegentlich reiche ich, einem Impuls folgend, der vor mir stehenden Person die Hand, obwohl sie noch gar nicht „dran" ist. Das lache ich weg. Fürchterlich sind nur die Männer, die dann meine ausgestreckte Hand nicht ergreifen, sondern mit einladender Handbewegung erst einmal auf ihre Frau verweisen, die ich ihrer Ansicht nach zuerst begrüßen müsste. Für diese Leute habe ich, selbst wenn sie recht haben, wenig übrig. Sie kennen vielleicht die Protokollregeln, aber nicht den allerwichtigsten Grundsatz, dass man andere nicht auflaufen lassen soll.

Das korrekte Vorstellen ist nicht leicht, die Situation, auch in der Dynamik des Begrüßens fremder Leute, etwas verwirrend. Gehen Sie mit Selbstbewusstsein ran und zeigen Sie kein Zögern, auch wenn Sie sich nicht sicher sind. Nur wenige sind es, und alle wollen diese Prozedur schnell hinter sich bringen. Aber sie muss natürlich sein, damit man weiß – oder zumindest die Chance dazu hat zu wissen – mit wem man es zu tun hat. Sie wissen ja selbst, wie unruhig man wird, wenn man sich lange mit jemandem unterhält, dessen Namen man nicht kennt.[117]

117 Da hilft nur fragen: „Es tut mir leid, darf ich noch einmal nach Ihrem Namen fragen? Er ist mir leider entfallen". Jeder wird dafür Verständnis haben.

Duzen und Siezen

In der Einleitung haben wir schon vom Duzen und Siezen gesprochen. Das ist eine Übung, die im steten Wandel begriffen und auch noch von Land zu Land verschieden ist. Die Englisch sprechenden Menschen haben damit kein Problem: Für sie ist jeder „you“.[118] Im deutschen und französischen Sprachraum ist das anders. In letzterem haben die Kinder vor einer Generation und in konservativen Familien ihre Eltern noch mit „Sie“ angesprochen; ich habe meine Kommilitonen an der Uni noch gesiezt. Österreichische Diplomaten sprechen ihren Botschafter mit „Du, Herr Botschafter“ an. Vor so viel Vielfalt kapituliere ich und beschränke mich darauf, was in Deutschland üblich ist.

Duzen und Siezen ist eine Frage der Konvention und des gegenseitigen Verständnisses. Ich habe gute Bekannte, die ich schon lange kenne, sehr schätze und – ohne weiter darüber nachzudenken und vielleicht auch, weil ich sie selten sehe – immer noch sieze, und weniger gute Bekannte, die ich duze, weil sich das vor Jahren in einer Situation einmal so ergeben hat. Solange beide Seiten beim Siezen vom guten gegenseitigen Verhältnis ausgehen, ist das Siezen ganz in Ordnung und es besteht kein Grund, zum „Du“ überzugehen, mögen die anderen sich doch wundern; viel ist eine Frage der Gewohnheit.

Häufig wird schon aufgrund des Umfelds vom Duzen ausgegangen, etwa bei Studenten und unter etwa gleichaltrigen (und damit meist gleichrangigen) Kollegen.[119] Auch wird im Berufsleben deshalb gerne geduzt, weil es den Eindruck zupackender Dynamik und unkonventioneller Jugendlichkeit vermittelt und ein Wir-Gefühl schafft. Bauen Sie aber nicht zu sehr darauf; der Eindruck trügt häufig. Wie auch beim Weglassen der Krawatte.

---

118 „You“ bedeutet übrigens nicht „Du“, wie es wegen des Gleichklangs mit dem Deutschen meist angenommen wird, sondern stand früher für „Sie“ oder „Ihr“. „Schlag‘ nach bei Shakespeare“, kann ich da nur sagen. Dort lesen Sie, dass „Du“ früher „thou“ hieß. Man könnte genauso gut sagen, dass Briten sich durchgängig mit „Sie“ ansprechen. Sie sagen ja auch zu ihrer Königin „you“. Tatsächlich sind natürlich beide Formen zusammengeflossen; formloser als die deutsche ist die englische Sprache deshalb aber nicht.

119 Es irritiert mich, und vielen meiner Generation wird es ähnlich ergehen, wenn ich in einer großen Kaufhauskette im Lautsprecher, dem ich nicht entgehen kann, eine fremde Frauenstimme sagen höre: „Wenn Du Lust auf Köttbullars hast, kannst Du jetzt ins Restaurant kommen.“ Ich mag Köttbullars, frage mich innerlich aber doch: „Seit wann duzen wir uns?“ (typische Reaktion alter Knaben). Es wird mir hier zudem deutlich vor Augen geführt, dass ich nicht (mehr) zur Zielgruppe dieser Kette gehöre.

In manchen Kreisen duzen sich üblicherweise alle. Das ist bei Studentenverbindungen so, vom Erstsemester bis zum Alten Herren, und zum Beispiel bei den Parteimitgliedern der SPD. Ich habe schon erlebt, dass das nicht jeder Sozialdemokrat als besonders prickelnd empfand. Es ist allerdings schwer, etwas dagegen zu tun, ohne als arrogant zu gelten.

Sonst kann man natürlich dem oder der anderen das „Du" anbieten. Hier gilt die Regel, dass die Dame dem Herren, der Ältere dem Jüngeren und der Höherrangige dem im Rang niedriger Stehenden das Du anbietet. Die einzelnen Elemente dieser Regel können aber in Konflikt geraten. Dann hängt es von der Situation und dem Fingerspitzengefühl ab, ob die ältere Mitarbeiterin dem höherrangigen jüngeren Kollegen das „Du" anbieten kann oder der höherrangige Mann der jüngeren Dame. Es kommt darauf an, welcher Aspekt überwiegt. Das muss der, der das „Du" anbietet, sich dann fragen. Der Satz „Hier duzen sich alle unsere Freunde, wollen wir es nicht auch tun?" ist auch dann akzeptiert, wenn in Alter und Rang Unterschiede bestehen.

Allein der Träger einer ganz hervorgehobenen Position, etwa der Bundespräsident, könnte einen alten Freund bitten, ihn in Hinblick auf die Würde des Amtes in der Öffentlichkeit zu siezen und mit seinem Titel anzusprechen, wobei es beim privaten Gespräch natürlich beim „Du" bleibt.

Besondere Konstellationen verlangen die eine oder andere Überlegung mehr. Etwa in der Hierarchie eines Betriebs oder einer Behörde. Ich halte es nicht für richtig (stehe damit aber wahrscheinlich auf verlorenem Posten), als Chef einen Teil der Mitarbeiter zu duzen, andere nicht. Das könnte den Eindruck der Bevorzugung des „privilegierten" Personenkreises erzeugen. Die der Hierarchie geschuldete Distanz liegt, wie man gelegentlich beobachten kann, im Konflikt mit dem „Du" der Sozialdemokraten oder einer Studentenverbindung. Wenn zum Beispiel im Beamtenapparat aus diesem Grund quer durch die Hierarchie geduzt wird, kommt der Verdacht einer Bevorzugung auf, sei er nun berechtigt oder nicht.

Wenn Sie jemanden schon lange kennen und duzen, besteht allerdings kein Grund, ihn plötzlich zu siezen, nur weil Sie sein Chef geworden sind. Das wäre doch ein wenig schäbig, im besten Fall nicht sehr souverän, und am meisten empfände das der alte Freund so. Zu einem solchen „Du" soll man stehen.

Wenn Ihnen das Du angeboten wird, ist es schwierig, „nein" zu sagen, da das eine persönliche Zurückweisung beinhaltet und überheblich wirken kann. Sie sind aber nicht verpflichtet, das Du anzunehmen, sondern durchaus berechtigt, ein solches Angebot abzulehnen. Sie sollten es nur nett formulieren.

Sagen Sie nicht: „Mit einem solchen Typen wie Ihnen duze ich mich doch nicht!", auch wenn Ihnen der Satz durch den Kopf schießt. Versuchen Sie, die Ablehnung so freundlich wie möglich zu formulieren, ein „zunächst einmal", das ein späteres Duzen offen lässt, ist da ein guter Weg. Sie sollten daher etwas sagen wie: „Ich halte es für besser, wenn wir (zunächst einmal/eine Weile) bei dem ‚Sie' bleiben". So etwas wird akzeptiert, zumal der andere ahnen wird, warum Sie sein Angebot ablehnen. Einen Grund können Sie, müssen Sie aber nicht nennen.

Manchmal ist die Ablehnung des „Du" auch nicht mit der Ablehnung der Person verbunden oder der Rücksichtnahme auf das Umfeld geschuldet. Im Gegenteil, es kann auch Respekt sein. Ich erinnere mich noch gut daran, dass mir die Mutter eines Schulfreundes, die mich seit Kindheit kannte und natürlich duzte, nach dem Abitur das „Du" anbot. Ich habe das aus Respekt vor ihr abgelehnt, obwohl – oder gerade weil – ich sie besonders gern mochte. Ich bin sicher, sie hat es richtig verstanden.

Ich hatte nie das Bedürfnis, von einem „Du" zum „Sie" zurückzukehren. Man kann auch mit einem „Du" durchaus förmlich miteinander umgehen; diese Erfahrung werden Sie, vielleicht zu Ihrer Überraschung, sicher einmal machen. Wer jedoch den unwiderstehlichen Drang danach verspürt, auf diese Weise wieder sicht- bzw. hörbar Distanz zwischen sich und einen anderen zu legen, kann das natürlich tun. Dann sollte er aber auch den Grund dafür angeben, möglichst einen nachvollziehbaren.[120]

Ein Zwischending ist das Siezen bei gleichzeitiger Anrede mit dem Vornamen, das sogenannte „hanseatische Du". Es bietet sich manchmal an, wenn Sie zu einem nur entfernt bekannten Kreis stoßen, in dem sich alle duzen und wo Sie nicht durch Förmlichkeit auffallen wollen. Ich habe es aber auch schon bei Vorgesetzten erlebt, die enge und geschätzte Mitarbeiter mit Vornamen anreden, aber doch die erforderliche Distanz wahren wollen.[121]

Das Gegenteil – die Kombination von Nachname und „Du" – geht hingegen gar nicht. Das „Frau Schmitz, reich' mir doch bitte mal das Ding da rüber"

---

120 Elisabeth Binder, So kann's gehen, S.25ff., ist der Ansicht, dass dies nicht notwendigerweise negative Folgen haben muss und sogar wie ein Befreiungsschlag wirken und zur Versachlichung des Verhältnisses beitragen kann. Das mag sein, doch steuert man damit zunächst einmal auf eine Brüskierung des anderen zu. Das sollte man sich genau überlegen.

121 Die Kombination von „Sie" mit dem Vornamen war im deutschen Sprachraum lange Zeit die Anrede gegenüber Hausangestellten. Inzwischen ist sie als Zeichen der Wertschätzung, verbunden mit Respekt, wieder im Kommen.

sollte man sich ganz schnell abgewöhnen. Der Nachname erfordert das „Sie“, zumindest wenn man sich einer etwas gehobenen Sprache bedienen will.

Wie ist es mit den Freunden der Kinder? Wenn man sie schon lange kennt, ist es klar: Man duzt sie weiter, auch wenn sie groß geworden sind; vielleicht bietet man ihnen sogar selbst das „Du“ an. Das ist ein Zeichen von Vertrautheit und Herzlichkeit. Wenn man später erwachsene Freunde seiner Kinder trifft, werden sie geistig unwillkürlich in die Kategorie der Kinder eingestuft. Das aber ist gefährlich. Sie könnten doch ein bisschen beleidigt sein, dass man sie nicht wie Erwachsene behandelt, die jeden Respekt verdienen. Also lieber siezen.

Noch ein bisschen anders ist es, wenn man sich in internationaler, englischsprachiger Gesellschaft bewegt. Als ich vor vielen Jahren in Wien der deutschen Delegation bei den MBFR-Abrüstungsverhandlungen zwischen Nato und Warschauer Pakt angehörte, siezte mich mein Vorgesetzter natürlich und sprach mich mit Nachnamen an. Wenn wir aber mit Engländern und Amerikanern unterwegs waren, war ich plötzlich „Wolfgang“ und „you“. Der Grund war ganz einfach: Jeder Brite und Amerikaner hätte gemeint, wir könnten einander nicht leiden, wenn wir uns nach mehrmonatiger Zusammenarbeit noch immer nicht mit dem Vornamen angeredet hätten.

Rangordnung und ihre Folgen

Vortritt. Aufstehen oder sitzen bleiben?

Vieles, was in diesem Buch zur Sprache kommt, wird nach Rangordnung entschieden. Staaten und viele Menschen wachen eifersüchtig darüber, dass bei ihnen die korrekte (nun, eine vorteilhaftere darf es natürlich auch sein) Rangfolge eingehalten wird.

Vorrang

Bei gesellschaftlichen Veranstaltungen gehen als erste durch die Tür und werden als erste begrüßt:

- die Dame vor dem Herren,
- der oder die Ältere vor dem oder der Jüngeren,
- der oder die Vorgesetzte/Höherrangige vor der oder dem Untergebenen/ im Rang niedriger Stehenden,
- ausländische Gäste oder solche fremder Firmen vor denen des eigenen Landes oder der eigenen Firma.

Ehefrauen, die selbst keine geschäftliche oder dienstliche Funktion ausüben, teilen protokollarisch den Rang ihres Mannes, und bei Ehemännern berufstätiger Frauen ist das ebenso. Sie sehen das ganz deutlich bei Tischordnungen.

Im Geschäftsleben ist die Rangfolge „genderblind".[122] Das Geschlecht spielt also keine Rolle (mehr). Übrig bleibt vor allem das Kriterium des Ranges in der Hierarchie, bei gleichem Rang das des Alters und Dienstalters sowie der Höflichkeit einem Gast gegenüber. Dies ist eine Folge der Emanzipation der Frau: es soll keine Benachteiligung, aber auch keine Vorzugsbehandlung geben. Im Beruf soll nur Leistung entscheiden. Das gilt wohlgemerkt aber nur im Geschäftsleben, nicht jedoch, wenn sich Berufskollegen privat treffen. Dann lebt das alte Prinzip, Frauen mit Vorrang zu behandeln, wieder auf.

Völkerrechtlich gilt: Staaten sind gleichberechtigt. Es geht bei der Rangfolge weder um Größe und Bevölkerungszahl noch um Bedeutung. Ausschließlich das Dienstalter seiner Vertreter – Präsident, Regierungschef, Botschafter – entscheidet. Das macht die Rangfolge eigentlich ganz einfach: Nur dieses eine Kriterium gilt.

---

122 Ich übernehme den Ausdruck aus dem Englischen. Berühmt ist der vergleichbare Ausspruch des Richters am US Supreme Court, John Marshall Harlan, „Our constitution is colorblind" im Fall *Plessey v. Ferguson* (1896).

Gesellschaftliche Rangordnung

Bei der gesellschaftlichen Rangordnung können die Kriterien miteinander in Konflikt geraten. Was tun, wenn zwei Personen mit „Vorrang“, etwa eine Dame und ein höherrangiger Herr, aufeinandertreffen? Wer geht zuerst durch die Tür? Da gilt es abzuwägen und daran zu denken, dass es ein Zeichen der Wertschätzung ist, einem anderen den Vorrang oder Vortritt zu lassen.

Als Mann, gleich welchen Ranges und Alters, kann man nichts falsch machen, einer Dame den Vortritt zu lassen oder einen Platz anzubieten. Ist allerdings zuerst eine schwere Tür aufzustemmen oder einer Drehtür Schwung zu verleihen, sollte der Mann mit einem gemurmelten „Erlauben Sie“ kurz vorangehen, die Tür aufmachen, gegebenenfalls selbst hindurchgehen, sie der Dame aufhalten und diese dann wieder vorgehen lassen. Dieses Angebot kann eine Dame, gleich welchen Alters und Ranges, ohne Weiteres annehmen. Das Ziel ist, es der Dame so angenehm wie möglich zu machen. Auch ein Chef vergibt sich nichts, einer jüngeren und im Rang niedriger stehenden Mitarbeiterin den Vortritt zu lassen oder einen Platz anzubieten; das gilt umso mehr bei einer gleichaltrigen oder älteren Mitarbeiterin. Es schadet nichts, den Ruf eines galanten oder doch zumindest höflichen Chefs zu haben.[123]

Auch wird der junge Chef nichts falsch machen, wenn er einem (sehr viel) älteren oder gesundheitlich gehandicapten Mitarbeiter die Tür aufhält.

Als Dame machen Sie nichts falsch, wenn Sie einer viel älteren Person, ob weiblich oder männlich, den Vortritt lassen, natürlich auch Ihrem Chef. Doch sollten Sie die Höflichkeit Ihres Chefs dankend annehmen, wenn er Ihnen einen Platz oder den Vortritt anbietet.[124] In einer noch unentschiedenen Situation empfiehlt es sich allerdings, Anstalten zu machen, dem Chef den Vortritt zu lassen. Es ist an ihm, ob er das Angebot annimmt oder nicht; beides ist korrekt.

---

123 Es wird berichtet, dass Ludwig XIV sich vom Esstisch erhob, wenn ein Dienstmädchen vorüberging, und es mit gezogenem Hut grüßte (Asserate, Manieren, S.53). Da kann man erstens nur hoffen, dass der König trotz zahlreichen Personals zum Essen kam. Zweitens wage ich zu bezweifeln, dass das Los der Dienstmädchen in Versailles deswegen zu beneiden war.

124 Die gut gemeinten Kämpfe (meistens zwischen zwei Herren) darum, dem anderen den Vortritt zu lassen, sind ein wenig lästig und berauben den zum Vortritt Berechtigten der Freude, sich höflich zu zeigen. Nehmen Sie daher dankend an und marschieren Sie als erster durch die Tür, wenn es Ihnen angeboten wird. Sie werden später noch Gelegenheit haben, sich für die gezeigte Höflichkeit zu revanchieren und dem anderen gegenüber eine Geste zu machen.

Manchmal tritt das Gebot der Höflichkeit hinter die Zwänge des Amtes zurück. Von einem Hochrangigen, gleich welchen Alters oder Geschlechts, wird manchmal erwartet, dass er oder sie die Stellung als Ehrengast ausfüllt. Das ist zum Beispiel dann der Fall, wenn man als Vertreter einer Institution oder Firma – sei es als Staatspräsident oder Regierungschefin, als Botschafter oder Direktorin eines Unternehmens – Ehrengast ist und damit die Institution, die man vertritt, protokollarisch gewürdigt werden soll. Dann muss man die Ehre annehmen und sogar auf die Einhaltung der Rangordnung achten, die ja nicht einem persönlich gilt, sondern der repräsentierten Institution. Ist man dagegen privat unterwegs, spricht nichts dagegen, Damen, Älteren oder anderen, die man ehren will, den Vortritt zu lassen.

Ausnahmen

Ausnahmen von der Regel, wer vorausgeht, ergeben sich aus Praktikabilitätserwägungen:

Wenn Sie mit Ihrem Chef in einem *überfüllten Fahrstuhl* stehen, er hinten an der Wand (denn er ist ja als erster eingestiegen) und Sie vorne an der Tür, steigen natürlich Sie zuerst aus, statt den Bauch einzuziehen und ihn an sich vorbeiquetschen zu lassen. Vor der Aufzugtür warten Sie dann und schließen sich dem Tross wieder an.

Beim *Betreten des Restaurants* geht der Mann üblicherweise voran, da er mit dem Kellner sprechen und einen Tisch aussuchen oder sich zuweisen lassen muss. Das wollen Sie Ihrer Begleiterin oder Ihrem Chef, der Sie mit der technischen Vorbereitung beauftragt hat, doch ersparen! Dasselbe gilt, wenn Sie für eine ganze Gruppe ein Abendessen im Restaurant organisiert haben. Sie betreten das Restaurant als Erster, noch vor Ihrem Chef und dem Ehrengast, lassen sich vom Kellner den vorher bestellten Tisch zeigen und führen dann die inzwischen den Restauranteingang verstopfende Gruppe dorthin.[125]

Wenn Sie als Frau alleinige Gastgeberin (oder mit der Organisation beauftragt) sind, gehen natürlich Sie voraus, um erforderlichenfalls technische Details schnell klären zu können. Dadurch signalisieren Sie dem Service-

---

125 Regeln können natürlich von Land zu Land verschieden sein. In Kirgisistan, wo ich einmal einen Protokollkurs abhielt, lernte ich, dass dort die Mitglieder der Gruppe der Rangfolge entsprechend das Restaurant betreten, dann aber im Vorraum warten, bis der Jüngste, der die Veranstaltung organisiert hat, als letzter durch die Tür tritt, sich dann schnell durch die Gruppe nach vorne arbeitet und mit dem Kellner spricht. Falls Sie es also einmal falsch machen sollten, sagen Sie einfach, sie hätten zur Abwechslung einmal das kirgisische Protokoll angewandt. Im übrigen wird dieses Vorgehen aber auch von deutschen Ratgebern als zulässig erachtet.

Personal auch, dass Sie die Ansprechpartnerin für alle Fragen sind – von der Getränkeauswahl bis hin zur Rechnung.

Wenn Sie als Ortskundiger einen Gast bei einem *Rundgang* durch ein Gebäude oder eine Fabrik begleiten, gilt im Prinzip die allgemeine Regel, dass der Gast zuerst durch die Tür geht. Es sei denn, er bleibt anschließend ratlos stehen und weiß nicht, wohin er gehen soll. In solchen Fällen gehen Sie als Ortskundiger voraus. Wenn Sie wollen, können Sie dabei auch sagen: „Erlauben Sie, dass ich vorgehe, um Ihnen den Weg zu zeigen". Der Gast wird nicht beleidigt, sondern dankbar sein, dass er sich nicht immer umdrehen muss, um den richtigen Weg zu erfragen.

Gelegentlich stellt sich die Frage, wer *auf einer Treppe* zuerst geht, der Herr oder die Dame. Früher hieß es, der Herr gehe beim Hinaufgehen voran, damit er der vor ihm gehenden Dame nicht unter den Rock schauen könne. Wenn Sie sich den Zuschnitt der heutigen Treppen anschauen und Ihren Damenbesuch nicht gerade eine steile Leiter zum Dachboden hinaufbegleiten, ist diese Gefahr aber gering. Daher gilt auch bei Treppen: Die Dame geht zuerst die Treppe hinauf; das hat auch den Vorteil, dass der Herr sie im Fall des Stolperns auffangen kann. Anders beim Hinabgehen: Hier geht der Mann voraus, um die Dame (oder einen Älteren) bei einem Stolpern vor einem Sturz zu bewahren.

Bei Begrüßung: Aufstehen oder sitzen bleiben?

Bei der Frage, wer bei einer Begrüßung aufsteht und wer sitzen bleibt, gilt mit leichten Abweichungen dasselbe Prinzip. Männer stehen fast immer auf, um jemanden zu begrüßen. Bei Damen immer und bei Männern meistens, seien sie nun jünger oder älter, höherrangig oder im Rang niedriger. Von dieser Regel sollten Sie nur abweichen, wenn Sie sich gut kennen und wissen, dass auf solche Äußerlichkeiten kein Wert gelegt wird. Aber auch dann… Nur wenn Sie sehr viel älter sind als der, der an Ihren Sessel tritt, um Sie zu begrüßen, können Sie sitzenbleiben und damit andeuten oder es auch sagen, dass es Ihnen in Ihrem Alter Mühe macht, sich zu erheben. Natürlich könnte auch ein drahtiger Minister oder Generaldirektor sitzen bleiben, wenn ein jüngerer Mitarbeiter zur Begrüßung an seinen Stuhl tritt, und er wird es auch häufig tun. Freundlicher und höflicher wäre es aufzustehen.

Alexander Graf von Schönburg-Glauchau schreibt in seiner „Kunst des lässigen Anstands", er stehe in der Regel nicht auf, nicht einmal andeutungsweise, wenn sich ihm (männliche) Freunde oder Kollegen näherten. Das sei früher normal gewesen, aber: „Heute macht das keiner mehr. Also warum sollte man es selbst tun?“ Doch fügt er im selben Atemzug hinzu: „Das Problem ist nur, dass der Verlust von Manieren ansteckend wirkt.“[126] Genau so ist es. Das ist ein Grundproblem. Ich habe es nie anders erlebt, als dass Herren aufstehen, wenn sie einander begrüßen, bei Freunden zumindest andeutungsweise. Folgen Sie dem Grafen also nicht. Denn da scheint mir Inkonsequenz und mehr Lässigkeit als Anstand im Spiel zu sein. Denn er beklagt ja selbst im nächsten Satz, dass das „Grundniveau der Gesellschaft kollektiv absinkt“. Und er lobt eine Seite weiter den „abgerissenen Herrn am Bahnhof Zoo“, der „einem deutlich alkoholisierten Bekannten“ durch angedeutetes Aufstehen Achtung erweist.

Weiter gilt: Sie setzen sich als Mann, gleichgültig welchen Ranges und welchen Alters, bei Tisch nicht, bevor die Damen Platz genommen haben. Das ist eine der ostentativen und damit aufmerksam registrierten Höflichkeiten.

Begrüßen sich Damen untereinander, so steht die jüngere Dame auf, um eine ältere zu begrüßen. Eine ältere könnte sitzen bleiben, wenn sie von einer jüngeren begrüßt wird. Im Berufsleben müsste die ältere Dame allerdings aufstehen, wenn die jüngere ihre Vorgesetzte oder höherrangig ist, und vielleicht empfiehlt sich diese Respektbezeugung auch bei einem gesellschaftlichen Treffen; man weiß ja nie, wie ehrpusselig die Vorgesetzte ist. Wenn sich etwa gleichaltrige Damen begrüßen, könnte die eine sitzenbleiben, doch wäre es nett, aus Höflichkeit doch aufzustehen. So wie es die Herren untereinander tun.

Bei der Begrüßung eines Herren können Damen im Prinzip immer sitzen bleiben. Das fällt manchen schwer, denn sie haben in jungen Jahren gelernt, vor Älteren oder Höherrangigen aufzustehen. Geben Sie diesem Reflex nach, wenn Sie ihn verspüren. Sie vergeben sich dabei nichts, insbesondere in Zeiten, in denen auf Gleichberechtigung Wert gelegt wird.

Im Berufsleben

Das Berufsleben ist, wie gesagt, „genderblind“. So wird die junge Praktikantin im Büro sicher nicht sitzen bleiben, wenn ihr Chef sie begrüßt und ein Gespräch mit ihr beginnt; ebenso wenig die Referentin, wenn der Referatsleiter zu ihr tritt. Und zwei gleichrangige Kollegen? Wenn das Verhalten im Geschäftsleben wirklich „genderblind“ ist und auf Emanzipation Wert gelegt wird, wird die Dame bei einem gleichrangigen Herren ebenso aufstehen wie die Abteilungsleiterin bei einem zu ihr tretenden Sachbearbeiter, denn Männer machen es untereinander auch so (oder sollten es zumindest). Es lässt

126 S.86.

sich ja auch viel besser sprechen, wenn man sich im wörtlichen Sinn auf Augenhöhe begegnet.[127]

Was aber, wenn dieser Referent oder Sachbearbeiter die Abteilungsleiterin bei einer privaten Abendveranstaltung begrüßt? Sie kann dann sitzen bleiben und damit signalisieren, dass sie sich beide privat begegnen und das Dienstliche keine Rolle spielen soll.

Das sind die Regeln. Wer besonders höflich sein will, kann immer aufstehen oder einer anderen Person den Vortritt lassen, obwohl er es eigentlich nicht müsste.

Der Bus, die Straßenbahn und die U-Bahn

Die oben genannten Prinzipien gelten auch im öffentlichen Nahverkehr, und selten werden sie so flächendeckend verletzt wie dort, etwa in überfüllten U-Bahnen oder Bussen. Für Damen und Ältere aufzustehen ist ein Akt der Höflichkeit, der in Deutschland bis auf minimale Restbestände außer Gebrauch gekommen zu sein scheint. Wenn, dann sind es nach meiner Erfahrung im Berliner öffentlichen Nahverkehr vor allem Ausländer und Deutsche mit Migrationshintergrund, auch Mitreisende mittleren Alters, die aufstehen oder ihre Kinder bitten aufzustehen, um Älteren oder Behinderten Platz zu machen. In ihrem Kulturkreis wird das offensichtlich mehr gepflegt als bei uns.[128]

Das irritiert mich schon. Insbesondere dann, wenn junge Lehrer oder Lehrerinnen sich unterhalten oder gelangweilt aus dem Fenster schauen, während ihre Schüler es sich in der überfüllten Bahn auf den Sitzen gemütlich machen und Erwachsene stehen müssen. Allerdings gilt das nur bei Kindern ab einem gewissen Alter. Kleine Kinder sind häufig nicht in der Lage, sich bei einem heftig bremsenden Bus festzuhalten; da gehört es geradezu zur Aufgabe der mitfahrenden Aufsichtspersonen, darauf zu achten, dass sie sicher sitzen. Wobei ich mancher Mutter – und manchem Vater – aber doch gerne sagen würde, dass sie ihr Kind auch mal auf den Schoß nehmen könnten; da sitzt es

---

127 Silke Schneider-Flaig fasst das in ihrem „Knigge" auf S.16f. ganz gut zusammen: „Frauen und ältere Herren blieben (früher) sitzen. Diese Regel ist zwar nach wie vor zulässig, aber für moderne Frauen unzeitgemäß. Insbesondere im Geschäftsleben erheben sie sich ebenfalls. Symbolisch betrachtet drücken sie damit auch Gleichrangigkeit aus."

128 Frau Pappritz drückte das vor 60 Jahren ziemlich brutal aus. Sie schrieb: „Nirgends sind Charakterstudien aufschlussreicher als in Straßenbahn oder Omnibus. Wie kaum sonst scheiden sich hier die Flegel von den Kavalieren." (Etikette neu, S.236). Das ist hart, gilt aber in milderer Form noch heute. Allerdings fällt der Vorwurf auf Eltern und Großeltern zurück, weil sie es sind, die ihren Kindern eine solche Rücksichtnahme Älteren gegenüber nicht mehr beigebracht haben; beim Aufstehen für Damen beruht das jedoch möglicherweise auf emanzipatorischem Selbstverständnis.

sogar noch sicherer. Kurz: Auf kleine Kinder ist ebenso Rücksicht zu nehmen wie auf alte oder gebrechliche Menschen. Aber nur auf sie. Jugendliche sollten sich ruhig auf die verschüttete Höflichkeitsregel besinnen, Älteren einen Platz anzubieten.

Nicht alle Älteren sind allerdings glücklich, wenn das geschieht. Ich will nicht verhehlen, dass mein Selbstbild ziemlich ins Wanken geriet, als zum ersten Mal ein junges Mädchen in der S-Bahn aufstand, um mir seinen Platz anzubieten. Ich fühlte mich unerwartet alt. Aber jede Eitelkeit beiseite: Diese seltene Geste, mir einen Platz in der U-Bahn anzubieten, hat mich sehr für diese Person eingenommen und mir ein wenig den Glauben an die Erziehung der Eltern zurückgegeben – wie jedes Mal, wenn ich das sehe oder es mir selbst widerfährt. Man sollte den Platz natürlich annehmen, und sei es auch mit einem wehmütigen Lächeln.[129]

Andere Gründe für das Aufstehen

Es gibt eindeutig anlassbezogene Gründe aufzustehen, so das Erklingen der *Nationalhymne* des eigenen oder eines fremden Landes. Dann nehmen Sie als Mann auch die Kopfbedeckung ab oder grüßen als Uniformträger. Das gilt uneingeschränkt für offizielle Anlässe. Allerdings ist es unüblich, zu Hause oder auch beim „public viewing", etwa bei der Übertragung der Olympischen Spiele, bei der Siegerehrung aufzustehen, wenn die Nationalhymne erklingt.

Eine gewisse Unsicherheit erlebt man immer wieder, wenn eine *hochgestellte Persönlichkeit* den Raum betritt, in dem schon viele Menschen sitzen, etwa vor einem Vortrag. Einige erheben sich zögernd, andere nicht. Was ist richtig?

Geboten ist das Aufstehen nur bei Staatsoberhäuptern. Bei anderen, auch bei Regierungschefs, Ministern und (anderen) Ehrengästen, ist es schon umstritten. Bei Regierungschefs würde ich es Ihnen dringend empfehlen, aber schon bei Ministern und anderen Ehrengästen sollten Sie in die Runde schauen um zu sehen, was die anderen tun. Folgen Sie diesen. Seien Sie großzügig; jetzt ist nicht der Zeitpunkt, deutlich zu machen, was Sie von dem Minister oder dem Ehrengast halten.

---

129 Eine Dame erzählte mir vor kurzem – zu ihrer Ehrenrettung sei gesagt: etwas reumütig -, sie habe zu einem jungen Mann, der ihr in der Bahn seinen Platz anbot, gesagt. „Jetzt haben Sie mir den Tag verdorben!" Offensichtlich wurde sie ungern an ihr Alter erinnert. Der junge Mann wiederum wird an seiner Erziehung gezweifelt und diese Geste der Höflichkeit so schnell nicht wiederholt haben. Schade. Falls er diese Fußnote lesen sollte: Lassen Sie sich nicht beirren! Der Dame taten ihre Worte später leid.

Im Ausland können Sie die Bedeutung der den Raum betretenden Person häufig gar nicht einschätzen. Wenn einige zögernd aufstehen und andere sitzen bleiben, sollten Sie den Aufstehenden folgen. Wenn Sie es nicht tun, wird es möglicherweise als Zeichen der Unwissenheit oder als Demonstration aufgefasst. Sie persönlich mögen ja meinen, dass die betreffende Person weder wegen ihres Ranges noch wegen ihrer menschlichen Qualitäten dieses Zeichen des Respekts verdient. Das Protokoll ist in dieser Hinsicht aber eindeutig: Bei ihm kommt es auf die äußere Position und nicht auf die inneren Werte an. Das unterscheidet Protokoll von politischer Demonstration.

Manchmal werden die Gäste ausdrücklich gebeten, sich zu erheben. Dann tun Sie es natürlich.

Und was tun Sie, wenn Ihr Firmen- oder Behördenchef bei einer Besprechung den Raum betritt? Dann sollten Sie sich nach den älteren Kollegen richten. Manche Chefs legen Wert auf solche Bekundungen des Respekts, andere nicht. Sie sind auch wenig aussagekräftig. Ich habe es, etwa bei der ersten Morgenrunde als neuer Botschafter, so gehalten, dass ich die versammelten Botschaftsmitarbeiter, von denen sich einige unsicher und zögernd erhoben, bat sitzenzubleiben. So haben wir es dann jahrelang gehalten, und ich hatte nicht den Eindruck, dass meine Autorität darunter gelitten hätte.

Vergleichbare Situationen

Höflichkeit gegenüber Damen und Älteren zeigt sich auch in anderem Zusammenhang. So helfen Sie einer Dame aus dem *Mantel* und bringen ihn zur Garderobe, bevor Sie Ihren eigenen Mantel ausziehen. Ebenso helfen Sie ihr nach dem Essen oder dem Theaterbesuch wieder in den Mantel.[130] Bei älteren Herren sollten Sie diese Hilfe allerdings nur andeuten und sie erst bei erkennbaren Schwierigkeiten umsetzen; viele Herren wehren jede Hilfe mit den leicht beleidigten Worten ab: „Das kann ich noch selbst“ oder „So alt bin ich nun auch nicht“. Eine kleine Geste, dass man zur Hilfeleistung bereit wäre, kann aber nie schaden.

Heute spricht auch nichts dagegen, dass eine Dame einem vergeblich nach dem Ärmel angelnden Mann in den Mantel hilft. Weder sie noch der Mann, der sich helfen lässt, vergeben sich dadurch etwas. Es ist eine Geste der Hilfsbereitschaft, die meistens dankbar angenommen wird.

130 Dabei soll der Herr, wie ein Ratgeber empfiehlt, in der Garderobe zuerst seinen Mantel anziehen, bevor er der Dame hilft. Das sieht zwar ein wenig unhöflich aus, doch macht es Sinn. Denn es ist manchmal schwierig, mit dem eigenen Mantel über dem Arm einem oder einer anderen in den Mantel zu helfen.

Problematisch, da typische Gesten der Subordination, finde ich Hilfen wie etwa das Tragen der *Aktentasche des Vorgesetzten*. Ich habe das immer vermieden (Ausnahme Bundespräsident oder Bundeskanzler), es sei denn, ich sah einen Grund dafür, dass der Vorgesetzte beide Hände frei haben musste, etwa dann, wenn er vor die Presse trat. Ansonsten waren die Chefs meistens noch rüstig genug, ihre Aktentasche selber zu tragen. Als Botschafter habe ich es ebenso gehalten und meine Aktentasche nur dann einem Kollegen in die Hand gedrückt, wenn ich, etwa bei einer Begrüßung, beide Hände frei haben musste. Einem Chauffeur wiederum können Sie Ihre Gepäckstücke ohne schlechtes Gewissen geben; es gehört zu seinen Aufgaben, sie im Auto zu verstauen.

Wenn Sie einen *Besucher verabschieden,* sollten Sie ihn wenigstens bis zur Bürotür begleiten. Sie können aber auch bis zum Aufzug oder sogar noch weiter mitgehen und sich dann von ihm verabschieden. Je weiter Sie den Gast begleiten, umso mehr Achtung bringen Sie ihm entgegen. Im Staatsprotokoll gibt es gestaffelte Regelungen, wie weit der Gastgeber dem Gast entgegenkommt oder ihn wieder hinausbegleitet.

Im Geschäftsleben ist es durchaus üblich, dass man den Gast verabschiedet und anfügt: „Herr Meyer (das ist Ihr jüngerer Mitarbeiter) wird Sie zum Aufzug/zum Wagen bringen“. Im Staatsprotokoll wird kein hochrangiger Gast ohne Begleitung das Gebäude des Gastgebers betreten oder verlassen und wieder zu seinem Wagen gehen.

Ehrenplatz

Beim Gehen, Stehen und Sitzen

Der Ehrenplatz ist der zur Rechten einer Person, ob sie nun sitzt, steht oder geht. Der Ehrengast sitzt bei Tisch also zur Rechten der Gastgeberin, seine Frau oder der weibliche Ehrengast zur Rechten des Gastgebers. Es gilt das Ihnen vom Autofahren her bekannte Prinzip „Rechts vor links".

Aber keine Regel ohne Ausnahme oder lokale Variante. In Deutschland und in Österreich, wie auch in den skandinavischen Ländern, war es früher – und ist es manchmal heute noch – üblich, dass der Ehrengast bei Tisch links von der Gastgeberin sitzt. Er hat durch diese Platzierung die Ehre, ihr den Respekt erweisen zu dürfen. Inzwischen hat sich die internationale Regel (Ehrengast rechts von der Gastgeberin oder dem Gastgeber) weitgehend bei uns durchgesetzt, doch bleibt ein Rest Unsicherheit, den ich Ihnen nicht nehmen kann. Wenn Sie in einem neuen Umfeld im Zweifel sind, achten Sie darauf, wie andere es handhaben. Im Übrigen: nur Mut! Die internationale Regel ist vielleicht nicht überall bekannt, doch zweifellos richtig, ich habe es bei offiziellen deutschen Einladungen nie anders erlebt.

Der Mann geht links von der Dame bzw. der höhergestellten Person. Sie werden bald ein Gefühl dafür entwickeln, eine Person, der Sie Respekt erweisen wollen, zu Ihrer Rechten zu haben. Wenn Sie älter werden, wird es Ihnen sogar komisch vorkommen, dass Ihre Gesprächspartner immer häufiger links von Ihnen gehen. Es zeigt: Sie sind nach vielen Jahren zur Respektsperson geworden.[131]

---

131 Wenn Sie Ihren Chef oder Ihre Chefin auf einer Besichtigungstour begleiten, beginnen Sie den Rundgang richtig an seiner oder ihrer linken Seite. Es kann dann allerdings passieren, dass die Gruppe kehrt macht und Sie sich plötzlich auf der falschen Seite befinden. Sie können versuchen, das im Laufe des Rundgangs zu korrigieren, indem Sie hinter dem Chef/der Chefin/dem Ehrengast auf die andere Seite wechseln. Wenn es viele solche Kehrtwendungen gibt, brauchen Sie aber nicht dauernd hin und her zu hüpfen; wenn Sie das einmal getan haben, ist es gut. Denn das oberste Ziel ist, dass sich der Ehrengast wohl fühlt und möglichst umfassend und auf angenehme – das heißt auch: auf nicht aufdringliche und nicht hektische – Weise informiert wird. Eine Gruppe muss also nicht immer in protokollarischer Formation gehalten werden, das wird ja ungemütlich, auch für den Ehrengast. Natürlich drängen Sie sich auch nicht dazwischen, wenn jemand anderes, auf der linken Seite des Ehrengastes gehend, sich mit ihm unterhält; dann bleiben Sie rechts vom Ehrengast oder weiter hinten in der Gruppe. Es ist also Flexibilität und ein bisschen Gespür dafür angesagt, in welcher Konstellation sich der Ehrengast – und andere höherrangige Mitglieder der Gruppe – am wohlsten fühlen.

Eine Dame wird von zwei Herren in die Mitte genommen; das ist ein Ausfluss ritterlichen Schutzes und erlaubt der Dame, sich leichter mit beiden Herren zu unterhalten, die sie nun umkreisen wie die Motte das Licht. Dabei geht der höherrangige Herr links von der Dame und der andere rechts von ihr – wenn sie angesichts des Charmes der Dame für solche Feinheiten noch einen Gedanken übrig haben.

Liegt die Straße auf der Rechten der Dame, können Sie auch auf diese Seite wechseln und zwischen Straße und Dame gehen, um sie vor den Gefahren des Verkehrs und vor Wasserspritzern zu schützen. Das ist nicht zwingend, aber zulässig und sogar besonders rücksichtsvoll; in den angelsächsischen Ländern ist es üblich. Wenn Sie als Mann also bei Regen mit einer Dame auf dem Bürgersteig einer stark befahrenen Straße gehen, möglichst noch zärtlich untergehakt – auf der linken Seite, wie es sich gehört –, freuen Sie sich nicht zu früh, in ihr ein lebendes Schutzschild gegen die Unbilden des Lebens in Form von Spritzer vorbeifahrender Autos zu haben. Wechseln Sie vielmehr, am besten mit einer entsprechenden Erklärung, auf die der Fahrbahn zugewandte Seite. Die Dame wird Ihnen dankbar sein!

Sitzreihen

Im Konzert, Theater oder bei einem Vortrag sind die besten Plätze und damit die Plätze für die Ehrengäste die Mittelplätze in der vordersten Reihe. Gibt es, wie häufig in solchen Sälen, einen Mittelgang, sind es die Plätze rechts und links vom Mittelgang (leichte Erreichbarkeit, mehr Platz), wobei der linke Gangplatz dem Gastgeber vorbehalten ist. Paare sitzen zusammen, die Partner also auf den Plätzen 3 und 4.

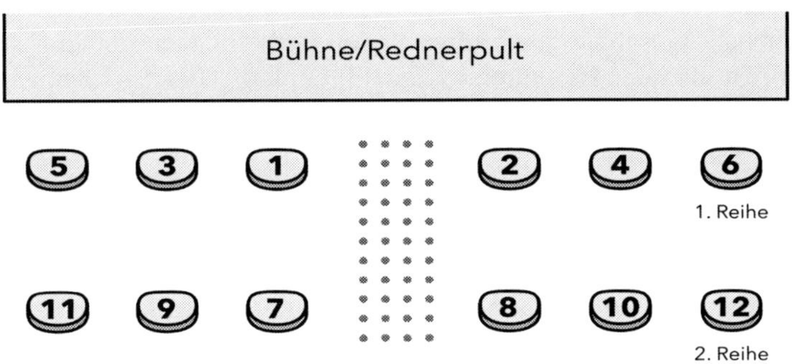

Im Auto mit Chauffeur

Der Ehrenplatz im Auto ist bei Fahrten mit professionellem Fahrer (Chauffeur, Taxifahrer) rechts hinten. Darauf wird im Allgemeinen genau, manchmal sogar eifersüchtig geachtet, weil einem bei offiziellen Anlässen hier der Türschlag aufgemacht und hier der oder die Wichtigste der Wageninsassen erwartet wird. Einer der mit diesem Platz verbundenen Vorteile ist auch, dass man hier beim Aussteigen nicht auf den Verkehr zu achten braucht (von den Fahrradfahrern abgesehen).

In Ländern mit Linksverkehr ändert sich diese Protokollregel entsprechend, um ihre Vorzüge zu erhalten. Die Respektsperson sitzt dann also links hinten, da wird ihr die Tür geöffnet, da erwartet sie das Empfangskomitee.

Auch hier können sich verschiedene Ansätze ins Gehege geraten, zum Beispiel wenn eine Dame und eine hochgestellte Person zu fahren sind. Hier wird der Höhergestellte der Dame nur bei Privatfahrten den Ehrenplatz rechts hinten anbieten. Sobald es offiziell wird, wird er aber den Ehrenplatz einnehmen, weil er dort erwartet wird. Der Botschafter wird also, wenn er zu einem Nationalfeiertag gefahren wird, rechts hinten sitzen, seine Frau links von ihm, und sie wird den Weg um den Wagen herum machen müssen, während er auf der der Eingangstür zugewandten Seite aussteigt. Bei der privaten Fahrt zum Konzert, zum Essen oder zum Theater sollte es dann aber umgekehrt sein, die Dame also rechts hinten sitzen – sofern der von seiner Bedeutung erfüllte Ehemann noch auf diese Dinge achtet (was er sollte).

Ohne Chauffeur

Der beste Platz bei Fahrten ohne Chauffeur ist der Platz neben dem Fahrer. Er bietet die größte Bequemlichkeit und den besten Blick. Wenn Sie als Firmenvertreter oder Geschäftsmann mit Kunden und Kollegen gemeinsam im Auto fahren, ist also der Beifahrersitz der Ehrenplatz. Hier darf dann wahrscheinlich der Kunde sitzen, der ja bekanntlich König ist. Es sei denn, Ihr Chef fährt auch noch mit. Dann müssen Sie sich entscheiden, wem der Vorzug gebührt, auch und vor allem in den Augen des Chefs.

Wenn ein Freund oder Kollege Sie im Auto mitnimmt, sonst fährt niemand mit, setzen Sie sich vorne zu ihm, selbst wenn Sie eine Dame, älter oder höherrangiger sind. Das spielt dann keine Rolle; die Höflichkeit gebietet es, dass Sie ihm, der so freundlich ist, Sie zu fahren, Gesellschaft leisten und sich mit ihm unterhalten (können). Wenn Sie sich nach rechts hinten setzen würden, würden Sie ihn sozusagen zum Chauffeur degradieren.

Wenn dieser freundliche Kollege ein Paar mitnimmt, setzt sich einer von den beiden vorne zum Fahrer, meistens der, der den Fahrer besser kennt, also der Mann zu seinem Kollegen, die Dame zu ihrer Kollegin.

Nimmt ein Ehepaar ein anderes Paar mit, können die Mitnehmenden vorne sitzen bleiben. Die Damen können sich aber auch nach hinten setzen und die beiden Herren können dann vorne die Ergebnisse der Bundesliga kommentieren. Tun Sie, was ihnen in der Situation am besten erscheint, Sie werden es schon richtig machen. Protokollregeln gibt es hier nicht.

Wenn Sie so freundlich sind, einen hochrangigen Behördenvertreter, Minister oder ein Mitglied des Bundestags in Ihrem Auto mitzunehmen, oder ein Vorstandsmitglied Ihres Unternehmens, die alle das Fahren mit einem Chauffeur gewohnt sind, ist das anders. Hier empfiehlt es sich dringend, dem Mitgenommenen den Platz rechts hinten anzubieten. Wenn dieser sich leutselig zeigen will oder es sogar ist, wird er sich neben Sie, also den Fahrer, setzen und andere hinten sitzen lassen. Im Allgemeinen wird er aber schon aus Gewohnheit gerne den Platz rechts hinten annehmen.

Wenn Sie bei einer Privatfahrt aus Höflichkeit Ihren Chef und seine Frau im Auto mitnehmen, etwa nach einem Theater- oder Restaurantbesuch, bieten Sie Ihrem Chef und seiner Frau die Plätze hinten im Wagen an. Dasselbe gilt natürlich, wenn Sie Ihre Chefin und ihren Mann mitnehmen oder den Chef oder die Chefin Ihres Partners. Sie und Ihre Partnerin oder Ihr Partner sitzen dann vorne. Der Chef und seine Frau sollen dann selbst entscheiden, wer im Fond auf welcher Seite sitzt. Wenn Sie einen von beiden zur Wagentür dirigieren, machen Sie nichts falsch – und werden die Sympathie der Frau des Chefs ernten, die das vielleicht nicht gewohnt ist – wenn Sie ihr rechts hinten die Wagentür öffnen. Der Chef kann nichts dagegen sagen.

Wenn Ihr Chef sich aus Höflichkeit nach vorne setzen und den Damen die Plätze im Fond überlassen will, oder wenn sich die Chefin neben ihre das Auto steuernde Mitarbeiterin setzen will, ist das sehr sympathisch. Aber der Vorschlag muss von einem der beiden kommen. Dann sollte der Frau des Chefs oder dem Mann der Chefin der Platz rechts hinten angeboten werden und Ihre Partnerin oder Sie setzen sich links daneben. Klingt kompliziert, ist es aber nicht, wenn man sich nur vergegenwärtigt, dass man der Dame bzw. dem/der Höherrangigen den besten Platz anbietet.

Das Öffnen der Autotür

Als Fahrer werden Sie einer Dame, seltener einer hochgestellten Persönlichkeit, zum Ein- und Aussteigen die Tür aufhalten wollen. Halten Sie zunächst die rechte hintere Tür auf und schauen Sie, wer dort einsteigt. Eilen Sie dann auf die andere Seite, um auch die linke Tür aufzuhalten; je stärker der Verkehr ist, desto dankbarer wird die Person sein, die dort einsteigen will. Die wenigsten werden allerdings auf Ihre Hilfestellung warten.

Wenn Ihr Chef auf dem Beifahrersitz Platz genommen haben sollte, werden Sie ihm zum Aussteigen nicht die Tür aufmachen, indem Sie vom Fahrersitz aus an ihm vorbei die Beifahrertür öffnen. Im Allgemeinen wird er gar nicht erwarten, dass Sie ihm die Tür aufmachen. Wenn Sie es dennoch tun wollen, steigen Sie aus und öffnen die Tür von außen.

Ein absolutes Luxusproblem ist die Frage, ob sie dann vor oder hinter dem Wagen herumlaufen, um jemanden aus dem Wagen zu helfen. Mein Rat ist: tun Sie es so, wie Sie sich im Verkehr am wenigsten gefährden, gehen Sie also meistens vor dem Wagen herum.[132]

---

132 Schneider-Flaig, Knigge, S.178, hat dafür die kuriose Begründung, früher hätten die Wageninsassen befürchtet, dass das Dienstpersonal hinter ihrem Rücken grinsen könnte.

Staatsprotokoll

Staaten sind protokollarisch gleichrangig, egal wie groß und bedeutend oder wie klein sie sind. Das ist ein Ausfluss der Souveränität und bedeutet, dass sich die Rangordnung bei Staatsoberhäuptern oder Regierungschefs ausschließlich nach der Anciennität, also dem Dienstalter richtet. Auch diese Regelung ist genderblind, selbst wenn bei Gruppenbildern der Staats- und Regierungschefs aus Gründen der Höflichkeit oder farblichen Auflockerung für Damen manchmal ein Platz in der ersten Reihe oder neben dem Gastgeber vorgesehen ist. Dass sich der frisch gewählte Präsident einer großen Macht beim Gruppenfoto an dienstälteren Regierungschefs kleinerer Länder vorbei einfach nach vorne drängelt, geht natürlich nicht. Beziehungsweise es geht schon, aber es ist weder höflich noch protokollgerecht und wird auch entsprechend vermerkt.

Dasselbe gilt für Botschafter, die im Ausland ja Vertreter des Staatsoberhauptes ihres Landes sind.[133] Ihr Dienstalter bestimmt sich nach dem Datum, bei gleichem Datum nach der Uhrzeit der Übergabe des Beglaubigungsschreibens beim Staatsoberhaupt des Gastlandes. Einzige Ausnahme ist in Deutschland der Nuntius, also der Botschafter des Vatikans. Er ist bei uns immer der Doyen, also der Sprecher und damit höchstrangiger Botschafter des diplomatischen Corps; in den meisten anderen Ländern ist es, wie der Name schon sagt, der dienstälteste Botschafter.

Wenn der Vertreter eines Staates oder ein hoher Amtsträger bei einer beruflichen Veranstaltung seine Frau dabei hat, gilt vor allem ihm die Aufmerksamkeit und er wird in der Regel als erster begrüßt. Ein sichtbares Beispiel hierfür ist ein Botschaftsempfang. Hier ist durch die Aufstellung der Gastgeber die Reihenfolge der Begrüßung vorgegeben. Als erster in der „receiving line" steht der Botschafter. Dann folgt seine Frau, und manchmal schließen sich noch andere Botschaftsmitglieder an, je nach Anlass. Sie als Gast begrüßen strikt der Reihe nach zuerst den Botschafter und dann seine Frau. Machen Sie nicht den Fehler, im Wunsch besonderer Höflichkeit erst die Ehefrau zu begrüßen und sich dann zurück zum Gastgeber zu wenden. Bei einer Botschafterin stellt sich diese Frage natürlich nicht, da diese ohnehin an erster Stelle steht.

Wenn Sie einen Besuch aus dem Ausland vorbereiten und den Rang der offiziellen Besucher nicht kennen, sollten Sie keine Scheu haben, bei dem Protokollverantwortlichen der besuchenden Delegation nachzufragen. Über das Dienstalter der Botschafter führen die Außenministerien Listen.

133 Daher werden sie international vor den Ministern geführt; nur in Deutschland folgen sie in der Rangfolge den Bundesministern.

Innerstaatliche Rangordnung

Über inländische Rangordnungen geben Ihnen die Innenministerien des Bundes und der Länder Auskunft. Fragen Sie nach, wenn Ministerpräsidenten der Länder und Bürgermeister, kirchliche Würdenträger und Arbeitgebervertreter oder Gewerkschaftler bei Ihnen bzw. Ihrem Chef zu Gast sind. Nicht immer gibt die Amtsbezeichnung einen klaren Hinweis zum Rang. Ein Minister kann ein Bundes- oder Landesminister sein, ein General unter anderem ein Brigadegeneral (ein Stern) oder ein Generalmajor (zwei Sterne).

Laut Internetseite des Bundesinnenministeriums zu „Protokoll Inland Bundesregierung" gibt es keine offizielle Rangliste, welche die innerstaatliche Rangordnung verbindlich festlegt. Es werden nur folgende allgemeine Kriterien genannt:

- eine ausgewogene Berücksichtigung der Repräsentanten von Legislative, Exekutive, Judikative und der im Bundestag vertretenen politischen Parteien (horizontale Ausgewogenheit);
- eine angemessene Berücksichtigung der Repräsentanten aus Bund, Ländern und Gemeinden (vertikale Ausgewogenheit).[134]

Weiter heißt es auf der Website des BMI: „Grundsätzlich ist die Einhaltung der Rangfolge zu beachten, sie ist aber nicht der einzige Maßstab. Daneben werden auch – bei ausländischen Gästen – Sprachkenntnisse, eventuell bestehende persönliche Bekanntschaften oder Interessen und Neigungen der Gäste zu berücksichtigen sein. Flexibilität, Augenmaß und Takt – und nicht Schematismus und Prinzipienreiterei – sind gefragt."

Ich könnte das nicht besser ausdrücken. Allerdings helfen diese Hinweise nur bedingt weiter, wenn man eine konkrete Frage hat. Immerhin lernen wir, dass Protokoll nicht in Stein gemeißelt ist und schon gar nicht ein Prokrustesbett sein soll. Zu guten Ergebnissen führen nur gesunder Menschenverstand und Einfühlungsvermögen.

Ich habe ein gewisses Verständnis dafür, dass amtliche Stellen nicht konkreter werden. Denn solche Hinweise bergen ein gewisses Konfliktpotential, und jede Situation und Zusammensetzung der Gäste ist anders. Generell kann man sagen, dass zuerst die Vertreter der Verfassungsorgane des Bundes und der Länder kommen und dann die Beamten, Soldaten, Richter und Professoren. Abgeordnete rangieren als Volksvertreter immer vor Beamten. Nur bei uniformierten Soldaten ist der Rang sichtbar; bei den Beamten ergibt er sich

134 www.protokoll-inland.de/PI/DE/RangTitulierung/Rangfragen/

aus der Amtsbezeichnung und bei gleicher Amtsbezeichnung (etwa „Botschafter“) diskret aus der Besoldungsgruppe[135].

Bei Wirtschaftsleuten, Künstlern und freien Berufen gibt es keine Ranglisten, da müssen Sie Ihren gesunden Menschenverstand spielen lassen. Dabei geht es um die Stellung in der Firmenhierarchie und um die Bedeutung und Größe der Firma, um Alter, um Ruhm als Künstler und um den Bekanntheitsgrad, etwa als Schauspielerin. Sie können ja einmal überlegen, ob Sie George Clooney den Vorrang vor Bob Dylan geben würden oder Picasso den vor Jean Cocteau und Heinrich Böll den vor Günter Grass gegeben hätten. Da kommen Sie ins Grübeln. Das Alter ist dann immer ein valables, da offensichtliches, eindeutiges und akzeptiertes Unterscheidungsmerkmal.

Der Vorstandsvorsitzende einer weltumspannenden Firma ist leicht bei Ministern und Staatssekretären einzuordnen. Bei einem Schauspieler, und sei es ein Oscar-Preisträger, würde ich zögern. Die Welten sind zu unterschiedlich, als dass man ihre Exponenten gut vergleichen könnte. Kurz, es können sich, zumal zumeist die Eitelkeit der Betroffenen berührt ist, schwierige Fragen ergeben. Suchen Sie nach einem einleuchtenden Kriterium, das Sie auch bei anderen anwenden und auf das Sie verweisen können. Viel Glück!

„On this happy note“, wie einer meiner Kollegen ironisch zu sagen pflegte, wollen wir es nun aber auch gut sein lassen.

---

135 Vgl. die Anlagen L und M. Der Spiegel berichtete vor einigen Jahren von einem Botschafter, der beim Besuch des Verteidigungsministers darauf bestanden habe, im Auto rechts hinten zu sitzen. Denn er sei ja schließlich Vertreter des Bundespräsidenten. Das war unter verschiedenen Aspekten unglücklich. Der Kollege hatte die diplomatische Rangordnung mit der innerstaatlichen verwechselt. Im Verhältnis zu einem deutschen Minister steht der Botschafter im Ausland, wie ein Beamter im Inland, in der Rangfolge mehr oder weniger weit unter dem Minister.

Als ich Attaché war, sagte mein Ausbildungsleiter: „Denken Sie immer daran, dass Sie nur im geliehenen Frack herumlaufen“. Er meinte damit Rang und Ansehen, das man als Diplomat im Ausland dank seiner Funktion besitzt. Zu Hause, und damit meine ich Deutschland und das private Heim, muss bzw. sollte man – so viel Einfühlungsvermögen empfiehlt sich dringend – den Frack (geistig) wieder ablegen.

Tischordnung

Grundregeln

Ich widme dem Thema mehrere Kapitel, da mir die Tischordnungen von allen Protokollfragen im Beruf am meisten Kopfzerbrechen bereitet haben. Auch heute noch ertappe ich mich sogar dabei, unwillkürlich die Tischordnung zu checken, wenn ich eingeladen bin.[136]

Allgemeine Überlegungen:

- Der *Ehrenplatz* ist jeweils rechts von dem Gastgeber und/oder der Gastgeberin. Das bedeutet: Der höchstrangige Gast sitzt rechts neben der Gastgeberin, seine (Ehe-)Partnerin rechts neben dem Gastgeber. Das ist, wie ich oben schon erwähnt habe, die international gültige Regel, die sich gegenüber der früheren deutschen Regel, den Ehrengast links neben die Gastgeberin zu setzen, weitgehend durchgesetzt hat. Aber doch noch nicht ganz. Daher kommt es bei uns, in Österreich und in den skandinavischen Ländern bei privaten Einladungen auch vor, dass der Ehrengast links neben die Gastgeberin gesetzt wird. Sie machen aber nichts falsch, wenn Sie bei Ihrer Tischordnung die internationale Regel anwenden. Umso mehr, als man heute zunehmend auch ausländische Gäste hat.[137]

  Paar Nummer 2 in der Rangfolge sitzt dann links von Gastgeber und Gastgeberin, Nummer 3 rechts vom höchstrangigen Paar, Nummer 4 links von Paar Nummer 2 und so weiter im Uhrzeigersinn.

- Die Gäste kreisen also um die Gastgeber wie Planeten um die Sonne. Je wichtiger der Gast ist, umso näher sitzt er diesen „Sonnen".

- Bei Essen ohne Partner sitzt der Ehrengast dem Einladenden aber meistens gegenüber (typisch für Geschäftsessen). Er bekommt dann den Gast mit Rang Nummer 2 rechts neben sich, während der Gastgeber von Nummer 1 und 3 eingerahmt ist. Nummer 4 kommt links neben den Ehrengast. Klingt kompliziert, ist es aber nicht; die Skizze 3 auf Seite 101 verdeutlicht es.

---

136 Sitzordnung und Tischordnung werden zu Recht meist unterschiedslos verwandt; Tischordnung ist die Sitzordnung bei Tisch.

137 Bei gleichgeschlechtlichen Paaren würde ich bei der bunten Reihe bleiben. Den Partner des rechts neben der Hausfrau sitzenden Ehrengastes würde ich – aus den optischen Gründen der bunten Reihe – nicht neben den Hausherrn, sondern einen Platz weiter nach rechts setzen, dazwischen die rangmäßig nächsthöhere Dame. Darüber ließe sich aber trefflich streiten. Soviel ich weiß, gibt es dafür noch keine etablierten Regeln. Folgen Sie Ihrem Gefühl.

- Bemühen Sie sich um eine bunte Reihe, also abwechselnd Damen und Herren.[138] Wenn das nicht klappt, versuchen Sie, alleinstehende Damen oder Herren dazuzuladen. Sie kommen im Allgemeinen gerne.
- Bei dienstlichen Einladungen können Sie jüngere Mitarbeiter immer als „Lückenfüller" einladen. Diese werden es Ihnen nicht übelnehmen; im Gegenteil. Ganz unabhängig vom „Lückenfüller-Aspekt" ist es eine gute Idee, junge Mitglieder Ihres Teams (sei es Ihrer Abteilung, Ihres Referats oder Ihrer Firma) einzuladen, ihnen auf diese Weise gesellschaftliche Praxis zu verschaffen und sie bei Geschäftspartnern einzuführen. Sie sehen, wie so ein Essen abläuft, sie lernen die Personen kennen, mit denen sie bisher vielleicht nur korrespondiert oder von denen sie bislang nur gehört haben, und sie bekommen etwas Gutes zu essen, kurz, es macht ihnen wahrscheinlich außerdem noch Spaß.
- Von Verwandten und Angehörigen Ihrer eigenen Firma oder der gastgebenden Institution können Sie erwarten, dass sie bei der Sitzordnung zurückstecken, denn sie sind im weiteren Sinne auch Gastgeber. Gleichermaßen sollten Ausländer besser behandelt werden als inländische Gäste, Mitglieder der besuchenden Delegation besser als die der gastgebenden.
- Wenn Sie ein Essen für eine besuchende Delegation ausrichten, wechseln Sie nach Möglichkeit zwischen Mitgliedern der gastgebenden und der besuchenden Delegation und – wenn Paare eingeladen sind – zudem noch zwischen Damen und Herren ab. Das ist nicht immer einfach.
- *Ehepaare* werden im Allgemeinen nicht nebeneinandergesetzt. Die können sich zu Hause aussprechen. Manche Damen sind allerdings so schüchtern, dass sie auch bei Einladungen neben ihrem Partner sitzen wollen. Dann soll man ihnen den Wunsch erfüllen, wenn er rechtzeitig geäußert worden ist und nicht in letzter Minute Ihre Tischordnung durcheinanderbringt. Hauptsache, die Gäste fühlen sich wohl.[139]
- Es ist oft nicht zu vermeiden – es sei denn, man hat riesige oder mehrere Tische –, dass sich Ehepaare an einer Tafel direkt oder schräg gegenübersitzen. Das ist ganz in Ordnung.

---

138 Den Rat, „immer zwei Damen und zwei Herren nebeneinander" zu setzen, denn das trage zur besseren Kommunikation bei (Rohner, Knigge, S.60), halte ich für verfehlt, vielleicht ist es aber auch nur eine sprachlich missglückte Formulierung.

139 Ich lese, dass Ehepaare nicht nebeneinander, aber doch so gesetzt werden sollten, dass sie Blickkontakt haben. Das ist mir neu. Ich jedenfalls habe der Frau eines Kollegen nie absichtlich die Möglichkeit gegeben, ihm mit hochgezogenen Augenbrauen zu signalisieren, dass er nun wirklich genug getrunken habe oder zu laut spreche.

- Auch Geschwister und nahe Verwandte sollte man nicht nebeneinander setzen, da diese im Allgemeinen häufiger die Gelegenheit haben, miteinander zu sprechen. Aber das hängt natürlich vom Einzelfall ab.
- Ich lese, dass unverheiratete, verlobte und erst seit kurzem verheiratete Paare nebeneinander gesetzt werden. Warum eigentlich? Sollen sie jede Gelegenheit nutzen, an ihrer frischen oder noch nicht mit staatlichem Segen versehenen Beziehung zu arbeiten? Ich glaube, die Enge der Bindung dieser Paare wird zu gering geachtet; vielleicht wollen auch sie einmal andere Gesprächspartner haben. So etwas belebt doch auch eine Beziehung. Also: auseinandersetzen!
- Auch den Rat, Singles und Paare zu mischen, halte ich für falsch. Singles wollen andere Singles kennenlernen, nicht unbedingt nur Verheiratete. Also: ausgewogene Mischung.
- Setzen Sie keine Dame an das Ende einer Tafel, an deren Kopfende niemand sitzt, sondern rahmen Sie sie nach Möglichkeit ein. Der nicht ganz so unterhaltsame Platz am Ende des Tisches, auf dem man auf einer Seite keinen Gesprächspartner hat, sollte einem Herren vorbehalten sein.
- *Runde Tische* lösen dieses Problem und haben den weiteren Vorteil eines „flexiblen Zentrums“: Es ist immer der Platz, an dem der Gastgeber sitzt. Der runde Tisch hat auch keine Tischenden, was bedeutet, dass an ihm zwar Rangordnungen beachtet, aber nicht so deutlich werden. An ihm kann man den Ehrengast auch leichter neben den Gastgeber setzen. Kurz: Unter den Gesichtspunkten von protokollarischer Einordnung und Kommunikation ist ein runder Tisch meistens die beste Lösung.
- Wenn Sie auf ein gemeinsames Gespräch Ihrer Gäste Wert legen, sollten Sie sechs, höchstens acht Personen an einen Tisch setzen. Bei mehr Personen zerfällt das Gespräch in Einzelgespräche.
- Eine Sitzordnung dient nicht nur der Befriedigung des Rangbewusstseins der Gäste, sondern hat auch den Zweck, Gäste nebeneinander zu setzen, von denen Sie annehmen, dass sie sich gut miteinander unterhalten. Sei es, dass sie gemeinsame Interessen haben und sich über gemeinsame Erfahrungen austauschen können, sei es, dass sie schlicht dieselbe Sprache sprechen (können). Das gilt ausnahmslos bei privaten Essen. Bei offiziellen Essen sollen solche Überlegungen zwar auch angestellt werden, treten im Zweifel aber zurück, wenn die Gefahr besteht, dass sich ein Gast dadurch zurückgesetzt fühlt. Wer „dienstlich“ oder „beruflich“ isst, muss langweilige Abendessen in Kauf nehmen.

- *Mehrere Tische* verleihen bei der Tischordnung eine größere Flexibilität. Sie können die Tische dann so zusammenstellen, dass die dort Sitzenden sowohl rangmäßig als auch von Sprache und Interessen her eine homogene Gruppe bilden. An jedem Tisch gibt es einen Vertreter oder eine Vertreterin der Gastgeber, der oder die die Gastgeberfunktion an diesem Tisch übernimmt (etwa den Gästen durch Zuprosten das Zeichen dafür gibt, dass mit dem Essen begonnen werden kann). Die Plätze neben ihr oder ihm sind dementsprechend Ehrenplätze nach dem üblichen Verfahren.
- *Bei Absagen* müssen Sie möglicherweise die Tischordnung umwerfen. Besonders ärgerlich ist es, wenn Gäste einfach nicht erscheinen oder ganz kurz vorher absagen. Bleiben Sie cool, improvisieren Sie und nehmen Sie die nicht benötigten Gedecke weg, damit sich Ihre Gäste nicht über einen leeren Platz hinweg unterhalten müssen. Alle Ihre Gäste werden dafür Verständnis haben; sie kennen es ja selbst.[140]
- Nehmen Sie das Gedeck aber nicht zu früh weg, der Gast, der nicht abgesagt hat, könnte sich bloß verspäten. Dann müsste neu für ihn gedeckt werden. Das abzuschätzen ist schwierig und reine Glückssache. Wenn ein Gast ohne Absage ausbleibt, empfiehlt es sich daher, lieber das Gedeck liegen und alle erschienenen Gäste ohne Zwischenraum zur Mitte der Tafel aufrücken zu lassen. Der zu spät Kommende muss sich dann halt ans Ende der Tafel setzen; er wird nicht protestieren.
- Dumm ist es nur, wenn es der Ehrengast ist, der einfach nicht kommen will. Wenn Sie nach besonders langem Warten mit dem Essen beginnen, sollten Sie, solange Sie keine Absage erhalten haben, den Platz neben dem Gastgeber für ihn frei halten. Das ist suboptimal, aber besser als ein Stühlerücken, wenn er später dann doch noch kommt. Es gibt hier keine ganz befriedigende Lösung. Das fällt zwar auf den verspäteten Gast und nicht auf Sie zurück, doch ist das im Moment nur ein schwacher Trost.

Geschäftsessen (ohne Partner)

- Nur zur Erinnerung: Die Rangordnung im Beruf ist „genderblind“. So ist auch die Tischordnung bei Geschäftsessen.
- Bei einem Essen ohne Partner sitzt der höchstrangige Gast dem Gastgeber meistens gegenüber. Auch wenn Sie nur zu zweit sind. Man kann dann

140 Mancher Ihrer Gäste mag sogar beruhigt aufatmen, wenn Ihnen ein solches (oder ein anderes) Missgeschick passiert, und beruhigt registrieren, dass auch in perfekten Haushalten Schwierigkeiten und kleine Pannen auftreten. Das gibt Gelassenheit für die eigenen Einladungen. Sie tun mit kleinen Pannen also fast ein gutes Werk.

besser miteinander sprechen und sich dabei ansehen. Bei mehreren Teilnehmern wird der Gastgeber in der Mitte der Längsseite sitzen, der Ehrengast ihm gegenüber. Es sei denn, der Gastgeber hat nach den Verhandlungen die Nase von dem Ehrengast voll. Dann kann er ihn ganz weit weg an die andere Kopfseite des Tisches setzen. Protokollarisch wäre das ganz korrekt

- Bei einem runden Tisch wäre das weniger üblich, aber auch möglich. Am runden Tisch sitzt der Ehrengast meistens rechts neben dem Gastgeber, sodass sie sich weiter unterhalten können.
- Manchmal stellt sich die Frage, insbesondere bei rechteckigen Tafeln, auf welcher Seite des Tisches der Ehrengast sitzen soll: mit dem Rücken zur Tür, mit dem Blick auf die Tür, mit dem Blick auf das Fenster oder mit dem Blick auf die Wand mit den schönen Gemälden? Hier sollten Sie für den Gast die Seite wählen, die die angenehmere ist (kurze Wege, schönerer Blick). Feste Regeln gibt es bei uns nicht.[141]

Essen mit (Ehe-)Partnern

- Gastgeber und Gastgeberin können an einem rechteckigen Tisch entweder an den Kopfenden oder an den Längsseiten einander gegenüber sitzen. Ich persönlich ziehe die letztere Variante vor, da ich dann mehr in der Mitte des Geschehens sitze; aber beide Alternativen sind gleichermaßen korrekt.
- Bei jedem Essen merken Sie bald: Die jungen Leute am Anfang ihrer Karriere ballen sich in der Mitte der Tafel, wenn die Gastgeber an den Kopfenden sitzen, oder an den Enden des Tisches, wenn die Gastgeber in der Mitte der Längsseiten sitzen.

---

141 Laut Zehnder/Senn, Meeting, S.86, soll der Ehrengast den Blick zum Fenster haben, aber nie mit dem Rücken zur Tür sitzen. Da die Türen meistens nicht auf der Fensterseite liegen, funktioniert das nur, wenn die Tür an der Seite des Raumes liegt. Die Regel mag ein Relikt aus früherer Zeit sein, in der man die Ehrengäste – gerne auch bei einem Festessen zur Besiegelung eines Friedens – ermordete; denken Sie nur an Odoaker und Theoderich den Großen, der trotz dieser wenig rühmlichen Tat (von der Verletzung des Protokolls einmal ganz abgesehen) als der edle Dietrich von Bern in die Sage einging.

Das ist Geschichte. Aber auch heute gilt: andere Länder, andere Sitten. In Japan sitzt der Ehrengast nie mit dem Rücken zur Tür. In Kirgisistan sitzt der Ehrengast nicht nur nicht mit dem Rücken zur Tür, sondern auch so weit wie möglich von ihr entfernt. An der Tür sitzen die Familienmitglieder, von denen erwartet wird, dass sie bei Bedarf hinausflitzen, um bei dem Auftragen der Speisen oder der Organisation zu helfen; es sind häufig die Schwiegertöchter oder die (auch erwachsenen) Kinder.

- Auch bei einem runden Tisch sitzen sich die Gastgeber gegenüber, manchmal etwas seitlich versetzt, wenn sonst die Tischordnung nicht aufgeht. Das ist ganz in Ordnung.

- Nebeneinander sitzen Gastgeber nur in ganz seltenen Fällen. Hochzeitspaare sitzen beim Hochzeitsessen ebenso nebeneinander wie andere Paare, die gefeiert werden, seien sie nun Gastgeber oder nicht.

- Es gibt *magische Zahlen*, die an rechteckigen Tischen die Tischordnung für Paare erleichtern. Es sind drei, fünf, sieben usw. Paare, also sechs, zehn, vierzehn usw. Personen, jeweils einschließlich Gastgeber. Für Mathematiker: Die Formel lautet 2 plus (x mal 4) Personen. Bei den konkreten Beispielen wird Ihnen das deutlich werden.

- Das alles sollte im Prinzip reibungslos funktionieren, tut es aber nicht immer. Denn man hat nicht nur Paare, sondern auch Einzelpersonen in ungleicher Zahl, gleichgeschlechtliche Paare und Besonderheiten wie die Sprache, auf die Rücksicht genommen werden sollte. Und es gibt Zusammensetzungen und (bei Paaren) Zahlen, die sich nicht für eine problemlose Tischordnung eignen. Das alles lösen wir bei den Beispielen.

- Tischordnungen können, ehrlich gesagt, eine mühsame Tüftelei sein, doch Puzzle-Freunde werden sie lieben! Ich verbrauche, obwohl ich die Regeln kenne, selbst jedes Mal eine Menge Konzeptpapier, bevor die Sitzordnung steht. Ihnen wird es nicht besser ergehen. Es gibt nicht immer die ideale, sondern häufig nur die relativ beste oder am wenigsten schlechte Lösung. Aber verlieren Sie nicht den Mut, schlafen Sie auch einmal drüber. Vor allem: Fangen Sie nicht erst zwei Stunden vor dem Eintreffen der Gäste mit der Tischordnung an! Sie werden die Regeln häufig flexibel anwenden müssen, aber jeder wird Ihnen für eine gut durchdachte Sitzordnung dankbar sein. Lassen Sie sich durch die Tischordnung nicht zur Verzweiflung treiben! Es ist ja schließlich nur eine Tischordnung.

Beispiele: Essen ohne Partner (Geschäftsessen)

Zeichenerklärung:

GG	Gastgeber
(GG)	Gastgeberin
EG	Herr als Ehrengast[142]
(EG)	Dame als Ehrengast
1	der höchstrangige männliche Gast (nach dem Ehrengast, wenn es einen solchen gibt).
(1)	der höchstrangige weibliche Gast
2, (2), 3, (3) …	usw. die anderen Gäste gemäß Rang.

Die Sitzordnung im Berufsleben – und damit auch bei Geschäftsessen – ist genderblind. Es spielt also für die Tischordnung keine Rolle, ob der Gastgeber oder einer der Essensteilnehmer männlichen oder weiblichen Geschlechts ist. Es geht ausschließlich um die Rangordnung. Ich verzichte also in diesem Kapitel darauf, Damen durchweg mit einer Klammer – z.B. (GG) oder (3) – kenntlich zu machen; nur gelegentlich tue ich es zur Illustration.[143]

Zwei oder drei Personen

Im Allgemeinen sitzen sich zwei Personen bei einem Geschäftsessen gegenüber.[144] Wenn Sie als Gastgeber den Mitarbeiter 1 mitbringen, gibt es zwei

142 Ehrengast ist jemand, zu dessen Ehren ein Essen gegeben wird. Er oder sie muss nicht der Höchstrangige sein, soll zu diesem Anlass (Begrüßung, Abschied, Jubiläum) aber durch ein Essen geehrt werden. Wird ein Mitarbeiter von seinen Kollegen verabschiedet, so ist dieser der Ehrengast; der ebenfalls eingeladene Abteilungsleiter mag zwar hierarchisch höher stehen, wird bei diesem Anlass protokollarisch aber nach dem Ehrengast geführt. Ehrengäste gibt es bei privaten (das „Geburtstagskind") wie bei dienstlichen Veranstaltungen.

143 Die Klammer ist bei Tischordnungen die einfachste und am wenigsten verwirrende Form der Kennzeichnung; ihre Benutzung hat keinerlei diskriminierende Bedeutung.

144 Bei einem Treffen mit einem Freund oder Bekannten kann es sich anbieten, über Eck zu sitzen, da man dann vertrauter sprechen, also „die Köpfe zusammenstecken" kann; man wird dann auch weniger von den Umsitzenden gehört. Ob man das tut, hängt ganz von der Enge der Freundschaft ab. Bei einem Geschäftsessen wäre mir das zu viel der Nähe. Frau Helbach-Grosser, Frauen, S.162f., sonst eine gute Quelle, schreibt allerdings: „Mit einem einzelnen Gast setzen Sie sich am besten über Eck. So zählt keiner die Bissen des anderen, was die Situation entkrampft." Na ja, diese Sorge hatte

Varianten. Es ist korrekt (*Variante b)*, den Gast rechts neben den Gastgeber zu setzen und den Mitarbeiter ihm gegenüber. Ich bevorzuge allerdings entschieden die *Variante a*, wo sich Gast und Gastgeber gegenüber sitzen, da sich dann beide in die Augen blicken und besser miteinander sprechen können; sonst müssen beide beim Sprechen den Kopf zur Seite drehen. Der Gast bekommt dann den Mitarbeiter auf die linke Seite – perfekt.

Skizze 1 a)

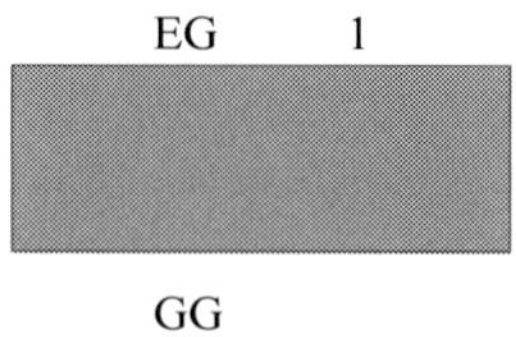

1 b)

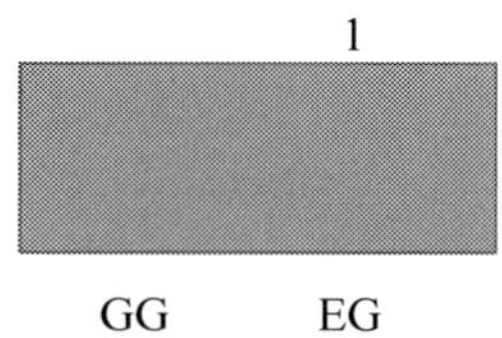

Bringt der Gast auch einen Mitarbeiter mit (E1), kommt der rechts neben den Gastgeber, also so:

Skizze 2

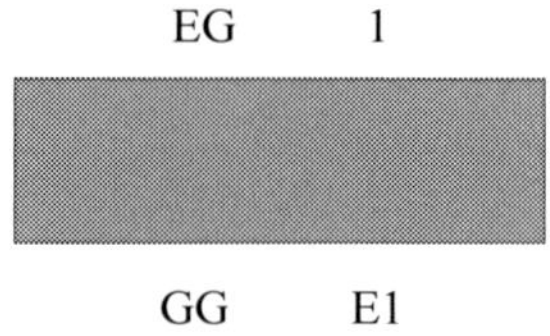

Nur wenn GG und EG bei Tisch so intensiv arbeiten wollen, dass sie von ihren Mitarbeitern Unterlagen und Rat erwarten, sollten Chef und Mitarbeiter nebeneinander sitzen. Das ist dann aber schon eher eine Konferenzsituation, die wir im Abschnitt „Im Büro“ erörtern werden.

Zehner-Tisch (4 bis 10 Personen)

Sie werden sich fragen, warum ich gleich den Sprung von 3 zu 10 Personen mache. Der Grund dafür ist, dass die Sitzordnung für eine der dazwischen liegenden Zahl von Gästen kein Problem bereitet, wenn man die bei 10 Personen kennt. Bei einer kleineren Anzahl von Gästen streichen Sie auf den folgenden Skizzen einfach die hohen Ziffern. Bei ungeraden Zahlen wird die Anordnung nicht mehr symmetrisch, aber das ist nicht zu ändern.

Denken Sie daran, dass möglichst kein Gast ohne Gegenüber oder mit nur einer Person neben sich sitzen sollte, da er dann nur noch am Rande an der

ich selten.

Unterhaltung teilnehmen kann. Wenn das räumlich geht und es nicht andere Nachteile hat, ist also die Besetzung der Kopfenden die beste Lösung. Sonst besetzen Sie bei geraden Zahlen die Längsseiten, bei ungeraden Zahlen nur eine Kopfseite. Alles ist protokollarisch korrekt. Bei runden Tischen haben Sie diese Sorge nicht.

Für zehn Personen ist ein rechteckiger Tisch, bei dem man die Kopfenden nicht besetzt, gut geeignet.

Skizze 3 (Standard)

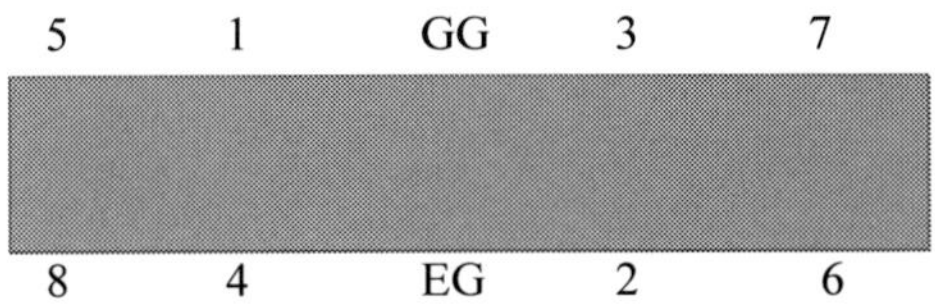

Hier sitzt ein prominenter Gast als Ehrengast dem Gastgeber gegenüber. Nummer 1 sitzt rechts vom Gastgeber, Nummer 2 hat die Ehre, rechts neben dem Ehrengast zu sitzen. Dann wird der Reihe nach „aufgefüllt“. Nummer 3 also links vom Gastgeber, Nummer 4 links vom Ehrengast. Und dann weiter nach demselben Schema, rechts von 1 beginnend.

Bei einem 10er-Tisch, bei dem die Kopfenden besetzt werden, können Gastgeber und Ehrengast nicht mehr in der Mitte der Längsseite sitzen. Dafür unterhalten sich die Gäste am Ende der Längsseiten besser. Also so:

Skizze 4 (möglich)

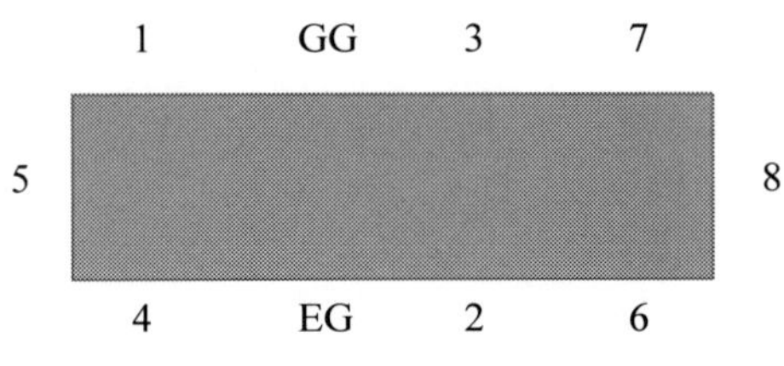

Um beides zu erzielen, setzen Sie GG und EG einander gegenüber an die Kopfenden. Das ist eine konservative Lösung – denken Sie nur an Filme, die in englischen Adelshäusern spielen. Aber sie ist sehr korrekt und vereinigt (fast) alle Vorzüge. Das sähe so aus:

Skizze 5 (Standard)

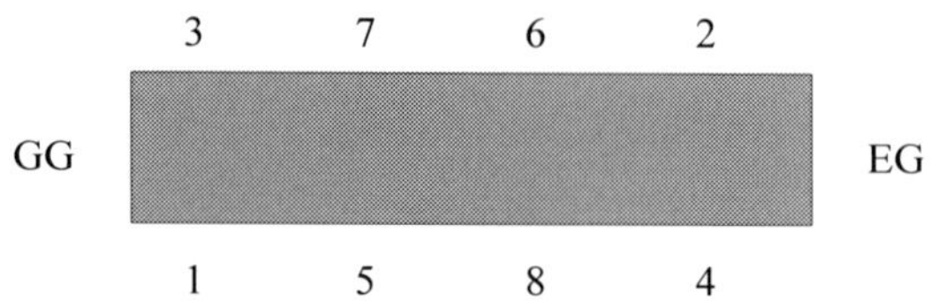

Nur können sich GG und EG nicht unterhalten. Das ist auch nicht immer nötig. Wenn Sie das jedoch ermöglichen wollen, können Sie GG und EG auch am rechteckigen Tischen nebeneinander setzen. Das ist nicht üblich, doch halte ich es für durchaus vertretbar. Denn bei runden Tischen haben Sie diese Anordnung ja auch, wie auch bei ganz langen – und entsprechend breiten – rechteckigen Tafeln, etwa bei Staatsbanketten. Warum dann nicht auch bei kleineren Tischen? Das sähe so aus, und ich halte es für ganz gelungen. Aber es entspricht nicht dem protokollarischen Kanon:

Skizze 6 (perfekt, aber selten)

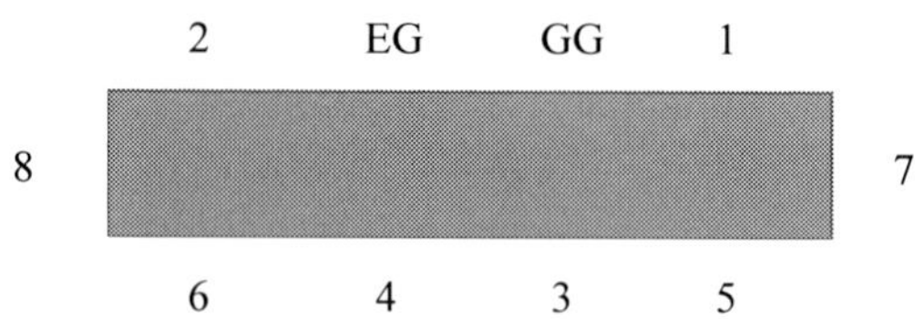

Eine ganz ähnliche Anordnung haben Sie bei runden Tischen. Sie ist Standard und sieht so aus:

Skizze 7 (Standard)

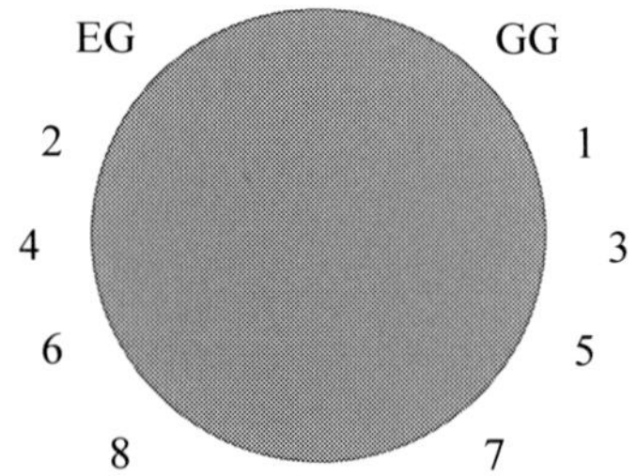

Plädoyer für den runden Tisch

Daher ein Plädoyer für den runden Tisch für fast alle Größenordnungen. Bei ihm stellen sich viele der oben entstehenden Fragen erst gar nicht. Jede Person hat einen unmittelbaren Nachbarn und zwei mittelbare, leicht versetzt sitzende, mit denen Blickkontakt möglich ist, ohne dass man sich über seinen Teller beugen muss. Das erleichtert eine gute Unterhaltung. Gastgeber und Ehrengast sitzen problemlos nebeneinander. Die anderen Gäste sitzen zwar gemäß Rang, aber scheinbar zwangloser als am rechteckigen Tisch. Denn der runde Tisch hat kein Oben und Unten, nur eine Nähe zum Gastgeber.

Zwölfer-Tisch

Hier habe ich zu Demonstrationszwecken einmal vier Teilnehmer als Damen gekennzeichnet, um zu zeigen, dass man bei Geschäftsessen ohne weiteres zwei Damen nebeneinander setzen kann. Diese Sitzordnung gilt, wenn Sie die Klammern ignorieren, auch bei einer reinen Männer- oder Damengesellschaft.

Skizze 8 (Standard)

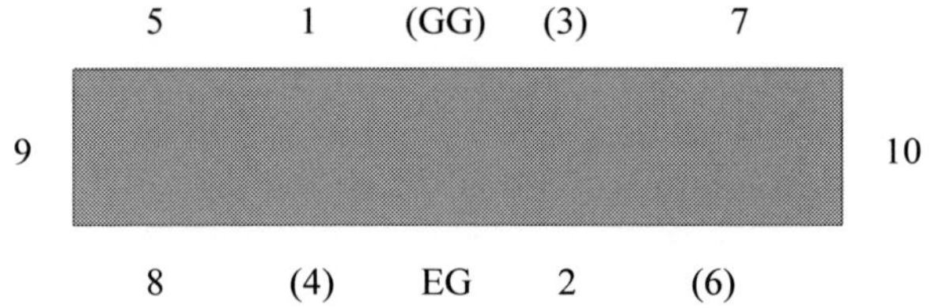

Ich habe nicht umsonst je eine Person an die Kopfenden des Tisches gesetzt, denn das ist für diese Gästezahl ideal. Sollten Sie am Kopfende keinen Platz für einen Stuhl haben, können Gastgeber und Ehrengast wie auf Skizze 4 nicht mehr in der Mitte der Tafel sitzen. Das sähe dann so aus:

Skizze 9 (möglich, aber weniger gut)

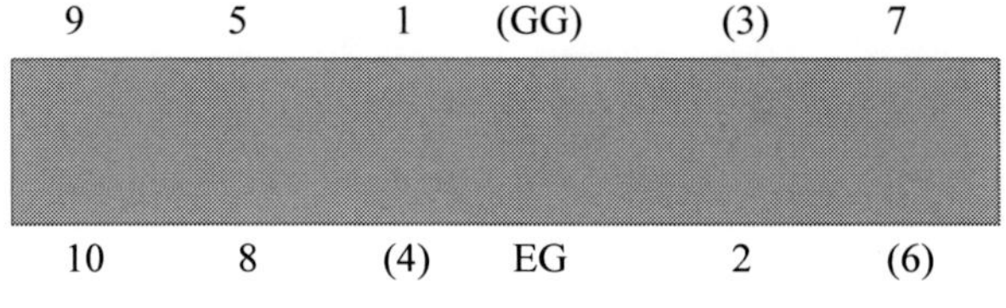

Die Tischordnung der Skizze 8 ist also besser. Versuchen Sie also, Stühle an die Kopfenden zu quetschen.

Oder Sie nehmen einen runden Tisch und verfahren ähnlich wie bei Skizze 7:

Skizze 10 (Standard)

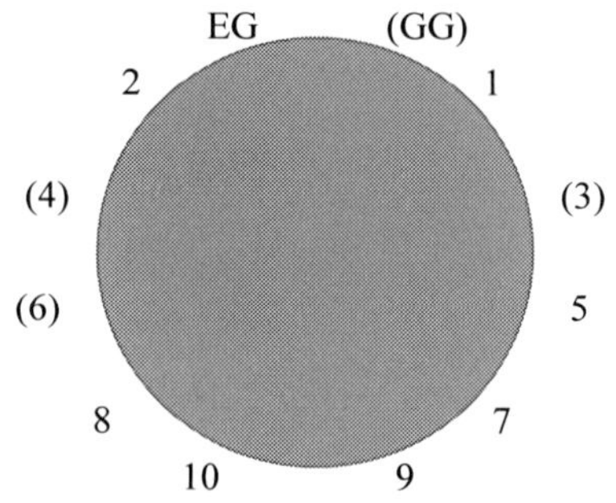

Sie können den Ehrengast auch dem Gastgeber gegenüber setzen. Dann übertragen Sie die Sitzordnung von Skizze 8 auf den runden Tisch. Ich selbst habe immer vorgezogen, Ehrengast und Gastgeber zusammenzusetzen, da sie sich meistens etwas zu sagen haben. Beide Formen sind korrekt.

Gelegentlich gibt es Situationen, bei denen der höchste Mitarbeiter (h.M.) des Gastgebers diesem gegenüber sitzt. Das bietet sich bei Veranstaltungen an, bei denen es keinen Ehrengast und keine ausgeprägte Rangordnung gibt, etwa bei dem Essen eines Firmenchefs oder Abteilungsleiters mit seinen Mitarbeitern. Die Tischordnung ähnelt der von Skizze 8. Sie ersetzen nur EG durch h.M. Da h.M. keinen so hohen Stellenwert hat wie ein Ehrengast, darf 2 neben dem Gastgeber sitzen; dafür kommt 3 neben h.M. Das hat zur Folge, dass auch (6) und 7 die Plätze tauschen. Das sieht dann so aus:

Skizze 11

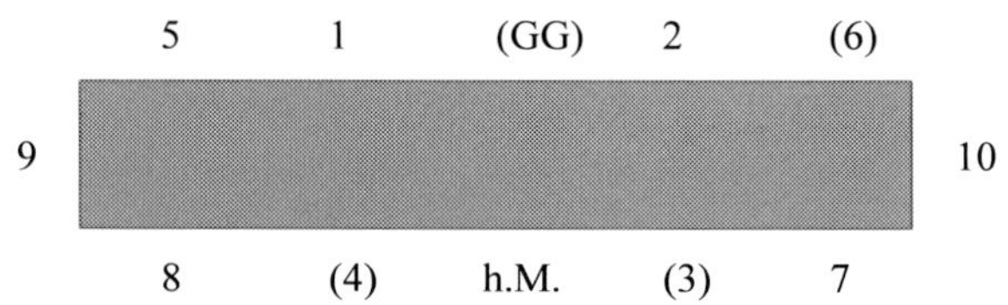

Diese Sitzordnung lässt sich problemlos auf den runden Tisch übertragen.

Großveranstaltungen

Bei großen Veranstaltungen – etwa einem Firmenessen oder einem Essen, das mit einem Vortrag verbunden ist – wollen Sie wegen der vielen Gäste vielleicht eine der folgenden Tischformen wählen. Bei diesen kommt zum „Näher-Prinzip“ (je wichtiger der Gast, desto näher sitzt er am Gastgeber oder der Gastgeberin) noch das Prinzip, dass ein Platz mit Blick auf den Ehrengast oder den Redner besser ist als ein Platz mit dem Rücken zu diesem. Jeder, der sich schon einmal den Nacken verrenkt hat, um bei Tisch den Redner nicht nur zu hören, sondern auch zu sehen, wird das nachempfinden können. Es gibt – neben mehreren Tischen – u.a. folgende Möglichkeiten:

Skizze 12: „Hufeisentafel“(26 Personen)

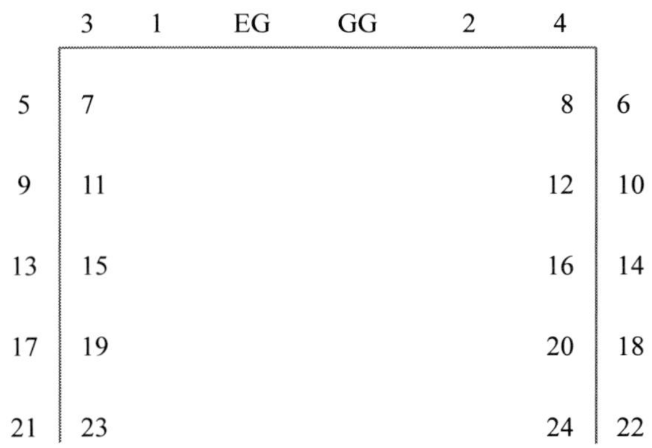

Das ist die offizielle Version, bei der der Ehrengast dadurch, dass Nummer 1 rechts neben ihm sitzt, besonders geehrt wird. Sie können meiner Ansicht nach Nummer 1 auch links neben den Gastgeber und Nummer 2 rechts neben den Ehrengast setzen.[145]

Ich habe hier die Zahl von 26 Personen gewählt, weil man dann die Tischenden voll besetzen kann. Sind es nur 24 Personen, streichen sie 23 und 24. Oder Sie setzen je eine Person an das Ende des Kopftisches zwischen 3 und 5 und 4 und 6. Das ist eine Frage des Platzes. Es ginge auch, 21 und 23 zu streichen; das halte ich aber für nicht ganz so gut.

145 Das hätte zur Folge, dass Sie, wenn Sie es genau nehmen, auch 4 mit 3, 6 mit 5, 8 mit 7 usw. tauschen müssen. Ich fände diese Version eigentlich besser, da der Gastgeber die wichtigste Person ist; aber die offizielle Lesart wäre das nicht. Letzten Endes hängt es von der Bedeutung des Ehrengastes im Vergleich zu der des Gastgebers ab.

Bei anderen Raumverhältnissen können Sie die folgende Tischform wählen:

Skizze 13: "E-Tafel" (30 Personen)

3	1	EG	GG	2	4
5	9	7	8	10	6
11	15	13	14	16	12
17	21	19	20	22	18
23	27	25	26	28	24

Auch hier wäre es m.E. möglich, auf der Seite des Gastgebers mit Nummer 1 zu beginnen und Nummer 2 rechts neben den Ehrengast zu setzen. Das Protokoll schreibt aber die andere Anordnung vor. Es hängt m.E. auch hier von der relativen Bedeutung von Gastgeber und Ehrengast ab.

Hier habe ich zur einfacheren Demonstration die Zahl von 30 Personen gewählt. Sind es nur 28, würde ich 27 und 28 streichen. Sagen zwei weitere Personen ab, streiche ich zudem 25 und 26 (oder 23 und 24, da sie dann keine Gegenüber hätten). Sie haben hier eine gewisse Freiheit. Doch streichen Sie meistens die hohen Zahlen, da sie die weniger guten Plätze anzeigen.

Beispiele: Essen mit Partnern

Häufig werden Sie Paare zu Gast haben, insbesondere bei privaten Einladungen. Dann verschwindet unsere Genderblindheit der Geschäftsessen, und wir nehmen Damen wieder als solche wahr; die Konsequenz ist die bunte Reihe. Ansonsten bleibt die Rangfolge Kriterium. (Ehe-)Partner, seien sie männlich oder weiblich, partizipieren am Rang des anderen, soweit sie nicht einen eigenen Rang haben. Ist das der Fall, gilt der höhere.[146]

Ich spreche in den folgenden Kapiteln von Paaren. Genau genommen müsste ich sagen: „Eine Anzahl von Gästen, von denen eine Hälfte Damen und die andere Hälfte Herren sind". Von Paaren zu sprechen erleichtert nur die Darstellung.

Zeichenerklärung

GG Gastgeber oder (Ehe-)Partner der Gastgeberin

(GG) Gastgeberin oder (Ehe-)Partnerin des Gastgebers[147]

1, 2, ... männliche Gäste nach Rangfolge (ich lasse ab jetzt den Ehrengast weg; falls es einen solchen gibt, rangiert er als Nummer 1)

(1), (2).. weibliche Gäste nach Rangfolge.

(1) ist damit

- die (Ehe-)Partnerin des in der Rangfolge an Nummer 1 stehenden männlichen Gastes, oder
- der in der Rangfolge an Nummer 1 stehende weibliche Gast; dann ist 1 ihr (Ehe-)Partner

Es kommt zunehmend vor, dass nicht der Mann seine Mitarbeiter einlädt, sondern seine Partnerin. An der Tischordnung ändert sich dabei nichts; Gastgeber sind das einladende Paar, wer immer von den beiden seine Mitarbeiter einlädt.

---

146 Die mit einem Staatssekretär verheiratete Oberregierungsrätin wird also bei der Tischordnung rangmäßig wie ihr Mann behandelt; sie soll ja nicht darunter leiden, dass sie berufstätig ist.

147 Die Klammern um die Zahlen oder Abkürzungen dienen, wie in dem vorherigen Kapitel, auf den Skizzen rein der optischen Unterscheidung zwischen Mann und Frau und haben keine diskriminierende Bedeutung.

Zwei Paare (vier Personen)

Schon wenn Sie nur ein anderes Ehepaar einladen, mögen Sie sich fragen, wie Sie sich am besten setzen. Da die Plätze rechts von den Gastgebern die Ehrenplätze sind und man weder Ehepaare noch Personen gleichen Geschlechts nebeneinander setzen soll, gibt es nur eine korrekte Lösung:

Skizze 14 (Standard)

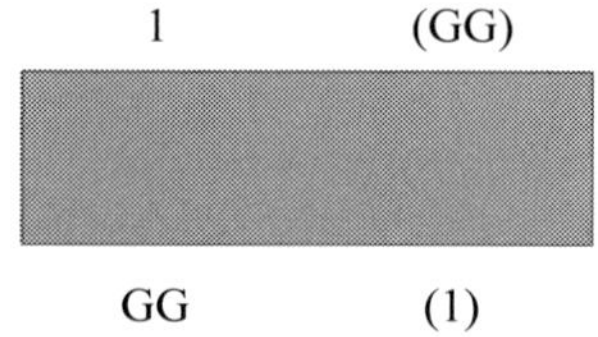

Häufig werden Sie aber eine größere Anzahl von Gästen haben.

Drei Paare (sechs Personen)

Dies ist die ideale Personenzahl. Bei ihr ist ein gemeinsames Gespräch noch ohne Weiteres möglich und die Tischordnung passt wie ein Puzzle zusammen: Die bunte Reihe kann problemlos eingehalten werden, die Paare sitzen nicht nebeneinander und jeder Gast sitzt neben einem der Gastgeber. Die Wahl, ob das Kopfende eines rechteckigen Tisches besetzt ist oder nicht, ist meistens durch die Platzverhältnisse vorgegeben; beide Möglichkeiten sind protokollarisch gleich gut. Im Allgemeinen, vor allem bei breiten Tischen, ist ein Gespräch leichter zu führen, wenn jemand am Kopfende sitzt, da dann jeder zwei Nachbarn hat. Ein runder Tisch ist ebenso gut. Die möglichen Varianten sehen so aus:

Skizze 15a (Standard)

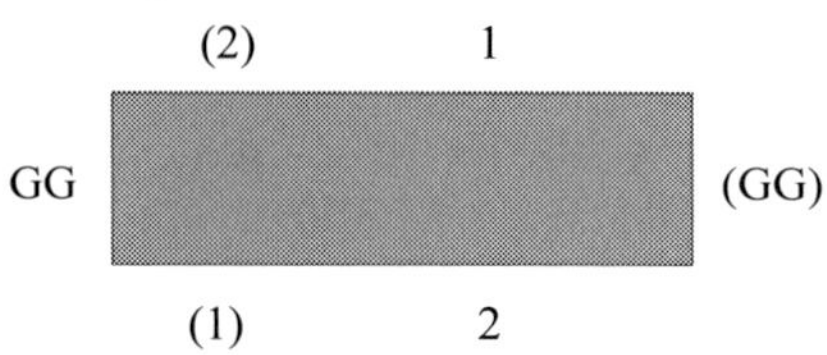

Skizze 15b (ebenfalls Standard)

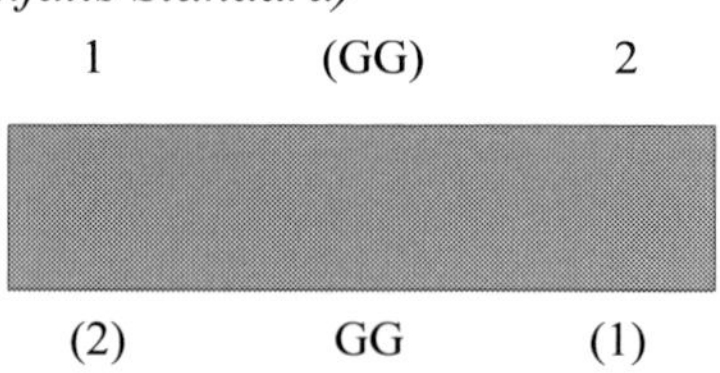

Skizze 15c (auch Standard)

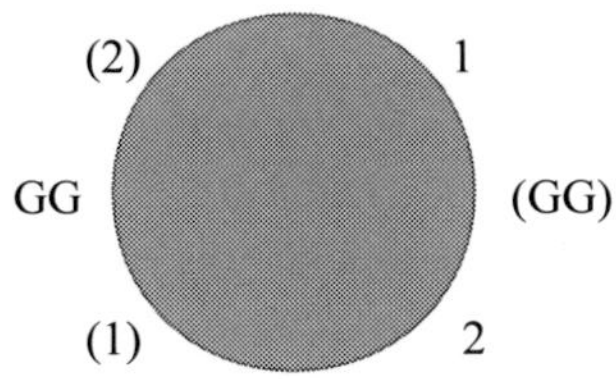

Herren- und Damenüberschuss bei sechs Personen

Nun bauen wir einmal eine der Schikanen ein, die das Leben so bereithält. In unserer Sechsergruppe haben wir *zwei Herren zu viel*. Dann ist mit bunter Reihe nicht viel zu machen:

Skizze 16

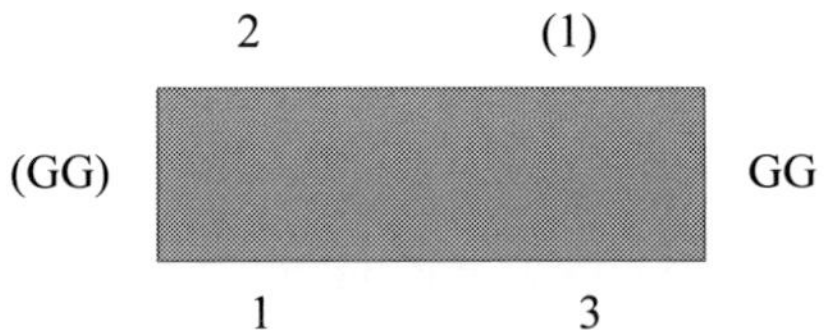

Es ist gleichgültig, welchen Rang der einzige weibliche Gast hat: sie gehört auf den Ehrenplatz neben dem Gastgeber, und zwar sowohl als Ehefrau von Gast Nummer 1, als auch als alleinstehende Dame. Nur wenn Herr Nummer 3 rangmäßig bedeutend höher ist, kommt er rechts neben den Gastgeber und sie links neben ihn. Die beiden höchstrangigen Herren sitzen ohnehin neben der Gastgeberin.

Was aber machen Sie, wenn *einer der beiden Herren so kurzfristig absagt,* dass Sie keinen Ersatz für ihn einladen können? Sie haben dann fünf Personen, nämlich die Gastgeber, ein Gästepaar und einen einzelnen Herren. Hier bietet eigentlich nur ein runder Tisch eine befriedigende Lösung:

Skizze 17a (optimal)

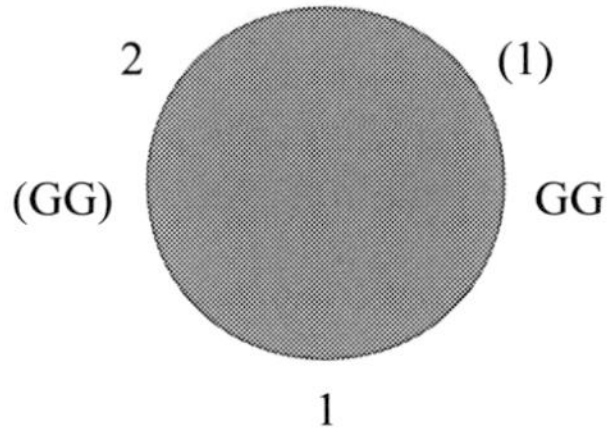

Doch werden Sie mit dem rechteckigen Tisch auskommen müssen, den Sie für das Essen vorgesehen, wenn nicht schon gedeckt haben. Da gibt es nur Annäherungen an eine gute Lösung. Und zwar folgende:

Skizze 17b (ok)

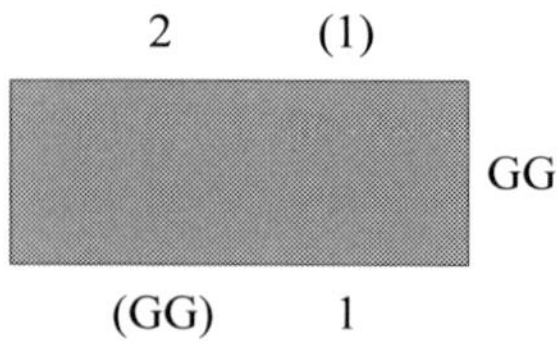

Skizze 17c (ok)

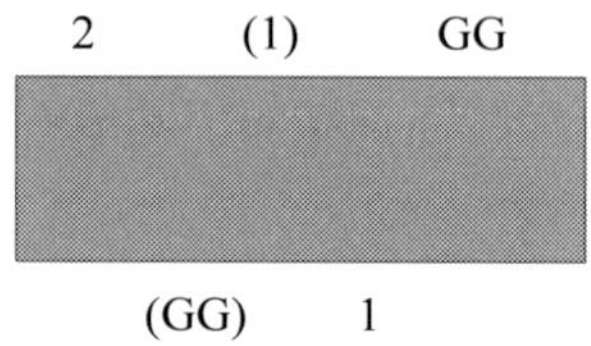

Skizze 17d (weniger gut)

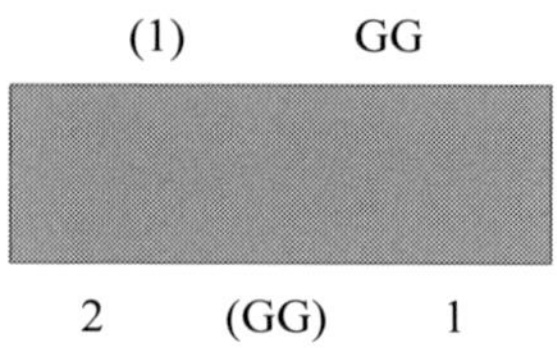

Skizze 17e (weniger gut)

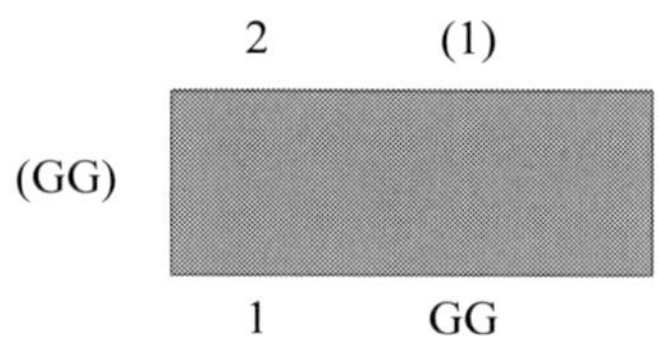

Warum ich 17d und 17e für weniger gut halte? Weil der einzige weibliche Gast nicht eingerahmt wird. Das können Sie bei 17e beheben, indem Sie (1) und 2 tauschen und anschließend vielleicht auch noch GG und 2, um (1) einzurahmen. Das ist sozusagen Skizze 17b „mit umgekehrten Vorzeichen".

Damit in den Skizzen 17c und 17d jeder ein Gegenüber hat und sich keiner „abgehängt" fühlt, sowohl optisch als auch was die Unterhaltung anbelangt, habe ich die beiden Personen auf der einen Seite etwas in die Mitte des Tisches gerückt, sozusagen „auf Lücke" gesetzt. Dann haben die Gäste zwar kein eindeutiges Gegenüber, doch das macht nichts und niemand fühlt sich schlecht behandelt.

Wenn *zwei Damen zu viel* sind, gelten dieselben Regeln wie bei Skizze 16. Wir „klammern" einfach 2 und 3 und tauschen sie dann auch noch, damit die Höherrangige neben dem Gastgeber sitzt. Die beiden Damen (1) und (2) sitzen dann rechts und links neben dem Gastgeber, (3) links von der Gastgeberin und der einzige männliche Gast rechts neben ihr. Dasselbe gilt für einen runden Tisch. Hier können wir, glaube ich, auf eine Skizze verzichten.

Wenn *eine der beiden einzelnen Damen kurzfristig absagt,* klammern Sie am besten Nummer 2 am runden Tisch (Skizze 17a). Bei einem rechteckigen Tisch genügt das nur bei Skizze 17b. Bei 17e würde man 2 klammern und dann (2) und (1) tauschen. Wenn Sie wollen, können Sie dann auch noch GG und (2) tauschen, damit dieser neben dem höchstrangigen weiblichen Gast sitzt.

Ich glaube, ich habe Sie jetzt genug verwirrt. Um das wiedergutzumachen, hier eine Skizze der wahrscheinlich besten Variante, in der wir GG in die Mitte der Längsseite zwischen die beiden Damen (1) und (2) setzen, also so:

Skizze 18 (gut)

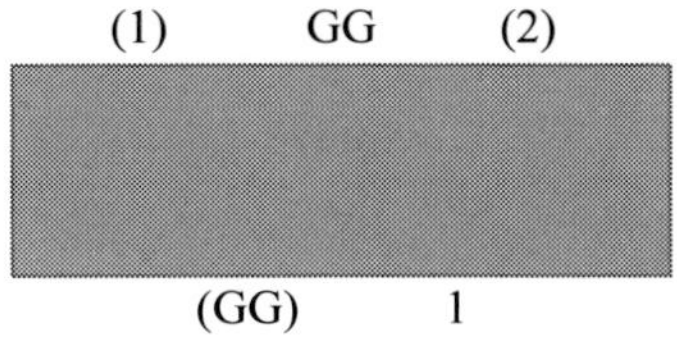

Vier Paare (acht Personen)

Bei 4 Paaren, also 8 Personen, geraten Sie in kleinere Schwierigkeiten. Denn 8 ist keine der „magischen Zahlen“. Ich führe Ihnen einmal in Schritten vor, wie Sie sich durch *trial and error* dem richtigen Ergebnis nähern.

Bei dem Versuch, die üblichen Regeln anzuwenden, käme unter Einbeziehung der Kopfenden die folgende Sitzordnung heraus:

Skizze 19a (erster Schritt; suboptimal))

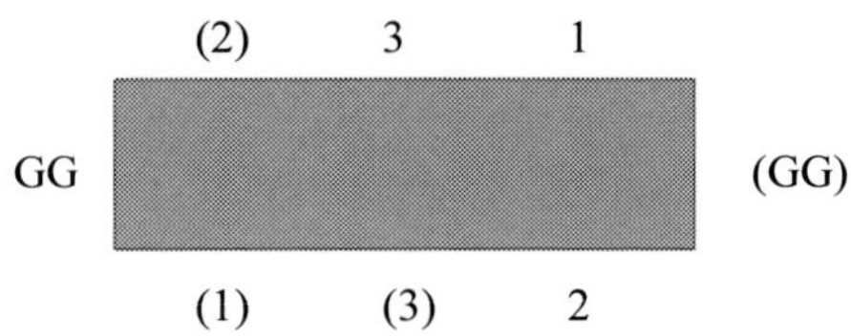

Das ist nicht ideal, denn hier sitzen zwei Damen und zwei Herren nebeneinander. Das können wir jedoch elegant verschleiern, indem wir die Stühle von den Kopfenden nehmen, also so:

Skizze 19b (gut)

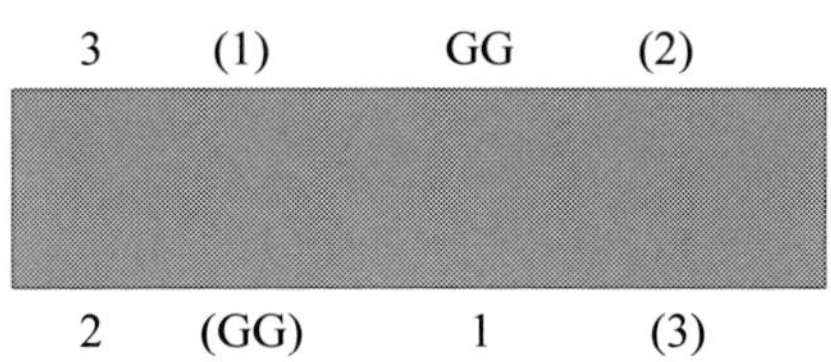

Wenn Sie die Kopfenden aus Raumgründen besetzen müssen oder wenn Sie einen runden Tisch haben, können Sie folgende Sitzordnung wählen:

Skizze 19c (korrekt, wenn der Rang entscheidend ist; „US-zertifiziert")

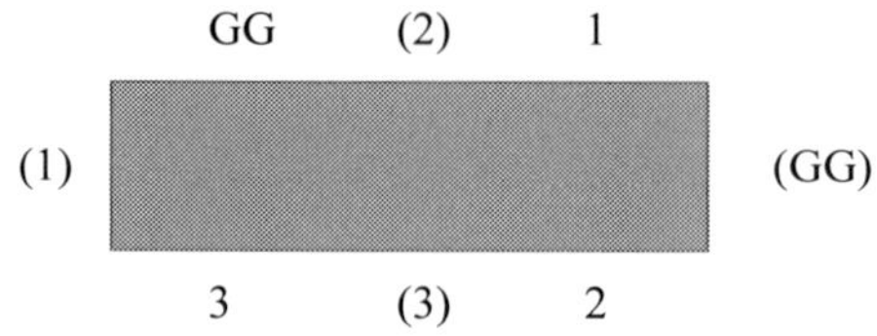

Das sieht unter dem Aspekt der bunten Reihe gut aus, doch halt, jetzt haben wir ja ein Ehepaar nebeneinander sitzen! Das geht eigentlich nicht.[148] Also eine neue Korrektur. Und zwar auf Kosten der Rangordnung, was bei privaten Einladungen eher akzeptabel ist als bei offiziellen. 1 rückt auf 2, 2 auf 3 und 3 auf den freien Platz von 1. Das sieht dann so aus:

Skizze 19d (korrekt bei privaten Einladungen)

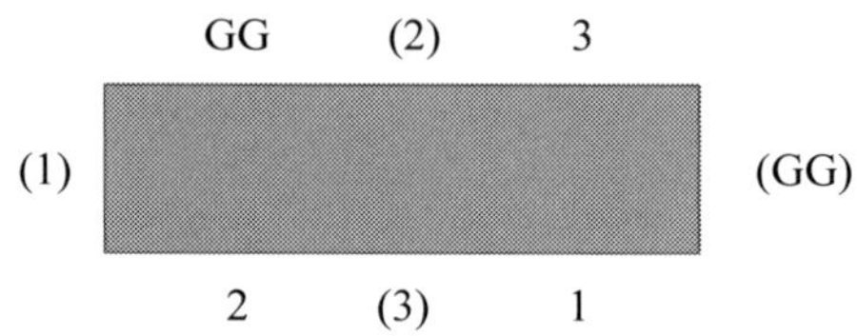

Die Damen sitzen hier an dem üblichen Platz, nicht aber die männlichen Gäste. Nummer 2 muss rangmäßig leiden und sitzt „nur noch" zwischen (1) und (3). Nummer 1 wird leicht ab-, Nummer 3 erheblich aufgewertet. Das ist ein gangbarer Weg. Wenn aber der Rang das wichtigste Kriterium ist, sollten Sie lieber auf Skizze 19c zurückgreifen.

Wenn die Gastgeberin ihre Mitarbeiterinnen eingeladen hat, ist es durchaus passend, dass zwei Damen an den Kopfenden sitzen. Hat der Gastgeber seine Kollegen eingeladen, setzen wir ihn mit einer Linksdrehung aller Plätze an das Kopfende des Tisches, also so:

---

148 Das U.S. State Department, also das amerikanische Außenministerium, empfiehlt es allerdings seinen Diplomaten. Denn hier ist die Rangordnung optimal gewahrt, und das kann wichtiger sein, als das rangniedrigste Ehepaar auseinanderzusetzen. Sie können die Tischordnung unter diesem Aspekt also auch so lassen.

Skizze 19e (auch korrekt bei privater Einladung)

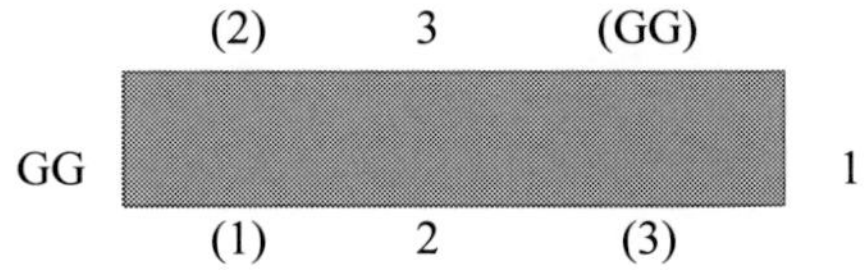

Die Anordnung der Skizzen 19c bis 19e können Sie ohne Weiteres auf einen runden Tisch übertragen.

Herren- und Damenüberschuss bei acht Personen

Eine Tischordnung für acht Personen sieht bei einem *Überschuss von zwei Herren* am geschicktesten so aus:

Skizze 20a (gut)

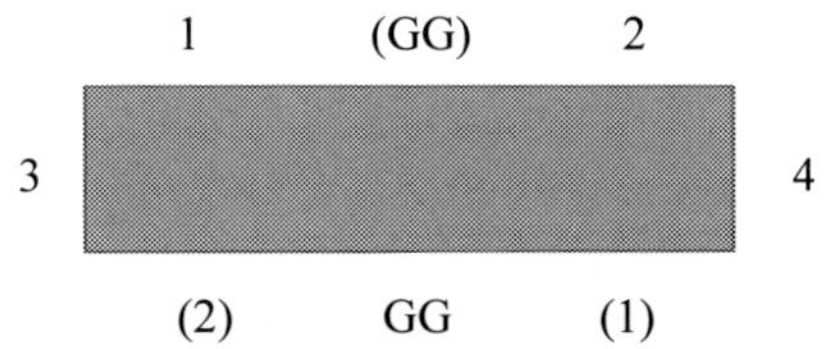

Wir haben die alleinstehenden Herren an die Kopfenden platziert und die beiden Paare korrekt gesetzt. Wenn wir die Gastgeber an das Kopfende setzen und die beiden alleinstehenden Herren in der Mitte der Längsseiten platzieren, geht das auch. Es sieht so aus:

Skizze 20b (korrekt)

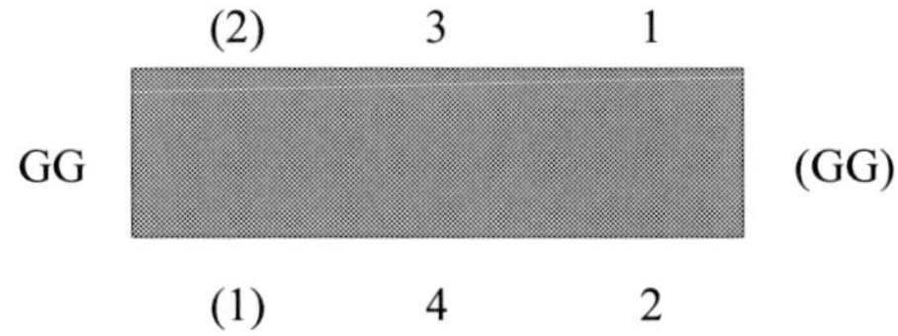

Allerdings halte ich Variante 20a für eleganter.

Bei einem runden Tisch sind beide Varianten identisch.

Wenn *einer der beiden alleinstehende Herren kurzfristig absagt,* streichen Sie in Skizze 20a einfach 3 oder 4. Dann ist zwar eine der beiden Damen – wenn man streng rangmäßig vorgeht, sollte es (2) sein – nicht von Gesprächspartnern eingerahmt, aber es geht nicht anders.

Wenn die Herren in der Mitte der Längsseite gesessen haben, also in Skizze 20b, können wir 4 streichen und – aus den oben bei Skizzen 17c und d genannten Gründen – 2 und (1) etwas zusammenrücken lassen. Das sieht dann so aus:

Skizze 21

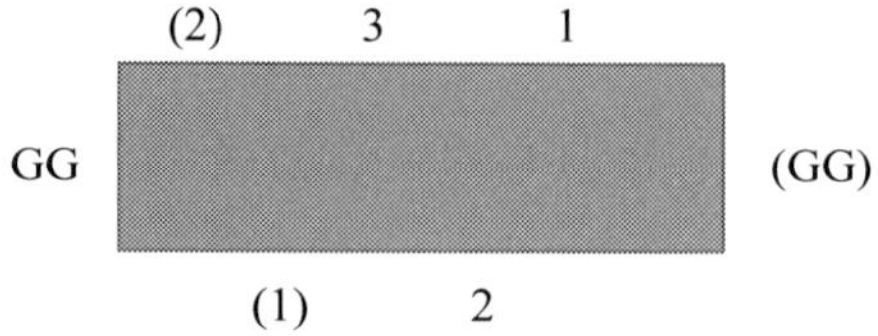

Wenn *wir zwei Damen zu viel* haben, klammern wir in Skizze 20b einfach 3 und 4. Sie könnten es auch bei Skizze 20a tun, doch halte ich es für besser, wenn die Damen zentral in der Mitte des Tisches sitzen. Da folge ich einem altmodischen, heute hinterfragbaren Reflex, Damen nicht exponiert ans Tischende zu setzen. Die Gastgeber sitzen dann am Kopfende. Also so:

Skizze 22

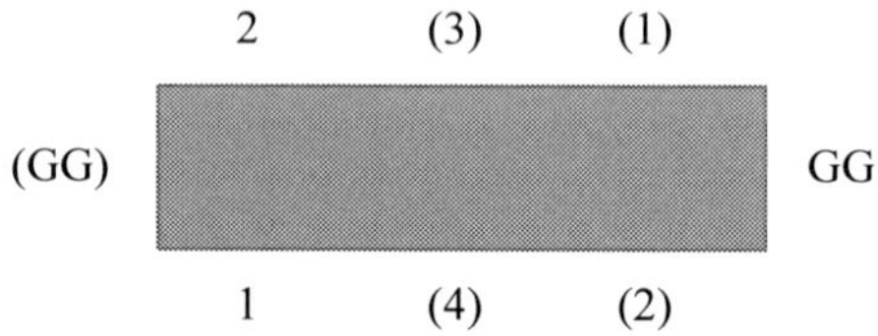

Sagt eine der beiden alleinstehenden Damen kurzfristig ab, sagen wir (4), streichen wir sie einfach und rücken 1 und (2) etwas zusammen.

5 Paare (Zehn Personen)

Eine Tischgesellschaft mit 5 Paaren ist leicht zu setzen. Woran liegt das? An der magischen Zahl, die wir im Kapitel „Grundregeln" schon kennengelernt haben. Die Tischordnung ist dann ein Kinderspiel. Sie geht so:

Skizze 23a (optimal)

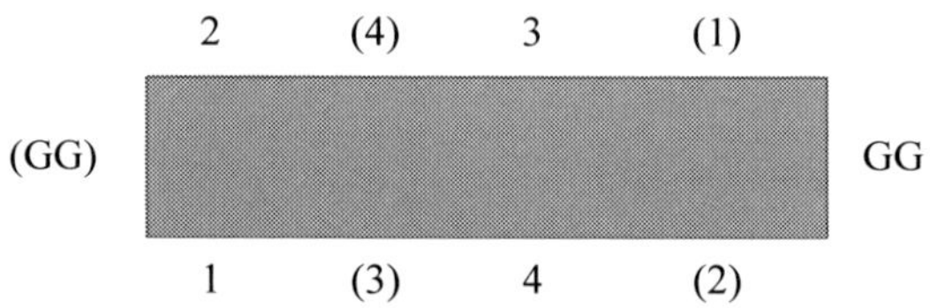

Unter dem Aspekt der Rangordnung ist es ebenso korrekt, die Kopfenden frei zu lassen und die Gastgeber in die Mitte zu setzen. Das hat allerdings den Nachteil, dass die Personen an den Tischenden nicht von Gesprächspartnern eingerahmt sind:

Skizze 23b (korrekt)

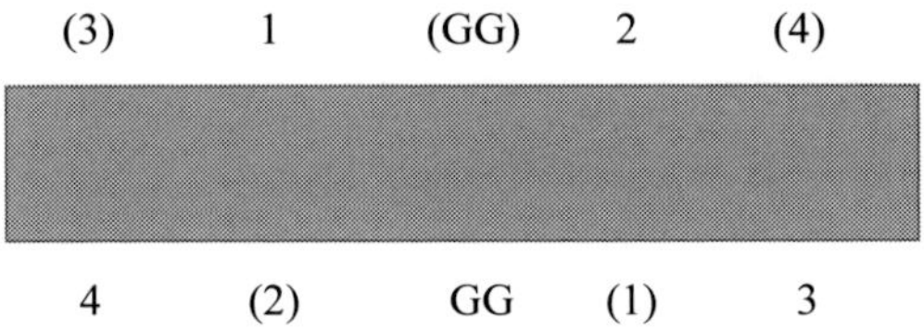

Herren- und Damenüberschuss beim Zehnertisch

Wenn wir *2 Herren zu viel* haben, müssen wir erneut ein wenig rumprobieren. Ich führe die Arbeitsschritte vor. Wenn wir unsere Regeln schematisch anwenden, kommt das heraus:

Skizze 24a (1. Schritt: suboptimal)

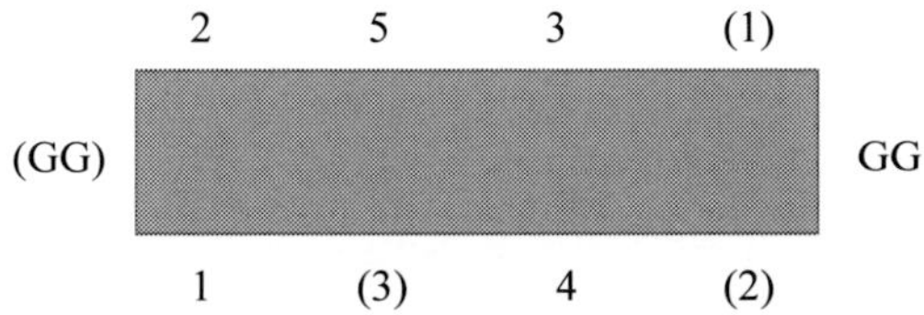

Das ist nicht schön, da dann drei Herren nebeneinander sitzen. Eine gute Lösung wäre (wie bei 19b), die Kopfenden zu räumen. Also so:

Skizze 24b (gut)

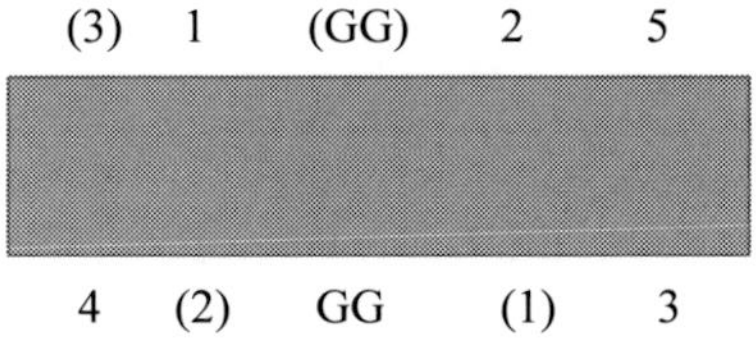

Wenn Sie die Kopfenden besetzen müssen oder wollen, müssen wir bei 24a den mittleren der drei Männer, Nummer 5, auf (3), setzen und 2, (GG), 1 und (3) im Uhrzeigersinn aufrücken lassen. Das sieht dann so aus:

Skizze 24c (korrekt)

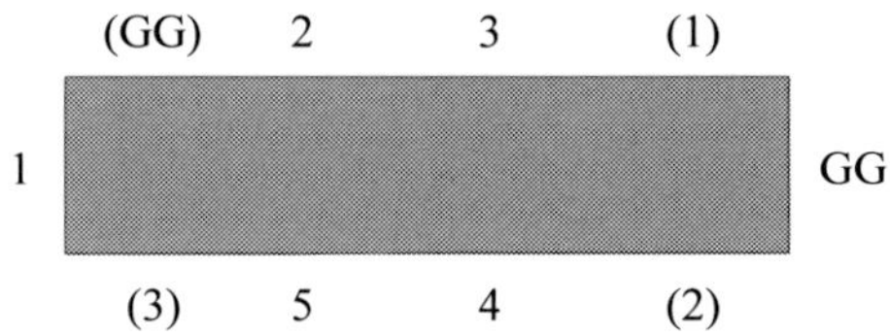

Eine elegante Lösung. Der Gast, den wir am meisten ehren wollen, sitzt am Kopfende neben der Hausfrau.

Wir können auch beide Gastgeber einander gegenüber an die Längsseiten setzen. Das wäre eigentlich noch besser:

Skizze 24d (gut)

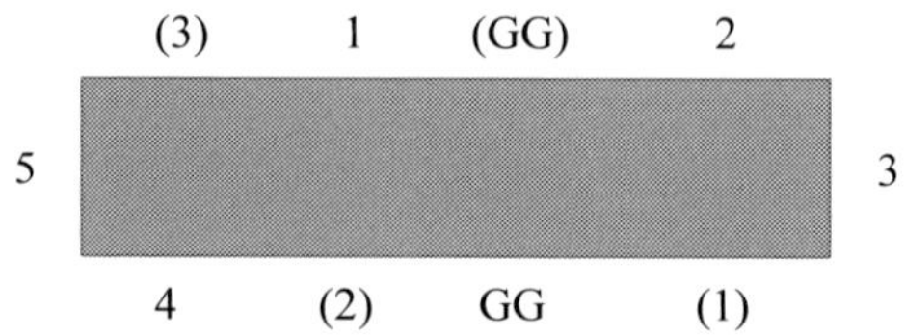

Sagt einer der beiden alleinstehenden Herren ab, diesmal ist es Nummer 5, streichen wir ihn. In Skizze 24d ist das ganz einfach. Bei den anderen Skizzen sollten wir die Gäste auf einer Seite wieder „auf Lücke“ setzen, um keinen freien Platz an der Längsseite zu lassen.[149] Bei Skizze 24c kommt (GG) wieder an das Kopfende. Also so:

Skizze 25

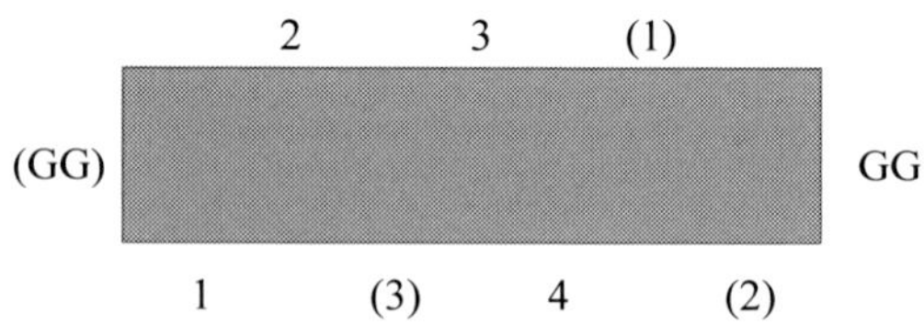

Wenn wir *zwei Damen zu viel* haben, klammern wir die Herren in den Skizzen 24b bis 24d und befreien die Damen von ihren Klammern. Und zwar so:

Skizze 26a (entspricht 24b)

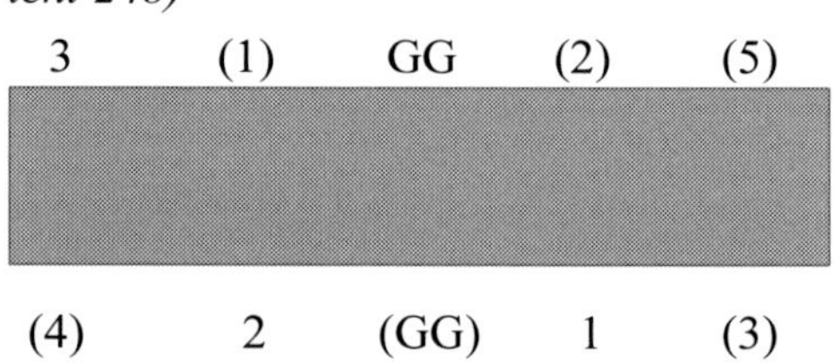

Oder wir machen es folgendermaßen:

149 Skizze 24b eignet sich dafür allerdings weniger gut, da einer der Gastgeber dadurch zu sehr an die Seite rückt.

Skizze 26b (entspricht 24c)[150]

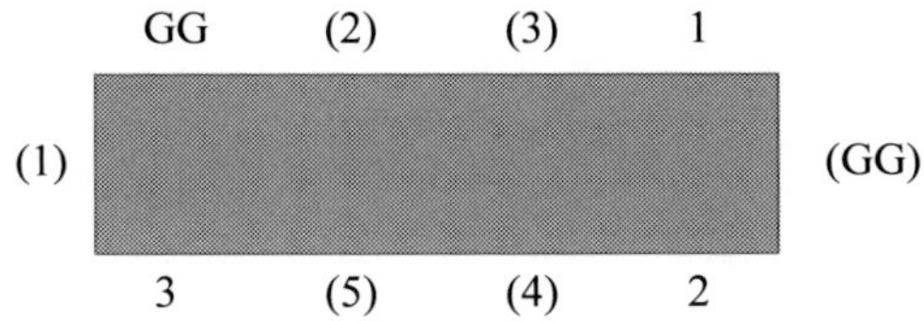

Oder auch so:

Skizze 26c (entspricht 24d)

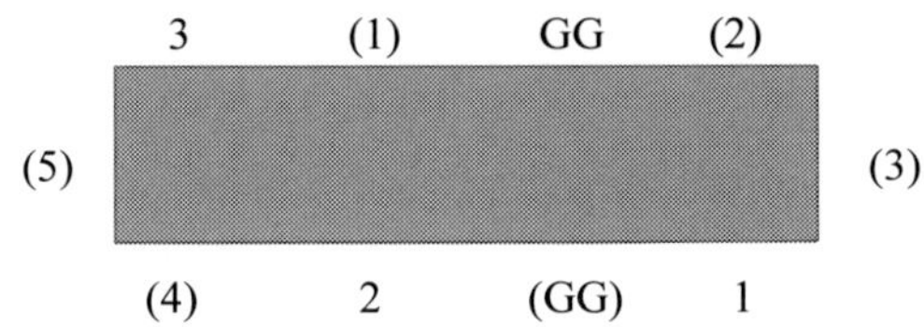

Und nun kommt, was kommen musste: *Dame (5) sagt kurzfristig ab*. In Skizze 26b bietet sich dann an, (1) und 3 gegen den Uhrzeigersinn so aufrücken zu lassen, dass GG wieder am Kopfende sitzt, und (2), (3) und 1 „auf Lücke" zu setzen. Bei Skizze 26c streichen wir (5) am Kopfende einfach. Wählen Sie!

6 Paare (12 Personen)

Wenn wir nach Standard vorgehen, haben wir – wie beim Achtertisch in Skizze 19a – zwei Herren und zwei Damen nebeneinander sitzen. Das wäre nur der erste Schritt bei der Erarbeitung unserer Tischordnung, und zwar so:

Skizze 27a (erster Schritt, verbesserungsfähig)

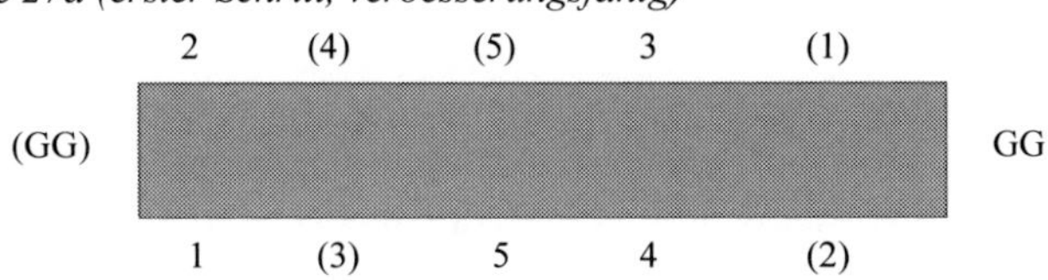

Um die bunte Reihe herzustellen, setzen wir 4 zwischen (4) und (5) und tauschen (4) und (3), damit Ehepaar Vier nicht zusammensitzt. Dadurch rutschen (5) bis (2) einen Platz im Uhrzeigersinn weiter und der Gastgeber verliert seinen Platz am Kopfende. Also so:

---

150 Sie können hier durch eine Linksdrehung den Gastgeber und Gast Nummer 2 an die Kopfenden setzen. Beide Varianten sind korrekt, wobei ich Skizze 26b vorziehen würde, wenn die Gastgeberin ihre Mitarbeiter/innen mit Partnern einlädt.

Skizze 27b (Endprodukt, gut)

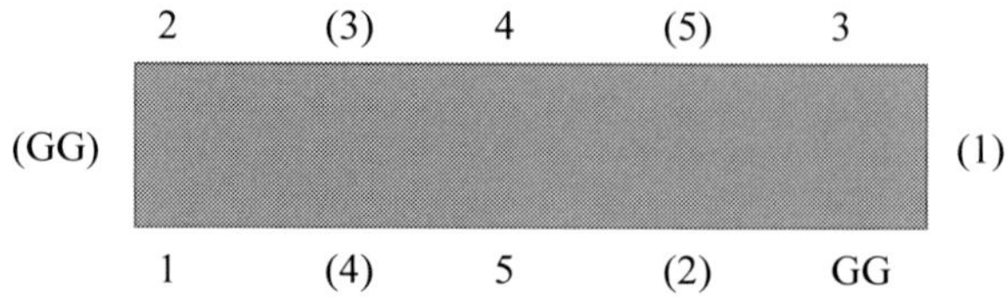

Und siehe da: Es passt perfekt. Die höchstrangigen Gäste sitzen neben den Gastgebern und die weniger hochrangigen Herren in der Mitte der Tafel.

Wenn Sie es vorziehen, dass der Gastgeber am Kopfende sitzt und nicht seine Frau, drehen Sie das Ganze um einen Platz gegen den Uhrzeigersinn.

Wir können die Tischordnung auch um 2 Plätze im Uhrzeigersinn drehen. Dann sitzen sich die beiden Gastgeber leicht versetzt an den Längsseiten gegenüber. Das wäre auch korrekt.

Schließlich kann es natürlich sein, dass Sie am Kopfende des Tisches keinen Platz mehr haben. Dann sieht die Tischordnung so aus:

Skizze 27c

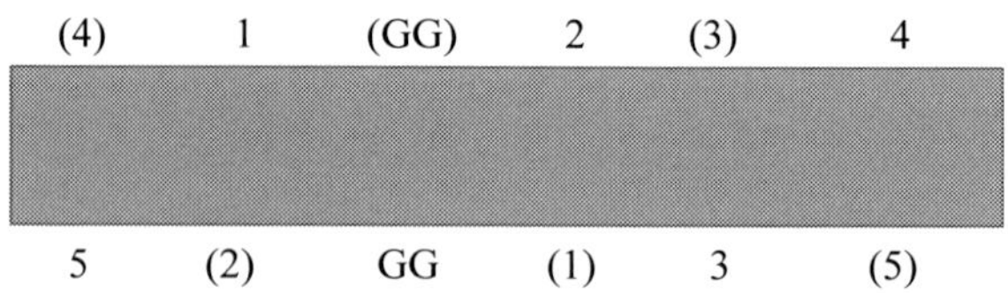

Auch das ist korrekt. Die Gastgeber sitzen sich wieder gegenüber; dass zwei Damen am Tischende sitzen, ist nicht zu ändern.

Damen- oder Herrenüberschuss beim Zwölfertisch

Bei fünf Paaren und *zwei weiteren Herren* müssen wir notgedrungen zweimal zwei Herren nebeneinander setzen. Das lässt sich nicht vermeiden. Wenn die Gastgeber in der Mitte der Längstafel sitzen, sitzen die beiden „überschüssigen" Herrn an den Kopfenden, also so:

Skizze 28a (erste Variante, gut)

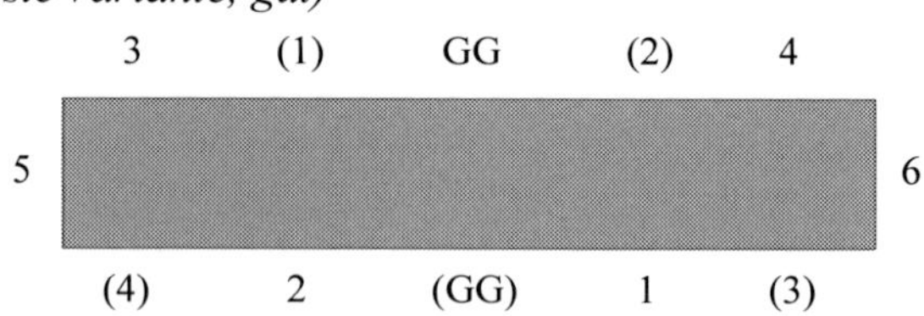

Ich halte das für eine Nuance besser, als wenn sie in der Mitte der Tafel sitzen und die Gastgeber an den Kopfenden. Sie werden sich vielleicht an die entsprechenden Überlegungen am Achtertisch erinnern (Skizze 20b). Es geht aber auch; wir wollen es deshalb noch einmal aufzeichnen:

Skizze 28b (zweite Variante; auch korrekt)

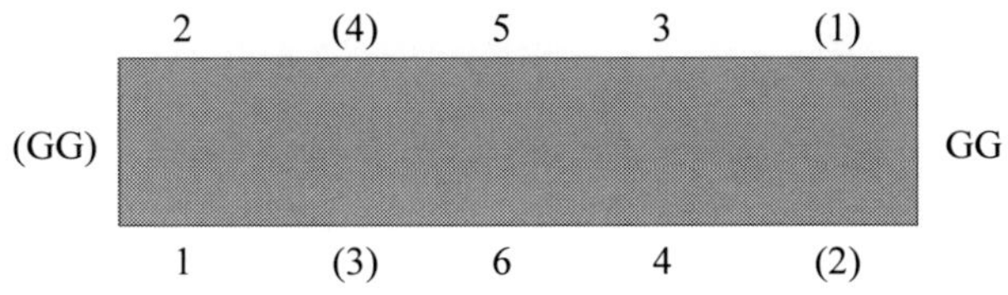

Wenn wir die Tischordnung wählen, bei der niemand am Kopfende sitzt, würden wir in Skizze 27c einfach (5) in 6 verwandeln. Unter dem Gesichtspunkt einer korrekten Tischordnung geht das ohne weiteres und ist genauso gut wie die Varianten 28a und b.

Wenn, wie zu erwarten, der *Herr Nummer 6 absagt*, streichen wir ihn einfach in allen Varianten und setzen gegebenenfalls die Gäste auf einer Tischseite „auf Lücke".

Wenn Sie *zwei Damen zu viel* haben, können Sie die Nummern 5 und 6 in den Skizzen 28a und b einfach klammern. Beide Varianten sind korrekt, doch ziehe ich vor, die Damen zentral in der Mitte der Tafel zu haben. Das entspricht Skizze 28b mit geklammerten 5 und 6.

Haben Sie nur eine Dame zu viel, streichen Sie in Skizze 28a die geklammerte Nummer 6 am Kopfende. Bei Skizze 28b setzen Sie zudem eine Seite „auf Lücke". Also so:

Skizze 29

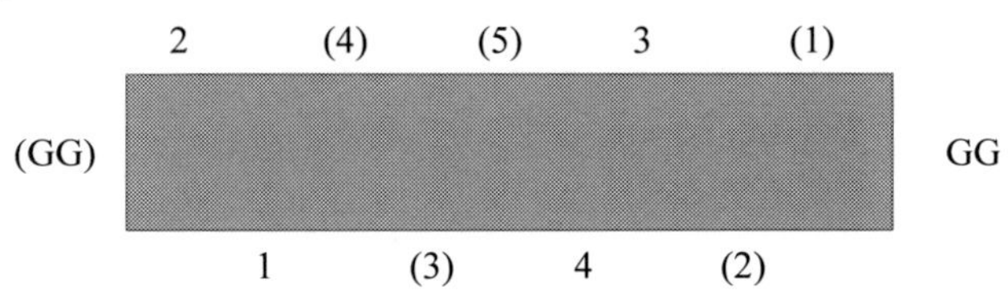

7 Paare (14 Personen)

14 sollte nach unserer Formel 2 + (x mal 4) eine leicht zu setzende Zahl sein. Und siehe, sie ist es auch:

Skizze 30a (erste Variante)

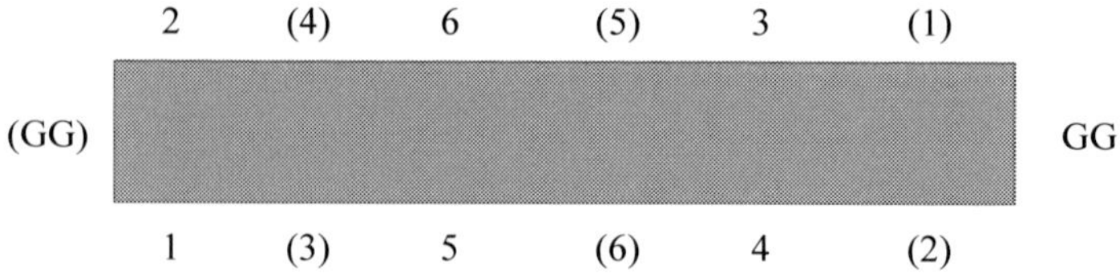

Wollen Sie als Gastgeber in der Mitte der Tafel sitzen, gelingt Ihnen das nur, wenn Sie die Kopfseiten nicht besetzen, also so:

Skizze 30b (zweite Variante)

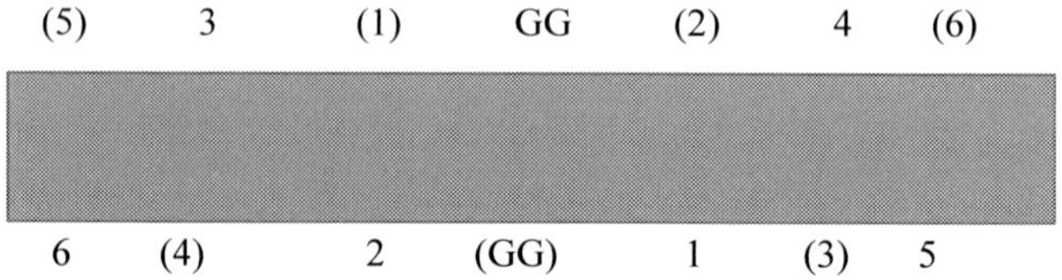

Beide Varianten sind korrekt. 30a wäre unter Protokollgesichtspunkten vorzuziehen, da bei 30b zwei Damen am Tischende sitzen.

Bei einem runden Tisch sähe das so aus:

Skizze 31 (Standard)

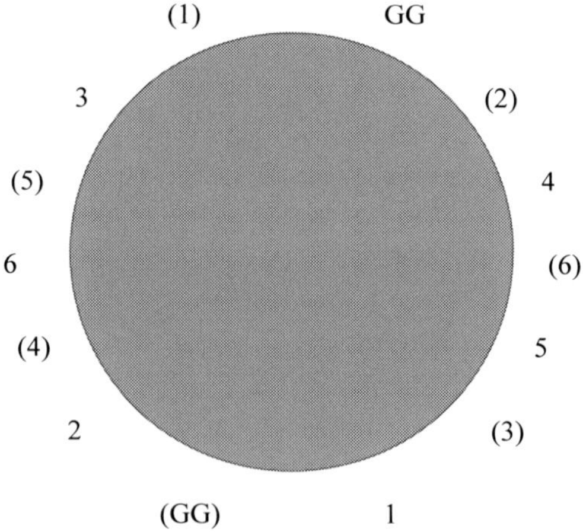

Wenn Sie eine Dame oder zwei Damen oder einen oder zwei Herren zu viel haben, verfahren Sie nach dem Muster, das wir oben beim rechteckigen Tisch durchexerziert haben. Am runden Tisch sind die Gäste auch bei dieser Konstellation leichter zu setzen.

26er Tafel

Jetzt packt uns der Ehrgeiz und wir beenden diese Serie der Illustrationen mit einer Tischordnung für 26 Personen und einem Herrenüberschuss von vier Herren an einer langen Tafel. Sie können mit den genannten Regeln und den skizzierten Beispielen ohne Probleme auch größere Personenkreise setzen.

Wir fangen mit den eingeladenen 10 Paaren an, beginnend rechts von den Gastgebern, und setzen, immer im Kreis rechtsdrehend, abwechselnd Männlein und Weiblein. Wenn Sie die 10 Paare haben, fügen Sie die alleinstehenden Herren 11,12,13 und 14 dazu:

Skizze 32a

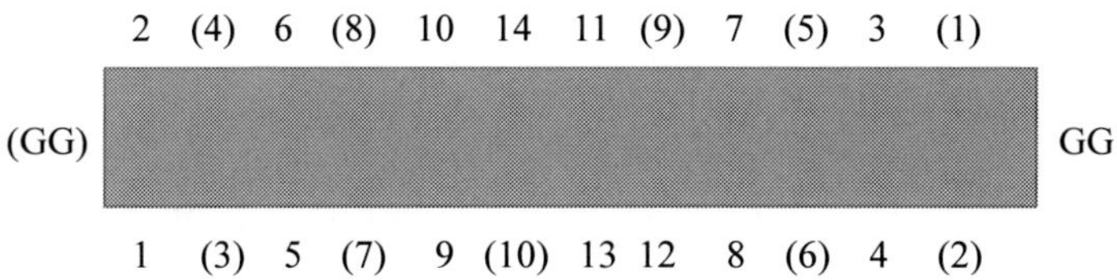

Um nicht drei Herren nebeneinander zu haben, können Sie (10) mit 13 und (9) mit 11 tauschen. Zwei Herren werden aber immer nebeneinandersitzen.

Allerdings brauchen die Gastgeber hier ja Ferngläser, um sich noch zu sehen. Setzen wir sie doch in die Mitte der Längsseiten. Und vergessen wir die Kopfenden; dann sitzen sie auch richtig in der Mitte. Dann empfiehlt es sich, um keine Dame am Tischende sitzen zu haben, in der im Uhrzeigersinn um 90 Grad gedrehten Skizze 32a (10) mit 12 zu tauschen. Das sieht dann so aus:

Skizze 32b

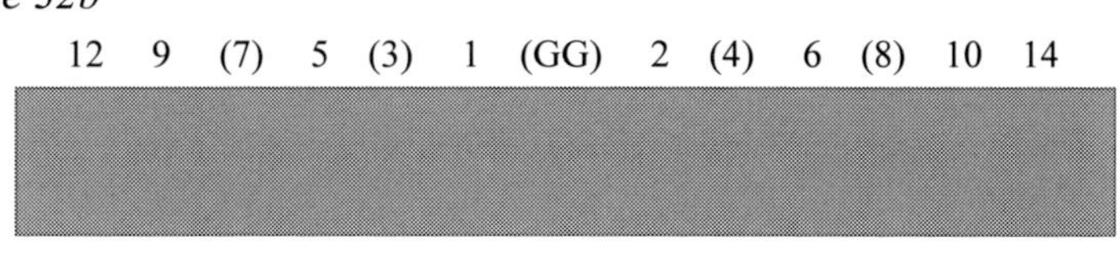

Das ist eine schöne Tischordnung. Was aber, wenn 11 der Höchstrangige ist?[151] Dann wird er auf 1 gesetzt und 1 rutscht auf 2 und so weiter. Die Ehefrauen (1) und (2) usw. bleiben sitzen. Wenn 14 auch relativ hochrangig ist, setzen Sie ihn vielleicht auf 5, und dann rutscht 5 auf Platz 6 etc. Man sollte hierbei eigentlich nur beachten, dass bei den hochrangigen Gästen möglichst die bunte Reihe gewahrt bleibt.

Wenn Sie statt der Herren *vier Damen „zu viel"* haben, klammern Sie in den Skizzen in bewährter Manier die Herren 11, 12, 13 und 14. Das geht bei 32a ganz gut; bei 32b haben Sie dann fast nur Damen am Tischende sitzen, aber das lässt sich nicht vermeiden.

Meistens hat man nicht so lange Tafeln. Ein *großer runder Tisch* wäre eine gute Lösung. Dann ist die Tischordnung ganz leicht; Sie folgen der Reihenfolge von 32a, ob Sie nun Frauen- oder Männerüberschuss haben. Auch mehrere kleine Tische würden Ihnen die Arbeit erleichtern.

Schließlich spart man Platz, bzw. verteilt die Gäste leichter, wenn man eine Hufeisentafel wählt. An ihr sähe die Tischordnung so aus:[152]

Skizze 33 (Hufeisentafel für 12 Paare/24 Personen)

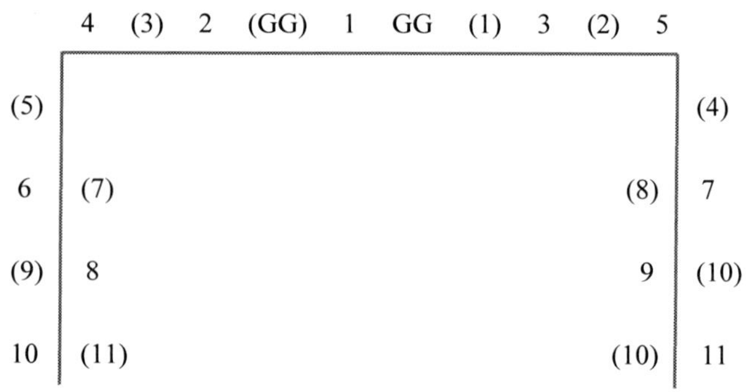

Die amtliche Empfehlung sieht wie hier außen an den Flügeln eine bunte Reihe vor, setzt dann aber jeweils Damen und Herren einander gegenüber (ich habe es in Skizze 34 illustriert). Warum, ist mir ein Rätsel. Ich ziehe es so vor, wie ich es hier aufgezeichnet habe.

151 Ich habe den alleinstehenden Herren vorher nur zur einfacheren Demonstration die hohen Platzziffern gegeben.

152 Frau Pappritz schlägt eine Hufeisentafel vor, bei der die Gastgeberin und andere Gäste an der inneren Seite der Kopftafel dem Gastgeber und den anderen hochrangigen Gästen gegenübersitzen. Das halte ich für denkbar ungünstig, da diese Personen dann den Gästen an den Längstafeln den Rücken zukehren.

Es ist eine Frage des Raumes, ob die Enden der Kopftafel besetzt werden sollen – hier haben wir es mit (5) und (4) gemacht –, oder ob dieser Platz freigelassen wird. Die Plätze haben zwar keine Gegenüber, doch sind sie nahe an den „Honoratioren" und deshalb begehrt. Wir können (4) und (5) natürlich auch an die Stirnseite der Kopftafel neben 5 und 4 setzen.

Sie ziehen eine „E-Tafel" vor, vielleicht mit 36 Personen? Bitte:

Skizze 34 (E-Tafel für 18 Paare/36 Personen)

4 (3) 2 (GG) 1 GG (1) 3 (2) 5

(5)					(4)
6	8	(6)	(7)	9	7
(8)	(10)	10	11	(11)	(9)
12	14	(12)	(13)	15	13
(14)	(16)	16	17	(17)	(15)

Ich folge bei dieser Skizze zu Illustrationszwecken der amtlichen Empfehlung, an den Längstafeln Damen und Herren einander gegenüberzusetzen. Doch hielte ich es für besser, wenn wir, wie bei Skizze 36, auch bei der E-Tafel Personen verschiedenen Geschlechts vis-à-vis setzen würden. Tauschen Sie also (7) mit 8, 9 mit (10), 11 mit (11), (13) mit 14, 15 mit (16) und 17 mit (17). Dann ist es für meinen Begriff optimal.

Auch hier fragt sich, ob an den beiden Enden der Kopftafel eine Person sitzen sollte. Bei dieser Personenzahl empfiehlt es sich, da sonst die Längstafeln nicht gleichmäßig besetzt werden können. Oder wir setzen (4) und (5) wieder oben an die Stirnseite der Kopftafel.

Es wird so gut wie nie die reine Form geben, dass nur Paare am Tisch Platz nehmen. Es ist fast genauso selten, dass es gleichviel Herren und Damen gibt. Suchen Sie dann eine Lösung, die dem Rang und den Interessen der Einzelnen am nächsten kommt. Bei einer großen Anzahl von Gästen sind Sie im übrigen ziemlich frei, da alle Gäste den Überblick verloren haben werden; Hauptsache, die Kopftafel ist richtig besetzt.

Zusammenfassung der beiden vorigen Kapitel

Aus den Beispielsfällen haben wir folgende Lehren gezogen:

1. Die Gäste kreisen nach ihrem Rang im Uhrzeigersinn um den Gastgeber bzw. die Gastgeberin:

– 3 – 1 – GG 2 – 4 – usw.

2. Bei einem Gastgeberpaar setzt sich diese Kreisbewegung mit bunter Reihe auf der anderen Seite des Tisches, an der der Partner sitzt, fort:

– (5) – 3 – (1) – GG – (2) – 4 – (6) – usw.

– (4) – 2 – (GG) – 1 – (3) –

4. Diese Regel wird nur durchbrochen, wenn der Ehrengast bei einem Essen ohne Partner dem Gastgeber gegenübersitzt. Dann kommt Gast Nummer 2 an seine rechte Seite, und Gast Nummer 3 an die linke des Gastgebers. Das setzt sich in einer Art Kreuzstich fort:

– 9 – 5 – 1 – GG – 3 – 7 –

– 8 – 4 – EG – 2 – 6 – 10 – usw.

Wenn diese Regeln wegen der Zusammensetzung der Gäste nicht greifen, haben wir folgende Instrumente, die Tischordnung der Situation anzupassen:

4. Die Wahl des Tisches, rund oder rechteckig.

5. Sie verzichten darauf, beide Gastgeber einander gegenüberzusetzen, sondern lassen einen von ihnen einen Platz zur Seite rücken.

6. Sie besetzen die Kopfenden eines rechteckigen Tisches oder lassen sie frei.

Runde Tische werden Ihnen immer am wenigsten Kopfzerbrechen bereiten, auch bei einer ungeraden Zahl von Gästen und selbst dann, wenn jemand absagt oder plötzlich mehr Gäste kommen, als Sie erwartet haben. Sie lösen das Problem der „offenen Flanke“, also eines nicht besetzten Nachbarplatzes. Zentrum und Rangordnung fallen nicht unmittelbar ins Auge. Durch die Krümmung des Tisches ist die Unterhaltung mit weiter entfernten Gästen leichter möglich. An ihm können Sie Gastgeber und Ehrengast am einfachsten nebeneinandersetzen. Sie können die Tischordnung eines rechteckigen Tisches mit Kopfenden ohne Weiteres für einen runden Tisch übernehmen.

Delegationsessen und Hochzeitstafel

Hier bekommen wir einige neue Abkürzungen:

DL	ist der Delegationsleiter der besuchenden Delegation[153]
D1, D2 usw.	sind seine Delegationsmitglieder entsprechend ihrem Rang
(GG)	ist diesmal die Gastgeberin und Leiterin der empfangenden Delegation. Damen werden also wieder geklammert.
1, 2 usw.	sind die Mitglieder der einladenden Delegation gemäß Rang

Delegationsessen ohne Partner

Delegationsessen ohne Partner sind genderblind, die Sitzordnung richtet sich ausschließlich nach der Rangfolge innerhalb der Delegation. Damit gibt es nicht die Vorgabe der bunten Reihe, doch sollte nach Möglichkeit zwischen eigenen und fremden Delegationsmitgliedern alterniert werden. Bei den folgenden Beispielen ist nicht nur der Gastgeber eine Frau, sondern auch folgende Mitglieder beider Delegationen: (D1), (D6), (5) und (9).

Die Tischordnung für ein Essen mit 20 Personen, von denen 8 zur besuchenden Delegation gehören, würde so aussehen:

Skizze 35 (Standard)

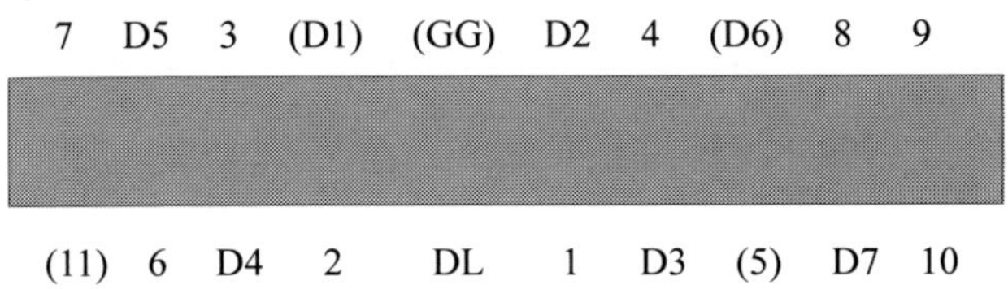

Sie sehen, es ist kein Problem, bei einem solchen Geschäftsessen zwei Damen nebeneinanderzusetzen. Entscheidend ist, dass die in der Mitte sitzenden Chefs, ob männlich oder weiblich, von den höchstrangigen Mitgliedern der Gegendelegation eingerahmt sind. Man braucht auch nicht zu vermeiden, eine Dame an das Ende des Tisches zu setzen. Dafür sollte nach Möglichkeit kein Mitglied der besuchenden Delegation am Ende des Tisches sitzen.

Aufmerksame Leser werden bemerkt habe, dass (GG) und DL nicht ganz in der Mitte sitzen. Das ist nicht schlimm, wäre aber dadurch zu beheben, dass wir die Kopfenden des Tisches mit 9 und 10 besetzen.

Wenn Sie mehr Personen am Tisch unterbringen müssen, setzen Sie diese einfach, wie wir oben gelernt haben, ihrem Rang entsprechend dazu.

153 Im Fachjargon heißt es „eingehende" und „ausgehende" Besuche.

Delegationsessen mit Partnern

Wir gehen davon aus, dass 10 Personen mit Partnern kommen. Jetzt sollten Sie also zusätzlich zum Wechsel der Delegationen noch eine „bunte Reihe“ der Damen und Herren hinbekommen. Das wird etwas komplizierter. Zunächst müssen Sie entscheiden, ob Sie die Delegationsleiter nebeneinandersetzen, weil Sie denken, dass sie sich weiter austauschen wollen. Oder Sie setzen Gastgeber und Delegationsleiter einander gegenüber. In vorliegenden Fall bietet sich die erste Alternative an, weil wir eine Frau als Gastgeberin haben; das vereinfacht die Tischordnung:

Skizze 36 (Standard)

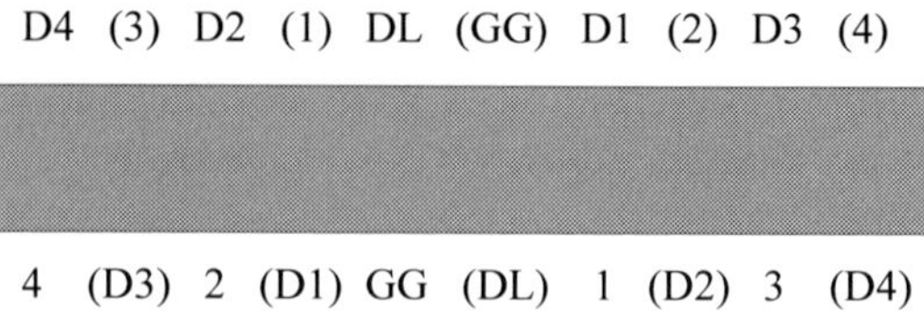

Und siehe da: Es klappt! Das ist (dank der Zusammensetzung und Zahl der Delegationsmitglieder) ein seltenes Glück.

Wenn wir zwei Männer als Delegationsleiter haben, die Kopfenden besetzen und das Gastgeberpaar – für gesellschaftliche Anlässe korrekt – einander gegenübersetzen wollen, geht es so:

Skizze 37 (Standard)

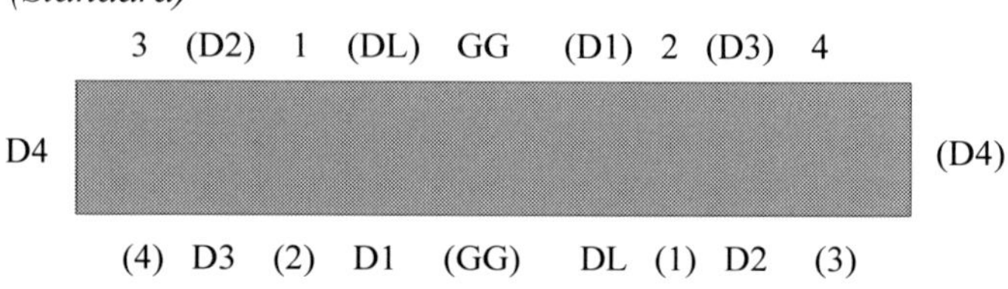

Wenn die beiden Delegationsleiter mit ihren Frauen nebeneinandersitzen wollen, bietet sich ein runder Tisch an. Gastgeber sind auf der folgenden Skizze der Chef der Firma – GG – und seine Frau (GG). Der Leiter der besuchenden Delegation ist DL, seine Frau (DL). Die Mitglieder der besuchenden Delegation werden wieder mit D1 bzw. (D1) usw. bezeichnet, die der einladenden Firma 1, (1), 2, (2) usw. Wir beschränken uns diesmal auf 16 Personen.

Skizze 38 (Standard)

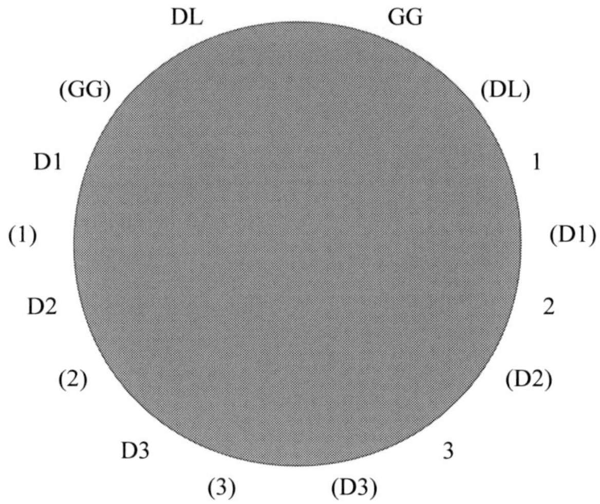

Da die beiden Chefs nebeneinander sitzen, sitzen auch 2 Damen zusammen.[154]

Wenn die besuchende Delegation von einer Frau geführt wird, wechseln Sie einfach die Plätze von DL und (DL), damit der Ehrengast rechts vom Gastgeber sitzt. Ansonsten können Sie die Tischordnung beibehalten, selbst wenn sie etwas holprig ist, weil der Partner des Ehrengastes (DL) zwischen zwei Männern sitzt.[155]

154 So sieht auch die Tischordnung bei Staatsbanketten des Bundespräsidenten in Schloss Bellevue aus. Es gibt dort in der Regel eine größere Anzahl runder Tische. Der Tisch des Bundespräsidenten steht in der Mitte, aber so, dass von hier das Mikrofon an einer Seite des Saals leicht zu erreichen ist. Er ist häufig größer als die anderen, um protokollarische Bedürfnisse zu befriedigen, da viele an seinem Tisch sitzen wollen. Da der Bundespräsident sich mit dem zu Gast weilenden Staatspräsidenten bei Tisch informell unterhalten will, werden beide nebeneinander gesetzt. Auf der anderen Seite eines jeden sitzt der (Ehe-)Partner des anderen Staatsoberhaupts, und dann kommen gemäß Rangfolge Minister, Ministerpräsidenten, Staatssekretäre usw. mit ihren Frauen oder Männern. Das Format lässt sich ohne weiteres auf große Firmenessen übertragen. Erfahrungsgemäß können Sie diese Tischordnung allerdings nicht so rein umsetzen, wie sie hier aufgezeichnet ist, da bei solchen Veranstaltungen viele Gäste alleine kommen. Das macht die Sache aber leichter.

155 Wenn Sie das ändern wollten, wäre eine größere Operation nötig, die aber auch zu keinem perfekten Ergebnis führen würde. Daher sparen wir sie uns.

Hochzeitstafel

Bei privaten Einladungen werden Sie häufig keine ausgeprägte Rangordnung erkennen und danach gehen, welcher Gast sich mit wem gut unterhält. Das ist bei familiären Festen auch wichtiger. Typisches Beispiel ist ein Hochzeitsessen. Sie werden dann häufig eine Hufeisentafel haben. In der folgenden Skizze bezeichnen wir die Braut als (EG), den Bräutigam als EG. Der Vater der Braut ist 1 (er lädt traditioneller Weise ein), die Mutter der Braut (1), der Vater des Bräutigams 2 und seine Mutter (2). Die „Standardtischordnung" sieht dann so aus:

Skizze 39 (Hochzeit, Standard)

	(1)	1	(EG)	EG	(2)	2	
3	(4)					4	(3)
(5)	6					(6)	5
8	(7)					7	(8)
(9)	10					(10)	9
11	12					11	(12)

Das Brautpaar sitzt natürlich zusammen. Ich gehe bei dieser Skizze davon aus, dass die Braut auf ihrer anderen Seite zur seelischen Unterstützung am liebsten ihren Vater und der Bräutigam am liebsten seine Mutter hat. Es wäre protokollarisch aber ebenso richtig – und wird im Internet sogar empfohlen –, den Schwiegervater neben die Braut und die Schwiegermutter neben den Bräutigam zu setzen. In beiden Fällen sitzen die Eltern des jungen Paars nebeneinander. Das ist auch gut so, denn die gestressten Eltern empfinden es nach meiner Erfahrung oft als entspannter, nebeneinander zu sitzen und sich austauschen zu können, statt mit den häufig nur flüchtig bekannten Gegen-Schwiegereltern Konversation machen zu müssen.

Man kann schließlich auch den Vater der Braut rechts neben seine Tochter und links neben den Bräutigam seine Schwiegermutter setzen. Rechts vom Vater der Braut kommt dann die Mutter des Bräutigams, links von der Mutter der Braut der Vater des Bräutigams, das alles flankiert von den Trauzeugen. Das ist die traditionelle englische Sitzordnung TZ – (2) – 1 – (EG) – EG – (1) – 2 – (TZ).

Hier wird das Hochzeitspaar also von den Eltern der Braut eingerahmt. Wählen Sie, was Ihnen im Einzelfall am geeignetsten erscheint; alles geht.

Und die anderen Gäste? Bei denen gibt es weniger Rang- als Altersunterschiede, Sympathien und Animositäten und unterschiedliche verwandtschaftliche Nähe. Traditionell würden die älteren und enger verwandten Gäste näher beim Brautpaar sitzen und sich die jüngeren und weiter oder gar nicht verwandten am Ende der Tafel sammeln. Aber natürlich will das Brautpaar gute gleichaltrige Freunde in seiner Nähe haben. Da muss eine abgewogene Mischung her, damit das Brautpaar und seine Freunde auf ihre Kosten kommen und sich gleichzeitig keiner der würdevollen Herren der weiteren Verwandtschaft beklagt, „zu weit unten" gesessen zu haben. Auch wären mancher Onkel und manche Tante glücklich, wenn die lange nicht mehr gesehenen Neffen oder Nichten neben ihnen säßen. Das ist legitim. Es ist aber nicht sicher, ob das gerade deren Wunschplatzierung wäre. Allen diesen Wünsche, vor allem aber denen des Brautpaars, sollte nach Möglichkeit Rechnung getragen werden. Eine fast unmögliche Aufgabe. Trösten Sie sich, wenn es nicht hundertprozentig klappt; es gibt hier, wie so häufig, nur Annäherungswerte.

Oben habe ich eine traditionelle Tischordnung aufgezeichnet, die Sie, insbesondere hinsichtlich der Kopfseite, ohne weiteres auf einen runden Tisch übertragen können; viele Hochzeitsessen werden ja an kleineren runden oder rechteckigen Tischen stattfinden.

Es geht aber auch ganz anders. Nämlich so wie bei einer Hochzeit, zu der ich kürzlich eingeladen war. Diese Tischordnung gefiel mir gut:

Skizze 40 (modern, auch gut)

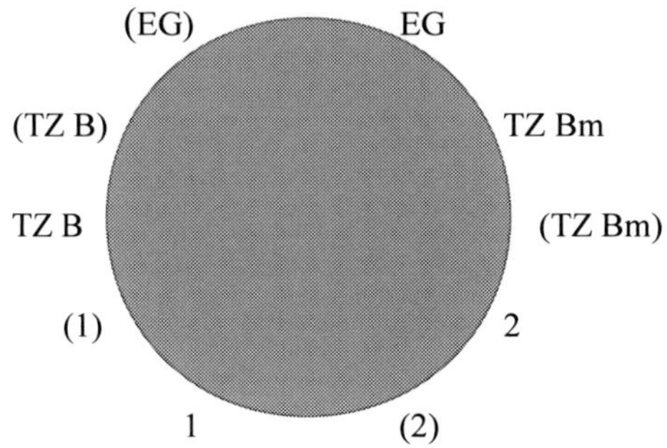

Hier saßen, wie Sie sehen, an einem Zehnertisch die Trauzeugin (TZ B) neben der Braut und der Trauzeuge TZ Bm neben dem Bräutigam, beide mit ihren Partnern TZ B und (TZ Bm) an ihrer Seite. Die Eltern des Brautpaars saßen dem Brautpaar schräg gegenüber. Das war für für mich im ersten Moment überraschend (gerade beim Brautpaar keine bunte Reihe, Eltern vom Brautpaar getrennt), dann aber sofort nachvollziehbar. So eine Tischordnung ist ganz in Ordnung – insbesondere bei einem Brautpaar, das nicht mehr behütet zu Hause lebt, sondern mitten im Beruf steht.

Tischmanieren

Das Sitzen bei Tisch. Servieren und nehmen

Warum eigentlich?

Tischmanieren sind ebenso aussagekräftig wie die Art und Sorgfalt der Kleidung. „Sie sind eines der sichersten Zeichen dafür, ob jemand als Kind erzogen worden ist.“[156] Sie sagen viel über Erziehung, Elternhaus und über soziales Herkommen aus, aber auch über Disziplin und Lernbereitschaft. Vielen Beobachtern wird nicht auffallen, wenn Sie als Mann nicht auf der richtigen Seite einer Dame oder Ihres Chefs gehen oder dass Sie sich und andere bei der Begrüßung nicht richtig vorstellen. Schlechte Tischmanieren hingegen sind deutlich sichtbar und hinterlassen einen nachhaltigen Eindruck. Gute rangieren laut der in der Einleitung zitierten Emnid-Umfrage auf Platz fünf der am meisten erwünschten Rücksichtnahmen, noch vor der angemessenen Kleidung. Dabei würde man Tischmanieren nicht auf Anhieb als Form der Rücksichtnahme ansehen, denn nur in extremen Fällen vergeht einem ja der Appetit, wenn man einem anderen beim Essen zuschaut. Aber es ist so, und das unterstreicht ihre Bedeutung. Sie sind ein wesentliches Element des Eindrucks, den wir als Person machen.

Zugleich sind Tischmanieren natürlich eine Form ästhetischen Verhaltens. Und sie zeigen Kultur. Man spricht nicht umsonst von Esskultur, nicht nur bei der Wahl der Gerichte. Gerade habe ich mit einer Bekannten gesprochen, die berichtete, dass im Urlaub eine junge Frau beim Essen „auf ihrem Stuhl rumhing“, wie sie sich ausdrückte. „Wie traurig“, sagte sie, „so ein hübsches Mädchen“. Sie fand offensichtlich, dass sich das Mädchen mit der schlechten Haltung bei Tisch keinen Gefallen getan habe. Damit reflektiert sie eine weit verbreitete Meinung. Gute Tischmanieren sind vielleicht keine *conditio sine qua non,* also kein Ausschlusskriterium für den Erfolg in allen Lebenslagen. Aber sie helfen unbedingt. Denn sie machen die Gesellschaft einer Person angenehm. Und das gemeinsame Essen ist seit alters eine der wichtigsten Formen, ja, ein verbindendes Ritual menschlichen Zusammenlebens.

Wenn Arbeitgeber Mitarbeiter suchen, die sie nach außen vertreten sollen, werden sie kaum Bewerber einstellen, die keine guten (Tisch-)Manieren haben. Denn diese würden ihre Firma bei aller – einmal unterstellten – intellektuellen Brillanz und Tüchtigkeit bei Geschäftsessen blamieren und den Ruf der Firma insgesamt schädigen.

---

156 Asserate, Manieren, S.315.

„Durch nichts wird das jeweils akzeptierte gute Benehmen so genau definiert wie beim Essen.“[157] Das ist eigentlich eine gute Nachricht. Denn Tischmanieren sind klar definiert und damit leicht erlernbar, unabhängig vom sozialen Herkommen und den Erziehungsbemühungen der Eltern. Daher widme ich ihnen relativ viel Raum; man kann sie auch hier lernen. Für den Skeptiker füge ich noch an, dass Tischmanieren natürlich nichts über die Qualität eines Menschen aussagen. Insoweit sind sie völlig irrelevant.

Aber sie helfen. Sie haben unter anderem die unmittelbare Konsequenz, dass man durch sie einer gesellschaftlichen Gruppe zugeordnet wird, die auf diese Dinge Wert legt. Und das sind meistens die Einflussreichen und „Vornehmeren“. Will man also bei seinem Chef oder wichtigen Leuten, bei einem offiziellen Essen auf höherer Ebene bestehen und einen guten Eindruck machen, sollte man Tischmanieren beherrschen. Natürlich tun das die Leser dieses Buchs bereits; dafür haben die Eltern schon gesorgt. Aber eine Vergewisserung kann nicht schaden. Diese bieten die folgenden Seiten. Lesen alleine genügt allerdings nicht, man muss auch üben. Das ist wie im Sport oder beim Musizieren. Erst wenn sie automatisch kommen, haben solche Fertigkeiten die erforderliche Leichtigkeit und Selbstverständlichkeit.

Sitzen bei Tisch

Wie sitze ich bei Tisch? Zunächst einmal gerade. Das bedarf ständiger Selbstkontrolle, denn es erscheint zunächst einmal viel bequemer, die Muskeln zu lockern und mit rundem Rücken dazusitzen. Doch sieht es nicht schön aus. Schönheitspflege ist hier nicht schwer: Gerade zu sitzen ist eine reine Frage der Übung und Gewöhnung. Und schließlich ist es auch noch gesund. In strengen Haushalten musste man das früher dadurch üben, dass man beim Essen ein Buch auf dem Kopf balancierte. Diese Zeiten sind glücklicherweise vorbei. Bei Tisch gerade sitzen sollte man aber immer noch. Gerade sitzende Menschen sehen nicht nur vorteilhafter, sondern auch dynamischer aus. Merken Sie sich das für ein Vorstellungsgespräch oder die Einladung bei – oder ein Gespräch mit – Ihrem Vorgesetzten.

Wenn man gerade sitzt, ist der Weg vom Teller zum Mund ziemlich weit; vor allem beim Essen der Suppe kann hier einiges verloren gehen. Die erste Regel, um das zu vermeiden, ist natürlich die: Laden Sie den Löffel oder auch die Gabel nicht zu voll. Zweitens: Achten Sie gerade bei der Gabel darauf, dass der zu transportierende Bissen entweder gut aufgespießt oder sicher gelagert ist. Und drittens: Kürzen Sie den Weg durch Vorbeugen des Kopfes

157 Schönfeldt, Anstand, S.190.

nur leicht ab. Mit anderen Worten: Beugen Sie sich nicht tief über den Teller, um mit der Hand nur noch Minimalbewegungen ausführen zu müssen. Das ist bei uns, zumindest in den – gesellschaftlich wie beruflich – „besseren" und offiziellen Kreisen, verpönt.[158]

Man stützt den Ellbogen nicht auf. Vor allem nicht beim Essen. In dem anschließenden Gespräch mag es einmal vorkommen, sollte aber nicht zur Dauerhaltung werden.

Die Ellbogen sollen beim Essen nahe am Körper gehalten werden. Jeder, der bei einer eng gedeckten Tafel schon einmal die Ellbogen des mit einem zähen Steak kämpfenden Nachbarn in die Rippen bekommen hat, wird den Sinn dieser Regel zu schätzen wissen.

Früher soll das dadurch geübt worden sein, dass man beim Essen ein Buch zwischen Ellbogen und Körper eingeklemmt halten musste. Glücklich, wer nicht gleichzeitig noch einen Band von Goethes gesammelten Werken auf dem Kopf balancieren musste, um gerade zu sitzen![159]

Korrekt ist es, die Hand bis zum Handgelenk – und vielleicht noch leicht darüber – auf den Tisch zu legen; dort sollen ja auch noch Teller und Schüsseln Platz finden. Und zwar beide Hände, mit und ohne Besteck. Hier unterscheiden wir uns von den Amerikanern, die, wie schon früher erwähnt, beim Essen meistens die linke Hand auf dem Oberschenkel ruhen lassen. Wenn ich jetzt anfüge „Hoffentlich auf dem eigenen!", ist das nicht nur ein billiger Scherz, sondern zeigt auch, was die europäische Sitte ursprünglich bezweckte, nämlich Transparenz und Sicherheit vor Angriffen jeder Art.

158 Aber auch hier gilt: andere Länder, andere Sitten. Als ich mich während einer Protokollberatung in Kirgisistan einmal kritisch darüber äußerte, dass sich die Gäste in Restaurants beim Essen tief über ihre Teller beugten, wurde mir bedeutet, dass das hier durchaus üblich und korrekt sei. Sie sehen: Essensmanieren sind keine naturrechtlich vorgegebene Form, sondern eine Konvention, die von Land zu Land und von Umfeld zu Umfeld variieren kann. Bei einer Saharadurchquerung in Algerien haben alle den Couscous mit der Hand aus der großen gemeinsamen Schüssel genommen. Dass mir ein Löffel angeboten wurde, war eigentlich stilwidrig.

159 Erica Pappritz erzählt die Geschichte vom Spross eines alten Adelsgeschlechts, in dessen wunderschön eingerichtetem Schloss überraschenderweise die Bibliothek fehlte. Darauf angesprochen sagte er: „17 Jahre meines Lebens habe ich, unter jedem Arm ein Buch, täglich vier Mahlzeiten an der elterlichen Tafel einnehmen müssen. Meine Haltung bei Tisch ist seitdem perfekt – aber Bücher kann ich nicht mehr sehen!" (Etikette, S.370).

Servieren und nehmen

Kaum sitzen wir ordentlich, kommt auch schon das Essen. Manchmal ist es schon auf dem Teller angerichtet, den der Kellner vor einem auf den Tisch stellt; das ist also leicht.[160] Schwieriger wird es, wenn vom Kellner eine Platte angereicht wird, von der man sich nehmen muss – übrigens geschieht das von links, damit der Gast seine rechte Hand besser benutzen kann.[161] Schon manches Mal habe ich in diesen Situationen den weiblichen Ehrengast bemitleidet und bewundert, dem ein ganzer Fisch oder ein anderes schwer zu teilendes Gericht dargeboten wurde, von dem sie sich als Erste nehmen musste. Freundliche Kellner helfen häufig mit Rat oder sogar mit Tat und ernten dafür einen dankbaren Blick des Gastes.

Manche Gäste wollen in der Handhabung des Bestecks besonders kenntnisreich erscheinen und nehmen beide Teile des Vorlegebestecks in eine Hand, um sich Fleisch und Beilagen wie mit einer Zange auf den Teller zu legen. Das aber ist verpönt: Die virtuose Handhabung zweier Besteckteile in einer Hand ist den Kellnern vorbehalten; Gäste zeigen damit die falsche Professionalität.

Häufig steht der Ehrengast, meistens eine Dame, der die Platte als erster gereicht wird, vor der Frage, wie viele der kleinen Fleischstücke, wie viele Medaillons, Kartoffeln und Gemüse sie nehmen kann. Und vielleicht sogar eine der wenigen Ziergurken am Rand der Platte, die so köstlich schmecken? Ein schneller Blick auf die Zahl der Fleischstücke, ein kurzer Rundumblick auf die Zahl der Gäste und eine hastige Rechenoperation führen in der Kürze der Zeit häufig nicht zu belastbaren Ergebnissen, zumal wenn am anderen Ende der Tafel plötzlich ein Kellner mit einer weiteren Servierplatte auftaucht. Kurz, die Arme wird sich aus Bescheidenheit weniger nehmen, als ihr der Appetit nahelegt.

Andere werden es ihr nachmachen, bis ein Gast an die Reihe kommt, der, von Konventionen unbelastet, gut mit dem Ruf leben kann, einen gesunden Appetit zu haben. Falls er nicht offensichtlich unbescheiden ist, können Sie seinem Beispiel folgen. Aber auch wenn Sie sich nur eine kleine Portion nehmen, und das ist eigentlich die bessere Variante, brauchen Sie nicht zu verzweifeln: Hauptgänge werden im Allgemeinen ein zweites Mal angeboten, und dann kann jeder eine seinem Appetit entsprechende zweite Portion nehmen.

160 Sogenannter amerikanischer „Tellerservice“ .

161 Sogenannter französischer „Plattenservice“ .

Am Buffet

Ähnliches gilt bei einem Buffet-Essen. Die Faustregel lautet hier: Der Rand des Tellers soll immer gut sichtbar sein. Manche Gäste häufen sich schon beim ersten Gang zum Buffet den Teller randvoll. Das ist nicht sehr edel. Man bekommt dadurch den Eindruck, sie bekämen zu Hause nichts zu essen oder seien einer Gier-Attacke erlegen. Manche laden sich dabei auch Vorspeise und Hauptgericht auf denselben Teller; vor dem Dessert machen sie allerdings meistens dann doch halt. Dann läuft die Sauce des Bratens in die Vorspeise aus geräuchertem Lachs, in Kanapees und Salat. Das ist weder schön noch schmeckt es. Ich halte es in jeder Hinsicht für ein Armutszeugnis, selbst wenn man lange in der Schlange vor dem Buffet warten muss. Den Menschen, der nicht in Not lebt und eine gute Kinderstube genossen hat, erkennt man daran, dass er nicht jedem Bissen nachjagt.

Der Buffet-Experte weiß im übrigen, dass es auf dem Buffettisch im Allgemeinen kleinere Teller für die Vorspeisen gibt, von denen man sich ganz gelassen nehmen sollte in der fast immer berechtigten Hoffnung, dass gierigere Zeitgenossen noch etwas vom Hauptgericht übrig lassen. Wenn Sie Ihre Vorspeise verzehrt haben, erheben Sie sich wieder vom Tisch, nehmen einen der bereitstehenden großen Teller für das Hauptgericht und langen zu. Niemand hindert Sie daran, auch noch ein weiteres Mal zum Buffet zu gehen, bevor das Dessertbuffet freigegeben wird.[162]

Guten Appetit

Nun liegt das Gericht auf dem Teller vor uns. Wünscht man sich eigentlich „Guten Appetit“, bevor man zu essen beginnt?

Bei offiziellen Essen ist das nicht der Fall. Alle Ratgeber sind sich einig, dass es nicht vornehm wäre. Auch ich habe es zu Hause nicht gelernt und habe auch nie erlebt, dass der Gastgeber bei offiziellen Essen „Guten Appetit“ gewünscht hätte. Natürlich sagt der Bundespräsident (soviel ich weiß) beim Staatsbankett nicht „Guten Appetit“ zum Ehrengast neben sich oder gar in die Runde. Doch habe ich bei solchen Gelegenheiten an den anderen Tischen einige Gäste „Guten Appetit“ murmeln hören und fand das so sympathisch, dass ich mitgemurmelt und mich nicht naserümpfend meinem Hummersüppchen zugewandt habe.

162 Schauen Sie sich aber, bevor Sie zum zweiten Mal vom Hauptgericht nehmen, lieber einmal um, ob Sie damit allein auf weiter Flur stehen und Gefahr laufen, später das Essen in Eile und mit – dem meist falschen – Gefühl, alle schauten Ihnen zu, ohne großen Genuss verzehren zu müssen.

Also: Es ist legitim, wenn auch nicht von allen als besonders vornehm angesehen, wenn Sie als Gastgeber, und es ist allein Ihre Entscheidung, „Guten Appetit“ wünschen. Es ist ein fröhlicher, positiver Wunsch und ein klares – und manchmal ersehntes – Zeichen dafür, dass mit dem Essen begonnen werden kann. Auf jeden Fall ist es meistens besser, als wenn die Gäste nach einem verstohlenen Blick darauf, ob die Gastgeberin endlich den Suppenlöffel ergriffen hat, mit dem Essen beginnen. Doch steht es alleine den Gastgebern zu, „Guten Appetit“ zu sagen. Die Gäste antworten mit „Danke“ und nicht auch mit „Guten Appetit“, denn es wäre doch zu eigenartig, wenn sie der Gastgeberin wünschten, dass ihr ihr eigenes Essen schmeckt.

Aber warum hat sich dieser Wunsch dennoch, auch wenn er von allen am Tisch geäußert wird, inzwischen vielfach eingebürgert? Und warum höre ich ihn selbst ganz gerne, obwohl ich weiß, dass er nicht als vornehm betrachtet und, von Gästen geäußert, genau genommen auch eine Anmaßung ist? Weil er ein Gemeinschaftsgefühl erzeugt oder Ausdruck eines Gemeinschaftsgefühls ist. Asserate schreibt, dass das gemeinsame Essen früher ein heiliger, friedensstiftender Akt gewesen sei. Mit dem Wunsch „Guten Appetit“ nehmen die Essensteilnehmer aktiv an ihm teil. Die strenge Etikette erlaubt den Ausdruck dieses Gemeinschaftsgefühls nicht – eigentlich schade. Ich hätte daher, zumindest im Familien- und Freundeskreis und wenn alle so denken, Sympathie für einen Bruch dieser Regel.[163]

In manchen Familien wird vor dem Essen ein Gebet gesprochen, dem sich häufig die Aufforderung „Guten Appetit“ oder „Gesegnete Mahlzeit“ anschließt. Warten Sie daher bei privaten Einladungen darauf, dass einer der Gastgeber mit dem Essen beginnt oder sonst ein Zeichen zum Beginn des Essens gibt, und fangen Sie nicht vorher zu essen an. Es könnte noch ein Gebet folgen, und es ist ziemlich peinlich, mit vollem Mund dazusitzen, während die anderen das Tischgebet sprechen.

---

163 Ich würde sogar so weit gehen zu sagen, dass der allgemeine Wunsch „Guten Appetit“ eine säkularer, also nicht religiöser Ersatz für das Tischgebet ist.

Silke Schneider-Flaig, die ebenfalls eine Rückkehr des Wunsches „Guten Appetit“ beobachtet, gibt auf S.24f. ihres „Knigge“ gleich mehrere Begründungen für die Zurückhaltung gegenüber diesem Wunsch. Aus religiösen und historischen Gründen habe es früher, in Zeiten der Völlerei, als zynisch gegolten, sich auch noch „Guten Appetit“ zu wünschen. Habe die Gastgeberin selber gekocht, habe ihr Wunsch „Guten Appetit“ schnell als Eigenlob verstanden werden können. Und schließlich sei es gelegentlich auch verpönt gewesen, „Guten Appetit“ zu wünschen, da man daraus den Umkehrschluss hätte ziehen können, dass das Essen nur bei wirklich großem Hunger schmeckte. Kaum etwas davon ist heute nachvollziehbar.

Bei privaten wie offiziellen Essen gilt also: Man wartet mit dem Beginn des Essens auf ein Zeichen des Gastgebers oder der Gastgeberin. Wenn diese entweder ihr Glas erheben, ein paar Worte der Begrüßung sagen oder einfach selber zu essen anfangen, können auch Sie mit dem Essen beginnen.

Handelt es sich um ein großes Essen mit vielen Tischen, schauen Sie, ob der Tisch von Gastgeber und Ehrengast begonnen hat – das wird meistens der Fall sein, da sie als erste bedient werden – und ob alle Personen an Ihrem Tisch ihr Essen serviert bekommen haben. Dann wird ein Mutiger mit dem Essen beginnen; mit Recht so. Wenn Sie als der Vertreter der Gastgeber an einem dieser Tische sitzen, sollten Sie für Ihren Tisch das Glas erheben und damit das Zeichen zum Essen geben.

Bei familiären Essen bedient man sich selbst, meistens nach der familiären Reihenfolge, also Eltern vor den Kindern, solange die Mutter den Kindern nicht das Essen aufgibt. Für ein zweites Zulangen sollte man in jedem Fall auf eine Aufforderung warten. Man darf erst nehmen – und vorher wird die Aufforderung meistens auch nicht kommen, es sei denn, die Kinder trödeln – wenn alle ihren Teller geleert haben. So haben alle die gleiche Chance, einen gerechten Teil vom verbleibenden Essen zu bekommen.

Eine gelegentlich diskutierte Frage ist, was denn die richtige familiäre Reihenfolge sei. Wenn Gäste am Tisch sitzen, ist es klar: Diesen wird als ersten angeboten. Was aber ist, wenn die Familie unter sich ist? Gibt die Hausfrau oder der Hausherr, eine eher patriarchalische Sitte, allen anderen auf? Wenn das nicht der Fall ist: Nimmt die Hausfrau als letzte oder als erste? Bekommt der *pater familias* das „Recht des ersten Zugriffs“? Ich habe hierzu nirgends eine Regel gefunden und bin der Ansicht, dass alles gleichermaßen korrekt ist. Meistens wird der Elternteil, der gekocht hat, aus Höflichkeit zunächst dem anderen das Essen anbieten. Aber jede Familie entwickelt ihre Traditionen, und diesen kann man getrost folgen.[164]

164 Wenn, wie bei uns früher, die Hausfrau zuerst nimmt, hat man als Gast (oder Kind) wenigstens den Hinweis darauf, wo die verlorenen Eier in der Senfsoße zu finden sind und, noch viel wichtiger, wie viele Fleischstücke man sich nehmen kann. Ich habe bei einem ungewöhnlich vornehmen Essen einmal aus Versehen drei statt zwei der Fleischbällchen in der Suppe genommen; sie rutschten so auf meine Kelle. Erst als die zuletzt nehmende Gastgeberin, sichtlich irritiert, aber vergeblich, nach einem zweiten Fleischbällchen fischte, schwante mir, dass diese abgezählt waren. Ich beeilte mich, als das Essen freigegeben war, das Beweisstück zu vernichten.

Der Gebrauch des Bestecks

Messer und Gabel

Wie rücken wir nun dem Essen zu Leibe? Wir essen im Allgemeinen mit dem Messer in der rechten und der Gabel in der linken Hand. So ist das Besteck auch gedeckt.

Den Kindern bereitet das, wie wir alle wissen, Schwierigkeiten. Das sollte uns aber nicht davon abhalten, es ihnen beizubringen. Also möglichst nicht die Gabel in die Faust zu nehmen und steil von oben in das Stück Fleisch zu stecken, um es für das Schneiden zu arretieren. Sie müssen lernen, sie flach zu halten, möglicherweise mit dem Zeigefinger als Hebel auf der Rückseite des Griffs, und das Messer – schwer genug ist es manchmal sogar für Erwachsene – in sägender Bewegung und möglichst wenig sichtbarer Kraftanstrengung durch das Fleisch zu treiben. Das kann angesichts des Drucks, der manchmal dabei notwendig ist – wer hat nicht schon selbst verzweifelt an Pizzen herumgesäbelt – für Kinder zugegebenermaßen schwierig sein.[165]

Nicht immer ist das gleichzeitige Hantieren mit Messer und Gabel nötig. Es gibt die – inzwischen nicht mehr zwingende – Regel, dass man das Messer bei Gerichten, die nicht geschnitten zu werden brauchen, nicht benutzen darf. Den Grund dafür haben wir in der Einleitung beschrieben; er ist glücklicherweise entfallen. Es stimmt ja aber: Wenn Sie ein Risotto essen wollen, ist ein Messer völlig unnötig. Dasselbe gilt für eine Vielzahl von Gerichten, vom Ratatouille über den Hackbraten bis zum Auflauf; auch Nudeln oder Kartoffeln kann man durchaus mit der Gabel zerteilen.

Inzwischen ist es jedoch akzeptiert, dass das Messer nicht nur zum Schneiden, sondern auch zum Schieben des Essens auf die Gabel benutzt wird. Ich muss gestehen, ich finde es inzwischen selber praktisch, obwohl ich es anders gelernt habe. Aber zu glauben, es sei vornehmer, immer mit Messer und Gabel zu essen, ist falsch; eher das Gegenteil ist der Fall.

Auch wenn ein Messer gedeckt worden ist, besteht kein Zwang, es zu benutzen. Ist keines gedeckt worden, brauchen Sie auch keins, und Sie sollten nicht das für den nächsten Gang gedeckte Messer nehmen. Früher habe ich meine Gäste regelmäßig in Verwirrung gestürzt, wenn ich zu einem Omelette, zu einem Pfannkuchen oder zu einer Vorspeise kein Messer gedeckt habe. Das tue ich inzwischen nicht mehr, schon um zu vermeiden, dass das Messer des Hauptgangs schon für die Vorspeise gebraucht wird und ich dann ein Messer (waschen und) nachlegen muss.

---

165 Machen Sie es Ihren Kindern leicht und lassen Sie sie an leicht zu schneidenden Gerichten üben, selbst an solchen, die man gar nicht zu schneiden braucht, Eierkuchen zum Beispiel.

Aber auch hier gilt: Andere Länder, andere Sitten. Die praktischen Amerikaner haben sich nie die Mühe gemacht zu lernen, mit der Gabel in der linken Hand zu essen. Sie schneiden das Fleisch mit der Rechten, legen das Messer dann zurück, wechseln die Gabel, die das Fleisch beim Schneiden festgehalten hat, von der linken in die rechte Hand, und essen dann mit rechts. Die linke Hand bleibt während des Essens auf dem Schoß.[166] Das ist dort absolut korrekt, und ich hoffe, dass Ihre Kinder nach der (wenn auch unwahrscheinlichen) Lektüre dieser Seite nun keinen Auswanderungsantrag in die USA stellen.

Da man das Besteck beim Essen nicht immer in der Hand hält, zum Beispiel wenn man trinkt, sich den Mund abwischt oder eine kleine Pause macht, muss man es ablegen. Natürlich nicht auf die Tischdecke, denn die würde schmutzig werden. Manche legen daher das Besteck mit dem Griff auf den Tisch und mit der Klinge bzw. den Gabelspitzen auf den Tellerrand. Solches „Brückenbauen" ist verpönt, wahrscheinlich, weil dann Saucenreste auf die Tischdecke laufen können oder auch, weil man dadurch zu viel Platz auf dem Tisch einnimmt. Also: Bauen Sie Brücken zu Ihrem Nachbarn oder Ihrer Nachbarin, aber nicht zu Ihrem Teller!

Manchmal sehen Sie sogenannte Messerbänkchen auf dem Tisch. Auf ihnen kann man das benutzte Besteck ablegen, wenn die Teller gewechselt werden; so spart man Besteck. Ich bin allerdings kein großer Freund dieser Accessoires, denn ich habe immer Angst, dass von dem Messer, Saucenreste auf die Tischdecke tropfen könnten.

Richtig ist in einer solchen Situation, das Besteck ganz auf den Teller zu legen. Wenn Sie mit dem Essen noch nicht fertig sind, legen Sie das Besteck so ab, wie Sie es gehalten haben, also, angelehnt an das Bild des Ziffernblatts der Uhr, in der berühmten „Zwanzig nach acht"-Position, die Gabel also auf die Acht und das Messer auf die Vier. Diese Ablage des Bestecks signalisiert der Hausfrau, dass Sie noch etwas essen wollen, und dem Kellner, dass er Ihnen den Teller noch nicht wegnehmen soll. Das wird er mitten im Essen auch kaum tun. Doch ist dieses Signal gegen Ende des Essens wichtig, wenn sich die Frage stellt, ob Sie fertig sind oder nicht.[167]

166 Die manchmal (scherzhaft) angeführte Erklärung, im Wilden Westen habe man immer eine Hand am Colt haben müssen, überzeugt natürlich nicht; ich selbst würde es im Übrigen auch vorgezogen haben, mit links zu essen und mit rechts nach dem Schießeisen zu tasten...

167 Bei modernem Geschirr mit mehreckig-unsymmetrischen Tellern ist es nicht immer leicht, einen Platz für das Besteck zu finden, ohne dass es in den Teller oder auf die Tischdecke rutscht. Hier suchen Sie vor allem einen festen Platz für Ihr Besteck; alles

Wollen Sie signalisieren, dass Sie zu Ende gegessen haben, legen Sie Messer und Gabel parallel nebeneinander auf den Teller. Bei uns tun Sie das auf der „Zwanzig nach“-Position, also auf der Vier, in anderen Ländern senkrecht (Messer und Gabel auf die Sechs). Die genaue Lage ist aber eigentlich nicht wichtig. Entscheidend ist vielmehr, dass Sie durch das Zusammenlegen des Bestecks anzeigen, dass sie nicht beabsichtigen, es weiter zu benutzen.[168]

Was zum Messer noch zu sagen wäre

Ein Fauxpas erster Güte war es früher, Kartoffeln mit dem Messer zu schneiden; Frau Pappritz nannte es „barbarisch“. Heute fällt das Urteil milder aus, zumal bei einigen Nachbarn Deutschlands, zum Beispiel in Dänemark, das Schneiden der Kartoffel mit dem Messer durchaus üblich ist. Aber Vorsicht! Regeln der Etikette sind langlebig. Sie müssen damit rechnen, missbilligende Blicke älterer Zeitgenossen auf sich zu ziehen, wenn Sie der Kartoffel mit dem Messer zu Leibe rücken. Denn das alte Verbot, Kartoffeln mit dem Messer zu schneiden, ist den meisten so sehr in Fleisch und Blut übergegangen, dass sie es geradezu als Maßstab für gutes Benehmen ansehen. Zu Unrecht, wie ich meine, aber so ist es. Ich würde daher raten: Nähern Sie sich Ihrer Kartoffel nur mit der Gabel, sicher ist sicher. Insbesondere, wenn Sie einen guten Eindruck machen wollen. Hinzu kommt, dass Sie so die Sauce besser aufnehmen können.

Auch Salat sollten Sie nicht mit dem Messer schneiden; da sind sich fast alle einig.[169] Nur in absoluten Notfällen, etwa wenn Sie bei dem Blattsalat Gefahr laufen, eine volle Breitseite Dressing vor die Hemdbrust oder auf die Bluse zu bekommen – große Salatblätter haben die tückische Angewohnheit, sich plötzlich wie eine Schleuder zu lösen, wenn man sie zum Munde führt –, können Sie ein Messer benutzen; das Essen könnte Sie sonst, selbst wenn Sie eingeladen sind, teuer zu stehen kommen. Nur Reinigungen vertreten noch hingebungsvoll die reine Lehre, dass Salat nicht geschnitten werden dürfe.

---

andere ist zweitrangig.

168 Der Hinweis, man lege das Besteck in der Position „fünf vor halb sechs“ ab, wenn es nicht geschmeckt habe, und auf „fünf nach halb sieben“, wenn man zufrieden sei, ist in den Bereich der Fabel zu verweisen. Der im Internet gezeigte Besteckcode „Ich warte auf den nächsten Gang“, bei dem Messer und Gabel, quer über den Teller gelegt (3/9 und 6/12), ein Kreuz bilden, ist völlig unüblich und eher ungezogen, da zu demonstrativ.

169 Nur Au, Der kulinarische Knigge, S.81, lässt es zu („kein Tabu mehr“). Ich erwähne das, damit Sie kein schlechtes Gewissen haben, wenn Sie es doch einmal tun.

Spaghetti zu schneiden ist jedoch wirklich mit einem Tabu belegt, obwohl es angesichts des Schleudereffekts der in Tomatensauce gebadeten und um eine Gabel gedrehten Spaghetti eigentlich ein Zeichen des *common sense* wäre. Den Herren brauche ich von der traumatischen – und teuren – Erfahrung eines Schlipses à la Sauce Bolognese sicher nichts zu erzählen. Man kann Spaghetti übrigens auch mit der Gabel zerkleinern, dann fällt es nicht so auf. Ansonsten gilt es aber, die Spaghetti um die Gabel zu drehen, durchaus mithilfe eines Löffels, und dann vorsichtig zum Munde zu führen, bevor die Spaghetti ein Eigenleben entwickeln und die Sauce wieder abgeben. Im Gegensatz zu einigen Ratgebern halten Sie den Löffel dann in der linken und die Gabel in der rechten Hand, sonst kann das Ganze etwas ungelenk geraten.[170] Ich bestelle dennoch nie Spaghetti mit Tomatensauce, wenn ich meine beste Krawatte oder den teuersten Anzug anhabe.

Aus meiner Jugend habe ich mir folgende Überschrift gemerkt: „Aber Herr Knigge, Fisch mit Messer?“.[171] Die Regel, Fisch nicht mit dem Messer zu schneiden, hat sich unangefochten erhalten. Der Gebrauch eines scharfen Messers ist bei Fisch weder nötig noch sinnvoll; das Messer könnte die Gräten zerteilen, die dann nur noch schwerer als ohnehin schon zu finden wären. Um den Fisch leicht von den Gräten zu trennen, benutzt man seit Jahrhunderten ein spezielles – und besonders schönes – Fischbesteck mit einem stumpfen Messer. Sie sollten es bei einem Fischgericht decken, wenn Sie es, vielleicht geerbt, in einer Ihrer Schubladen finden. Sie können hilfsweise auch zwei normale Gabeln benutzen, mit denen Sie den Fisch ebenfalls leicht zerteilen und die Gräten auf dem Teller isolieren können.[172] Sollte (fälschlich) ein Messer gedeckt sein, benutzen Sie es vorsichtig, ohne zu schneiden. Nur bei mariniertem Fisch wie Rollmops und Heringen jeder Art und natürlich auch bei geräuchertem Fisch ist der Gebrauch eines scharfen Messers notwendig und korrekt.

---

170 Die Italiener drehen die Spaghetti übrigens ohne Zuhilfenahme des Löffels um die Gabel, dürfen aber dafür, da das nicht immer klappt, Spaghettienden auch abbeißen und wieder auf den Teller zurückgleiten lassen.

171 Soll ein Hai gesagt haben, als sich Knigge mit dem Messer gegen ihn verteidigen wollte.

172 Zwei Gabeln sind übrigens für Linkshänder besonders benutzerfreundlich, da die Form der Fischmesser für sie manchmal nicht geeignet ist. Linkshänder können daher bei Fisch ohne weiteres eine zweite Gabel erbitten.

Einige meinen, beim Gebrauch zweier Gabeln solle man mit der linken Gabel essen. Den Grund dafür kannte nicht einmal Frau Pappritz. Also: Vergessen Sie's. (Ich glaube übrigens, den Grund für diese unpraktische Vorschrift zu kennen. Er liegt darin, dass man mit links isst, wenn man rechts ein anderes Besteckteil in der Hand hält.

In meiner Jugend war es jedes Frühjahr ein Thema in der Familie, wie Spargel richtig zu essen sei, den wir, in Bonn lebend, leicht aus dem nahen Vorgebirge bezogen. Eine wirklich befriedigende Antwort haben wir nie gefunden. Schneiden ging aus irgendeinem unerfindlichen Grund nicht. Da schien es keine Alternative zu dem eigentlich unappetitlichen Versuch zu geben, die Spargelstange, auf der Gabel aufliegend, mit dem Finger Biss für Biss zum Mund zu führen.[173] Da konnte einem aber schon einmal die geschmolzene Butter in die Sonntagsmanschette laufen, von der Notwendigkeit, Fingerschalen aufzustellen, einmal ganz abgesehen. Ich kann Sie aber beruhigen: Heute wird niemand daran Anstoß nehmen, wenn Sie den Spargel mit dem Messer schneiden. Es gibt keine empfehlenswerte Alternative.

Weißwürste wurden von echten Bayern früher ausgezuzelt, also leergesaugt, aber das habe ich eigentlich kaum noch gesehen. Man schneidet sie vielmehr der Länge nach auf und schiebt dann die Wurst mit dem Messer von der Pelle herunter. Das ist eigentlich ganz leicht; man sollte nur darauf achten, die untere Haut nicht zu zerschneiden.[174]

Zum Gebrauch der Gabel

Man sollte, wie wir oben gesehen haben, die Kartoffel mit der Gabel zerkleinern und kann sie dann mit ihr auch zerdrücken. Tun Sie das aber nur Bissen für Bissen. Sie schneiden ja auch das Fleisch nicht auf Vorrat (oder sollten es nicht tun). Es geht also nicht an, so verlockend es auch sein mag, alle Kartoffeln oder auch nur eine ganze Kartoffel mit der Gabel auf dem Teller zu zerquetschen, alles mit der Sauce zu vermanschen und dann genüsslich zu verspeisen; ein solcher Brei auf dem Teller wird ungern gesehen. Leider.

Auch die Vorbereitungshandlung ist erschwert: Sie sollen die Sauce, die Sie sich nehmen, über das Fleisch gießen, nicht großzügig über die Kartoffeln

---

173 Genau das schlugen damals Karlheinz Graudenz und Erica Pappritz vor. Ich will Ihnen die Beschreibung nicht vorenthalten: „Spargel wird nicht geschnitten, sondern mit Hilfe der rechten Hand verzehrt, die die Spargelstange am Ende ergreift, während die Linke mit der Gabel hilft, den Spargelkopf zum Munde zu führen. Das Ende, das ohnehin nicht selten leicht holzig ist, kommt auf den Tellerrand. Wer absolut nicht mit der Hand essen will, soll den Spargel mit der Gabel knicken" (Etikette S.380). Was aber, wie mir ein Heimversuch zeigte, bei Spargel, insbesondere holzigem, auch nicht gerade einfach ist.

174 Weißwürste sollen nach einer alten Regel zwar „das Mittagsläuten nicht hören", doch als gebürtiger Bayer wage ich zu behaupten, dass man Weißwürste selbst in Bayern auch nach 12.00 Uhr bestellen kann, ohne scheel angesehen zu werden. Ich habe es selbst ausprobiert. Die alte 12.00-Uhr-Regel stammt aus einer Zeit, als die Kühlschränke noch nicht so gut waren.

verteilen (vielleicht, weil es meistens eine Bratensauce und das Fleisch gelegentlich trocken ist). Man mag das bedauern, aber so sind die Regeln. Wenn das Gemüse das Hauptgericht ist, wie etwa bei Spargel, ist die dazu servierte *Sauce Hollandaise* natürlich über den Spargel zu verteilen und nicht über den dazu gebotenen Schinken. Also: Saucen zu dem Teil des Gerichts, zu dem sie gehören.[175]

Die Gabel dient auch zur diskreten Entsorgung von Obstkernen, Knorpeln, Knöchelchen und Gräten. Sie lassen die ungenießbaren Teile vom Mund auf die Gabel gleiten und legen sie auf den Tellerrand. Sieht nicht toll aus, aber was soll man machen; jedenfalls sollte man nichts essen, was man nicht runterbringt.

Bei Sprachaufenthalten in England machte ich in meiner Jugend die Erfahrung, dass dort die Gabel nicht immer so gehandhabt wird wie bei uns. Und zwar bei dem Kampf um die Erbse. Während wir in Kontinentaleuropa ganz gelassen die Erbsen mit dem Messer auf die Gabel schieben und selbige dann – vorsichtig, die Erbsen kullern – zu den Lippen führen, brachte mir dieses Verfahren damals die Bemerkung ein: „Deine Gabel ist doch kein Löffel". Ich musste die Gabel umdrehen, die Erbsen mit der Gabelspitze aufspießen und sie dann – mit möglichst wenigen Verlusten unterwegs – zum Mund dirigieren. Geht auch, wenn man sich einmal daran gewöhnt hat. Auch in Deutschland wäre das völlig in Ordnung. Es dauert nur länger.

Löffel

Auch den Suppenlöffel benutzen die Briten anders als wir. Und zwar führen Sie die Längsseite des Löffels zum Mund, während wir seine Spitze zuerst an die Lippen führen. Das wird Ihnen in England dadurch erleichtert, dass die englischen Suppenlöffel rund und kleiner sind als die kontinentaleuropäischen. Sie werden übrigens gelegentlich auch bei uns gedeckt, wenn die Suppe in einer Tasse serviert wird, für die der normale deutsche Suppenlöffel zu groß wäre.

À propos Suppentasse: Sie werden mit Ihrem Löffel die Suppentasse nicht vollständig leeren können. Sie können sie dann zum Mund führen und die Suppe trinken. Wenn einigen anderen Gästen bei diesem Anblick der Löffel

---

175 Manche halten es für besonders vornehm, die Sauce auf einen freien Platz auf dem Teller zu tun, doch ist das nicht immer möglich und meines Erachtens auch nicht geboten. Das mag für Dinge wie Senf, Ketchup oder Mayonnaise gelten, die meistens ohnehin nicht zu einem gehobenen Essen gehören, nicht aber für die Bratensauce (der Name gibt den Ort an!).

aus der Hand fällt, soll Sie das nicht stören, denn Sie verhalten sich völlig korrekt. Genau dafür hat die Suppentasse nämlich Henkel.

Unterdrücken Sie den Reflex aber bitte beim Suppenteller. Der ist mit dem Löffel zu leeren. Einige halten das für völlig verpönt, ihn an einer Seite anzuheben, um den Rest der Suppe besser herauszubekommen.[176] Andere sehen das gelassener, bitten aber, den Teller vom Körper weg anzuheben. Beide Regeln wollen mir nicht einleuchten, und so hebe ich meistens – es sei denn, ich will mich extrem wohlerzogen verhalten – meinen Suppenteller diskret an, und zwar zu mir hin, das ist einfacher.

Zum Abkühlen der Suppe auf den Löffel zu pusten, ist weder die feine englische noch deutsche Art. Allerdings ist es ein schwer zu unterdrückender Reflex und meines Erachtens daher auch verzeihlich. Wenn Sie einen Löffel mit zu heißer Suppe versehentlich zum Mund geführt haben, wird niemand etwas dagegen haben, wenn Sie vorsichtig und vor allem leise diesen ersten Löffel durch Pusten etwas abkühlen. Allerdings sollte man schon versuchen, Essen zum Munde zu führen, mit dem man sich nicht verbrennt, aber gerade bei Brühen mit einer Fettschicht ist das schwierig.

Wenn Sie die Suppe aus einer Suppentasse gegessen haben, legen Sie den Löffel auf die Untertasse. In anderen Ländern, z.B. in England, wird er in die Suppentasse gelegt.

Auch Dessert wird häufig mit dem Löffel gegessen, der meist über dem Teller gedeckt ist, mit dem Griff nach rechts, und darunter einer Gabel mit dem Griff nach links. Nehmen Sie das Besteck auf, wie es liegt. Einige Ratgeber sagen,. man solle mit dem Löffel (also mit der rechten Hand) essen und die Gabel nur zum Zerkleinern benutzen. Andere empfehlen, beim Nachtisch fester Konsistenz nur die Gabel zu gebrauchen (also mit der linken Hand zu essen) und den Löffel liegenzulassen. Brissa schließlich empfiehlt, wegen der großen kulturgeschichtlichen Bedeutung des Löffels diesem den Vorzug zu geben und mit ihm zu essen.[177] Das zeigt: Sie sind frei, es zu machen, wie Sie wollen. Vielleicht nach einem verstohlenen Blick auf die Nachbarn oder, wenn Sie ganz sicher gehen wollen, auf den Gastgeber.

---

176 Für Gräfin Schönfeldt, Anstand, S.195, ist das ein Zeichen ungezähmter Gier.

177 Parkett, S.213. Die Bedeutung des Löffels zeigt sich auch in der Redewendung "Den Löffel abgeben". Der Löffel hatte früher eine viel größere Bedeutung als heute, da im Mittelalter und der frühen Neuzeit Brei das Essen der armen Leute und der Landbevölkerung war. Jeder hatte seinen eigenen Löffel, der an einem Brett in der Stube hing. Dort nahm man ihn sich, wenn das Essen begann. Blieb er hängen, brauchte ihn sein Eigentümer nicht mehr, entweder weil er weitergezogen – Landarbeiter bekamen ihn häufig für die Dauer ihrer Dienste geliehen – oder weil er gestorben war.

Und wann kann ich mit den Fingern essen?

Auch bei offiziellen Gelegenheiten kann man mit den Fingern essen, wenn ein Erfrischungstuch zum Säubern der Hände bereitliegt oder eine Schale mit Wasser, meistens noch mit einer auf der Wasseroberfläche schwimmenden Zitronenscheibe, vor Ihrem Teller steht. Vorsicht: Nicht trinken! Sie ist für Ihre Fingerspitzen gedacht, wenn Sie Krevetten mit der Hand geschält oder Artischockenblätter gezupft haben.[178]

Von den Fleischgerichten darf man nur Spareribs mit der Hand essen. Aber auch bevor Sie damit anfangen, sollten Sie einen prüfenden Blick über die Tafel schweifen lassen, ob irgendwelche Vorrichtungen getroffen sind, damit Sie sich anschließend die Hände säubern können. Wenn nicht, und auch in etwas vornehmeren Kreisen, sollten Sie Messer und Gabel benutzen. Die Serviette genügt in diesen Fällen meistens nicht, die Finger zu säubern. Ganz abgesehen davon, dass Sie sich genau überlegen sollten, ob Sie sie anschließend noch auf den Schoß legen wollen; auch neben Ihrem Teller würde sie sich nicht mehr gut machen. Fazit: Im Zweifel ist das Essen mit Messer und Gabel immer noch die erste Wahl.

Beim lieben Federvieh gibt es Zweifelsfälle. Darf ich Hähnchenschenkel in die Hand nehmen, um die am Knochen sitzenden Fleischreste vollständig mit den Zähnen zu erfassen, oder muss ich das mühsam mit Messer und Gabel tun? Sie sollten grundsätzlich zuerst an Letzteres denken, es sei denn, der Gastgeber gibt den Gebrauch der Finger frei. Aber auch dann gilt das oben zu den Spareribs Gesagte. Es sei denn, Sie sitzen im Bierzelt oder draußen bei einem Picknick und wollen es einmal rustikal haben. Zum Trost: So schwer ist es nun auch nicht, ein Hähnchen mit Messer und Gabel zu essen. Nur ein bisschen Geduld muss man haben – und einen zusätzlichen Teller für die Knochen. Der alte Spruch, man könne alles mit den Fingern essen, was fliegt, ist also falsch.

Auch Würstchen isst man nur an der Würstchenbude oder beim Picknick mit den Fingern.[179]

---

178 Auf Englisch ist das „a finger bowl", in Wikipedia definiert als „a bowl of water used for rinsing one's fingers after the last course of a formal meal served à la russe". Wenn Zehnder/Senn von einer Fingerbowle sprechen (Meeting, S.60), ist das wahrscheinlich ein Druckfehler; denn mit einer Bowle hat das Ganze rein gar nichts zu tun.

179 Aber selbst der Gebrauch von Messer und Gabel feit bei Würstchen nicht vor den Fährnissen des Lebens. Vorsicht beim Essen der Debrecziner, die aufgrund ihres hohen Fettgehalts jeden unvorsichtigen Einstich der Gabel mit einer Fettfontäne quittieren.

Spieße wie Schaschlik nehmen Sie ebenfalls nicht in die Hand, um das Fleisch abzunagen. Sie stellen den Spieß vielmehr auf Ihren Teller und schieben die Fleischstücke mit der Gabel nacheinander herunter; alle auf einmal werden Sie nur schwer mit der minimal erforderlichen Eleganz schaffen. Und tun Sie es gleich, denn heißes Fleisch lässt sich leichter lösen. Den leeren Spieß legen Sie auf den Tellerrand. Bei offiziellen Essen werden Sie sich darüber kaum Gedanken machen müssen, da der Kellner, falls überhaupt ein Spieß serviert wird, alles für Sie erledigen wird.

Eine Besonderheit im arabischen Raum ist das *Méchoui* (ausgesprochen *Meschuï*), ein gebratenes Zicklein, das – zubereitet im großen Ofen des Bäckers – im Ganzen serviert wird. Hier gebraucht man seine Finger dazu, das Fleisch abzulösen und gleich in den Mund zu stecken. Die besten Stücke sind die Filetstücke neben dem Rückgrat, und auf die stürzen sich alle. Doch Achtung: Man verbrennt sich leicht die Finger, wenn man zu schnell zugreift. Und dann nimmt jemand anderes das halb gelockerte Stück. Dieses Essen ist nicht jedermanns Sache, gilt aber als Festmahl und ist bei offiziellen Anlässen im Maghreb durchaus üblich[180].

Artischocken essen Sie so, dass Sie die Blätter einzeln abzupfen, den unteren fleischigen Teil in die Sauce tunken und dann mit den Vorderzähnen abziehen. Die Blätter legen Sie auf Ihren oder einen daneben stehenden Teller. Übrig bleibt der Boden der Artischocke. Seinen grasartigen Teil („Heu“) schneiden Sie als ungenießbar ab, den Rest, das Artischockenherz, zerteilen und essen Sie mit Messer und Gabel – natürlich nicht, ohne die Stücke vorher ebenfalls in die Sauce getunkt zu haben.

Sorge bereitet mir, wenn ich für den Nachtisch Obstbesteck gedeckt sehe, so schön es auch aussehen mag. Selbst Frau Pappritz sagt, dass Obst an einer Tafel so kompliziert wie möglich gegessen wird.[181] Einige sollen das ja elegant und mit zierlichen Handbewegungen fertigbringen. Ich gehöre nicht zu

---

Dieser Hinweis gilt übrigens für alle Gerichte, bei denen unter gespannter Haut Flüssigkeit lauert. Bei Tomaten, die gebraten oder gedünstet als Beilege neben dem Fleisch auf dem Teller liegen, kann ich ein Lied über vielfältige Missgeschicke singen. Versuchen Sie bei ihnen, wenn möglich, die bereits vorhandenen Einschnitte zu nutzen. Notfalls hilft nur: Liegenlassen oder vom Körper weghalten, dem eigenen und dem der Nachbarn. Oder, wenn sie nicht zu groß sind, als Ganzes essen. Aber Vorsicht: heiß!

180 Méchoui elegant und ohne Verbrennungen zu essen, ist nicht immer leicht. Die Frau meines ersten Botschafters in Algier hatte für diese Gelegenheiten immer eine kleine Schere dabei.

181 Etikette, S.380. Anschließend beschreibt sie es kenntnisreich.

ihnen. Daher entziehe ich mich gerne dieser Übung. Entweder nehme ich mir etwas vom Obstkorb, was leicht mit Messer und Gabel zu essen ist. Etwa einen Pfirsich (na ja) oder eine Banane. Oder ich nehme, unter den erleichterten Blicken meiner Nachbarn, die Hände zu Hilfe, schneide den Apfel oder die Birne in Viertel und verzehre sie dann mit möglichst vornehmen Handbewegungen.

Oder ich bin von der Vornehmheit des Ambiente so eingeschüchtert, dass ich Obst überhaupt dankend ablehne. Alles ist möglich: Entscheiden Sie für sich. Gastgeber, denen das Wohl ihrer Gäste wirklich am Herzen liegt, sollten erkennen, dass sie ihre Gäste mit einem solchen Dessert in Verlegenheit bringen könnten und von vornherein klar machen – etwa durch das Weglassen der Obstgabel oder mit einer Fingerschale –, dass man die verlockenden Früchte auch in die Hand nehmen darf.

Brot, Frühstücksei und weitere Fragen

Brot

Brot, das zur Vorspeise oder zur Suppe gereicht wird, beißt man nicht ab, sondern bricht ein Stück davon ab und steckt dieses dann in den Mund. Fragen Sie mich nicht warum. Wahrscheinlich weil das eleganter ist, als wenn jemand mit entblößten Zähnen damit kämpft, die zähe Brotrinde zu durchbeißen.

Das gilt auch, wenn Butter dazu gereicht wird. Sie tun sich etwas von der Butter auf den Brotteller, brechen ein mundgerechtes Stück vom Brot ab und streichen dann mit dem extra dafür gedeckten kleinen Messer etwas von der Butter auf das abgebrochene Brotstück (nicht auf das ganze Brot, Sie schmieren sich ja keine Butterstulle). Dann stecken Sie es sich in den Mund. Sie sind nicht verpflichtet, das Brot auf dem Brotteller (ganz) zu essen.[182]

Dasselbe gilt, wenn am Ende eines Essens eine Käseplatte angeboten wird. Sie nehmen sich eine oder mehrere Käsesorten, legen sie sich auf den Teller und belegen oder bestreichen dann in Ruhe jedes einzelne Ihrer abgebrochenen Brotstücke damit. Dann stecken Sie sie mit der Hand in den Mund.

Wenn es Brot als Hauptgericht gibt, etwa morgens zum Frühstück oder abends mit Käse und Aufschnitt, schneiden Sie sich mit dem (hoffentlich) beigelegten Buttermesser ein ordentliches Stück von der Butter ab und legen es sich auf den Teller. Davon bedienen Sie sich, solange dieser Vorrat reicht, beim Streichen Ihrer Brote. Achten Sie darauf, die Butter – wie Salz und Pfeffer – den anderen Gästen oder Familienmitgliedern weiterzureichen. Bitten Sie darum, wenn diese nicht vor Ihnen stehen. Im Wege der Selbsthilfe mit langem Arm über den Tisch nach dem Salz zu angeln, ist ein absolutes No Go.

Müssen Sie nun Ihr Butterbrot mit Messer und Gabel oder dürfen Sie es mit der Hand essen? Einige halten die Sitte, dass man das Brot mit Messer und Gabel zerteilen soll, für überholt.[183] Dieser Ansicht bin ich nicht. Es kommt erstens darauf an, wie vornehm die Gesellschaft und damit welches ihre Er-

---

182 Auch in Restaurants, wo zur Überbrückung der Wartezeit häufig Brot mit Butter, einem Kräuterquark oder Olivenpaste angeboten wird, sollten Sie nach Möglichkeit dieses Prozedere beibehalten. Da aber häufig kein Brotteller bereitsteht, ist es legitim, das Brot ohne Zwischenstation auf dem Brotteller in den Mund zu stecken.

183 Binder, So kann's gehen, S.39f. Aber auch sie sagt, dass man konservativen Menschen ruhig den Gefallen tun sollte, Brot mit Messer und Gabel zu essen.

wartungshaltung ist. Es ist etwas anderes, ob Sie bei Ihrem Chef oder einem guten Freund zum Frühstück eingeladen sind. Und es kommt darauf an, ob überhaupt eine Gabel gedeckt ist; wenn ja, wäre das ein Hinweis, sie auch zu benutzen. Und zweitens fragt sich, ob Sie das Brot überhaupt mit der Hand essen können, ohne sich die Finger schmutzig zu machen. Auf alle Fälle sollten Sie das Brot mit dem Messer vorher halbiert haben. Aber auch dann: Brot mit Messer und Gabel zu essen ist die sauberste Lösung und sollte im Zweifel, vor allem in gehobener Gesellschaft, vorgezogen werden. Werfen Sie einen Blick in die Runde und entscheiden Sie dann.

Die Franzosen und die anderen Bewohner der Mittelmeerländer haben die sympathische Eigenschaft, Sauce mit Brot aufzutunken (entweder mit der Hand oder mit der Gabel) und das Brot auch dazu zu benutzen, das Essen auf die Gabel zu schieben. Für offizielle Essen in Deutschland ist das nichts.[184] Im privaten Kreis unter Freunden können Sie aber vor allem das Auftunken der Sauce ohne weiteres wagen, möglichst noch mit einem Seufzer des Entzückens wegen ihres Wohlgeschmacks. Die Gastgeberin freut sich.

Auf einem Buffet werden häufig belegte Scheiben Baguettebrot angeboten oder bei Stehempfängen als *Fingerfood* gereicht. Hier ist der Name Programm: Sie nehmen die kleinen Brote mit der Hand und stecken sie in den Mund. Wählen Sie kleine Stücke Fingerfood, wenn Sie ein kommunikativer Mensch sind und auf dem Empfang in den nächsten drei Minuten noch etwas sagen wollen. Und Vorsicht beim Abbeißen, wenn man das Brot nicht mit einem Mal in den Mund stecken kann (was leider selten der Fall ist). Unter hartgekochtem Ei oder köstlichen Krevetten kann sich eine Lage Mayonnaise verbergen, die beim Abbeißen unversehens den Weg ins Freie findet und den Esser – leicht nach vorne geneigt – in Verlegenheit nach einer Serviette suchen lässt. Auch Tomaten können in diesem Zusammenhang tückisch sein.

Das Frühstücksei

Umstritten war in meiner Jugend – und mag es noch immer sein –, ob man sein Frühstücksei mit dem Löffel aufklopfen (ja) oder mit dem Messer köpfen darf (nein, da sich das Messer verfärben könnte). Heute ist beides zulässig, da sich die Messerklinge dank des technischen Fortschritts zumindest wieder säubern lässt. Deswegen könnte man eigentlich auch metallene

184 Au, Der kulinarische Knigge, S.88f., hält das für eine lässlich Sünde, vor allem, wenn man es graziös macht und den Teller mit Brot nicht völlig sauber wischt. Dem stimme ich zu. Schauen Sie, bevor Sie es tun, allerdings lieber die anderen Gäste darauf an, ob Sie damit unangenehm auffallen. Aber eigentlich machen das *Gourmets,* also Feinschmecker, und es ist ein Kompliment an die Köchin.

Eierlöffel benutzen. Das wiederum ist aber nach wie vor unüblich. Eierlöffel sind im Allgemeinen aus Plastik oder Perlmutt.[185]

Nachsalzen

Es gibt Gäste, die greifen nach dem Salzstreuer, bevor sie das Essen auch nur gekostet haben. Das gibt so mancher Gastgeberin zu denken. Mit Recht. Denn die Gäste gehen anscheinend davon aus, dass das Essen in diesem Hause grundsätzlich fade ist. Das sehen Hausfrauen, Köchinnen und Köche nicht gern. Daher sollten Sie es lassen. Es ist unhöflich, selbst wenn Sie zu Ihrer Verteidigung sagen, dass Sie jedes Essen stärker gewürzt als andere essen.

Warten Sie doch einen Moment! Als Koch gehe ich mit Salz und anderen Gewürzen natürlich vorsichtig um, da man immer nachsalzen, aber nie dem Essen das Salz wieder entziehen kann. Ich bin daher nicht beleidigt, wenn einige Gäste – Geschmäcker sind ja verschieden – während des Essens zum Salzstreuer greifen. Wenn sie das vor dem Essen tun, frage ich mich hingegen, was ich ihnen wohl beim letzten Mal vorgesetzt habe. Kurz: Nachsalzen auf Verdacht ist unhöflich und auch unklug. Nachsalzen nach dem ersten Bissen ist hingegen erlaubt.

„Es wird aufgegessen, was auf dem Teller ist!“

Welcher Deutsche hat diesen Satz nicht schon als Kind gehört! Und im Prinzip gilt er noch immer, allerdings nur dann, wenn man sich selber aufgegeben hat. Also nicht bei Tellergerichten. Es gibt auch nicht den „Anstandshappen“, den man als vornehmer Mensch auf dem Teller zurücklassen sollte. Bei uns ist das Aufessen ein Zeichen dafür, dass es geschmeckt hat. Es gibt aber natürlich gesundheitliche Zwänge und geschmackliche Aversionen. Lassen Sie daher ruhig etwas auf dem Teller liegen, wenn es Ihnen zu viel wird oder Sie das Essen oder Teile davon nicht mögen. Nur wenn die Gastgeberin selbst gekocht hat, sollten Sie doch noch ein paar Bissen mehr essen, auch wenn es nicht schmeckt. Denn halbvoll zurückgehende Teller schmerzen die Köchin.

In anderen Ländern kann das anders sein. In Griechenland zum Beispiel ge-

---

185 Obwohl seine Form dazu verführt, sollte das Ei nicht mit dem spitzen Ende nach unten in den Eierbecher gestellt werden, sondern mit dem breiten. Und zwar weniger aus Gründen der Etikette als aus praktischen. Das Eidotter befindet sich im breiten Ende des Eies dicht an der Schale, und wenn Sie dieses Ende beherzt mit dem Eierlöffel oder dem Messer attackieren, kann es sein, dass das Eidotter sofort über den Rand der Eierschale herausquillt.

hört es zum guten Ton und guter Gastgeberschaft, dass doppelt so viel auf den Tisch kommt, als die Gäste beim besten Willen bewältigen können. Hier muss man etwas auf dem Teller liegen lassen, sonst wird einem immer wieder aufgegeben.

Im übrigen ist man nicht verpflichtet, von jedem der angebotenen Gerichte etwas zu nehmen. Wenn Ihnen angesichts des fetten Fleischgerichts einfällt, das Sie eigentlich doch im tiefsten Herzen Vegetarier sind, sagen Sie das mit einer Entschuldigung dem Gastgeber und nehmen Sie das Fleisch erst gar nicht, sondern halten sich an das Gemüse.

Schieben Sie, wenn Sie fertig sind, Ihren Teller nicht mit zufriedenem Aufseufzen zur Tischmitte hin zum Zeichen dafür, dass Sie vollauf gesättigt sind. Selbst wenn es Ihnen ausgezeichnet geschmeckt haben sollte. Belassen Sie es lieber dabei, Ihrer Gastgeberin für das ausgezeichnete Essen zu danken.

Servietten

Zur Benutzung der Serviette ist eigentlich wenig zu sagen. Es gibt die – nach meiner Erfahrung selten beachtete – Regel, dass man sich die Serviette erst dann auf den Schoß legt, wenn die Gastgeberin das macht (sonst sieht es zu ungeduldig aus), und sie nach dem Essen erst dann wieder auf den Tisch legt, wenn die Gastgeberin das getan hat. Sonst sieht es aus, als habe man es eilig aufzustehen.[186]

Die meisten wissen, wann sie sich den Mund abzuwischen haben. Nicht immer, vor allem in vorgerücktem Alter, funktionieren die Nerven aber so, dass sie verlässlich Essensreste in der Mundgegend anzeigen. Es empfiehlt sich also, gelegentlich einen „Kontroll-Wischer“ durchzuführen.

Sie sollten es sich auch zur Angewohnheit machen, jedes Mal den Mund abzuwischen, wenn Sie zum Glas greifen. Sonst bildet sich beim Trinken am Rand des Glases eine unschöne Mischung aus Essens- und Sauceresten; ohne vorheriges Abwischen des Mundes ist das gar nicht zu vermeiden.

Sie können nicht nach der Art französischer Feinschmecker – dieses Bild habe ich wenigstens vor Augen – die Serviette um den Hals schlingen oder in den Ausschnitt/das Hemd stecken, um allen Saucespritzern zu trotzen. Das ist nur in vertrautem, privatem Kreis möglich. Ansonsten heißt es: Serviette auf

186 Dabei ist es meines Erachtens egal, ob Sie die Serviette rechts oder links (das schlagen die meisten vor) neben den Teller legen. Wählen Sie den Ort, wo am meisten Platz ist. In Restaurants legen Sie sich die Serviette frühestens nach der Bestellung auf den Schoß, im Allgemeinen sogar erst, wenn das Essen aufgetragen wird.

den Schoß und Sorgfalt beim Essen. Es sei denn, der Gastgeber fordert ausdrücklich dazu auf, die Hemdbrust oder das Kleid mit der Serviette zu schützen. Beim Knacken von Krebsen werden sogar eigens für diesen Zweck vorgesehene Lätzchen gereicht.

Die Serviette darf auch nicht verschämt etwas erhöht zwischen zwei Knöpfe Ihres Hemdes geschoben werden: Trotzen Sie den Gefahren von Saucespritzern wie ein Mann! Entschlossene Herren schlagen ihre Krawatte gelegentlich auch über die Schulter, um mögliche Reinigungskosten zu sparen. Das sieht verwegen aus – und ist es auch, denn es ist protokollarisch nicht akzeptabel.

Nach dem Essen wird die Serviette, sei sie nun aus Stoff oder Papier, in Restaurants wie bei Hauseinladungen, nicht zusammengeknüllt neben den Teller oder gar auf ihn gelegt, sondern gefaltet neben ihn. Versuchen Sie nicht, die ursprünglichen Falten zu treffen, sondern falten Sie die ohnehin zerknitterte Serviette einfach so, dass sie leicht neben Ihren Teller passt. Man soll sehen, dass sie gebraucht ist. Falten Sie dennoch – schon aus ästhetischen Gründen – die beschmutzte Seite nach innen. Die Empfehlung, die Papierserviette im Restaurant zur Erleichterung der Arbeit des Kellners zerknüllt auf dem Teller zurückzulassen, gehört der Vergangenheit an.[187]

Zahnstocher

Nun haben sich nach dem Hauptgericht einige dieser lästigen Fleischfaser zwischen Ihren Zähnen festgesetzt. Was tun? Finger, Zahnstocher, Serviette, den Mund nicht mehr aufmachen oder Flucht auf die Toilette?

Den Mund geschlossen zu halten ist kommunikationsfeindlich, die Finger zu benutzen unappetitlich, und es wird nur wenig besser, wenn Sie die Serviette zu Hilfe nehmen. Andererseits sind Essensreste zwischen den Zähnen wirklich lästig und auch unschön. Daher ist der Wunsch berechtigt, sie schnellstmöglich zu beseitigen.

Hier erweisen sich Zahnstocher als hilfreich – mit Einschränkungen. Man findet sie heutzutage im Restaurant nur noch selten, bei offiziellen Essen überhaupt nicht. Auch sieht man kaum noch Leute, die sie benutzen.

---

187 Regeln dafür, wo man die Serviette hinlegt, wenn man während des Essens kurz aufsteht, halte ich eigentlich für überflüssig. Doch gibt es da einen Expertenstreit: Einige schlagen vor, die Serviette über die Stuhllehne zu hängen, andere, sie auf die Stuhlfläche zu legen. Ich wage zu behaupten, dass das ziemlich egal ist. Nur bei den Amerikanern scheint es üblich zu sein, die Serviette zum Zeichen dafür, dass sie noch gebraucht wird, auf den Stuhl zu legen.

Das ist auch gut so. Ich kann mich noch gut daran erinnern, dass früher (vor allem) Männer nach dem Essen einen Zahnstocher nahmen und hinter vorgehaltener linker Hand hingebungsvoll ihre Zahnzwischenräume bearbeiteten, bevor sie aufatmend den Zahnstocher zerbrachen und in den Aschenbecher legten – das war die Zeit, in der noch viel geraucht wurde.

Das ist, selbst wenn Kinder dem gebannt zusehen, nicht sehr elegant, aber immer noch besser, als minutenlang zu versuchen, den Fleischrest mit der Zunge herauszubekommen. Deshalb ist es die beste Lösung, sich zu erheben, auf die Toilette zu gehen und dort die Fleischreste nachhaltig zu beseitigen, sei es mit oder ohne Zahnstocher. Zwar bleibt dann die kleine Überwindung, bei einem offiziellen Essen den Tisch zwischendurch einmal kurz zu verlassen. Das ist aber absolut zulässig. Fassen Sie sich ein Herz und ziehen Sie sich kurz zurück.[188]

Essen mit Vortrag

Im Allgemeinen isst man nicht, wenn jemand bei Tisch eine Rede hält. Auch trinken sollten Sie bei kurzen Reden nicht; sie enden ohnehin meistens mit einem allgemeinen Anstoßen.

Anders ist es bei einer *dinner speech*. Wenn, wie meistens, vor oder nach dem Essen geredet wird, ist alles klar. Manchmal ist das Programm aber so gedrängt, dass der Vortrag während des Essens gehalten wird. Dann darf und soll man während der Rede essen. Das ergibt sich entweder aus der Situation (das Essen wird serviert) oder der Einladende oder Moderator, der das Zögern der vor vollen Tellern sitzenden Zuhörer sieht, erlaubt es ausdrücklich. Dennoch ist es ein bisschen misslich, seine Aufmerksamkeit zwischen Essen und Rede zu teilen. Auch krachen die gerösteten Croutons beim Kauen so entsetzlich, dass man meint, alle müssten es hören. Schließlich fühlt man unter Umständen ganz persönlich, dass man dem Redner nicht die nötige Aufmerksamkeit schenkt. Aber das ist in diesem Format so angelegt. Der wirklich Leidtragende ist der Vortragende, der – insbesondere bei Rede mit Diskussion – selten zu ein paar ruhigen Bissen kommt.

Kleinere Unglücke bei Tisch

Es gibt, glaube ich, niemanden, der nicht schon einmal ein Glas Wein umgestoßen hat. Auch bei einem Rotweinglas und bei einem offiziellen Essen ist

---

188 Auch Gräten können tückisch sein; um sie zu entfernen, sind notfalls sogar die Finger erlaubt. Ich weiß aus eigener Erfahrung, dass eine im Zahnfleisch festsitzende Gräte einem das festlichste Dinner verderben kann.

das kein Drama. Folgen Sie als Gast nicht dem Rat, gleich ein Glas Weißwein hinterherzuschütten, um den Rotwein auf dem Tischtuch zu verdünnen; es könnte verwundern. Einem Ondit zufolge ist das auch der Gastgeberin vorbehalten. Es ist auch nicht nötig, dass Sie den Fleck mit dem Salzstreuer bearbeiten. Erstens funktioniert das meistens nicht, und zweitens gehen Rotweinflecken heute bei der Wäsche wieder raus. Entschuldigen Sie sich, und die Sache ist erledigt.

Dasselbe – allerdings ohne Entschuldigung – gilt, wenn Sie unbemerkt einen Fleck auf das Tischtuch gemacht haben. Betrachten Sie ihn, wenn Sie wollen, kurz und sorgenvoll, ohne allzu sehr Aufmerksamkeit auf Ihr Missgeschick zu lenken, ignorieren Sie ihn dann aber. So etwas passiert jedem einmal. Wenn es Ihnen dadurch besser geht und es gerade passt, können Sie ja auch Ihren Brotteller auf den Fleck stellen.

Mir passiert es immer wieder, dass mich schon beim Dessert eine schier unbezwingbare Müdigkeit übermannt und ich das Ende des Essens herbeisehne, damit ich aufstehen und meinen Kreislauf wieder in Schwung bringen kann. Da hilft nur noch Ablenkung: Versuchen Sie, wenn Sie ein Leidensgenosse sind und dazu noch die Kraft aufbringen, mit Ihrem Nachbarn oder Ihrer Nachbarin ein angeregtes Gespräch aufzunehmen. Das (laute) Reden an sich, egal was Sie sagen (besser allerdings etwas Kluges oder Charmantes), belebt schon die Blutzirkulation im Kopf und lässt Sie wieder wach werden.[189]

---

189 Apnoe-Patienten, das soll ja inzwischen eine Volkskrankheit sein, sind hier besonders geplagt. Tatsächlich habe ich einmal gesehen, wie bei einem Staatsbankett in New Delhi einer der Gäste – sei es nun der Jetlag, sei es zu wenig Schlaf gewesen – sanft einnickte, den Kopf auf die Schulter der neben ihm sitzenden Inderin gelegt. Diese versuchte halb indigniert, halb amüsiert, durch leichtes Schulterzucken den Gast aufzuwecken. Was ihr zur allseitigen Erleichterung nach einer gewissen Zeit auch gelang. Selbst das hatte kein diplomatisches Nachspiel. Diese Dinge kommen vor. Man sollte sie übersehen und mit Humor nehmen.

Trinken. Im Ausland

Zuprosten

Wichtig ist vor allem, dass Sie demjenigen, dem Sie zuprosten, in die Augen schauen – nicht zu lange, kurz genügt! Lange Blicke bitte nur, wenn Sie flirten wollen. Sie können die Gläser entweder leicht aneinanderschlagen oder dem Zuprostenden nur entgegenheben; beides ist in Ordnung. Bei größeren Runden werden Sie schon aufgrund Ihrer Reichweite notgedrungen bald zum Zuprosten ohne Glasberührung übergehen. Bei offiziellen Essen ist ein Anstoßen der Gläser ohnehin nicht üblich; da bleibt man meistens auf vornehm-freundlicher Distanz.[190] Es ist auch ein sehr deutscher Brauch.[191]

Versuchen Sie, den Blick des Gastgebers und der Gastgeberin zu erhaschen, wenn Sie nach den kurzen Begrüßungsworten Ihr Glas erheben. Auch den Blick Ihrer Tischdame/Ihres Tischherren und, wenn das noch möglich ist, den der Nachbarn und Gegenübersitzenden sollten Sie suchen. Dann ist es aber auch gut und Sie können trinken.

In meinen Studentenzeiten habe ich gelernt, das Glas beim Zuprosten in Höhe des dritten Hemdknopfs von oben zu halten; das sind aber natürlich studentische Kinkerlitzchen. Heben Sie Ihr Glas leicht dem Zuprostenden entgegen, ohne damit den Blickkontakt zu verhindern; das ist perfekt.

Wie hält man sein Weinglas?

Am Stiel und nicht am Kelch. Ich muss allerdings gestehen, dass ich diese Regel selbst nicht immer befolge, da das Glas am Kelch leichter zu greifen ist. Es ist auch eine der weniger stringenten Regeln, die allerdings ihre guten

---

190 Allerdings verwundert mich schon, dass Rohner (Knigge, S.49) schreibt, dass man nur zu besonderen Anlässen im kleinen Kreis wie dem Hochzeitstag oder einem wichtigen Geschäftsabschluss anstoßen sollte. Bei offiziellen Veranstaltungen wie Silvester werde nicht angestoßen. Das halte ich für viel zu restriktiv und fast lebensfremd. Sollte ich das neue Jahr immer mit einem protokollarischen Missgriff begonnen haben? Ich glaube nicht. Richtig ist, dass das Anstoßen eine deutsche Sitte und bei (hoch-)offiziellen und internationalen Veranstaltungen selten ist. Folgen Sie dem Gastgeber (oder Ihrem Herzen, wenn Sie sich jemandem gegenüber besonders freundlich erweisen wollen).

191 „*Trinquer*" mit seiner deutschen Wurzel ist nicht umsonst der französische Ausdruck für Zuprosten. Man hört bei dem Wort förmlich die Gläser klingen und die Hacken knallen. Schlagen Sie im Ausland beim Zuprosten aber bitte nicht einmal andeutungsweise oder im Scherz die Hacken zusammen. Das würde wahrscheinlich falsch aufgefasst werden und alle Vorurteile über den militaristisch geprägten Deutschen erfüllen.

Gründe hat: Wenn man das Glas am Stiel anfasst, klingt es nicht nur besser beim Anstoßen, sondern der Weißwein wird auch weniger schnell warm und das Glas bleibt sauber, denn auch gepflegte und saubere Hände hinterlassen unter Umständen auf dem Glas einen Abdruck.[192]

Gläser nachfüllen

Es ist landsmannschaftlich und regional unterschiedlich, ob man in halb gefüllte Weingläser nachschenken darf oder nicht. Im privaten Kreis ist es üblich, nach internationalen Protokoll nicht. Das ist auch gut so, weil man dann besser weiß, wie viel man getrunken hat.

Wenn man eingeladen ist, füllt man sich das Glas nicht selber nach, es sei denn, der Gastgeber hat einen im informellen Rahmen dazu aufgefordert. Sonst muss er selbst oder ein Kellner das tun.

Man schenkt nicht randvoll ein. Die Regel soll bei Weiß- und Rotwein ein Drittel des Glases sein. Ich selbst habe das als Gast schon häufig bedauert, da mein Glas bei so vornehmem Eingießen ziemlich schnell wieder leer war. Also: Ein bisschen mehr kann es meines Erachtens schon sein, etwa zwei Drittel.

Beim Wechsel des Weines sollten auch die Gläser gewechselt werden. Beim Wechsel von Weiß- zu Rotwein leuchtet das unmittelbar ein, doch auch sonst will eigentlich niemand den neuen Wein mit den paar Tropfen des alten mischen. Unter Freunden wird das bisweilen unterlassen, oder das Glas wird schnell mit Wasser ausgespült. Das ist dort in Ordnung, aber nichts für ein formelles Essen.

Wenn ein neuer Wein eingeschenkt worden ist, bei einem Essen zum Beispiel der Rotwein zum Hauptgericht, soll man nicht mehr zum Weißweinglas greifen, es sei denn, man bleibt ganz beim Weißwein. Ich sündige da regelmäßig, wenn sich der Rotwein als nicht ganz so gut herausstellt wie der Weißwein. Das ist aber nicht regelkonform. Noch weniger vornehm wäre es, das Weißweinglas schnell auf einem Zug zu leeren, wenn der Rotwein eingegossen wird.

---

192 Die Engländer fassen Weingläser genau umgekehrt am Kelch an, vielleicht weil sie ursprünglich eher Rot- oder Portweintrinker waren. Denn bei Rotwein zieht das Temperaturargument nicht, und viele wärmen den Cognac, ihn in der gewölbte Hand schwenkend, sogar an.

Andere Länder, andere Sitten

Tischmanieren sind nicht überall gleich. In einer Welt, in der wir schnell von einem Land oder Kontinent zum anderen wechseln, werden Sie das schon bemerkt haben. Ich beschränke mich hier auf die deutschen und internationalen Regeln und verweise nur gelegentlich auf die Sitten anderer Völker.[193]

In Asien gilt es als unhöflich, sich bei Tisch die Nase zu putzen. Die Nase (mehr oder weniger geräuschvoll) hochzuziehen ist in Asien dagegen in Ordnung. Unter Hygieneaspekten macht das durchaus Sinn. Übernehmen Sie die Sitte trotzdem nicht bei uns, Sie würden unangenehm auffallen. Rülpsen gehört in Asien zum guten Ton, bei uns sicher nicht. Das diesbezügliche Lutherwort ist durch die Jahrhunderte ganz eindeutig überholt.

In arabischen Ländern darf man anderen nicht die Schuhsohle zeigen. Das ist eine Beleidigung; Sie erinnern sich vielleicht daran, dass bei Protestkundgebungen im „arabischen Frühling" das Werfen von Schuhen als höchste Missfallenskundgebung galt. Nun sitzt man selten so, dass man anderen seine Schuhsohlen zeigt, und schon gar nicht bei Tisch, doch denken Sie in arabischen Ländern daran. Weiter sollten Sie daran denken, dass die linke Hand im islamischen Kulturkreis und in Südasien als unrein gilt. Sie wird weder bei der Begrüßung eingesetzt noch beim Essen und beim Überreichen von Visitenkarten. Und schließlich gilt der direkte Blickkontakt, auch bei der Begrüßung, in Ländern wie Japan und China als aufdringlich und wird daher vermieden.

---

193 Helmann-Grosser/Hofmann, Frauen, S.212ff., und Stil, S.71ff., geben einen guten Überblick. Weitere Hinweise finden Sie bei Schneider-Flaig, Knigge, S.231ff.

Wir laden ein

Einladungsliste und Einladungskarte

Überlegungen zu Beginn

Sie laden ein. Hoffentlich gerne. Einladungen sind ein wichtiges Element, um die Kontakte zu Freunden und Bekannten zu erhalten. Auch beruflich sind sie hilfreich, das sage ich nicht nur als Diplomat, für den sie ein wichtiges Mittel der Kommunikation mit Kollegen und Persönlichkeiten des Gastlandes sind. Auch privat sollten Sie sich nicht zu Hause vergraben. Gesellschaftliche Kontakte erweitern Ihr Lebensgefühl. Meistens wird nur der, der einlädt, auch wieder eingeladen. Die folgenden Kapitel helfen Ihnen, Ihre Einladungen zum Erfolg werden zu lassen.

Das Gelingen eines Essens hängt zum großen Teil von den Gästen ab. Sie können als Gastgeber nur den Rahmen schaffen und versuchen, eine interessante Mischung von Gästen einzuladen. Was nicht immer gelingt. Sie haben manchmal ja auch „Pflichtgäste". Gelegentlich erweist sich eine Notlösung nach vielen Absagen aber sogar als ein Riesenerfolg. Gehen Sie es also gelassen an und nehmen Sie es nicht zu schwer und vor allem nicht persönlich, wenn sich die Absagen häufen, das Gespräch bei Tisch nur mühsam in Gang kommt und das Essen nur lauwarmen Beifall erhält.

Einladungen machen aber natürlich Arbeit und sind daher für den Einladenden nicht immer Grund zur Freude – anschließend aber doch zumindest zur Zufriedenheit. Bei mir hat die Begeisterung für private Einladungen eine klare Stimmungskurve. Zunächst bin ich Feuer und Flamme, entwerfe eine tolle Gästeliste und lade ein. Nach den ersten Absagen beginne ich mich zu fragen, ob das Ganze überhaupt noch Sinn macht. Doch bleibe ich wegen der Zusagen dabei und „lade nach". Mit Erfolg. An den beiden Tagen vorher, an denen ich die Wohnung aufräume und vorkoche – nie wäre ich so verwegen, das ganze Essen am Tag der Einladung vorzubereiten – beschleichen mich aber meistens ernste Zweifel und ich frage mich, welcher Teufel mich geritten hat, diese Einladung auszusprechen. Mit Mühe werde ich fertig, dann kommen die Gäste – und jeder Zweifel ist verflogen. Ob sie nun mein Essen loben oder nicht – die meisten tun es schon aus Höflichkeit – und ob nun die Unterhaltung so lebhaft war, wie erhofft: Ich sitze nach dem Abschied der Gäste erschöpft, aber glücklich zwischen ausgetrunkenen Gläsern, schmutzigem Geschirr und einem Berg von Resten und sage mir: „Die Anstrengung hat sich gelohnt!"

Einladungen beginnen im Allgemeinen mit dem Erstellen einer Einladungsliste. Wenn Sie auf einen Gast oder mehrere Gäste entscheidenden Wert legen, fragen Sie diese zunächst, ob sie an dem ins Auge gefassten Termin Zeit haben und kommen können. Dann komponieren Sie die anderen Gäste um diese herum. Befinden sich alleinstehende Damen oder Herren unter ihnen, versuchen Sie, andere einzelne Herren oder Damen zu finden, um den Geschlechterproporz zu erhalten; das ist wünschenswert, aber keineswegs notwendig. Es bietet sich an, Personen mit gleichen Interessen einzuladen, doch können auch gerade Gäste aus verschiedenen Bereichen zur Lebhaftigkeit der Unterhaltung beitragen. Man weiß es vorher nie. Sehen Sie es gelassen. Machen Sie eine großzügige Reserveliste, die sie gegebenenfalls abarbeiten.

Eine Tischgesellschaft von 13 Personen mag bei einigen abergläubischen Seelen Sorgen wecken und sollte deshalb immer noch, wie aufgeklärt wir auch sein mögen, vermieden werden. Das ist aber nicht immer möglich, insbesondere nicht bei Absagen, und dann ist es auch egal, wenn man zu dreizehnt ist. Ich habe als Gast noch nie eine Tafelrunde durchgezählt und gehe davon aus, dass auch andere sich beim guten Essen und angeregten Gesprächen mit Vernünftigerem beschäftigen (etwa ihrer Tischdame oder ihrem Tischherrn).

Laden Sie frühzeitig ein und erbitten Sie die Antwort, wenn möglich, zwei Wochen oder zehn Tage vor dem Ereignis. Sie haben bei Absagen dann immer noch die Möglichkeit, auf die Reserveliste zurückzugreifen. Einladungen nur wenige Tage vor dem Essen sollten Sie nur guten Freunden vorbehalten, die nicht beleidigt sind, wenn sie ahnen, dass sie als Reservekandidaten zum Zug kommen. Wenn Sie alle kurzfristig einladen, ist das natürlich egal; Sie können es erklären („Wir wollen für den unerwarteten Besuch von XY eine kleine Gruppe von Freunden zusammenstellen“ oder „Es ist ein ganz formloses, spontanes Essen“).

Wen kann ich einladen?

Bei dienstlichen Einladungen sollten Sie die Regel befolgen, dass – jedenfalls beim ersten Mal – der/die Höhergestellte den weniger hochrangigen Kollegen einlädt und nicht umgekehrt. Der Grund dafür ist, dass der im Rang niedriger Stehende sich nicht „hocheinladen“ können soll. Der oder die Höherrangige soll die Wahl haben, mit wem er oder sie beginnt, gesellschaftlich zu verkehren. Das ist ein bisschen so wie bei der Begrüßung, wo die Dame durch Ausstrecken ihrer Hand zeigt, ob sie jemandem die Hand schütteln will oder nicht.

Natürlich gibt es Ausnahmen. Wenn Ihr Vorgesetzter zugleich Ihr guter Freund ist, oder wenn die Partner sich gut kennen, besteht kein Hinderungsgrund, denn dann bringen Sie ihn durch eine Einladung nicht in Verlegenheit. Dasselbe gilt, wenn Sie dienstlich oder auch privat einen hochrangigen Gast haben, den Sie mit anderen wichtigen Personen bekannt machen wollen. Dann ist es diesem Gast gegenüber höflich und für den Vorgesetzten vielleicht sogar interessant, wenn Sie ihn – am besten unter Hinweis auf den (Ehren-)Gast – einladen.

Eine Einladung beim Vorgesetzten hat nicht unbedingt zur Folge, dass Sie eine Gegeneinladung aussprechen müssen oder können. Es hängt wieder von den Umständen ab. Sind Sie befreundet, ist das – wie oben gesagt – natürlich richtig und wird auch erwartet. Auch dann, wenn Sie nicht nur Ihrer dienstlichen oder geschäftlichen Funktion wegen eingeladen werden, sondern aus Gründen des persönlichen Interesses. Werden Sie aber zu einem offiziellen Empfang eines weit Höherrangigen eingeladen, erwartet dieser keine Gegeneinladung; sie würde auch auf Verwunderung stoßen.

Etwas Fingerspitzengefühl erfordern die Formen im Zwischenbereich. Sie müssen sich dann vor einer Gegeneinladung fragen, ob der Vorgesetzte auch gerne zu Ihnen käme. Wenn ein Abteilungsleiter zum Beispiel einmal im Jahr alle Referatsleiter (mit oder ohne Partner) zu einem Empfang oder Essen einlädt, ist er an der guten Arbeitsatmosphäre in seiner Abteilung interessiert und erwartet im Allgemeinen keine Gegeneinladung. Wenn Sie ihn allerdings besonders sympathisch finden und Sie den Eindruck haben, dass das auf Gegenseitigkeit beruht, können Sie ihn einladen, ohne Gefahr zu laufen, dass er die Augenbrauen hochzieht.

Vielleicht kann ich das an zwei Beispielen verdeutlichen: Bundespräsident Rau lud jedes Jahr an seinem Geburtstag die Abteilungsleiter des Bundespräsidialamts mit Partnern, zusammen mit eigenen Familienangehörigen und Weggefährten aus der Politik, zum Abendessen ein. Das war eine herzliche und auch anerkennende Geste, die von uns sehr geschätzt wurde. Ich bin sicher, dass er keine Gegeneinladung erwartete oder angenommen hätte; er hatte ja kaum Zeit. Ich kam, ehrlich gesagt, auch gar nicht auf den Gedanken.

Zweites Beispiel: Als Botschafter habe ich natürlich Mitarbeiter der Botschaft zu dienstlichen Essen eingeladen, so wie es dienstlich – entweder zur Kontaktpflege oder zur Information der Besucher – sinnvoll war. Ich habe aber nie eine Gegeneinladung erwartet. Es war ja praktisch auch Dienst. Privat habe ich alle Botschaftsangehörigen und ihre Familien alljährlich zu einer Weihnachtsfeier eingeladen. Ich fand es schön, alle mit Frauen und Kindern privat einmal zu sehen, so wie ich es selbst in anderen Botschaften erlebt hatte. So eine Botschaft im Ausland ist ja ein Mikrokosmos; man rückt viel mehr zusammen als bei einer Behörde im Inland.

Aber auch hier habe ich keine Gegeneinladung erwartet. Doch habe ich gerne jede Einladung eines Botschaftsmitglieds angenommen. Zumal keine(r) dazu verpflichtet war. Ich hatte Verständnis dafür, wenn Mitarbeiter meinten, sie könnten den Chef nicht angemessen – was die Räumlichkeiten, das Essen, die anderen Gäste, schlicht auch die Mittel anbelangt – einladen. Und schließlich ist es auch ganz in Ordnung, wenn Mitarbeiter meinen, den Chef einzuladen sei nun wirklich zu viel des Guten. Bescheidenere Verhältnisse wären im übrigen ganz egal gewesen; für Vorgesetzte ist es eher störend, wenn Mitarbeiter aufwendiger und in größerem Luxus leben als sie selbst.

Schließlich könnten Sie fürchten, Y und Z seien beleidigt, wenn sie hören, dass X eingeladen worden ist, sie selbst aber nicht. Sie würden sie ja auch gerne einladen, haben aber einfach nicht genug Platz. Seien Sie beruhigt: Es ist völlig legitim und ganz normal, dass man nicht bei jeder Einladung alle einladen kann, die in Frage kommen. Die anderen kommen halt bei der nächsten Gelegenheit dran. Um eine Verstimmung zu vermeiden, sollten Sie versuchen, die Gäste nach klaren und nachvollziehbaren Kriterien einzuladen, die Sie notfalls nachher benennen können. Das kann die Verpflichtung zur Gegeneinladung sein, die Beschränkung auf eine regionale Gruppe, die Sprache oder irgendeine andere Gemeinsamkeit, die die Eingeladenen verbindet. Und schließlich, das sollten Sie nicht vergessen, sind Sie der Herr über Ihre Einladungsliste![194]

Wen soll ich einladen?

Im Allgemeinen erwidert man eine Einladung mit einer Gegeneinladung. Bei guten Freunden brauchen Sie nicht Buch zu führen, da ergibt sich der Rhythmus der Einladungen von alleine. Allerdings sollten Sie auch hier, je nach Empfindlichkeit des Freundes/der Freundin und möglicherweise auch seiner Partnerin/ihres Partners, ein grobes Gleichgewicht einhalten.

194 Sie glauben gar nicht, wie viele Anrufe ein Botschafter bekommt mit der Frage, warum der Anrufende nicht zum Nationalfeiertag eingeladen worden sei. Auch da helfen klare Kriterien. Allerdings habe ich, zumindest bei großen Empfängen, stets das *„Mehr-Prinzip"* vertreten und Personen, die eigentlich nicht auf der Liste standen, auf ihre Bitte hin doch noch eingeladen. Den Platz hatte ich, und die kleine Aufdringlichkeit, die hinter solchen Fragen stand – nicht immer, aber doch gelegentlich – habe ich des lieben Friedens wegen hingenommen. Tun Sie das auch, wenn Sie den Platz dazu haben, das fördert die allseitige Zufriedenheit und tut damit auch Ihnen und Ihrem Ruf gut.

Bei bloßen „Bekannten“ und Kollegen sollten Sie etwas bewusster vorgehen und im Hinterkopf behalten, wessen Einladung Sie erwidern sollten. Nicht sofort, aber doch innerhalb von ein oder längstens zwei Jahren.[195] Dabei gilt die Regel, dass eine Gegeneinladung, der der Eingeladene nicht Folge leisten kann, als vollwertige Einladung gilt und dem Erfordernis der Gegenseitigkeit genügt. Dennoch sollten Sie es auch nach einer Absage noch einmal versuchen, es sei denn, Sie sind von Herzen froh, dass der andere abgesagt hat. Dann lassen Sie es bei der erfolglosen Einladung bewenden; protokollarisch handeln Sie korrekt.

Einladungskarten

Sie können telefonisch einladen, per E-Mail, mit Brief oder mit Einladungskarte. Auch wenn Sie telefonisch einladen, empfiehlt es sich, Zeit und Ort der Einladung noch einmal elektronisch oder schriftlich zu übermitteln. Selbst Menschen mit gutem Gedächtnis vergessen im Drang der Geschäfte solche Details und sind spätestens zwei Stunden vor der Einladung froh, sie schriftlich vor sich liegen zu haben.

Bei der Formulierung der Einladung sind Sie frei. Wenn Sie zu runden Geburtstagen oder anderen großen Festen einladen, können Sie Ihre literarische und technische Phantasie (Bilder, Logos) spielen lassen. Sonst gibt es korrekte Standardformulierungen. Früher hat man Einladungen mit der Hand geschrieben oder in einer Druckerei Einladungskarten gekauft, heute geht das weitgehend – wenn auch nicht ganz so edel – mit dem eigenen Drucker. Wenn Sie beruflich einladen, ist eine im Fachgeschäft erworbene gedruckte Einladungskarte jedoch unbedingt zu empfehlen. Privaten Festen gibt eine handgeschriebene Einladung eine persönliche Note.[196]

Wenn Sie einen der im Folgenden genannten Texte auswählen, machen Sie nichts falsch. Bei gedruckten Einladungen sind Sie in der Wahl der Schrift und der Schriftgröße völlig frei, wobei eine übermäßig große Schrift etwas aufdringlich wirkt. Wer es besonders edel machen will, kann sich Karten mit erhabener Schrift (man fühlt sie dann mit dem Finger) machen lassen. Das hat dann allerdings seinen Preis. Bei geschäftlichen Einladungen können Sie

195 Andere Ratgeber sprechen von drei Monaten, aber das halte ich für unrealistisch, wenn Sie nicht dauernd Einladungen geben, und auch weder für nötig noch für üblich.

196 Die Empfehlung, die Einladung, wenn möglich, „handschriftlich mit blauer Tinte auf hochwertigem Papier zu verfassen“ (Rohner, Knigge, S.56) halte ich für übertrieben. Allerdings rate auch ich bei offiziellen Einladungen von roter, grüner oder goldener Tinte ab. Eine Selbstverständlichkeit ist der Hinweis, auf saubere Schrift und korrekte Rechtschreibung zu achten.

das Logo Ihrer Firma benutzen; deutsche Diplomaten im Ausland verwenden den Bundesadler (schwarz, der in Gold ist für den Bundespräsidenten reserviert).[197]

Den Prototyp einer gedruckten Einladungskarte, die handschriftlich zu ergänzen ist, finden Sie auf der folgenden Seite. Gehen wir doch einfach mal durch die Teile der Einladungskarte und ihre Varianten durch.[198]

Der Name des oder der Einladenden

Auf unserem Prototyp einer privaten Einladung auf der nächsten Seite finden Sie die Standardformulierung. Ist es nun unter Gender-Aspekten korrekt, den Mann zuerst zu nennen? Ja, es ist noch üblich. Sie können aber auch als „Beate und Hans Freudenreich" einladen; diese Reihenfolge wird dann als besondere Höflichkeit oder als Indiz dafür gesehen, dass Sie dem Gender-Aspekt eine besondere Bedeutung beimessen – wenn es überhaupt auffällt. Da es sich um Ihren eigenen Namen handelt, haben Sie auch viel mehr Freiheit, als wenn Sie andere ansprechen.

Bei dienstlichen Einladungen wird der Amts- oder Funktionsträger auf alle Fälle als erster oder erste genannt, also zum Beispiel „Botschafterin Dr. Katharina Denker und Wolfgang Denker".

Es ist legitim, dem Namen des Einladenden einen Doktortitel oder eine Amts- oder Berufsbezeichnung voranzustellen, etwa „Professor Dr. Erwin Schimmerlos und Dora Schimmerlos". Bei privat genutzten Karten sollten Sie beim Aufführen Ihrer akademischen und beruflichen Würden allerdings zurückhaltend sein.[199] Vor allem Amtsbezeichnungen haben auf einer privaten Einladungskarte an Ihre Freunde im Allgemeinen nichts zu suchen. Sonst denken Ihre Freunde und Bekannten noch, Sie hätten ein Ego-Problem. Eine Einladungskarte mit dem Kopf „Ministerialrat (a.D.) Dr. Dr. Theobald Schurz und Johanna Singer" halte ich daher bei privaten Einladungen für grenzwertig, da sich mir dort der Mehrwert des „Ministerialrat" nicht ganz erschließt. Über den zweifachen „Dr." könnte man auch streiten.

---

197 Im Inland verwenden Beamte nicht den Bundesadler auf ihrer Einladungskarte.

198 Die Kursivschrift ist hier nur beispielhaft gewählt.

199 Einen „Dr. h.c. mult." sollten Sie sich hier sparen; weniger ist mehr. *h.c.* ist die Abkürzung für *honoris causa* („ehrenhalber"), *mult.* ist die Abkürzung von *multiplex* („vielfach").

Hans und Beate Freudenreich
geben sich die Ehre

....

....

zu ....

am.................................*um*................*Uhr einzuladen.*

U.A.w.g. *Baseler Straße 125*
Tel. 030-12345678 *12205 Berlin*
(E-Mail-Adresse)

Bei Einladungen zu dienstlichen Veranstaltungen ist das anders. Amtsbezeichnungen machen hier Sinn, da der Gast Informationen – insbesondere über die Einordnung des Gastgebers in eine behördliche oder politische Hierarchie – erhält und auch erhalten soll. Man tut das im Inland nur bei herausgehobenen Positionen, im Ausland bei Diplomaten, die routinemäßig dienstlich einladen, regelmäßig.[200]

200 Im Ausland steht auf dienstlichen Einladungskarten oben häufig nur die Funktion des Einladenden, also „Der Botschafter der Bundesrepublik Deutschland und Frau Dr. Katharina Denker", wobei der Eingeladene nun allerdings nicht sicher ist, wie der Botschafter heißt, da seine Frau ja einen anderen Namen als er tragen könnte, und vielleicht sind sie ja auch gar nicht verheiratet. Daher wird es mehr und mehr üblich, auch den Namen des Amtsträgers zu nennen, also „Der Botschafter der Bundesrepublik Deutschland/ Wolfgang Denker/ und Frau Dr. Katharina Denker". Weniger förmlich ginge auch „Botschafter Wolfgang Denker und Dr. Katharina Denker", doch dann fehlte das repräsentierte Land. Schauen Sie sich um und machen Sie es so wie Ihre Kollegen, wenn das nicht Ihrem Stilgefühl völlig widerspricht.

Wenn Sie nur eine Art Einladungskarten für private und dienstliche Anlässe haben, was übrigens meistens ausreicht, müssen Sie einen Mittelweg zwischen Informationserwartung und Bescheidenheit finden. Bei Freunden wäre es eine nette Geste, wenn Sie beim Ausfüllen der Einladungskarte alle akademische Grade und die Berufsbezeichnung mit einem kühnen Strich durchstreichen würden, bei Duzfreunden auch den Nachnamen. Ich mache das häufig so, auch bei Visitenkarten.

Bleiben Sie bei Ihrem Vor- und Nachnamen und nennen Sie sich nicht selber „Herr“ oder „Frau“ oder gar „Exzellenz“! Ich habe schon Einladungen gesehen, auf denen sich „Seine Exzellenz, der Generalsekretär von...“ die Ehre gab, „Herrn Botschafter Oskar Redlich“ zum Abendessen einzuladen. Das mag in einigen Ländern üblich sein, bei uns nicht. Man sollte also dem – möglicherweise unbeabsichtigten – Eindruck entgegenwirken, man behandle sich selbst ehrfürchtiger als andere.[201]

Der Einladungssatz

Die zweite Zeile lautet überwiegend „geben sich (oder „gibt sich“) die Ehre“.[202] Das klingt zwar ein wenig veraltet, ist aber immer noch die gängige Formulierung, vor allem bei dienstlichen Einladungen. Sie können auch schreiben: „würden sich freuen, xy zum Abendessen am … um … bei sich zu sehen“, und das wäre sogar noch einen Tick freundlicher. Eine weitere Variante, die auch das am Ende des Satzes hinterherhinkende „einzuladen“ vermeidet, ist „bitten (oder „laden“) xy zu einem Abendessen am … um ...“. Diese Formulierung ist korrekt und auch üblich, allerdings etwas geschäftsmäßig und ein bisschen weniger verbindlich als die oben genannten. Dennoch hat sie etwas für sich, schon wegen des kurzen Textes.

Der Name des oder der Eingeladenen

Die dritte und vierte Zeile, die Sie auf gedruckten Karten mit der Hand ausfüllen, enthält den Namen des oder der Eingeladenen. Zwei Zeilen empfehlen sich, da die Namen lang sein können.

---

201 Bei Frau Pappritz lerne ich, dass vor 50 Jahren eine verheiratete oder geschiedene Frau als „Frau Helene Busch“ eingeladen hat, eine alleinstehende Dame nur als „Helene Busch“ (Etikette neu, S.211). Heute ist diese Unterscheidung nicht mehr üblich.

202 Manchmal liest man auch *„beehrt/beehren sich“*. Das ist inhaltlich dasselbe und ebenso korrekt, gefällt mir persönlich aber sprachlich weniger. Das ist Geschmackssache; so manche Botschaft benutzt diese Formulierung regelmäßig.

Bei Freunden ist das einfach. Da schreiben wir entweder nur die Vornamen (Margrit und Helmut) oder auch den Nachnamen (Helmut und Margrit Meyer). Warum ich im ersten Fall die Frau zuerst nenne und im zweiten den Mann? Weil die Reihenfolge hier egal ist. Folgen Sie Ihrem Herzen. Tatsächlich beginne ich bei privaten Einladungen aus freundschaftlicher Verbundenheit und altmodischer Höflichkeit mit dem Namen der Frau. Wenn Sie nur mit Vornamen einladen, vergessen Sie nicht, oben auf der (gedruckten) Karte Ihren eigenen Nachnamen durchzustreichen.

Im übrigen gesellschaftlichen Verkehr schreibe ich immer noch „Herrn und Frau Helmut Meyer". Das dürfte (noch) die gängigste Formulierung sein, aber sie liegt nicht im Trend der Zeit. Bei der Anschrift schlägt das eigentlich konservative Bundesinnenministerium vor, entweder „Herrn Helmut Meyer und Frau Margrit Meyer" oder „Herrn und Frau Meyer" zu schreiben. Das könnten Sie auf die Einladungskarte übertragen. Doch ist die erste Formulierung für eine Einladungskarte zu lang, die zweite halte ich wegen des Fehlens eines Vornamens für sehr unpersönlich, fast unhöflich. Als Kompromiss falle ich persönlich daher wieder auf mein Anfangsbeispiel „Herrn und Frau Helmut Meyer" zurück. Wenn Sie ganz korrekt sein wollen, müssen Sie aber den Empfehlungen des Bundesinnenministeriums folgen.

„Frau und Herrn Meyer" werden Sie nur schreiben, wenn Sie ein Zeichen setzen wollen. Nur im Freundeskreis werden Sie versucht sein, das „Herr" und „Frau" vor dem Vor- und Familiennamen wegzulassen; im beruflichen Verkehr wäre das nicht protokollgerecht.

Wenn das eingeladene Paar verschiedene Namen hat, sei es, dass es nicht verheiratet ist, sei es, dass die Ehepartner in der Ehe ihre Namen beibehalten haben, müssen Sie beide nennen. Das heißt dann „Herrn Dr. Franz Meyer-Campenhorst und Frau Caroline von Falkenhayn". Was die Reihenfolge der Namen anbelangt, gilt das oben Gesagte. Verfallen Sie nicht auf den Gedanken, zum Zwecke der Verwaltungsvereinfachung „Herrn und Frau Franz Meyer" zu schreiben; weder Herr Dr. Meyer-Campenhorst noch Frau von Falkenhayn würden das mit Wohlgefallen aufnehmen.

An den Beispielen sehen Sie schon, dass akademische Grade aufgeführt werden. Bei Einladungen dienstlichen Charakters werden Sie die Amtsbezeichnung (Oberst, Ministerialrat, Minister) vor oder ein „MdB" (Mitglied des Bundestags) hinter den Namen setzen. Das macht die Einladung etwas förmlicher. Lange Amtsbezeichnungen wie „Ministerialdirigent" oder militärische Dienstgrade wie „Oberstleutnant" können abgekürzt werden.[203]

203 Vgl. die Anlagen L und M.

Zum Gender-Aspekt gilt das oben Gesagte. Mit einer wichtigen Ausnahme: Wenn Sie einen weiblichen Amtsträger einladen, also eine Abteilungsleiterin, eine Botschafterin oder ein Mitglied des Vorstands eines Unternehmens, laden Sie „Frau Ministerialdirektorin Dr. Margrit Meyer und Herrn Helmut Meyer“ ein, in dieser Reihenfolge.

„Herrn Helmut Meyer und Frau Gemahlin“ ist eine förmliche, etwas altmodische, aber noch immer übliche und von einigen durchaus geschätzte Formulierung. Benutzen Sie sie, wenn Sie wissen, dass die Eingeladenen schon reiferen Alters sind, und davon ausgehen können, dass sie es in ihrer Jugend so gelernt haben und daher erwarten.

Die Verwendung des Titels „Exzellenz“ auf Einladungskarten ist bei Würdenträgern – vom Staatsoberhaupt bis zum Botschafter – korrekt, aber sehr förmlich und in unseren Breitengraden zunehmend weniger üblich. Wenn, dann wird dieses „Ehrenprädikat“ abgekürzt: S. E., I. E. und I .I. E .E. für „Seine(r) Exzellenz“, „Ihre(r) Exzellenz“ und "Ihre(n) Exzellenzen“. In Deutschland, aber überhaupt in Mitteleuropa, können Sie einen fremden Botschafter auch ohne weiteres als „Herr Botschafter Jakob Weltläufig“ einladen, einen deutschen ohnehin.

Gerade bei beruflichen Einladungen wissen Sie manchmal nicht, ob das Paar, das Sie einladen, verheiratet, verpartnert oder „nur“ befreundet ist. Oder Sie kennen nicht den (Vor- oder Nach-)Namen des Partners/der Partnerin Ihres Geschäftsfreundes oder Berufskollegen. In diesen Fällen sollten Sie, wenn das mit vertretbarem Aufwand möglich ist, den Namen der Begleitung herauszufinden versuchen. Wenn Sie für Essen eine Sitzordnung und Tischkarten erstellen müssen, ist das sogar notwendig.

Sonst können Sie „Herrn Helmut Meyer und Begleitung“ oder auch „Frau Margrit Meyer und Partner“ einladen.[204] Ich persönlich finde „mit Begleitung“ sprachlich sehr viel besser, da das geschlechtsneutral und damit weiter gefasst ist. Sie stellen so dem Eingeladenen frei, ob er in Begleitung und, wenn ja, mit wem er kommen will. Sie können als Eingeladener dann, wenn der Anlass passt, auch Ihre Tochter oder einen zufälligen Besucher mitbringen. Das wird häufig bei Empfängen der Fall sein. Nur gelegentlich wird

---

204 Früher hat es manches Ehepaar mit hochgezogenen Augenbrauen zur Kenntnis genommen, dass es mit einer solchen Formulierung eingeladen wurde („Wir sind doch verheiratet, das wissen die doch!“). Heute ist die unspezifizierte Formulierung zwar üblich geworden, doch ist die Einladung natürlich persönlicher, wenn Sie beide Partner namentlich nennen.

bei großen Veranstaltungen für die Sicherheitskontrolle verlangt, dass bei der Zusage der Name der Begleitung angegeben wird.

Eine ganz elegante Lösung, vor allem bei Einladungen mit einer Gästezahl im dreistelligen Bereich, ist es, nur die bekannte Person zu nennen und unten auf der Einladungskarte „Diese Einladung gilt für zwei Personen“ zu schreiben. Sie werden sicher schon solche Einladungen erhalten haben.

Art der Veranstaltung, Ort und Zeit

Hinter „zu“ in der nächsten Zeile schreiben Sie „einem Mittagessen/Abendessen/Buffet/Brunch/Frühstück/Empfang“. Darunter folgt nach „am“ das Datum, vorzugsweise mit dem Wochentag, um Missverständnisse auszuschließen. Manchmal kann dadurch auch ein Widerspruch zwischen Tag und Datum bemerkt und geklärt werden. Anschließend folgt nach „um“ die Uhrzeit, am besten durch Ausschöpfen der 24 zur Verfügung stehend Stunden, also „um 20.00 Uhr“ statt „um acht Uhr (abends)“ oder „um 19.30 Uhr“ statt „um halb acht“.[205]

Die Bitte um Antwort, Adresse; Bekleidungshinweise

Auf die Einladung, auf die Sie so viel Mühe verwendet haben, wollen Sie natürlich eine Antwort bekommen. Und zwar je früher, desto besser, damit Sie bei Absagen noch jemanden nachladen und das Essen langfristig vorbereiten können. Dafür steht unten links das „U.A.w.g.“ (Um Antwort wird gebeten), und dahinter fügen Sie handschriftlich das Datum ein, bis wann Sie die Antwort haben wollen. Innerhalb einer Woche oder 10 Tagen müsste das möglich sein. Statt „U.A.w.g.“ finden Sie – groß oder klein geschrieben, mit und ohne Punkte – gelegentlich auch die französische Abkürzung „RSVP“ (für „Répondez s'il vous plaît“), die dasselbe bedeutet wie U.A.w.g.; sie wird auch im Englischen benutzt.

Bei Einladungen zu großen Empfängen können Sie den Aufwand für beide Seiten dadurch geringer halten, dass Sie „U.A.w.g.“ durchstreichen und mit der Hand „Nur Absagen“ oder den entsprechenden englischen Hinweis „Regrets only“ schreiben. Dann antworten nur diejenigen, die nicht kommen können; bei den anderen können Sie zu etwa 80 Prozent das Erscheinen voraussetzen. Das ist also meistens nicht sehr genau, aber bei einem Empfang mit hundert und mehr Leuten kommt es nicht darauf an, ob einige Personen mehr oder weniger kommen.

205 Die Zeitangaben c.t. (cum tempore, d.h. 15 Minuten später) und s.t. (sine tempore, also pünktlich) finden Sie nur bei Veranstaltungen der Universität.

Wenn Sie vor Versendung der Einladungskarten bereits durch eine Voranfrage geklärt haben, wer zu dem Essen kommt, brauchen Sie die Bitte um Antwort nicht. Dann hat die Einladungskarte nur die Funktion einer Gedächtnisstütze. Das bringen Sie dadurch zum Ausdruck, dass Sie U.A.w.g. streichen und stattdessen handschriftlich „p.m." schreiben. Das ist die Abkürzung von „pour mémoire" oder dem lateinischen Äquivalent „pro memoria" und bedeutet „Zur Erinnerung". Auf englischen Einladungen steht dann auch „pour mémoire" oder „to remind". Die Eingeladenen brauchen dann nicht noch einmal zuzusagen.

Um dem Eingeladenen die Antwort zu erleichtern, geben Sie darunter Telefonnummer und E-Mail-Adresse an. Weiter vermerken Sie Ihre Hausadresse, damit er den Weg zu Ihnen auch findet. Das steht alles schon gedruckt auf der Einladungskarte, meistens in etwas kleinerer Schrift oder auch in einem anderen Schrifttyp. Das ist alles Geschmackssache, ebenso wie die Anordnung dieser Information; Hauptsache ist, sie befindet sich auf der Karte. Das Fachgeschäft wird Sie beraten. Wenn Sie in ein Restaurant einladen, streichen Sie die Hausadresse durch und fügen mit der Hand den Namen und die Adresse des Restaurants ein.

Schließlich sind viele Eingeladene nicht sicher, was sie anziehen sollen. Der Klärung dieser Frage – und Sie tun den Gästen damit einen Gefallen – dient der Hinweis auf den Dresscode rechts unten über der Adresse (oder wo Sie da unten sonst noch Platz haben). Hauptsache, alle Hinweise befinden sich möglichst gut verteilt unten auf der Karte.

Dem Dresscode in allen seinen Varianten habe ich bereits ein ganzes Kapitel gewidmet. Nur zu Ihrer Beruhigung will ich wiederholen, dass der oder die normale Sterbliche mit den Bezeichnungen „informell", „Tagesanzug", „dunkler Anzug" und bestenfalls „Smoking" ganz gut zurechtkommt.

Den Dresscode drucken Sie in der Einladung nicht aus, denn Sie wollen diese ja für verschiedene Anlässe benutzen, sondern fügen ihn mit der Hand hinzu.

Grund der Einladung

Manchmal werden Sie auch den Grund der Einladung auf der Karte angeben wollen, etwa „Zur Verabschiedung von …", „Anlässlich des Besuchs von ..." oder „Zur Feier von ...". Im Allgemeinen haben Sie handschriftlich auf Ihrer gedruckten (Mehrzweck-)Einladungskarte hierfür keinen Platz. Sie haben dann die Wahl, und bei großen Einladungen lohnt es sich, besondere Einladungskarten für diesen Anlass zu drucken. Sie können aber auch den Grund der Einladung auf einen schmalen Papierstreifen schreiben, der oben an der Einladungskarte befestigt wird (geklebt oder getackert). Es macht nichts, wenn dadurch ein schmaler Teil der oberen Einladungskarte (es handelt sich dann meistens um ein Wappen oder den Namen des Einladenden) verdeckt ist. Wenn Sie den Papierstreifen nur an einer Seite der Karte befestigen, kann er leicht hochgehoben und der darunter liegende Text gelesen werden.

Was biete ich an?

Wenn Sie zum Mittagessen einladen, sollten Sie ein leichtes Essen anbieten, also nicht mehr als drei Gänge. Alle, die am Nachmittag noch arbeiten müssen, werden Ihnen dankbar sein. So bietet es sich beispielsweise an, einen Salat als Vorspeise, ein Fischgericht als Hauptgang und Eis oder Fruchtsalat als Nachtisch zu servieren. Hier sind Ihrer Phantasie keine Grenzen gesetzt.

Dasselbe gilt natürlich für ein Abendessen. Hier können Sie, wenn es besonders festlich sein soll, auch vier oder fünf Gänge anbieten. Und das Essen kann deftiger sein; vielleicht wagt ja der eine oder andere, der nicht mit dem Auto gekommen ist oder von seinem Partner gefahren wird, auch ein kleines Verdauungsschnäpschen hinterher, das Sie dann auch anbieten sollten.

Für ein Vier-Gang-Menü bieten sich an: Vorspeise (etwa ein Salat), Suppe, Hauptgericht und süßes Dessert. Wenn Sie fünf Gänge daraus machen wollen, können Sie nach dem zweiten Gang ein Sorbet oder vor dem Nachtisch Käse anbieten. Wenn Sie eine warme Vorspeise anbieten, kommt diese nach der Suppe.

Das Sprichwort „Käse schließt den Magen“ trifft übrigens nicht zu, zumindest nicht für Essen in Deutschland. Bei uns wird als letzter Gang etwas Süßes serviert. Ihnen geht es vielleicht wie mir: Erst nach einem süßen Dessert, auf das Sie richtig Appetit haben, fühlen Sie, dass das Essen zu einem runden Abschluss gekommen ist. Diese Reihenfolge ist auch leichter mit den Getränken zu begleiten, da der Käse mit dem Rotwein des Hauptgerichts harmoniert und der süße Nachtisch im Allgemeinen Sekt, Champagner, Crémant oder Süßwein erfordert.

Gelegentlich ist man unschlüssig, ob man zuerst die Suppe oder zuerst die Vorspeise, etwa einen Salat, servieren soll. Nach einer alten Regel ist mit der kalten Vorspeise anzufangen; die warme kommt nach der Suppe. Das hat einen ganz praktischen Grund: Man kann kalte Vorspeise schon auf den Tisch stellen, bevor die Gäste Platz nehmen. Suppen kann man dagegen nicht vorher auftragen; diese wäre bereits kalt, bis alle Gäste Platz genommen haben. Auch bei Kaltschalen ist es mir persönlich lieber, wenn ich sie frisch serviert bekomme oder sie selber aus der Suppenschüssel nehme.

Eine Suppe dürfen Sie also erst servieren, wenn die Gäste sitzen und wenn die Begrüßung durch Sie als Gastgeber erfolgt ist, sonst wird die Suppe während der Rede kalt.

Bei der Speisefolge sollten Sie versuchen, Dopplungen zu vermeiden. Wenn Sie als Vorspeise einen Krabbencocktail, Fisch oder Ähnliches haben, sollten

Sie als Hauptgericht Fleisch servieren. Im Ausland, oder wenn Sie Ausländer zu Gast haben, sollten Sie bedenken, dass Ihre Gäste gerne eine typische Spezialität Ihrer Heimat essen würden. Dann könnten Sie durchaus eine Schweinshaxe, einen Rheinischen Sauerbraten, Kohl mit Pinkel oder Königsberger Klopse – die Aufzählung ist bei weitem nicht vollzählig – anbieten.

Getränke

In Europa zumindest ist es üblich, zum Essen Wein oder Bier anzubieten, (Mineral-)Wasser natürlich ohnehin. Die alte Regel lautete, Weißwein zu Fisch und hellem Fleisch, Rotwein zu dunklem Fleisch und zu Käse.[206] Diese Regel ist insoweit aufgeweicht, als durchaus auch Rotwein zu Fisch getrunken werden kann. Aus Norwegen kenne ich das schon seit langem; dort entscheiden Sie je nach dem Fisch, was Sie trinken. Champagner, Sekt, Crémant, Prosecco oder Süßwein gibt es zum süßen Nachtisch. Tendenziell würde ich (den leichteren) Weißwein eher mittags anbieten und Rotwein eher abends, aber das ist Geschmackssache und hängt vom Essen ab. Weißwein zum süßen Nachtisch geht allerdings gar nicht, weil Weißwein in Verbindung mit Süßem plötzlich sauer schmeckt; bei Rotwein ist das nicht der Fall.

Bieten Sie daher zum süßen Nachtisch Sekt an, dem eine Süßspeise nichts anhaben kann, oder einen Süßwein, vom Eiswein über die (Trocken-)Beerenauslese bis hin zum mediterranen Süßwein. Süßwein passt übrigens nicht nur zum Dessert, sondern auch zur Gänseleberpastete (als Entrée) – wenn Sie es über das Herz bringen, diese anzubieten – und zu einem kräftigem Käse, wie etwa dem englischen Stilton. Bei einem Drei-Gänge-Menü können Sie ohne weiteres bei einem Wein bleiben; bei vier und mehr Gängen verlangt meistens schon das Essen zwei verschiedene Weine.

Cook it, peel it, or leave it

Wenn Sie in einem tropischen Land leben, oder in einem Land, in dem die Hygiene nicht dem Standard des Heimatlandes Ihrer Essensgäste – sagen wir aus Europa oder Nordamerika – entspricht, sollten Sie daran denken, dass

---

206 Aber natürlich auch zu Nudeln (vor allem mit Tomatensauce, schon der Farbe wegen), zu Pizza und vielen anderen Gerichten. Diese Regeln sind Anhaltspunkte, die zum Teil Gewöhnung widerspiegeln. In meiner Jugend zum Beispiel wurden trockene Weine nur wenig getrunken, man hielt sich an die lieblichen Sorten. Wenn Ihnen der „nicht passende“ Wein besser schmeckt, sollen Sie ihn privat ruhig trinken. Bei offiziellen Essen würde ich nicht das Risiko eingehen, erstaunte Blicke Ihrer Gäste zu ernten. Im Freundeskreis können Sie hingegen Ihren Geschmack erklären und einen Versuch empfehlen.

diese große Sorge haben könnten, sich den Magen zu verderben. Sie haben meistens den – richtigen! – Spruch „Cook it, peel it, or leave it“[207] im Hinterkopf, und es schmeckt ihnen nicht, wenn sie die Umsetzung dieser Empfehlung nicht kontrollieren können. Daher werden sie verdächtig aussehende Speisen häufig diskret mit der Gabel zum Tellerrand schieben und übriglassen; ich kann das gut verstehen. Selbst bei offiziellen Essen habe ich in solchen Ländern Gäste gesehen, die aus Angst, sich den Magen zu verderben, einige der angebotenen Speisen nicht angerührt haben. Ich glaube nicht, dass die Gastgeber sonderlich davon angetan waren. Doch lassen Sie sich davon nicht beirren. Sagen Sie „Ich vertrage das leider nicht.“ Höflichkeit ist keinen verdorbenen Magen wert.

Bieten Sie daher Ihren Gästen in einem Land, in dem in jedem Reiseführer vor dem Verzehr ungekochter und ungeschälter Lebensmittel gewarnt wird, keinen grünen Salat oder Tomatensalat an, keine verführerisch aussehenden rohen Krabben und dergleichen! Wollen Sie diese Gerichte aber anbieten – und sie können ja den Reiz eines Essens in der Fremde ausmachen – denken Sie daran, Ihren Gästen (wahrheitsgemäß) zu versichern, dass Sie den Salat sorgfältig gewaschen oder blanchiert und alle Gerichte sorgfältig gekocht haben. Bieten Sie auch keine ungeschälten oder schwer schälbare Früchte an. Machen Sie bei Wasser oder den Eiswürfeln im Whisky durch den sichtbaren – oder glaubwürdig beteuerten – Gebrauch gekauften Trinkwassers in Flaschen klar, dass keine Gefahr beim Genuss dieses Wassers und den aus ihnen bereiteten Eiswürfeln besteht.

Essenseinschränkungen

Vor dem Essen sollten Sie versuchen herauszufinden, ob einer Ihrer Gäste Vegetarier oder Veganer ist. Wenn Sie das vorher wissen, können Sie leichter damit umgehen. Stellt es sich erst heraus, wenn die Gäste Platz genommen haben und das Essen serviert wird, haben Sie ein Problem und diese Gäste auch; sie erheben sich vielleicht hungrig und entsprechend schlecht gelaunt vom Tisch. Es empfiehlt sich also, bei der Einladung von Gästen, die Sie nicht gut kennen, um die Mitteilung zu bitten, ob der Eingeladene Essenseinschränkungen irgendeiner Art beachten muss; bei offiziellen Einladungen ist das gang und gäbe. Die Formulierung könnte etwa nach dem U.A.w.g. so lauten: „Essenseinschränkungen bitte (bis zum ...) mitteilen“ oder „Es wird gebeten, Essenseinschränkungen (bis zum …) mitzuteilen“. Sie können das auch auf die speziell für einen Anlass gedruckten Karten schreiben.

---

207 „Kochen, schälen oder die Finger davon lassen!“

Einschränkungen können neben der vegetarischen oder veganen Lebensweise auch gesundheitliche Probleme sein – Fisch- oder Laktose-Unverträglichkeit, Zöliakie, die Liste ist lang.

Daneben gibt es religiöse Essenseinschränkungen. In Deutschland sollten – angesichts der vielen Geschäftsfreunde aus aller Herren Länder – an folgende gedacht werden:

- Muslime essen kein Schweinefleisch, trinken keinen Alkohol und essen nur, was „halal" („erlaubt") zubereitet worden ist, was vor allem bedeutet, dass Tiere geschächtet worden sind.
- Juden essen kein Schweinefleisch; das Essen muss „koscher" sein.[208]
- Hindus essen kein Rind und auch keine Gerichte, die mit Rinderfett zubereitet worden sind. Sie trinken keinen Alkohol und keinen Kaffee.[209]
- Sikhs trinken keinen Alkohol und Kaffee und essen kein halal oder koscher zubereitetes Fleisch. Viele sind Vegetarier.
- Buddhisten essen kein Wildschwein und sind gelegentlich auch Vegetarier oder Veganer.

Fragen Sie als Gastgeber in Zweifelsfällen einfach nach, zumal religiöse Essensrestriktionen unterschiedlich streng gehandhabt werden. Der Koran erlaubt bei Reisen sogar Ausnahmen. Auf jeden Fall sollten Sie Hindus kein Rind anbieten, Juden kein Schweinefleisch und Muslime weder Schwein noch Alkohol. Kaum etwas falsch machen können Sie mit Geflügel, Gemüse, Früchten und Säften; diese erlauben alle Weltreligionen.

---

208 Wer es genauer wissen will: Koscher ist Fleisch, wenn es von Säugetieren stammt, die Wiederkäuer sind und gespaltene Hufe haben, also von Rindern, Schafen, Ziegen, Rehen, Hirschen usw. Kein Schwein. Geflügel ist gestattet. Alle Tiere müssen rituell geschlachtet sein. Alle Fische, die Flossen und Schuppen haben, dürfen gegessen werden, daher kein Aal und kein echter Kaviar (der Stör hat keine Schuppen), auch keine Schalentiere, Schnecken usw. Fleisch und Milchprodukte dürfen nicht vermischt werden, Fisch und Milchprodukte hingegen schon.

Die koschere Essenszubereitung ist eine Kunst, die nur von Fachleuten beherrscht wird. Sie sollten sich gegebenenfalls erkundigen. Die in Geschäften gekauften koscheren Lebensmittel sind häufig zertifiziert.

209 Eine Missachtung dieser Regel hat historisch schon ernste Folgen gehabt. Der Sepoy-Aufstand in Indien brach 1857 aus, weil die Papierpatronen des neu eingeführten Enfield-Gewehrs einem Gerücht zufolge mit einer Mischung aus Rindertalg und Schweineschmalz behandelt worden waren. Da sie beim Laden des Gewehrs aufgebissen werden mussten, drohte damit eine Verletzung der religiösen Speisevorschriften sowohl der Hindus als auch der Moslems.

Auch Menschen, die keine religiösen Essenseinschränkungen kennen, essen möglicherweise keine Innereien wie Leber, Niere oder Blutwurst. Selbst wenn Sie nicht zu ihnen gehören, sollten Sie darauf Rücksicht nehmen und vermeiden, dass ein Gast den Teller leicht angeekelt von sich schiebt oder nur die Beilage isst. Da in Deutschland bei einer Essenseinladung niemand mehr Innereien oder Blutwurst erwartet, sollten Sie sich bei Freunden, denen Sie das vorsetzen wollen, vorher erkundigen. Bei offiziellen Essen sollten Sie andere Gerichte auftischen. Ebenso sollten Sie keine Gerichte anbieten, die in der letzten Zeit negative Schlagzeilen gemacht haben, selbst wenn Sie das persönlich für reine Hysterie halten.

Wein und Bier sind in Europa traditionell Bestandteil eines guten Essens. Daher stellt sich immer wieder die Frage, ob man in Deutschland Alkohol anbieten kann, wenn Moslems am Tisch sitzen. Die Antwort ist ein klares „Ja". Voraussetzung ist natürlich, dass Sie genügend nichtalkoholische Getränke für diese Gäste vorrätig haben. So verfährt auch das offizielle deutsche Protokoll und stellt jedem frei, ob er Alkohol trinken will oder nicht. Das ist keine respektlose Geste dem Gast gegenüber, der kein Alkohol trinken darf. Er kann seinen religiösen Vorschriften folgen; vielleicht wäre es ihm ja sogar unangenehm, anderen seine religiösen Essenseinschränkungen aufzunötigen.[210]

210 Die Höflichkeit erfordert nur in besonderen Fällen, etwa wenn Sie dem muslimischen Gast gegenüber eine besondere Geste machen wollen, dass Sie keinen Alkohol anbieten. Kulturelles Einfühlungsvermögen und politische Klugheit dürften es auch nahelegen, in einem islamischen Land, in dem das Trinken von Alkohol verboten ist, Gästen keinen Alkohol anzubieten und sich so den Gebräuchen des Landes anzupassen. Selbst wenn einige Gäste enttäuscht sein mögen.

Wie decke ich den Tisch?

Der Tag der Einladung naht. Jetzt müssen Sie den Tisch decken.

Tischdecke

Einfarbige Tischdecken sind bei etwas förmlicheren Essen gemusterten vorzuziehen. Vor allem mit weißen Tischdecken machen Sie nichts falsch; sie sind besonders festlich. Wenn Sie sie zu langweilig finden, können Sie den Tisch ja farblich mit Blumen aufhellen, allerdings sollten sie nicht so stark duften, dass sie den Geschmack des Essens beeinträchtigen.

Eine Tischdecke ohne Unterdecke fühlt sich auf dem Tisch hart an. Legen Sie einen Molton darunter, eine Art Filzgewebe, das Sie leicht für Ihren Tisch zuschneiden können und das im Laufe der Zeit auch Flecken bekommen kann; man sieht es ja nicht. Damit schonen Sie nicht nur den Tisch und Ihr Geschirr, sondern dämpfen auch den Geräuschpegel.

Auf den Tisch können Sie neben Blumen auch Kerzen stellen; in heißen Ländern ist es in ungekühlten Räumen aber nicht sehr ratsam, da sie sich biegen. Manchmal gibt es – meistens als Erbstücke – schöne Tafelaufsätze, wie sie früher üblich waren. Alle diese Accessoires sollten aber den Blick auf das Gegenüber nicht verdecken; wie oft habe ich eine Blumenvase umgestellt, um mich mit meinem Gegenüber unterhalten zu können! Auf diese Weise sollte man nichts „durch die Blume" sagen müssen.

Vergessen Sie Pfeffer- und Salzstreuer nicht; der Gastgeberin ist es lieber, dass Sie sie gebrauchen, als dass Sie das Essen lustlos runterwürgen. Zu einem festlich gedeckten Tisch gehören auch Stoffservietten. Papierservietten, auch teure, wären ein Stilbruch. Sie können sogar lernen, sie kunstvoll zu falten.[211]

Teller

Die Abstände zwischen den Tellern sollten etwa gleich groß sein. Man muss allerdings nicht ganz so weit gehen wie Giorgo, mein Majordomus in Athen, der mit einem Zollstock um den Tisch ging, um die Abstände zu checken. Je enger sie sind, desto besser kann man sich unterhalten. Doch denken Sie daran, dass die Gäste auch Armfreiheit brauchen – der eine mehr, der andere weniger.[212] Halten Sie auch ein Auge auf die Breite Ihrer Stühle. Sie sind ge-

211 Au, Der kulinarische Knigge, S.52ff. stellt Ihnen einige einfache Modelle vor.

212 Zehnder/Senn, Meeting, S.87, rechnen 70 bis 80 cm pro Gedeck. Das ist viel Platz und daher gut für offizielle Essen. Unter Freunden kann man erheblich enger zusam-

legentlich breiter als der Platz, den das Gedeck erfordert. Sie sollten, ohne dass sich die Beine verhaken, nebeneinander um den Tisch passen.

Wer es besonders schön machen will (ich habe es, ehrlich gesagt, nur bei ganz offiziellen Anlässen getan), kann Platzteller benutzen. Das sind große Teller aus unterschiedlichem Material – etwa aus Silber –, von denen man nicht isst, sondern die als Basis für die (Speise-)Teller dienen. Sie sind also nur für das Auge da. Sie werden nach dem Hauptgang abgeräumt, da das Größenverhältnis zu dem Dessertteller ungünstig ist. Instruieren Sie Ihren Kellner, wenn Sie einen solchen haben, wozu die Platzteller dienen. Bei einem meiner Essen in Athen hat einer der Kellner im Eifer des Gefechts einem Gast das Hauptgericht angeboten, bevor ein Teller auf dem Platzteller stand. Der etwas zerstreute Gast gab sich das Essen daraufhin auf den Platzteller auf, bis beide an der Unruhe zu beiden Seiten merkten, dass irgendetwas nicht stimmte. Zu Ihrer Beruhigung: Das war überraschend, aber nicht tragisch. Es wurde flugs neu gedeckt. Kleine Missgeschicke geschehen; man soll sich nicht grämen, wenn sie einem selbst passieren.

Als untersten Teller – oder auf den Platzteller, wenn Sie einen solchen haben – stellen Sie den großen Teller für das Hauptgericht. Auf ihn kommt ein kleinerer Teller, es kann ein Frühstücksteller sein, auf dem die Gäste die kalte oder warme Vorspeise serviert bekommen oder bereits stehen haben, wenn sie bei Tisch Platz nehmen.[213]

Wenn Sie eine Suppe als erstes Gericht wählen, steht ein (tiefer) Suppenteller oder eine Suppentasse (mit Untertasse) auf dem großen Teller. Die Suppe wird dann serviert.[214]

Servieren Sie sowohl Vorspeise als auch Suppe, können Sie den Vorspeisenteller schlecht auf den Suppenteller stellen. In diesem Fall werden die Suppenteller erst nach dem Vorgericht gebracht und dann die Suppe serviert.

Es ist bei einem gesetzten Essen nicht nur praktisch, sondern auch optisch schöner, wenn die Gäste zu einem Tisch gehen, auf dem vor jedem Platz bereits ein Teller steht, sei er leer oder schon mit der Vorspeise gefüllt.

---

menrücken; das fördert sowohl die Unterhaltung als auch das Gemeinschaftsgefühl. Das Gedeck selbst braucht nicht mehr als 40 cm, bei vielen Gläsern vielleicht 50 cm; die bei Tisch im privaten Kreis gelegentlich benutzten Sets sind ca. 40 cm breit.

213 Großmutters „Klapperdeckchen“ zwischen den Tellern gehören – meines Erachtens, aber nicht unbestritten – entschieden der Vergangenheit an.

214 Die Regel, dass man für klare Suppen Suppentassen nimmt und für legierte Suppen Suppenteller (Graudenz/Pappritz, Etikette, S.366) existiert wohl noch, dürfte aber recht unbekannt und damit weitgehend obsolet sein.

Links von den Tellern platzieren Sie einen kleinen Teller für Brot. Das Brot kann schon darauf liegen, wenn die Gäste Platz nehmen; da aber nicht alle Gäste Brot zur Vorspeise oder zur Suppe essen, ist es besser, das Brot anzubieten.[215]

Wenn Sie Salat zum Hauptgericht anbieten und den Gästen nicht zumuten wollen, ihn mit der Hauptspeise auf einen Teller zu tun, können Sie einen mittelgroßen Teller für Salat decken. Und zwar, wenn noch Platz ist, rechts vom Brotteller, aber noch ohne Verrenkung mit der links gehaltenen Gabel erreichbar. Ich habe allerdings die Erfahrung gemacht, dass – zumindest bei offiziellen Essen – der Salat entweder als Vorspeise gereicht wird oder gar nicht; so umgeht man die wachsende Enge auf dem Tisch.[216]

Dessertteller werden erst nach dem Hauptgericht gebracht – entweder schon gefüllt oder das Dessert wird den Gästen serviert.

Besteck

Das Besteck wird so gelegt, dass man, ohne hinzuschauen, zu jedem Gericht das passende Besteck zur Hand hat. Das heißt: Außen liegt das zuerst zu benutzende Besteck. Wenn Sie decken, fangen Sie aber natürlich innen an. Rechts neben den Teller kommt das große Messer für das Hauptgericht, Schneide nach innen und möglichst nicht unter dem Tellerrand versteckt. Links liegt die große Gabel, mit den Zinken nach oben.

Daneben, also weiter außen, liegen rechts das kleinere Messer und links die kleinere Gabel für die Vorspeise.

Bieten Sie ein Gericht an, für das man kein Messer braucht, wird es im Prinzip erst gar nicht gedeckt und die Gabel kommt nach rechts. Doch können Sie Ihren Gästen einen Moment der Unsicherheit ersparen und auch dann ein Messer decken, wenn es eigentlich nichts zu schneiden gibt, zum Beispiel bei Risotto oder Hackfleisch. Ihre Gäste sind meistens auch in diesem Fall an den Gebrauch von Messer und Gabel gewöhnt. Sie können dann selbst entscheiden, ob sie das Messer benutzen wollen oder nicht. Ein Vorteil dieser

215 Die Gäste nehmen das Brot selbst, oder es wird – möglichst mit einer Zange oder mit behandschuhter Hand – vom Kellner vorgelegt. Nur in Deutschland wird das Brot nach der Vorspeise abgeräumt. International bleibt es bis zum Ende des Essens auf dem Tisch und wird ständig nachgereicht. So kennt man es auch aus Restaurants. Zumindest zu Hause sollten Sie es auch so halten; Ihre Gäste werden es Ihnen danken, insbesondere solche, die gerne Sauce mit Brot auftunken.

216 Bei privaten Essen ist es durchaus legitim, den Salat hinterher, und auch auf dem großen Teller, zu essen.

Art zu decken ist, dass die Symmetrie des korrekt gedeckten Bestecks nicht durcheinandergerät.

Bieten Sie eine Suppe vor dem Hauptgericht an, kommt der große Suppenlöffel (mit der Wölbung nach unten) rechts neben das große Messer. Gibt es vorher ein kalte Vorspeise, liegt der Löffel zwischen großem und kleinem Messer. Manchmal finden Sie den Löffel für die Suppe oberhalb des Tellers, insbesondere dann, wenn es ein kleiner Suppenlöffel für Suppentassen ist. Wenn Sie also eine Suppe serviert bekommen und keinen Löffel rechts neben Ihrem Teller sehen bzw. ertasten (schauen Sie zur Sicherheit lieber auch links nach), können Sie beherzt den Löffel oberhalb des Tellers ergreifen und damit Ihre Suppe auslöffeln.

Das Besteck für den Nachtisch befindet sich im Allgemeinen über dem Teller, gegebenenfalls unterhalb eines Suppenlöffels, der allerdings nur selten dort liegt.[217] Meistens handelt es sich um einen Löffel (oben, mit dem Griff nach rechts) und eine Gabel (darunter, mit dem Griff nach links). Eine besondere Unterart des Dessertbestecks ist das Obstbesteck, das Messer mit Griff nach rechts und die Gabel darunter, Griff nach links.

Neben oder auf dem Brotteller soll ein kleines Messer liegen, wenn Butter zum Brot gereicht wird; das wird vor allem in Restaurants der Fall sein, wo man länger auf das Essen warten und diese Zeit überbrücken muss, nicht bei Einladungen zu Hause. Dieses kleine Messer ist ausschließlich dafür da, sich Butter oder anderen Aufstrich wie Quark oder Käse zu nehmen.

Auf der folgenden Seite sind zwei Varianten abgebildet. Oben ein typisches Gedeck für ein Mittagessen (drei Gänge), unten das für ein opulenteres Abendessen mit vier Gängen. Bei einer warmen Vorspeise käme hier der Suppenlöffel nach rechts außen.

---

217 Bei Meyden, Business-Etikette, S.81, lese ich, dass der über dem Teller gedeckte Suppenlöffel näher am Teller liegen soll als der (kleinere) Dessertlöffel. Das mag ästhetischen Vorstellungen geschuldet sein (die Bestecke über dem Teller bauen sich dann pyramidenförmig auf), erscheint mir aber systemwidrig. Wenn Sie so decken, laufen Sie Gefahr, dass der Gast die Suppe mit dem Dessertlöffel isst. Was natürlich auch kein Drama wäre.

Gedeck für Suppe, Hauptgericht und Dessert, Brotteller mit Buttermesser und Wein- und Wasserglas.

Gedeck für kalte Vorspeise, Suppe, Hauptgericht und Dessert sowie Brotteller mit Buttermesser. Gläser von rechts nach links: Weißwein, Rotwein, Sekt, Wasser.

Daneben gibt es noch seltene Bestecke für besondere Gerichte wie Hummer, denen ich mich hier nicht weiter widmen möchte; Sie beobachten einfach, wie es die anderen machen. Nur den Grapefruitlöffel mögen Sie häufiger antreffen: Er läuft vorne spitz zu und ist an einer Seite gezackt, sodass man das (häufig vorgeschnittene) Fruchtfleisch besser herauslösen kann. Er liegt bei der Grapefruit. Den häufig zitierten Gourmetlöffel habe ich nie mit Bewusstsein wahrgenommen; wahrscheinlich habe ich mich immer gefragt, was denn das komische Fischmesser da macht, das wie ein Libero schräg rechts von meinen anderen Messern liegt. Er dient zum Aufnehmen der Sauce.[218]

Bei einem Menü mit vielen Gängen wird das Besteck nicht komplett ausgelegt, sondern zu den einzelnen Speisen nachgereicht. Die Regel lautet: rechts nicht mehr als vier, links nicht mehr als drei Besteckteile.

Gelegentlich mögen Sie Messerbänkchen einsetzen, vor allem, wenn Sie nicht genügend Besteck haben. Das sind kleine längliche Erhebungen, gelegentlich wie ein Reithindernis aussehend, auf die Sie das Besteck legen können, ohne die Tischdecke schmutzig zu machen, wenn zu den Gängen die Teller gewechselt werden. Sie brauchen dann kein neues Besteck. Ich habe sie nur bei wenigen privaten und nie bei offiziellen Essen gesehen. Sie galten lange Zeit als altmodisch und spießig. Jetzt sollen sie wieder im Kommen sein.

Es kommt in den besten Familien vor, dass man schon einmal das falsche Besteck erwischt, das dann als gebraucht abgeräumt wird. Ich habe viele Menschen gesehen, die sich beim Hauptgericht plötzlich ohne Messer wiederfanden, weil sie es schon zur Vorspeise benutzt hatten. Machen Sie sich nichts daraus, sondern bitten Sie den Kellner, falls er es nicht schon aus eigenem Antrieb getan hat, Ihnen ein neues zu geben.

Gläser

Nach demselben System wie das Besteck werden die Gläser auf den Tisch gestellt. Sie stehen rechts von Ihnen in einer Reihe leicht schräg nach links oben zur Tischmitte hin aufgereiht. Sie beginnen mit dem Glas, das Ihnen am nächsten steht. Das ist im Allgemeinen das (kleinere) Weißweinglas, das als erstes benötigt wird, dann das größere, bauchige Rotweinglas (in ihm entfaltet sich das Bouquet besser), dann das Sekt- bzw. Champagnerglas oder

---

218 Es beruhigt mich, dass Asserate den Gourmetlöffel „überflüssig" nennt und schreibt, dass sich „die Erziehung eines Menschen nicht daran zeigt, wie er mit Hummerscheren umzugehen weiß, sondern daran, wie er ein Schweinekotelett isst" (Manieren, S.313, 315).

das kleine Glas für Süßwein. Das Glas für Wasser, das man nicht vergessen sollte, steht angesichts dieser Fülle dort, wo es leicht zu erreichen ist. Mehr als vier Gläser sollten nicht gedeckt werden; meistens ist dafür auch nicht Platz.

Im Restaurant bin ich selber manchmal im Zweifel, welches das Wasserglas und welches das Weinglas ist, wenn beide Gläser einen Stiel haben. Daher eine kurze Gläserkunde. Während Sie zu Hause ein Wasserglas ohne Stiel decken können (das macht die Unterscheidung leichter; es ist Geschmackssache), ist das im Restaurant selten der Fall. In deutschen Restaurants ist das größte Glas mit Stiel für Wasser, das zweitgrößte für Rotwein, das drittgrößte (wenn es ein solches gibt) für Weißwein und – vielleicht – das kleinste für Süßwein. In Frankreich schien es mir gerade umgekehrt zu sein: Dort ist das kleinere Glas mit Stiel für Wasser bestimmt, das größere für den Wein. Sehr sympathisch, aber verwirrend. Lassen Sie sich aber nicht beeindrucken: Es gibt Schlimmeres, als im Restaurant Wasser oder Wein in das falsche Glas zu gießen oder aus dem falschen Glas zu trinken.

Für Sekt, Crémant, Prosecco oder Champagner gibt es entweder hohe Sektgläser (Flûte, wie Flöte) oder flache Sektkelche (auch Champagnerschalen genannt). Ich persönlich ziehe die hohen Sektgläser vor, da man mit ihnen, insbesondere bei einem Stehempfang, den Sekt weniger leicht verschüttet. Die flachen Sektkelche haben dagegen den Vorzug, dass sie beim Einschenken weniger leicht überlaufen.

Manche Gläser für Bier, sogenannte „Biertulpen“, sehen wie dickbauchige Sektgläser aus und werden leicht mit diesen verwechselt. Die Gefahr ist bei einem gesetzten Essen allerdings gering, da dort meistens nur Wein- und Wassergläser gedeckt werden.

Wenn ich gelegentlich lese, dass sich Rotweingläser durch eine nach oben offene Form auszeichnen, irritiert mich das. Denn der Weintrinker wird so auf eine völlig falsche Fährte gelockt. Rotwein entwickelt, gerade auch weil er wärmer getrunken wird, ein noch volleres Bouquet als Weißwein. Dieses Bouquet wird durch ein sich oben schließendes Glas verstärkt und viel besser eingefangen, als wenn sich das Glas nach außen öffnet. Denken Sie daran, wenn Sie neue Gläser kaufen. Die preiswerten Standardgläser sind so geformt und häufig genussfreundlicher als teure, die versuchen, durch abweichende Formen eleganter oder originell auszusehen.

Platz der Serviette, der Tisch- und der Menükarte

Die Serviette liegt links neben dem Teller oder, wenn kein Platz ist, gelegentlich auch auf ihm. Bei gesetzten Essen sollten nach Möglichkeit Stoffservietten gedeckt werden. Es gibt genügend Menschen, die sich sogar Restaurants danach aussuchen, ob es dort (gute) Stoffservietten oder weniger gediegene (aber praktische) Papierservietten gibt.

Tischkarten[219] mit den Namen der Gäste sollten sichtbar und eindeutig vor dem Platz stehen, den diese Gäste einnehmen sollen, möglichst oberhalb des Tellers oder, wenn Sie gar keinen Platz mehr finden, auf dem Rand eines Glases oder auf der Serviette.

Der Platz für die Menükarte wird jetzt eng. Stellen Sie sie nach Möglichkeit senkrecht hin, was bei gefalteten Karten auch geht, ohne sie irgendwo anzulehnen. Dann nimmt sie weniger Platz ein, und die Gäste sehen auch, dass es eine solche gibt. Am elegantesten ist natürlich, wenn jeder Gast eine Menükarte vor sich liegen hat, entweder unter dem Teller hervorlugend oder rechts neben ihm; da müsste noch Platz sein, da die Serviette links liegt. Notwendig ist das aber nicht.

Buffet

Wenn Sie den Tisch für ein Buffetessen decken, haben Sie die Wahl, ob Sie die Teller auf den Tisch oder an das Ende des Buffets stellen, an dem die Gäste sich zu nehmen beginnen, also bei den Vorspeisen. Letzteres ist besser – die meisten Menschen sehen nur halb so eindrucksvoll aus, wenn sie mit einem leeren Teller in der Hand vom Tisch aufstehen und zum Buffet gehen. Und außerdem hat man dann die Möglichkeit, mit einem sauberen Teller mehr oder weniger unbemerkt ein zweites Mal zu nehmen. Also: Bei großen Essen Teller auf das Buffet, bei kleinen Essen zu Hause ist es egal.

Das Besteck würde ich hingegen immer auf dem Tisch decken. Das braucht der Gast ja auch nicht zu dem Buffet mitzunehmen. Und viele haben Schwierigkeiten, Besteck, Serviette, den gefüllten Teller und dann vielleicht noch ein Glas Wein vom Buffet sicher bis zu ihrem Platz am Tisch zu balancieren.

Das Buffet bauen Sie am besten so auf, dass man auf der rechten Seite mit Vorspeisen beginnt. Die Gäste, die sich von rechts nach links bewegen, können dann besser die Augen schweifen lassen und entscheiden, was sie sich auf den Teller tun wollen. Diese Anordnung ist aber nicht wichtig und meistens auch vergebens: Sie glauben gar nicht, welche Verrenkungen manche

219 Zu ihnen und den Menükarten mehr im nächsten Kapitel.

Menschen machen, um an Leckerbissen auf dem Buffet zu kommen, von welcher Seite auch immer.

Schließlich sollten Sie daran denken, dass Buffetessen nicht ganz so festlich sind wie solche, bei denen durchgängig serviert wird. Auch bei Buffetessen kann man natürlich eine Tischordnung haben. Die Variante, dass Vor- und Nachspeise serviert werden und die Gäste nur zum Hauptgericht zum Buffet gehen, ist als durchaus festlich akzeptiert. Es hat ja auch etwas Schönes, sich zwischendurch einmal die Beine zu vertreten und mit Bekannten vom anderen Tisch oder vom Tischende ein paar Worte zu wechseln.

Menü- und Tischkarten

Menükarten

Bei etwas festlicheren Essen ist es schön, wenn die Gäste zu Beginn des Essens erfahren, welche Genüsse sie erwarten. Dafür können Sie jedem Gast eine Speisekarte auf den Tisch legen. Das hilft bei der Einteilung des Konsums – wie häufig passiert es, dass man sich im Ausland an den Vorspeisen satt isst, nicht ahnend, dass dann noch das Hauptgericht kommt. Es mag auch denjenigen helfen, die nicht alles essen dürfen. Es wird weiter den Weinkenner befriedigen, der sonst versucht ist, den Kellner nach dem Einschenken am Ärmel festzuhalten, um zu lesen, was auf dem Etikett der Weinflasche steht – eine nicht ganz so edle Vorgehensweise, auch wenn sie Interesse signalisiert. Fragen Sie mit einem Lob des Weines lieber den Gastgeber.

Insbesondere bei einem Buffetessen empfiehlt es sich, auf einer Speisekarte aufzuführen, was die Gäste am Buffet erwartet. Denn nicht jedes Gericht, insbesondere wenn es paniert ist oder in Sauce schwimmt, ist gleich erkennbar. Ich habe schon bei manchem panierten Huhn festgestellt, dass es eigentlich ein Fischfilet war. Vielleicht haben Sie ja auch exotische Gerichte zubereitet, auf die Sie die Aufmerksamkeit oder Neugier der Gäste ziehen wollen.

Diese Speisekarte ist eine gute Gelegenheit, Stil zu zeigen und auf den Anlass des Essens („Zu Ehren von ...“) hinzuweisen. Das kann auf einem etwa DIN A 5 großen, etwas dickeren Blatt Papier oder dünner Pappe geschehen, oder auch auf einem gefalteten Blatt Papier, wo außen möglicherweise der Anlass, innen links die Weine und rechts die Essensfolge angegeben sind. Vermeiden Sie eine allzu blumige Sprache; die übliche Beschreibung der Essensfolge und Getränke genügt. Wenn Sie ein Familienfest feiern, kann die Karte natürlich auch schwungvoll handschriftlich geschrieben, jedem Gast dediziert und mit Erinnerungen, etwa Fotos, geschmückt sein.[220]

Eine einseitige Menükarte kann etwa wie die folgende aussehen (nageln Sie mich bitte nicht auf den Inhalt fest, es ist nur ein Beispiel für die Form!). Sie werden die Getränke vielleicht zu einer Seite ausrücken wollen und etwas kleiner drucken, um sie abzusetzen und mehr Platz für detailliertere Informationen zu haben.

220 Wenn es sich um eine gesponserte Veranstaltung handelt, wird auf der letzten Seite gerne das Logo des Sponsors abgebildet. Das, oder eine Erwähnung, empfiehlt sich schon aus rechtlichen Gründen.

Abendessen
zu Marions 70. Geburtstag
(oder: zur Verabschiedung von Dr. Franz Meyer)
am 30. November 2017
in der Villa Himmelreich

Crevettensalat mit Himbeerdressing

Spargelsuppe

Schweinemedaillons
mit Brokkoli und Salzkartoffeln

Mousse au Chocolat

Wallhauser Teufelsbraten
Scheurebe Qualitätswein b.A. 2016
Weingut Winzer & Co.

Gottesacker Sonnenschein
Spätburgunder Spätlese trocken 2007
Weingut Himmelreich

Veuve Cliquot

Bitburger Pils, Mineralwasser

Tischkarten

Bei großen offiziellen Essen, aber auch bei Familienfeiern, wollen die Gäste gerne genau wissen, wo sie sitzen sollen. Vor oder auf den Teller gestellte Tischkarten mit dem Namen des Gastes erleichtern ihm, seinen Platz zu finden. Da auf diesen Tischkarten nicht viel Platz ist, lassen Sie alles weg, was nicht zur Identifizierung der Person notwendig ist, insbesondere akademische Grade und Titel. Sie schreiben „Herr Meyer" und „Frau Meyer" oder „Helmut Meyer" und „Margrit Meyer" oder „H. Meyer" und „M. Meyer", im privaten Kreis gegebenenfalls nur die Vornamen.[221]

Nur in seltenen Fällen, wenn Sie glauben, der Gast bedürfe einer besonderen Behandlung, können Sie schreiben „Minister Meyer", „(Frau) Botschafterin Meyer" oder „Direktor Meyer", aber das ist eigentlich nicht notwendig, und der Platz auf der Karte könnte eng werden. Auch sollten Sie sich fragen, ob Sie diese Gäste gegenüber anderen Gästen auf diese Weise hervorheben wollen.

Besonders hilfreich sind gefaltete Tischkarten, auf denen auf der anderen Seite der Name noch einmal geschrieben ist (häufig weniger schwungvoll, nicht handschriftlich, nur gedruckt). Gefaltete Karten stehen nicht nur besser, sondern erlauben dem gegenüber Sitzenden auch zu lesen, mit wem er es zu tun hat. Wie Tischkarten auch als Gedächtnisstütze für andere dienen können. Wie häufig habe ich Gäste gesehen, die verstohlen nach der Tischkarte des Nachbarn linsten, da sie seinen Namen vergessen hatten. Das ist zulässig. Etwas burschikoser ist es, wenn die betreffende Person einfach die Tischkarte des Nachbarn mit den Worten zu sich heranzieht: „Jetzt muss ich doch einmal sehen, mit wem ich es zu tun habe" (das enthält einen leichten Tadel, wenn sich der Nachbar nicht vorgestellt hat) oder weniger direkt mit den Worten: „Wie schreiben Sie sich noch einmal?".

Es ist üblich, dass auch auf dem Platz der Gastgeber Tischkarten stehen. Auf diesen steht dann meistens nicht deren Name, sondern „Gastgeber" und „Gastgeberin". Sie dienen vor allem der Orientierung der ihren Platz suchenden Gäste, wenn die Gastgeber noch nicht auf ihrem Platz sitzen. Insbesondere die neben den Gastgebern sitzenden Ehrengäste finden dann leichter ihren Platz.

Bei einem kleinen Kreis, sechs bis zehn Personen, wird der Gastgeber den Gästen meistens selber die Plätze anweisen. Er sollte die vorher mühsam ausgearbeitete Tischordnung aber sicherheitshalber griffbereit dabei haben, denn die Erinnerung an eine Tischordnung verflüchtigt sich, wenn es zur

221 Zehnder/Senn, Meeting, S.97, empfehlen, den Vornamen, Namen und Titel des Gastes auf die Tischkarte zu schreiben. Nach meiner Erfahrung ist das wenig praktikabel.

Platzanweisung kommt, erfahrungsgemäß leicht. Ich habe schon manchen Gastgeber mit den Worten. „Wie war das noch mal?“ fragend zu seiner Frau blicken sehen.

Bei mehr Gästen werden diese schon vor dem Gang zu Tisch wissen wollen, wo sie sitzen werden. Daher empfiehlt es sich, nicht nur eine Tischordnung zu erstellen, sondern sie auch aufzuzeichnen und an einer den Gästen gut sichtbaren Stelle anzubringen. Das kann der Eingang sein, wo alle Gäste zum Ablegen der Mäntel oder für letzte Retuschen vor dem Spiegel kurz verweilen, beim Zugang zu dem Raum, in dem die Gäste stehen, oder später (auch noch einmal) auf dem Weg vom Empfangsraum zum Esszimmer.

Viele Gäste vergessen über dem Willkommensdrink wieder, was sie auf der Tischordnung im Eingangsbereich gelesen haben. Deswegen sollte, wenn sie zu Tisch gehen, ein zweites Exemplar der Tischordnung gut sichtbar auf dem Weg dorthin hängen; fast alle Gäste werden noch einmal einen Blick darauf werfen wollen. Wenn Sie Personal haben, können Sie auch einen Kellner bitten, die Tischordnung am Eingang zum Speisezimmer sichtbar in den Händen zu halten. Er kann den Gästen auch bei der Platzsuche behilflich sein.

Wichtig bei der Skizze der Tischordnung ist, dass sie mit einem Pfeil kenntlich macht, wo sich die Tür befindet, durch die die Gäste das Esszimmer betreten; sonst wissen diese nicht, auf welcher Seite des Tisches sie sitzen sollen. Aber auch dann irren die meisten Gäste erst einmal um den ganzen Tisch, bevor sie die Tischkarte sehen, die ihren Platz anzeigt. Es sei denn, ein befreundeter anderer Gast ruft durch den Saal: „Komm' Elfriede, Dein Platz ist hier neben mir!“.

Bei mehreren Tischen ist es meistens schwierig, eine übersichtliche Tischordnung aufzuzeichnen. In diesem Fall erstellen Sie eine Liste, die entweder alphabetisch nach den Namen der Gäste geordnet ist, hinter deren Namen der Tisch angegeben ist, an dem sie sitzen werden. Oder Sie gliedern die Liste nach Tischen, unter denen die Namen der Gäste stehen. Die meisten nummerieren die Tische einfach durch. Das ist legitim, doch gibt es Gäste, die daraus eine Rangordnung herauslesen, insbesondere dann, wenn der Tisch mit der höchsten Zahlt am weitesten vom Ehrentisch entfernt steht; anders ist es, wenn die Tische 2 und 12 Tisch gleich nah am Ehrentisch stehen. Viele bezeichnen die Tische daher anders, also „Tisch Rom“, „Tisch Athen“, „Tisch London“ usw., mit Vornamen oder mit den Namen antiker Götter. Die Gäste finden am Tisch dann selbst anhand der Tischkarten ihren Platz.

Placement

Einladungsprofis, häufig Diplomaten und Protokollmitarbeiter, benutzen ein sogenanntes „Placement". Es ist wortgleich mit dem französischen Wort für Tischordnung und bezeichnet hier eine feste Unterlage, auf der in der Mitte ein kleineres, festes, rechteckiges oder rundes Blatt aus Pappe, Metall oder Leder in der Form des Tisches so festgemacht ist, dass man kleine Papier- oder Pappstreifen zwischen beide Lagen so hineinschieben kann, dass ein kleiner Teil feststeckt und der größere herausschaut. Auf diese Papierstreifen – und zwar auf den später sichtbaren Teil – schreiben Sie die Namen der Gäste (kurz, aber identifizierbar, also ohne Titel, aber mit „Herr" und „Frau" oder der Initiale des Vornamens), stecken die Zettel in der Anordnung der Tischordnung zwischen den beiden Flächen so fest, dass der Name zu lesen ist, und präsentieren das Ganze stolz Ihren Gästen.[222]

222 Sie können mit diesem Gerät auch schon vorher, bei der Vorbereitung, leicht verschiedene Varianten der Tischordnung durchspielen.

Der Ablauf des Abends

Kellner

Die Kellner sind im Allgemeinen geschult. Wenn Sie welche zu einem Abendessen einstellen, müssen Sie sie wahrscheinlich aber doch ein wenig instruieren und mit dem geplanten Ablauf des Abends vertraut machen. Etwa mit der Zahl der erwarteten Reden. Auch sollten sie wissen, wo der Ehrengast sitzt. Und Sie wiederholen ihnen vielleicht: Serviert wird von links, von rechts werden Getränke eingeschenkt und Teller abgetragen. Weiße Handschuhe sollten Kellner nur tragen, wenn sie zu ihrem übrigen Aussehen und einem besonders vornehmen Ambiente passen. Das ist relativ selten der Fall.

Auch die Reihenfolge beim Servieren des Essens muss festgelegt werden. Entweder werden erst alle Damen bedient, dann die Herren, alle in der Reihenfolge des Rangs, der Gastgeber zum Schluss. Das ist allerdings kompliziert und bringt durch das Hin und Her Unruhe. Einfacher und durchaus korrekt ist es, bei der ranghöchsten Dame anzufangen und dann der Reihe nach zu servieren, so wie die Gäste sitzen. Da die ranghöchste Dame im Allgemeinen rechts vom Gastgeber sitzt, ist sie für den Kellner leicht zu identifizieren. Dann serviert er der Reihe nach entgegen dem Uhrzeigersinn, sodass der Gastgeber immer als letzter dran kommt. Gibt es einen zweiten Kellner, verfährt dieser genau so, beginnend mit dem männlichen Ehrengast rechts von der Gastgeberin.

Wenn das Essen nicht auf einer einzigen Platte Platz hat, werden zuerst das Fleisch und die Sauce, danach das Gemüse und die Beilagen serviert. Wir sind an diese Reihenfolge schon so gewöhnt, dass sie uns gar nicht mehr auffällt.

Vorspeise und Suppe werden nur einmal, das Hauptgericht wird zweimal angeboten. Nur im Kreis von Freunden fragt die Gastgeberin zur Freude der Anwesenden, ob jemand noch etwas Suppe haben will.

Der Satz, zu Vorspeise und Suppe würden üblicherweise keine Getränke eingeschenkt, entspricht nicht meiner Erfahrung. Er mag dem einen oder anderen bei der Suppe noch einleuchten; das ist mir – zu meinem Bedauern – auch schon begegnet. Bei Vorspeisen aber ist er bestimmt nicht richtig. Und zwar schon deshalb, weil der Gastgeber bei der Begrüßung sein Glas erheben will, und das wird kaum das Wasserglas sein. Außerdem gibt es ganze Abhandlungen darüber, was man zur Vorspeise trinkt, und dabei werden sicher nicht verschiedene Wassersorten diskutiert.

Rotwein muss nicht dekantiert, also in eine Karaffe umgefüllt werden. Das mögen Sie zu Hause bei einem besonders guten Tropfen machen, sonst habe ich das nie erlebt. Es genügt, wenn Sie den Rotwein eine halbe oder ganze Stunde vor dem Trinken entkorken; die Luftzufuhr verstärkt das Bouquet. Sagen Sie dem Kellner, er solle bei Rotweinen nicht eventuellen Bodensatz („Depot"), bei Weißweinen nicht sich gelegentlich bildenden Weinstein in das Glas gießen. Erster verdirbt den Geschmack, zweiter irritiert optisch.

Lassen Sie Ihren Kellner – oder tun Sie es besser sogar selbst – den Wein vor dem Servieren probieren. Wenn ein korkiger oder nach Fass schmeckender Wein einmal im Glas ist, lässt sich das Malheur nur noch mit einem gewissen Aufwand beseitigen. Vor allem: Ihre Gäste werden Sie kaum darauf hinweisen, und Sie selbst mögen es nicht merken, weil Sie aus einer anderen Flasche eingeschenkt bekommen haben.

Letzte Vorbereitungen

Wenn Sie ein Gästebuch haben, sollte es am Eingang liegen, aufgeschlagen und mit einem bereitliegenden Stift. Die meisten Gäste sehen es nicht oder wollen es nicht sehen. Häufig sind sie nicht sicher, ob sie ihren Namen oder mehr hineinschreiben sollen. Schreiben Sie das Datum und möglicherweise den Anlass des Essens oben auf die aufgeschlagene Seite; dann weiß jeder, wo er seinen Namen hinsetzen soll. Wobei frühere Eintragungen meistens ebenso diskret wie mühelos anzeigen, dass keine poetischen Ergüsse erwartet werden, was viele, so wie mich, erheblich abschrecken würde, sondern dass der Name genügt.

Die Tischordnung sollte, wie schon gesagt, im Eingangsbereich ausliegen. Wenn Sie mit Geschenken rechnen, sollte ein kleiner Tisch für diese bereitstehen, auch ein Papierkorb, in den der Gast nach dem Auspacken der Blumen das Papier werfen kann. Und schließlich: Checken Sie bei privaten Einladungen die Größe Ihrer Garderobe und Ausweichmöglichkeiten.

Eintreffen der Gäste

Die Gäste klingeln. Meistens eilt einer der Gastgeber zur Tür, hilft ihnen aus dem Mantel und führt sie zu den bereits eingetroffenen Gästen. Bei offiziellen Veranstaltungen oder bei vielen Gästen haben Sie vielleicht einen Kellner oder eine Hilfe engagiert, die Ihnen den Empfang der Gäste abnimmt.

Wenn Sie Ihren neu angekommenen Gast zu den andern Gästen führen, stellen Sie diese einander vor. So richtig klappt das aber selten: entweder muss die Gastgeberin in die Küche, oder sie und der Gastgeber eilen wieder an die

Tür, um die nächsten Gäste willkommen zu heißen. Dann muss sich der Neuankömmling selber vorstellen. Das haben wir im Abschnitt „Begrüßung" schon durchexerziert. Wenn Sie einen Ehrengast, Ihren Chef oder einen anderen hochgestellten Gast haben, den Sie mit ganz bestimmten Leuten zusammenbringen wollen, sollten Sie diese Vorstellung selber durchführen.

Geschenke

Blumen, die Gäste mitbringen, sollten sofort in eine Vase gesteckt und allen sichtbar in der Wohnung aufgestellt werden. Nehmen Sie Ihrem Gast das Blumenpapier ab, wenn Sie sehen, dass er nicht weiß, wohin damit.

In Deutschland ist es eigentlich Sitte, Geschenke gleich auszupacken und dem Schenker zu danken; das zeigt Interesse an dem und sofortige Dankbarkeit für das Geschenk. Bei größeren Veranstaltungen wird der Gastgeber dafür aber keine Zeit haben. Der Gast kann dann das Geschenk diskret auf den dafür bereitstehenden Tisch im Eingangsbereich legen. Sie als Gastgeber danken ihm an einem der nächsten Tage mündlich oder schriftlich. Hoffentlich hat er seine Visitenkarte dem Geschenk beigefügt, sonst lässt sich der Schenker nachher nicht immer zweifelsfrei feststellen.

Als Gastgeschenk mitgebrachter Wein wird in vielen Ländern noch während des Anlasses angeboten. Das dürfte – dort wie bei uns – aber nur für kleinere private Feiern gelten. Bei offiziellen Essen geht das nicht.

Drinks

Was bieten Sie nun beim Eintreffen der Gäste an? Auf jeden Fall etwas zu trinken. Denken Sie daran, dass viele Gäste mit dem Auto kommen und kaum Alkohol trinken; die früheren Zeiten, wo bei Abendessen ordentlich gebechert wurde, sind vorbei. Haben Sie also stets große Mengen von Mineralwasser mit und ohne Kohlensäure vorrätig, dann aber auch Säfte und alkoholfreies Bier. Sowie natürlich die ganze Bandbreite alkoholischer Getränke. Häufig wird zur Begrüßung für alle ein Glas Sekt, Crémant, Champagner oder ein Glas Bowle gereicht. Das ist einfach und bringt die Gäste meistens schnell in Stimmung. Sonst bieten Sie Wein, Bier, Campari, Aperol Spritz, Gin Tonic oder einen Whisky an, jeweils mit den passenden Softdrinks.[223] Sie brauchen es mit der Vielfalt der angebotenen Getränke aber nicht zu übertreiben. Die Wahl der Getränke wird auch davon abhängen, ob es ein heißer Sommertag ist oder ein kalter, für Glühwein geeigneter Winterabend.

---

223 Für sprachlich Interessierte: Schottischer Whisky wird so geschrieben, irischer und amerikanischer hingegen „Whiskey".

Soll man dazu noch etwas zu essen oder „zu knabbern“ anbieten? Die Gäste mögen es, daher ist die Antwort „ja“. Die Getränke schmecken dann besser, und manchmal wartet man lange Zeit auf das Essen, sodass man den Alkohol gerne mit ein wenig fester Nahrung ergänzen würde. Keine Mühe macht es, Schälchen mit Nüssen oder Oliven bereitzustellen, Salzstangen, Käsegebäck oder was auch immer. Sie können auch Kanapees, also kleine Schnittchen, vorbereiten, die dann herumgetragen werden. Beliebt sind auch mit Kaviar, Leberpastete oder Käse belegte Cracker. Bitte achten Sie darauf, dass die Portionen so klein sind, dass man sie mit einem Mal in den Mund stecken kann, sonst wird Ihr Teppich mindestens vollgekrümelt. Bei warmen „Amuse-Gueules“[224] muss man sich allerdings vorher fragen, ob sich der Aufwand lohnt, insbesondere wenn man keine Hilfskräfte hat: Die Dinger müssen nicht nur herumgetragen, sondern auch frisch warm gemacht werden.

Wenn alle Gäste gekommen und die ersten Gläser leergetrunken sind, ist es an der Zeit, zu Tisch zu gehen. Geben Sie als Gastgeberin oder Gastgeber das Zeichen dazu erst, wenn Sie sich bei Ihrem Partner oder persönlich in der Küche vergewissert haben, dass das Essen auch fertig ist und die Weinflaschen entkorkt sind. Bei einer größeren offiziellen Einladung lassen Sie sich gegebenenfalls vorher von der Küche bestätigen, dass die Vorspeisen auf dem Tisch stehen, die Wassergläser gefüllt sind und das Brot auf den Brottellern verteilt ist. Dann klatscht der Gastgeber oder die Gastgeberin in die Hände und sagt: „Wir können nun (endlich?) zu Tisch gehen“, oder er benutzt – in Deutschland eher scherzhaft, da es so gerne falsch übersetzt wird – den französischen Ausdruck „Madame est servie“.[225]

Wir gehen zu Tisch

Früher war es üblich, dass jeder Herr seine Tischdame, die er anhand der Tischordnung identifiziert hatte, suchte, um sie zu Tisch zu führen. Heute gibt es das kaum noch. Die Gruppen oder Paare gehen vielmehr gemeinsam mit denjenigen, mit denen sie gerade im Gespräch sind, zu Tisch. Wer alleine seinen Whisky getrunken hat, kann auch alleine zu Tisch gehen. Nur wenn Sie als Gastgeber einen Ehrengast haben, sollten Sie ihn (oder sie) in der Schar der plaudernden Gäste suchen und – der Gastgeber sie, die Gastgeberin ihn – zu Tisch führen. Auf meinem ersten Posten in Algier habe ich das einmal unterlassen und wurde von meinem Botschafter daraufhin sofort gerügt – so etwas merkt man sich.

---

224 Frei übersetzt „Gaumenfreuden“.

225 „Es ist aufgetragen“.

Wenn alle sitzen, wird zunächst der Wein serviert. Der Gastgeber wird dann sein Glas erheben, die Gäste mit einem Satz willkommen heißen und ihnen zuprosten. Vergessen Sie das als Gastgeber nicht, denn protokollbewusste Gäste könnten sonst die Dauer der Vorspeise lang vor vollen Weingläsern sitzen und sich nicht zu trinken trauen, da Sie nicht das Zeichen dazu gegeben haben. Eine beherzte Gastgeberin, die das sieht, wird dann ihr Glas ergreifen und sagen: „Johann, wir sollten jetzt auf das Wohl unserer Gäste trinken!“

Wer soll nun das Wort ergreifen, wenn ein Paar einlädt? Bei einer rein gesellschaftlichen Veranstaltung wird es immer noch der Mann sein, wie es Tradition ist. Das ist nicht zwingend, aber das Gegenteil würde Fragen nach dem Grund aufwerfen. Wenn der Gastgeber seine Mitarbeiter/innen mit Partnern einlädt, ebenso. Ist aber die Gastgeberin diejenige, die ihre Mitarbeiter/innen eingeladen hat, wird sie die Gäste mit ein paar Worten willkommen heißen.

Bei offiziellen Essen werden der Gastgeber oder die Gastgeberin die Gäste etwas ausführlicher begrüßen. Das kann durchaus eine dreiminütige Rede sein, aber bitte nicht länger! Dabei können Sie auf den Anlass des Abends hinweisen, etwa die Verabschiedung eines Kollegen oder den Besuch eines wichtigen Geschäftspartners, oder den Gästen mit einem Scherz für ihr Kommen danken („trotz des Fußball-Länderspiels heute Abend“).[226] Ich habe mir angewöhnt, vorher nachzuschauen, ob der Tag ein interessanter Jahrestag ist. Es macht sich gut, diese frisch angelesenen Kenntnisse bei der Begrüßungsrede einzuflechten; es hat bei den Gästen meistens einen kleinen „Aha-Effekt“, gibt Ihnen die Aura ungewöhnlicher Bildung und füllt eine kleine Rede. Manchmal gibt es da ganz überraschende Anknüpfungspunkte.

Der Gastgeber wird möglicherweise sein Zuprosten mit den Worten „Zum Wohl(e)“ begleiten. Das ist eine Nuance förmlicher als das „Prost!“ oder „Prosit!“ in entspannter Runde.[227]

„Mahlzeit“ ist der Firmen- oder Behördenkantine vorbehalten und bei gesellschaftlichen Anlässen völlig verpönt. „Guten Appetit“ können Sie bei familiären Essen oder der Einladung von Freunden und guten Bekannten sagen,

---

226 Tatsächlich empfiehlt es sich, bei der Planung eines Essens darauf zu achten, dass es an diesem Abend keine anderen wichtigen Veranstaltungen gibt. Die Fernsehübertragung eines Fußball-Länderspiels hat durchaus das Potential, zu zahlreichen Absagen zu führen.

227 Beide Formen haben dieselbe Bedeutung. „Prosit“ kommt vom lateinischen „prodesse“ und bedeutet „Es möge (Ihnen/ Dir) nützen“. „Prost“ ist eine sprachliche Verschleifung von „Prosit“.

insbesondere wenn Sie nicht vorhaben, ein begrüßendes Wort zu sprechen. Das ist dann der Startschuss zum Essen.

Als Gastgeber brauchen Sie sich jetzt nur noch angeregt mit Ihren Nachbarinnen zu unterhalten. Der Ehrengast sitzt zu Ihrer Rechten: Widmen Sie ihm bzw. ihr etwas mehr Aufmerksamkeit als dem Gast zur Linken, ohne diesen ganz zu vernachlässigen. Es ist nicht immer leicht, Dritte einzubeziehen; versuchen Sie es aber dennoch, wenn Sie sehen, dass der Nachbar Ihres Nachbarn oder Ihr Gegenüber mit etwas angespannter Mine ohne einen Gesprächspartner schweigend dasitzt. Ich habe gesehen, dass die britische Königin sich während Vorspeise und Hauptgang dem Gast zu ihrer Rechten gewidmet hat, um sich nach dem Hauptgericht entschlossen ihrem Nachbarn zur Linken zuzuwenden.

Kaffee und „Pousse-café"

Gastgeber und Gastgeberin sollten sich mit Blicken darüber verständigen, wer wann die Tafel aufhebt. Dabei versteht es sich von selbst, dass sie damit warten, bis der letzte Gast sein Essen beendet hat. Sie sollten sogar eine gewisse Zeit danach verstreichen lassen, damit man nicht den Eindruck bekommt, sie hätten nur darauf gewartet, bis der Gast X seine zweite Portion Nachtisch endlich aufgegessen hat. Auch sollten sie einen Gedanken darauf verwenden, ob der Ehrengast schon ein paar Dankesworte gesprochen hat, sie vielleicht noch sagen will (dann braucht er noch etwas Zeit bei Tisch) oder ob er es ganz offensichtlich nicht beabsichtigt. Dann braucht ein anderer Gast eventuell noch Zeit (und Mut), um in die Bresche zu springen und ein paar Worte zu sagen.

Alle Ratgeber schreiben, dass die Gastgeberin durch das Ablegen der Serviette neben den Teller das Zeichen zum Aufheben der Tafel gibt, und dass die Gäste ihre Servietten erst nach ihr auf den Tisch legen. Denn nur die Gastgeberin dürfe zum Ausdruck bringen, dass das Essen beendet sei. Da kann ich nur hoffen, dass sie das nicht einmal gedankenlos aus Versehen tut, bevor alle aufgegessen haben. Mit anderen Worten: Die Regel ist korrekt, wird nach meiner Erfahrung allerdings selten beachtet. Soll ich meine Tischdame unterhalten und dabei gleichzeitig auf die Serviette der Gastgeberin schielen, um das Zeichen zum Aufbruch nicht zu verpassen? Eher wird einer der beiden Gastgeber sagen: „Meine Damen und Herren/Liebe Freunde, wir können jetzt den Kaffee nebenan einnehmen", und dann stehen alle auf.

Es ist üblich, den Kaffee im Nebenzimmer zu trinken, um den Gästen Gelegenheit zu geben, sich auch mit anderen Gästen als mit ihren unmittelbaren

Tischnachbarn zu unterhalten. Manchmal ist das Gespräch bei Tisch allerdings so lebhaft, insbesondere bei privaten Einladungen mit Freunden und in einem kleinen Kreis, dass es besser ist, den Kaffee am Tisch einzunehmen. Ich mache das sogar ganz gerne. Denn es wäre ein Jammer, das Gespräch zu unterbrechen; es wird sich nicht so leicht wieder anknüpfen lassen.

Vergessen Sie nicht, Milch und Zucker zum Kaffee anzubieten. Und, man sollte es nicht glauben: Auch nach einem reichhaltigen Essen mit Nachtisch stürzen sich manche Gäste (ich gehöre selber dazu) auf Süßigkeiten, die zum Kaffee gereicht werden – Konfekt, Pfefferminzplätzchen, was auch immer.

Bieten Sie auch ein hochprozentiges Getränk zum Kaffee an; auf Französisch heißt es „Pousse-café", denn es soll den Kaffee die Kehle „runterstoßen". Übliche Getränke sind Cognac, Obstbrände, Schnaps (Steinhäger, Aquavit; gängige Rechtfertigung: Fördert die Verdauung), Whisky und ein – nicht nur Damen zusagender – Likör. Vergessen Sie aber nicht das Basisangebot an Wasser, vielleicht auch Säfte oder Softdrinks, denn viele Gäste haben nach dem Essen richtig Durst oder wollen den Alkohol im Blut mit viel Wasser verdünnen, bevor sie den Heimweg antreten – insbesondere die Autofahrer.

Sie haben als Gastgeber ein kleines Steuerungsmittel zur Beendigung des Abends in der Hand: Wenn Sie nur noch Wasser anbieten, verstehen die meisten, dass nicht mehr der Genuss im Vordergrund steht, sondern dass es langsam an der Zeit ist zu gehen. Wenn Sie weiter Ihren guten Wein und den „Carlos I" anbieten, laufen Sie hingegen Gefahr, dass sich die Besucher „festtrinken". Das geschieht auch bei offiziellen Empfängen, also Achtung.

Es ist nett, wenn Sie die Gäste zur Verabschiedung zur Tür bringen. Das lässt sich aber, insbesondere bei vielen Gästen, nicht immer machen. Ein früh die Gesellschaft verlassender Gast sollte dies diskret tun und kann auch diskret verabschiedet werden. Auf alle Fälle müssen Sie bei offiziellen Anlässen den Ehrengast oder die Ehrengäste zur Tür bringen, vielleicht sogar warten, bis diese in ihren Wagen eingestiegen sind (vor allem, wenn sie einen Chauffeur haben, der vorfährt).

Wenn der letzte Gast gegangen ist, fallen Sie und Ihre Partnerin/Ihr Partner mit einem Seufzer der Erleichterung in einen Sessel, legen die Füße hoch, genehmigen sich noch ein Glas und lassen den Abend, die Gäste und ihr Verhalten noch einmal Revue passieren. Ein Freund von mir nannte das einmal das „Fest der üblen Nachrede". Nach der harten Arbeit einer Einladung ist dies auch erlaubt, zumal erfahrungsgemäß die positiven Kommentare überwiegen.

Post festum

Ganz fertig sind Sie aber noch nicht. Es ist zwar immer weniger üblich, für mitgebrachte Geschenke zu danken, aber die Geber freuen sich darüber, insbesondere dann, wenn das Geschenk originell und erkennbar mit Liebe ausgesucht ist und den Rahmen der – völlig korrekten und auch dankbar angenommenen – Blumensträuße und Weinflaschen sprengt. Tun Sie es daher! Bei großen Einladungen, bei denen die Blumensträuße fast zu Dutzenden angeliefert werden, ist ein Dank protokollarisch nicht zwingend und fast zu viel des Guten, wird aber doch aufmerksam registriert. Es hängt auch davon ab, ob Sie das Geschenk schon in Anwesenheit des Schenkers ausgepackt und ihm gleich gedankt haben; meistens kommen Sie aber nicht dazu.[228]

Wenn Sie häufiger einladen und gut organisiert sind, sollten Sie das Datum der Veranstaltung, die Namen der Gäste und das Essen, das es gab, notieren. Sie vermeiden dadurch nicht nur Wiederholungen, die nicht unbedingt prickelnd sind, sondern Sie können bei der Planung späterer Einladungen auch auf erfolgreiche Gäste- und Essensformate zurückgreifen.[229]

228 Wenn Sie sich dazu entschließen zu danken, können Sie es ohne weiteres telefonisch oder per Mail tun. Ein Brief wäre eine besondere Geste und kann besonderen Geschenken oder Schenkern vorbehalten bleiben. Wenn Sie anlässlich Ihres Geburtstags oder eines anderen Jubiläums einladen, sollten Sie auf jeden Fall anschließend für die Geschenke danken.

229 Die Tischordnung aufzuheben kann für diejenigen, die häufig einladen (müssen), hilfreich sein.

Wenn Sie mehr über die technische Durchführung einer Essenseinladung wissen wollen, empfehle ich Ihnen die Lektüre von Zehnder/Senn „Meeting – Dining – Dress Code“. Dort finden Sie auf den Seiten 67ff. und 164ff. interessante und auch überraschende Informationen etwa über den Platzbedarf einer Person (1,5 qm bei einem Empfang, 2 qm bei einem Essen), die Anzahl des benötigten Personals, die Menge der Getränke und des Essens bei verschiedenen Anlässen, aber auch den Prozentsatz der Putz-, Schäl- und Garverluste bei Obst und Gemüse, Garmethoden, Traubensorten beim Wein und die (sehr hilfreiche) Umrechnung ausländischer Maßeinheiten. Sie können nach der Lektüre fast als Caterer arbeiten.

Ein Empfang

Vorbereitung

Ein Empfang ist in mancherlei Hinsicht leichter zu organisieren als ein Essen: Keine Tischordnung und nur eine Auswahl von Getränken, vielleicht noch Fingerfood. Nur ein Buffet-Empfang ist aufwendiger. Schön ist auch, dass man mit ihm viele seiner „gesellschaftlichen Verpflichtungen" auf einen Schlag erledigt. Allerdings werden Sie, wenn Sie privat einladen, bedauern, dass Sie sich als Gastgeber nur wenig mit den einzelnen Gästen unterhalten können. Aber sonst ist es eine praktische Sache, insbesondere wenn Sie einen Garten oder eine großzügig geschnittene Wohnung besitzen.

Die Einladung zu einem Empfang entspricht der zu einem Essen. Sie schreiben auf der Einladungskarte „zu einem Empfang" statt „zu einem Abendessen"; bei einer Nachmittagseinladung können Sie auch „zu Cocktails" schreiben. Bei vielen Eingeladenen werden Sie für den Anlass gedruckte Einladungskarten verwenden und „Nur Absagen" oder „Regrets only" schreiben, um Arbeit zu sparen.

Die Vorbereitung eines großen Empfangs werden Sie im Allgemeinen einem Caterer überlassen, wenn Sie ihn nicht überhaupt im Hotel oder Restaurant veranstalten. Er wird Sie zu Art und Menge des Essens beraten. Seien Sie bei der Anzahl der Kellner großzügig; zügige Bedienung erfreut den Gast ebenso wie gutes Essen, und stundenlanges Warten auf Getränke und Fingerfood verdirbt den Gästen die Laune.[230]

Sie können beim Empfang Fingerfood oder auch ein Buffet anbieten. Bei einem Buffet müssen Speisen angeboten werden, die man nur mit der Gabel essen kann. Ohne Tisch im Stehen mit Messer und Gabel zu hantieren und dabei möglichst noch sein Weinglas zu halten, überfordert selbst essenserfahrene Diplomaten.

Versetzen Sie sich in die Lage Ihrer Gäste, wenn Sie den Empfang und dabei vielleicht auch Fingerfood oder ein Buffet vorbereiten. Häufig stellt sich dem Gast die Frage „Wohin mit dem Glas", wenn endlich das Buffet eröffnet

---

230 Bei großen dienstlichen Empfängen können Sie als Botschafter oder Chef einer Firma auch die Mitarbeiter um Mithilfe bitten – etwa beim Empfang der Gäste und beim Dirigieren der eintreffenden Wagen. Sie sollten bei großen Veranstaltungen vorher die Polizei informieren, die gegebenenfalls die Straße für den übrigen Verkehr sperrt, sonst gibt es ein Chaos. Lassen Sie sich von Ihren Mitarbeitern wichtige Gäste aus deren Arbeitsbereich zuführen, um sie entsprechend wahrzunehmen und kennenzulernen. Vergessen Sie nicht, Ihren Mitarbeitern anschließend einen Tag frei zu geben, da das Ganze meistens außerhalb der regulären Arbeitszeit stattfindet.

wird. Stehtische, auf denen man Teller und Glas abstellen kann, sind also eine gute Idee. Man kann sich an ihnen auch entspannter unterhalten. Haltevorrichtungen für Gläser, die man am Teller festmacht, sind, obwohl höchst praktisch, etwas aus der Mode gekommen.

Begrüßung

Zur Begrüßung der Gäste bilden Sie bei großen Empfängen, meistens solchen beruflicher Natur, mit Ihrer Partnerin oder Ihrem Partner eine *receiving line*, die Sie noch um Ihre wichtigsten Mitarbeiter erweitern können. Sie entscheiden selbst, wer in der receiving line steht. Dabei sollten Sie nicht nur berücksichtigen, was früher üblich war, sondern auch, wen Sie durch die Entscheidung vergrätzen und wem Sie mit ihr eine Freude machen würden.

Nehmen Sie vor dem Eintreffen der Gäste Ihre Ringe von der rechten Hand ab und verstauen Sie sie sicher. Nicht weil sie Ihnen bei der Begrüßung vom Finger gezogen werden könnten, sondern um sich vor Verletzungen zu schützen. Wer mit beringter Hand 500 und mehr Gästehände geschüttelt hat – und der aufrechte deutsche Mann greift gerne kräftig zu –, wird später kleinere Quetschungen zu beklagen haben. Zweiter Rat: Sprechen Sie bei der Begrüßung nicht zu lange mit jedem Gast, auch wenn Sie ihm herzlich verbunden sind. Denn die Schlange der wartenden Gäste wird dadurch immer länger. Heben Sie sich das Gespräch für später auf. Und bitten Sie einen Ihrer Mitarbeiter, Ihnen zu sagen, wenn die Schlange der Gäste bis auf die Straße reicht: Dann werden die Hände halt notgedrungen mit freundlichem Lächeln im Akkord geschüttelt.

Es fragt sich bei solchen Veranstaltungen immer, ob eine kleine Rede gehalten werden sollte, sei es zur Begrüßung, sei es zur Erläuterung des Anlasses. Selbst wenn die Rede Ihnen vorher Kopfzerbrechen bereiten sollte und das heitere Geplauder der Gäste unterbrechen wird: Tun Sie es! Sie verleiht dem Anlass Festlichkeit und Gesicht. Sprechen Sie aber nicht länger als drei bis höchsten fünf Minuten; lange Reden werden im Stehen besonders ungern gehört. Die Gäste werden anschließend schnell wieder in ihren Gesprächsrhythmus finden. Wenn Sie im Ausland zudem noch die Landessprache sprechen, und seien es nur ein paar Worte, werden Sie auf eine besonders positive Resonanz stoßen.[231]

---

231 Verzichten Sie bitte darauf, den Gästen zu danken, dass sie „so zahlreich" erschienen sind. Dazu sagt Frau Helbach-Grosser treffend: „Ich kann nur zahlreich erscheinen, wenn ich mit Sechslingen schwanger bin" (Erfolg, S.88).

Während Sie die Gäste begrüßen, werden den bereits Angekommenen natürlich Getränke gereicht. Schon dann werden sich einige über das Buffet herzumachen versuchen. Unterbinden Sie das durch organisatorische Maßnahmen oder beauftragen Sie jemanden damit, das nach Möglichkeit zu verhindern, bis Sie Ihre Begrüßungsansprache beendet haben.[232]

Und schließlich: Machen Sie bei großen Empfängen anschließend eine Evaluierung. Was war gut, was verbesserungsfähig, und wie sollte die Verbesserung aussehen? Sie werden beim nächsten Mal dankbar sein, auf eine Erfahrungsnotiz vom Vorjahr zurückgreifen zu können.

232 Wenn die Gäste mit dem Teller in der Hand kauend vor dem Redner stehen, verflüchtigt sich doch etwas die festliche Atmosphäre.

Manche sammeln am Eingang die Einladungskarten ein, um später besser die Zahl der Gäste rekonstruieren zu können. Eleganter ist es (auch wenn es länger dauert), die Einladungsliste abzuhaken; manche wollen ihre Einladungskarte gerne behalten oder haben schon persönliche Notizen drauf gekritzelt.

Wir werden eingeladen

Vor dem Essen

Und nun exerzieren wir das Ganze einmal aus der Sicht des Gastes durch.

Annahme der Einladung

Zeigen Sie, dass Sie sich über die Einladung freuen, und zwar dadurch, dass Sie möglichst schnell antworten. Das können Sie natürlich nur, wenn die Sache terminlich klar ist. Sagen Sie daher sofort ab, wenn Sie gleich wissen, dass Sie nicht kommen können. Der Gastgeber kann dann noch „nacheinladen", ohne dass es auffällt.

Es ist übrigens völlig verfehlt, beleidigt zu sein, wenn man mitbekommt, dass man als „Reservekandidat" eingeladen wurde. Jeder Gastgeber steht vor dem Problem, dass er eigentlich viel mehr Gäste einladen will, als er Platz hat. Also trifft er notgedrungen eine Auswahl und fragt sich: Wen will ich unbedingt sehen, wo habe ich eine (oder die dringendste) Verpflichtung, welche Gäste passen gut zusammen, wen sehe ich ohnehin häufig, wen habe ich gerade bei einer anderen Veranstaltung getroffen, welche Gäste will ich zusammenbringen? Und manches Mal wird er ganz froh sein, wenn einer der „Pflichtgäste" absagt und er dafür jemanden einladen kann, der ihm näher steht. Gehen Sie also, wenn Sie etwas später als andere eingeladen werden, davon aus, dass Sie zu dieser letzten Kategorie gehören.

Wenn Sie mit Ihrem Partner eingeladen werden, aber einer von Ihnen beiden verhindert ist, kommt es bei der Zu- bzw. Absage auf den Typ der Einladung an. Bei dienstlichen Einladungen wird die Einladung vor allem dem in dienstlicher/beruflicher Funktion Eingeladenen gelten. Er könnte also ohne weiteres für sich alleine zusagen. Das gilt aber nicht für seinen Partner, gleichgültig ob Herr oder Dame. Dieser hätte an einer dienstlich geprägten Veranstaltung wahrscheinlich wenig Freude, und für den Gastgeber wäre er vor allem ein Gast, der zu dem dienstlichen Zweck der Einladung nichts beitragen kann. Wenn der aus beruflichen Gründen Eingeladene nicht kommen kann, sollten also beide absagen.

Bei privaten oder gemischt dienstlich-privaten Einladungen ist das anders. Hier freut sich der Gastgeber meistens, wenn wenigsten einer der beiden Eingeladenen kommt. Doch ist es ein Gebot der Höflichkeit, die Gastgeber zu fragen, ob man auch alleine kommen kann. Meistens werden diese sagen: „Aber natürlich!"

Nur in Ausnahmefällen mag es interne Gründe (überwiegend dienstlicher Charakter oder unerwartet viele Gäste auf engem Raum) dafür geben, dass der befragte Gastgeber sagt: „Wir sehen Sie beide dann lieber ein anderes Mal". Er soll sich nicht scheuen, das zu tun, denn es ist kein unfreundlicher Akt. Und Sie sollten es ihm nicht übel nehmen.

Sie können jede Einladung annehmen, ungeachtet des Rangs, des Geschlechts oder der gesellschaftlichen oder dienstlichen Stellung des Einladenden.[233]

Auf eine sprachliche Feinheit möchte ich Sie allerdings noch hinweisen: den Unterschied zwischen einladen und auffordern. Wenn Sie aufgefordert werden, an einer Veranstaltung teilzunehmen, wird erwartet, dass Sie die Kosten selber tragen. Diese sprachliche Unterscheidung wird aber nicht immer gemacht. So müssen Mitglieder eines Vereins, die zu einem Fest oder Vortrag „eingeladen" werden, damit rechnen, selbst ihr Essen oder ihre Getränke zu zahlen. Meistens wird das auf der „Einladung" aber auch vermerkt.

Pünktlichkeit

Sie sind für 20.00 Uhr eingeladen. Dann sollten Sie auch kurz nach 20.00 Uhr beim Gastgeber eintreffen. Vor der angegebenen Zeit zu kommen, ist wenig rücksichtsvoll, da die Gastgeber in Küche und Ankleidezimmer bis 19.59 Uhr häufig alle Hände voll zu tun haben. Machen Sie also, wenn Sie zu früh dran sind, noch einen kleinen Spaziergang, man nennt es „Protokollrunde", um sich die Zeit bis 20 Uhr zu vertreiben. Sie werden dabei auch andere Gäste treffen oder welche wartend in ihrem Auto sitzen sehen. Nur wenn es regnet und Sie nicht in einem Auto Schutz suchen können, können Sie früher klingeln.

In Deutschland ist es üblich, fünf bis 15 Minuten nach der angegebenen Zeit zu kommen. Das ist aber nicht überall so. In Dänemark habe ich erlebt, dass die Gäste sich vor der Haustür versammeln und mit dem 20 Uhr-Glockenschlag auf die Klingel drücken. Ganz anders in Lateinamerika, jedenfalls in Santo Domingo. Dort kamen die um 20 Uhr eingeladenen Gäste um 22 Uhr oder sogar später; nur diejenigen, die zeigen wollten, dass sie um die deutsche Pünktlichkeit wussten, kamen aus Höflichkeit schon um 20.30 Uhr.

---

233 Es bleibt allerdings in seltenen Fällen die Frage, ob Sie aus (außen-)politischen Gründen absagen oder wirklich eine Einladung der Konkurrenzfirma Ihres Unternehmens annehmen sollten. Setzen Sie sich nicht dem Verdacht der Illoyalität aus; fragen Sie lieber Ihren Chef.

Gastgeschenke

Auf der Einladung ist häufig vermerkt, was Sie anziehen sollen. Wie aber steht es mit Geschenken? Bei privaten Einladungen zum Essen sollten Sie etwas mitbringen, das wird Ihnen Ihr Herz schon sagen, sonst wird es Ihnen spätestens dann schwer auf die Seele fallen, wenn Sie als einziger ohne Gastgeschenk dastehen. Fast alles ist möglich außer Parfum oder Ähnlichem – entweder ist es zu intim oder der Beschenkte fragt sich, ob er die Körperpflege in letzter Zeit vernachlässigt habe. Immer richtig sind Blumen, Wein, Bücher, Konfekt oder auch mal etwas Originelles, etwa selbst gemachte Marmelade oder ein Mitbringsel von Ihrer letzten Reise. Bei Einladungen im Ausland wird man sich über typische Sachen aus Ihrer Heimat freuen.

Bei dienstlichen Empfängen und Essen sind Geschenke nicht üblich; als ehemaliger Diplomat muss ich gestehen, dass solche Veranstaltungen von allen Beteiligten, Gästen wie Gastgebern, als – wenn auch gelegentlich angenehme – Arbeit angesehen werden. Da bedarf es keiner Blumen. Es sei denn, Sie wollen den Gastgebern eine besondere Freude machen.

Bei sonstigen dienstlichen und geschäftlichen Essenseinladungen zu Hause empfiehlt es sich allerdings, der Frau des Chefs Blumen oder dem sympathischen Kollegen ein anderes kleines Geschenk mitzubringen. Es kann zumindest nicht schaden. Die Grenzen sind fließend und die Sitten von Land zu Land verschieden. In Deutschland wird häufig etwas mitgebracht. Auch alleinstehende Herren freuen sich über Blumen, allerdings vielleicht nicht überschwänglich, weil sie in der Kürze der Zeit häufig nur schwer die passende Vase finden. Topfblumen sind in diesem Fall keine schlechte Idee.

Bei größeren Einladungen ist es eine gute, aber selten umgesetzte Idee, die Blumen vorher zu schicken, die der Gastgeber dann sichtbar hinstellt, um den Schenker zu ehren. Zugleich kann er, wenn die Blumen früh genug eintreffen, die Ausgabe für den Blumenschmuck sparen. Ebenso korrekt und dankbar angenommen ist es, Blumen nachträglich mit einem kurzen Dank an die Gastgeber zu schicken.

Zu einem Essen im Restaurant bringt man keine Blumen mit, schon weil dort meistens sowohl der Platz als auch der Vorrat an Vasen beschränkt ist. Auch würde der Gastgeber vor das schwierige Problem gestellt, ein Blumenmeer nach Hause transportieren zu müssen.

Bedenken Sie auch, dass Blumen unterschiedliche Sprachen sprechen. Sie sollten sich also genau überlegen, ob Sie der Frau Ihres Chefs, auch wenn Sie sie bedeutend sympathischer finden als ihn selbst, unbedingt rote Rosen überreichen wollen.[234]

Auch wenn Sie das Geschenk selber mitbringen: denken Sie daran, dem Geschenk eine Visitenkarte mit einem darauf geschriebenen kurzen Dank beizufügen. Die Gastgeber werden vor allem bei größeren Einladungen nicht die Zeit haben, die Geschenke gleich auszupacken. Beim späteren Auspacken werden sie bei einigen Geschenken vergessen haben, wer sie mitgebracht hat. Das ist für den Gast traurig – er hat sich bei der Auswahl des Geschenks doch so große Mühe gegeben – und für die Gastgeber peinlich, da sie sich bedanken wollen, aber nicht genau wissen bei wem wofür. Die beim Geschenk liegende Visitenkarte vermeidet das.[235]

Das Geschenk können Sie den Gastgebern bei der Begrüßung in die Hand drücken. Erscheint nur einer an der Haustür, können Sie auch dem Gastgeber die Blumen oder der Gastgeberin die Flasche Whisky mit ein paar erklärenden Worten geben; Sie brauchen also nicht auf den „passenden" Empfänger des Geschenks zu warten. Nur bei privaten Einladungen würde ich Geschenke und auch Blumen mit in das Wohnzimmer nehmen, wo die Gastgeberin mit den schon eingetroffenen Gästen steht, um sie ihr dort zu überreichen. Bei größeren, insbesondere dienstlichen Einladungen wäre das Gastgeberpaar mit der Entgegennahme von Geschenken hingegen glatt überfordert. Da lässt man die Geschenke im Vorraum. Schauen Sie dort nach einem kleinen Tisch für Geschenke; manchmal liegen ja schon welche darauf.

Ein letztes Wort noch zu Blumen: Wenn man sie der Gastgeberin überreicht, sollten sie ausgepackt sein, es sei denn, sie sind in Zellophanpapier eingepackt und somit in ihrer ganzen Pracht sichtbar. Das zerknüllte Papier versucht der Gast dann typischerweise noch im Vorraum loszuwerden und entweder in einen Papierkorb zu werfen oder jemandem vom Haus (das kann bei privaten Einladungen der Gastgeber selbst sein) in die Hand zu drücken.

Möglicherweise liegt ein Gästebuch aus. Tun Sie dem Gastgeber den Gefallen und tragen Sie sich ein. Name genügt. Bei dienstlichen Einladungen sollte

234 In Osteuropa werden Sträuße mit gerader Anzahl Blumen nur bei einem Trauerfall überreicht, ebenso gelbe Blumen. In Westeuropa gelten unter anderem weiße Chrysanthemen, Lilien und Callas als Trauerblumen.

235 Bei Hochzeiten und ähnlichen Einladungen mit vielen Geschenken macht es Sinn, einen jungen Verwandten zu bitten, sich an den Geschenktisch zu stellen, den Namen des Schenkers auf einen Zettel zu schreiben und diesen an das Geschenk zu heften.

man seine Funktion und und den Namen der Institution hinzufügen, von der man kommt. Beispiele Ihrer Dichtkunst sind nur bei ganz privaten Einladungen gefragt; Sie werden das daran erkennen, dass sich andere schon vor Ihnen darin versucht haben. Es wird Sie mit Neid, Schrecken oder beidem erfüllen.

Der Mini-Empfang vor dem Essen

Die Gastgeber oder einer von ihnen werden Sie nach der Begrüßung zu den anderen Gästen geleiten und diesen vorstellen. Händeschütteln ist in unseren Breitengraden üblich, vermeiden Sie dabei aber bitte, dass sich bei der gleichzeitigen Begrüßung zweier Paare die Arme kreuzen; einige sehen das als schlechtes Zeichen an. Warten Sie also geduldig, bis die Begrüßung der anderen beiden vorbei ist und reichen Sie dann der Person, mit der Sie gerade bekannt gemacht worden sind, die Hand.

Spätestens dann wird Sie der Gastgeber alleine lassen, um zu den anderen Gästen zu eilen, und Sie unterhalten sich mit Ihrer Gruppe oder gehen zur nächsten Gruppe weiter, um sich dort selbst vorzustellen. Es ist wünschenswert, aber nicht immer möglich, alle Gäste schon vor dem Essen zu begrüßen. Bei dem Kennenlernen vor dem Essen machen Sie vielleicht auch schon Ihre Tischnachbarn aus, die Sie im Entree auf der ausgehängten Tischordnung identifiziert haben. Selbst wenn Sie von der Wahl begeistert sind: Reden Sie sich nicht schon vor dem Essen mit ihnen fest, sondern wenden Sie sich lieber den anderen Gästen zu, mit denen Sie beim Essen weniger Möglichkeiten zum Austausch haben. Sonst laufen Sie Gefahr, Ihre Konversationsthemen bei Tisch zu früh zu erschöpfen.

Es werden Getränke und möglicherweise Fingerfood gereicht, vielleicht stehen Schälchen oder Platten mit Crackern, Oliven oder zierlichen Spießchen in Reichweite. Sie schmecken gut, aber erst spät fällt einem ein: Wohin mit dem Zahnstocher oder Olivenkern? Idealerweise steht ein Schälchen oder ein Aschenbecher in der Nähe, wo Sie beides abladen können. Vielleicht kommt Ihnen ja auch ein Kellner zu Hilfe, auf dessen Tablett Sie nach einer entsprechenden Frage meistens alles ablegen können; bitte legen Sie die Reste aber nicht einfach zu den gefüllten Gläsern, die auf dem Tablett angeboten werden sollen. Um nicht bei jedem Zahnstocher oder Spießchen zu einem Ort außerhalb Ihres Gesprächskreises eilen zu müssen, sollten Sie sie in der Hand behalten, bis die Entsorgung elegant gelingt. Bei Olivenkernen geht das schlecht; entsorgen Sie sie lieber gleich. Rücksichtsvolle Gastgeber werden Schälchen bereitgestellt haben und schon der Zähne der Gäste wegen Oliven mit Kern vermeiden.

Die Olivenkerne sind Sie nun glücklich los, aber was tun Sie mit Ihrem gerade nachgefüllten Glas, wenn die Gastgeber zu Tisch rufen? Sie lassen es schweren Herzens stehen; nur bei privaten Einladungen und mit Freunden können Sie es mitnehmen – eventuell mit der rhetorischen Frage „Kann ich mein Glas mitnehmen?". Niemand wird es Ihnen verwehren, doch passt das Getränk dann häufig nicht zum Essen oder der Getränkefolge. Also: runterkippen (in Maßen erlaubt) oder halbvoll abstellen.

Wenn es zum Essen geht, werfen Sie noch einmal einen Blick auf die Tischordnung (soweit vorhanden) und prägen Sie sich den bis dato unbekannten Namen Ihrer Tischnachbarin oder Ihres Tischnachbarn ein. Es ist ein bisschen peinlich, wenn man sich bei Tisch unauffällig zur Seite beugt, um sich mit einem Blick auf die Tischkarte des Nachbarn den Namen in Erinnerung zu rufen. Und achten Sie darauf, wo bei der Tischordnung die Tür eingezeichnet ist, durch die man das Esszimmer betritt, sonst suchen Sie möglicherweise Ihren Platz zunächst einmal auf der falschen Seite des Tisches.

Bei Tisch und danach

Die Herren setzen sich erst, wenn die Damen sitzen. Geht es ganz formell zu, nimmt die Gastgeberin als Erste Platz. In privaten Runden kann das allerdings etwas dauern, wenn sie noch einige Minuten in der Küche beschäftigt ist. Doch werden die Gastgeber dann schnell sagen: „Aber setzen Sie sich doch bitte".

Bevor es sich alle auf ihren Stühlen bequem gemacht haben, ist die letzte Gelegenheit, sich mit den Gästen am Tisch bekannt zu machen, die man vorher nicht begrüßen konnte. Es ist immer etwas unangenehm, sich später bei Tisch mit einem oder einer Unbekannten zu unterhalten. Also: Holen Sie das Bekanntmachen schnell nach, bevor das Essen beginnt. Bei überschaubaren Tischen sollten die neu hinzukommenden Herren um den Tisch herumgehen und sich denen vorstellen, die sie noch nicht begrüßt haben; bei großen Tischen genügt die Begrüßung der Gäste in „Sprechweite". Wenn anschließend noch eine Dame zum Tisch eilt, die zu begrüßen man keine Gelegenheit gehabt hat, bricht sich kein Mann einen Stein aus der Krone, wenn er noch einmal aufsteht, zu der Dame hingeht und die Begrüßung nachholt. Von der Dame kann er es nicht erwarten. Bei neu hinzukommenden Herren ist das nicht nötig; von ihnen können die am Tisch Sitzenden oder Stehenden erwarten, dass sie zur Begrüßung zu ihnen kommen. Und wenn nicht, dann eben nicht.

Ein Herr hilft seiner Tischdame, also der Dame zu seiner Rechten, beim Hinsetzen, indem er ihr – mehr oder weniger zeremoniell, und es ist nicht immer wirklich eine Hilfe – den Stuhl in die richtige Position schiebt.

Wenn Sie als Mann bereits am Tisch sitzen und eine Dame Anstalten macht, auf dem Stuhl neben Ihnen Platz zu nehmen, erheben Sie sich und stellen sich vor. Wenn sie hingegen während des Essens aufsteht, um sich die Nase zu pudern, deuten Sie allenfalls, wenn überhaupt, leicht ein Erheben an, aber nicht mehr; die ganze Aktion soll ja so diskret wie möglich über die Bühne gehen.

Ähnlich ist es übrigens bei einem Buffet-Essen. Wenn Sie jedes Mal aufstehen wollten, wenn eine Dame am Tisch aufsteht, um zum Buffet zu gehen, wäre die Gemütlichkeit bei Tisch bald dahin. Bleiben Sie also sitzen; das ist im Interesse aller und korrekt. Sie können Ihre Tischdame natürlich auch zum Buffet begleiten; dann fühlen Sie beide sich nicht so alleine, wenn Sie zum zweiten Mal zum Buffet gehen.

Verwirrende Vielfalt

Ja, so ein festlich gedeckter Tisch kann schon ein verwirrender, wenn nicht gar furchteinflößender Anblick sein. Zu Unrecht, wie folgende Geschichte verdeutlicht: In England erhielt ein verdienter, aber aus einfachen Verhältnissen stammender, wenig protokollerfahrener Mann einen Orden und wurde bei dem damit verbundenen Essen als Ehrengast neben Königin Elisabeth II gesetzt. Angesichts der schieren Menge von Tellern, Bestecken und Gläsern, deren Funktion er nicht zuordnen konnte, wurde dem guten Mann ganz blümerant zumute. Die Königin merkt das, beugt sich zu ihm und sagt: „Ich bin immer so verwirrt, wenn ich die vielen Dinge an meinem Platz sehe. Ich fange dann aber einfach mit dem außen liegenden Besteck und mit dem mir am nächsten stehenden Glas an und arbeite mich so bis zum Ende des Essens durch. Und Sie werden es kaum glauben: Es funktioniert!"

Folgen Sie dem Rat der Königin. Wenn neben Ihrem Teller Gerätschaften liegen, die Sie nicht kennen, ist es keine Schande, erst einmal in die Runde zu blicken, um zu sehen, wie sie benutzt werden. Das fängt bei dem Fehlen eines Bestecks an, das Sie vielleicht erwartet haben (z.B. bei Artischocken; die zupft man mit der Hand ab), geht mit dem rätselhaft aussehenden Hummerbesteck weiter und hört beim Obstbesteck auf. Sie werden nicht der Einzige sein, der seine Augen schweifen lässt. Wenn alle zögern, wird sich hoffentlich ein Gast mit Selbstvertrauen finden, der in die Stille hinein fragt: „Und was soll ich jetzt mit diesem Gerät hier anstellen?"

Sie sehen aber nicht nur Teller, Gläser und Besteck, sondern auch den Brotteller und die Serviette. Der Brotteller steht leicht links versetzt von Ihren Tellern, die Serviette liegt links von oder auf Ihrem Teller.

Wenn Sie Brot auf Ihren Teller legen, wählen Sie bitte den Brotteller links von Ihnen. Ich erwähne das besonders, weil hier häufig ein Missgeschick passiert. Wenn jemand versehentlich den rechts stehenden Brotteller benutzt, zwingt er seinen rechten Nachbarn, sich widerstrebend auch dem Brotteller zu seiner Rechten zuzuwenden. Dieser Fehler pflanzt sich um den Tisch herum fort bis zu dem Gast, nennen wir ihn Pechvogel, dessen rechter Nachbar schon mit gesundem Appetit den ihm zustehenden linken Brotteller in Beschlag gelegt hat. Pechvogel hat also keinen Brotteller und kann nur noch traurig den Blick über die Tafel schweifen lassen auf der Suche nach dem Urheber seines erzwungenen Brotverzichts. Denn er kann schlecht seinen Brotteller quer über die Tafel reklamieren.

Dasselbe Missgeschick kann einem bei der Serviette passieren. Dann bitten Sie den Kellner unauffällig um eine Serviette.

Bei kleinen privaten Einladungen tritt dieses Problem auch auf. Doch wird es da mit Hallo, einem kleinen Witz, vielleicht sogar mit gespielter Entrüstung und dem Austausch der Teller gelöst.

Die Tischkarte mit Ihrem Namen lassen Sie bitte sichtbar vor Ihrem Teller stehen; das erleichtert es den anderen Gästen, Sie mit Ihrem Namen anzureden. Die Menükarte teilen Sie freundlicherweise mit Ihren Nachbarn und stellen sie nach der Lektüre für alle erreichbar an ihren ursprünglichen Platz zurück. Haben Sie ein persönliches Exemplar, schieben Sie es unter den Teller oder irgendwohin, wo es nicht stört.[236]

Konversation

Nach traditioneller Lesart obliegt es dem Mann, seine Tischdame zu unterhalten. Das klingt ein wenig antiquiert, spiegelt im Kern aber doch wider, was von ihm immer noch erwartet wird. Allerdings tragen die Damen heute glücklicherweise häufig lebhaft zu dem Gespräch bei. Der Herr sollte sich also seiner Tischdame zuwenden, kann aber natürlich auch zunächst mit der Nachbarin zur Linken sprechen, wenn seine Tischdame bereits in ein lebhaftes Gespräch mit ihrem Nachbarn zur Rechten verwickelt ist. Im Endeffekt sollten Sie als Mann nur darauf achten, dass Ihre Tischdame während des Essens gut unterhalten ist[237].

Das ist nun aber leider nicht immer möglich. Manchmal fällt einem – sei man nun Mann oder Frau – einfach kein Gesprächsthema ein; das Gehirn ist wie leergefegt. Gelegentlich ist die zu unterhaltende Person zudem noch von Natur aus wortkarg; ihr bloßes „Ja" oder „Nein" auf eine interessierte Frage, selbst ein „Ach so!" trägt nicht wirklich zu einem angeregten Gespräch bei. Und so geschieht es häufiger, dass Sie nach einer gewissen Zeit nach Gesprächsthemen suchen.

Bei einem unverbindlichen Gespräch mit unbekannten Menschen sollte man sich auf unkontroverse Themen beschränken: das Wetter, den Wohnort, die schöne Umgebung, eine gerade diskutierte Theateraufführung, einen Bestseller, eine Kunstausstellung, Hobbys und Reisen; ich habe selten so viel über Kindererziehung gesprochen wie bei offiziellen Essen mit meinen Nachbarinnen, wenn mir nichts anderes mehr einfiel. Im Ausland bietet sich die Frage an,

236 Wenn Asserate, Manieren, auf Seite 318 schreibt, es sei "bei diplomatischen Essen übrigens Brauch, dass sich die Gäste gegenseitig Autogramme auf die Menükarten geben", so deckt sich das in keiner Weise mit meiner Erfahrung. So entstehen Mythen.

237 Ähnliches gilt bei Bällen. Sie tanzen zuerst mit Ihrer Tischdame und dann möglichst mit allen Damen an Ihrem Tisch. Das jedenfalls ist die Regel nach alter Schule.

wie lange der Gesprächspartner schon im Land ist, wie es ihm hier gefällt und Ähnliches mehr. Ratgeber empfehlen als Thema auch Sport, wobei ich allerdings beim Fußball nicht darauf wetten möchte, dass das Gespräch dann emotionsfrei verläuft.

Die Frage „Haben Sie Geschwister?" soll ein sicherer Weg zu einer angeregten Unterhaltung sein.[238] Ich habe auch keine Hemmungen, nach der beruflichen Tätigkeit der Nachbarin oder des Nachbarn zu fragen, obwohl einige davon abraten, da es zu persönlich sei.[239] Denn diese Frage eröffnet ein weites Themenfeld und viele Menschen sprechen gerne von sich. Vergessen Sie nicht: Ihr Nachbar oder Ihre Nachbarin sind auch froh, wenn Sie ein Thema anschneiden, auf das diese gut antworten können; auch sie fürchten ein Ersterben der Konversation.

Krankheitsgeschichten, Sex, Familienstreitigkeiten, abfällige Bemerkungen über An- und Abwesende und Witze über und mit Namen sind dagegen entschieden zu meiden. Benutzen Sie das Tischgespräch auch nicht zu einer kostenlosen Konsultation, wenn sich herausstellt, dass Ihr Nachbar Arzt oder Rechtsanwalt ist. Seien Sie zurückhaltend in Urteilen und Erzählungen. Auch wenn Sie andere beeindrucken wollen – wohl der häufigste Grund für die Weitergabe von Geheimnissen –, sollten Sie nichts sagen, was Sie vertraulich oder privat erfahren haben. Man bereut selten, etwas nicht gesagt zu haben, viel häufiger dagegen, zu viel gesagt zu haben.

Wenn Sie wissen, wen Sie bei einer gesellschaftlichen Veranstaltung treffen, werden Sie zum perfekten Unterhalter, wenn Sie vorher etwas über diese Person in Erfahrung gebracht haben. Sie entdecken bei Ihren Nachforschungen vielleicht gleiche Hobbys. Aber auch wenn es solche nicht gibt, können Sie auf jeden Fall Themen anschneiden, von denen Sie wissen, dass sich der Gesprächspartner für sie interessiert.[240]

Beim Small Talk bleibt es im Allgemeinen nicht lange. Gerade bei Abendessen, bei denen Sie zwei Stunden lang an Ihre Gesprächspartner „gekettet"

---

238 Schönfeldt, Anstand, S.189.

239 Bei der Frage, ob Ihre Gesprächspartnerin berufstätig sei, ist allerdings Vorsicht geboten, da einige ungern „Ich bin Hausfrau" antworten. Leiten Sie die Frage daher lieber so ein: „Haben Sie denn mit Ihren Kindern überhaupt noch Zeit für eine berufliche Tätigkeit?"

240 Bei einem Staatsbesuch in England 1998 mussten wir vorher der britischen Seite unsere Lebensläufe einreichen. Ich dachte mir nicht viel dabei, war dann aber überrascht und tief beeindruckt, dass Princess Anne ihn bei dem Gespräch vor einem Mittagessen auf Schloss Windsor offensichtlich kannte. Das ist nun perfektes Protokoll!

sind (im Guten wie im Schlechten), will man es ja nicht bei Small Talk belassen, sondern Meinungen austauschen und sich auch einmal über etwas Interessantes und Diskussionswürdiges, ja Kontroverses unterhalten. Sonst wird es doch langweilig. Was bietet sich da mehr an als die politische Lage, die Schlagzeile in der Zeitung oder eine landesweit diskutierte kontroverse Inszenierung eines Regisseurs? Davon wird teilweise abgeraten, doch ich halte diese Themen für durchaus zulässig.

Bei Parteipolitik und Religion ist allerdings Vorsicht geboten. Da ist der Gesprächspartner meistens aus tiefer Überzeugung festgelegt und versteht möglicherweise keinen Spaß. Tasten Sie sich bei diesen Themen vorsichtig vor und machen Sie sofort einen Rückzieher, wenn Sie merken, dass Empfindlichkeiten berührt sind. Vor allem bei einem Gespräch mit Ihrem Chef werden Sie eine abweichende Meinung nur vorsichtig anbringen wollen und, wenn Sie auf der anderen Seite unverrückbare Überzeugungen sehen, das strittige Thema schnell mit einem versöhnlichen Satz beenden. Dennoch bin ich der Ansicht, dass der Mensch ein „zóon politikón", also ein politisches Wesen ist und dass man allgemeinpolitische und weltanschauliche Fragen diskutieren kann, solange man Toleranz zeigt und den Gesprächspartner nicht verletzt.

Im Gespräch sollten Sie versuchen, nicht nur mit „Ja", „Nein" oder „Wirklich?" zu antworten, sondern auf das Thema einzugehen. Verfallen Sie aber nicht in den Fehler, dem Gesprächspartner, der von einer Reise berichtet, die sie selbst einmal gemacht haben, begeistert ins Wort zu fallen und erst einmal Ihre Geschichte zu erzählen. Ich neige selbst dazu, doch ist es weder höflich noch für den Gang des Gesprächs förderlich. Lassen Sie Ihren Gesprächspartner ausreden und halten Sie sich Ihre Gesprächsmunition trocken, selbst wenn Sie Gefahr laufen, dass sich das Gespräch so entwickelt, dass Sie Ihre klugen Gedanken und interessanten Erlebnisse nicht mehr zum Besten geben können.

Mir ist es schon häufig passiert, dass ich einfach kein Gesprächsthema fand und den Blick neidvoll zu den anderen Gäste wandern ließ, die in ein angeregtes Gespräch vertieft waren. Vielleicht saß zwar am anderen Ende der Tafel ebenfalls ein Gast schweigend und mit unbehaglichem Gesichtsausdruck, aber das hat mich nicht unbedingt getröstet. Verfallen Sie in einem solchen Fall nicht in Trübsinn und bekommen Sie keine Minderwertigkeitskomplexe, sondern machen Sie sich klar, dass so etwas jedem einmal passiert. Widmen Sie sich stattdessen aufseufzend, aber mit Genuss dem Essen. Das tut gut und gibt Ihnen die Zufriedenheit und Gelassenheit, die Ihnen helfen wird, nach wenigen Minuten wieder ein Gespräch aufzunehmen. Sollte es wider Erwarten nicht möglich sein, hat Ihnen wenigstens das Essen geschmeckt.

Wann trinken?

Feuchten Sie sich die Kehle für das Gespräch bitte zunächst nur mit Wasser an. Der Gastgeber wird die Gäste mit einem Toast oder ein paar Worten, die in einem „Herzlich willkommen! Zum Wohl!" münden, willkommen heißen. Das ist der Startschuss zum Genuss der alkoholischen Getränke. Sollte der Gastgeber das einmal nicht tun – sei es, dass er den Anlass für zu privat hält, sei es, dass er es einfach vergisst –, kann man nach der Hälfte des ersten Gangs durchaus auch von sich aus zum Weinglas greifen. Sie werden sehen, die anderen folgen Ihnen. Einem Startschuss zum Trinken steht es übrigens gleich, wenn der Gastgeber selbst versonnen und schweigend an seinem Weinglas nippt. Wundern Sie sich nicht, wenn in angelsächsischen Ländern ohne Toast oder Anstoßen getrunken wird; das ist dort so üblich.

Wird zum ersten Gang Weißwein, zum zweiten Rotwein gereicht, müssen Sie mit dem Genuss des Rotweins nicht warten, bis der Gastgeber erneut sein Glas erhebt und mit allen anstößt. Da diese Regel aber nicht unumstritten ist, sollten Sie ihm vorsichtshalber etwas Zeit geben, es zu tun. Dann aber trinken Sie in Eigenregie![241]

Da merken Sie zu Ihrer nicht geringen Enttäuschung, dass der Wein korkig ist. Was tun? Nur wenn Sie ein guter Freund des Gastgebers sind, können Sie ihn (diskret; er wird dankbar sein) darauf hinweisen. Andere Gäste werden mit Bedauern, aber stoisch, wenig oder gar nichts mehr trinken. Auch im Restaurant kann nur der Einladende, nicht aber ein Gast, den Kellner auf die mangelhafte Qualität des Weines hinweisen.

Sie dürfen auch mit Mineralwasser oder einem nicht alkoholischen Getränk anstoßen, sonst wären Menschen, die keinen Alkohol trinken, ja vom Zuprosten ausgeschlossen. Nur mit leerem Glas dürfen Sie es nicht tun. Bei einem undurchsichtigen Gemäß, etwa einem Bierkrug aus Ton, sind Ihrer Schauspielkunst aber keine Grenzen gesetzt. Es genügt ein kleiner Schluck; das

---

241 Anderer Ansicht Meyden, Business-Etikette, S.76. Dort lesen Sie, dass man bei jedem neuen Wein warten muss, bis der Gastgeber – dadurch, dass er in die Runde prostet – das Zeichen zum Trinken gibt. Das deckt sich nicht mit meinen Erfahrungen und ist auch etwas lebensfremd, da vielfach Rot- und Weißwein von Beginn an angeboten und getrunken werden. Sollen dann die Rotweintrinker auf ein Zeichen warten, während die Weißweintrinker weitertrinken? Sie werden selbst bei offiziellen Essen heute meistens vergeblich auf das Zeichen des Gastgebers zum Trinken des zweiten Weines warten.

„Ex!“ ist trinkfesten Studenten vorbehalten. Auch wenn auf die Königin oder auf ein Land getrunken wird, brauchen Sie Ihr Glas nicht zu leeren.

Tischreden

Ein Gast rutscht während des Essens möglicherweise etwas unruhig auf dem Stuhl hin und her. Es ist der Ehrengast. Er mag mit Schrecken gesehen haben, dass er auf dem Platz rechts neben der Gastgeberin sitzt und daher zu Ende des Essens ein paar Worte des Dankes sagen sollte. Wenn Sie dieser Ehrengast sein sollten und deshalb ein wenig nervös sind: Fühlen Sie sich nicht schlecht. Es geht vielen Menschen so. Manchen schmeckt deshalb das Essen kaum noch. Deshalb ist es akzeptiert, wenn auch nicht optimal, wenn die Dankesrede gleich im Anschluss an die Begrüßungsrede des Gastgebers gehalten wird; danach kann sich der Ehrengast ganz entspannt dem Essen und der Gastgeberin widmen.

Im Prinzip aber ist die Zeit für die Dankesrede zwischen Hauptgericht und Nachspeise. Manche empfehlen, dass der Ehrengast nach dem Gang antwortet, der den Begrüßungsworten folgt. Das wäre zwischen Vorspeise und Hauptgang oder zwischen Vorspeise und Suppe. Das ginge auch, doch kenne ich das nur von Staatsbanketten, bei denen es sich aber vor allem um den Austausch politischer Reden handelt. Die Reden und Wortmeldungen bei Festlichkeiten, auf denen viele sprechen wollen, müssen sinnvoll zwischen die Gänge geschoben werden; hier hilft häufig ein von den Gastgebern bestimmter Talkmaster bei der richtigen Reihenfolge.[242]

Eine Dankesrede nach dem Hauptgang bietet sich an, weil das Dessert meistens kalt ist. Sein Verzehr kann problemlos warten, bis der Ehrengast seine Rede – einige finden einfach kein Ende – beendet hat. Der Redner kann dann auch mit größerer Überzeugungskraft das Essen loben.

Bei einem Buffet ist das Abpassen eines geeigneten Zeitpunkts für die Rede besonders schwer, da fast immer jemand in Bewegung ist. Der Gastgeber wird die Rede halten, bevor das Buffet eröffnet wird, und der Ehrengast sollte sich aus praktischen Erwägungen mit den Dankesworten gleich anschließen. Denn die nächste Redepause wird sich erst wieder kurz vor der Eröffnung des Dessertbuffets bieten. Und dann ist es bei der Bewegung der Gäste schwer, Aufmerksamkeit für eine Rede zu finden.

242 Das ist häufig bei Hochzeiten, Abschieden und Geburtstagsfeiern der Fall. Wenn Sie als Gast reden wollen, sollten Sie den Gastgeber fragen, wann Sie reden dürfen, und der wird Ihnen dazu eine Auskunft geben, die der Situation und seinen Wünschen bzw. denen der Hauptperson entspricht.

Wann immer geredet wird: Entscheidend ist, dass niemand mehr oder schon wieder isst und die Teller abgetragen sind. Wenn Sie an den Gläsern sehen, dass zum Nachtisch Sekt oder ein Süßwein gereicht wird, warten Sie mit der Rede, bis diese Gläser gefüllt sind. Dann haben Sie das optimale Getränk, um auf das Wohl der Gastgeber anzustoßen. Wenn das mit dem Getränk zum Nachtisch nicht so klar ist, können Sie natürlich auch mit dem Wein des Hauptgangs anstoßen; auch dann sollten Sie darauf achten, dass alle Gäste noch etwas im Glas haben, bevor Sie beginnen. Das hat man allerdings nicht in der Hand. Achten Sie weiter darauf, dass die Kellner Sie während Ihrer Rede möglichst nicht durch irgendwelche Tätigkeiten stören; Sie können sich das durchaus verbitten.

Tatsächlich kann es manchmal eine kleine Nervenprobe sein, den richtigen Zeitpunkt für die Dankesrede abzupassen, und dann vielleicht auch noch darauf zu achten, dass die Gastgeber nicht gerade verschwunden sind, wenn Sie an Ihr Glas klopfen. Wenn einige schon mit ihrem Nachtisch begonnen haben, müssen sie halt ihren Löffel wieder hinlegen und notfalls traurig dem schmelzenden Eis zusehen. Fassen Sie sich ein Herz, stehen Sie auf, klopfen Sie beherzt an Ihr Glas und beginnen Sie![243]

Der Inhalt einer solchen kleinen Rede ist durch ihren Zweck vorgegeben. Sie danken den Gastgebern im Namen aller Gäste für den schönen Abend, loben das ausgezeichnete Essen, freuen sich über die gute Gesellschaft, die gelungene Auswahl der Gäste oder die angeregte Unterhaltung und trinken mit allen Gästen auf das Wohl der Gastgeber.

Es empfiehlt sich, während des Essens darauf zu achten, ob ein Thema oder ein Vorkommnis Anlass für eine Überleitung oder eine launige Bemerkung in der Rede sein kann. Eine Rede, bei der die Zuhörer mindestens einmal lachen und die thematisch in den Verlauf des Abends passt, ist immer gut und Kennzeichen einer gute Stegreifrede. Aber Sie können natürlich nicht sicher sein, so einen Anknüpfungspunkt zu bekommen. Daher bereiten Sie sich lieber ein bisschen vor, wenn Sie ahnen, dass Sie einige Dankesworte werden sagen müssen. Informieren Sie sich zum Beispiel, ob es an diesem Tag in der Vergangenheit ein besonderes Ereignis gab, das Sie erwähnen oder in Verbindung zu dem Essen oder den Gastgebern setzen können. Oder Sie sagen aus

243 Einige Ratgeber empfehlen, sich einfach nur zu erheben, in die Runde zu blicken und – ohne an das Glas zu klopfen – mit der Rede zu beginnen. Das klingt sehr vornehm, klappt nach meiner Erfahrung allerdings kaum jemals. Es bedarf meistens schon eines etwas durchdringenden Geräuschs, um die Aufmerksamkeit der in angeregte Gespräche vertieften Tischgesellschaft auf sich zu ziehen. Jeder kennt das Geräusch und weiß, was nun kommt.

Ihrer persönlichen Kenntnis einige freundliche Worte über die Gastgeber. Hier sind Sie völlig frei. Auch eine Standardrede oder ein bloßer Toast auf die Gastgeber und ihr Essen erfreut diese und gibt den anderen Gästen das Gefühl, dass der Form in sympathischer Weise Genüge getan ist. Denn ein paar Worte runden nach meiner Erfahrung das Essen in angemessener Form ab. Ohne sie fehlt etwas, gleichgültig, ob es ein Essen im Freundeskreis oder zu einem offiziellen Anlass ist. Im ersten Fall haben sich die Gastgeber Mühe gegeben, die man würdigen will, im zweiten ist der Dank protokollarisch geboten. Die Tatsache an sich ist wichtiger als die Form.

Manchmal ist nicht ganz klar, wer der Ehrengast ist. Das ist insbesondere dann der Fall, wenn der Platz des Ehrengastes nach nationaler Übung ein anderer ist als nach internationaler. Als Gesandter in Kopenhagen war ich, links neben der Gastgeberin sitzend, gelegentlich mit der Frage konfrontiert, ob nun ich oder der auf ihrer anderen Seite sitzende Herr der Ehrengast war und daher die in diesen Ländern übliche Dankesrede zu halten hatte. Man muss dann in die Runde schauen und nach Anhaltspunkten suchen. Wenn der, den Sie für den Ehrengast halten, in dumpfem Schweigen verharrt, sollte man kurz vor dem Aufheben der Tafel selbst aufstehen und ein paar Dankesworte sagen. Denn die sollten schon sein: Jeder Gastgeber freut sich, wenn seine Mühen auf diese Weise honoriert werden.[244]

Wenn Sie mit dem Dessert fertig sind, legen Sie Ihre Serviette auf den Tisch. Sie sollten das erst nach der Gastgeberin tun, aber ich habe die Einhaltung dieser Regel nur selten beobachten können. Knüllen Sie die Serviette, auch die Papierserviette, aber nicht zusammen als Zeichen dafür, dass Sie fertig sind, sondern falten Sie sie (nicht an den ursprünglichen Falten, man soll sehen, dass sie gebraucht ist!) und legen Sie sie neben Ihren Teller.

Helfen Sie nicht dem Kellner, etwa durch Zusammenstellen der Teller. Das ist zwar sozial gedacht, aber völlig unüblich. Widmen Sie sich lieber Ihren Tischnachbarn, das ist Ihre Aufgabe. Im Restaurant mag eine kleine Hilfe für den Kellner zulässig sein, etwa das Anreichen eines schwer erreichbaren Tellers, aber mehr auch nicht.

---

244 Bei uns sind Dankesreden nach dem Essen nicht sehr verbreitet. Doch sie sind meines Erachtens ein schöner und festlicher Abschluss eines Essens.

Bei mehreren Rednern ist es laut Zehnder/Senn, Meeting, S.62, in Deutschland so, dass die Gäste nach der Rangordnung sprechen, zunächst also der höchstrangige Gast. In Frankreich und in der Schweiz sei es genau umgekehrt. Ich habe bei offiziellen Essen allerdings nur erlebt, dass der höchstrangige Gast dankt, sonst niemand. Das genügt; er spricht ja für alle. Ergreift noch jemand das Wort, hat das meistens private Gründe oder ein Redner will die von ihm vertretene Institution zur Geltung bringen.

Nach dem Essen

Wenn einer der Gastgeber das Zeichen dafür gegeben hat, den Kaffee in einem Nebenraum einzunehmen, verabschieden Sie sich von Ihrer Tischdame/Ihrem Tischherrn mit ein paar freundlichen Worten, etwa mit: „Da wir uns vielleicht nicht mehr sehen, möchte Ihnen schon hier für die angenehme Gesellschaft und die angeregte Unterhaltung danken". Diesen Satz können Sie sich natürlich sparen, wenn Sie in privatem Kreis wissen, dass man sich beim Kaffee gleich weiter unterhalten wird. Bei größeren offiziellen Essen können Sie aber fast sicher sein, dass Ihre Nachbarin nach dem Essen die Gesellschaft ihres Partners sucht und im Gedränge verschwindet, während Sie sich auf die Suche nach Kaffee, Konfekt, Ihrer Partnerin oder einem anderen Gesprächspartner machen.

Das gute Essen, der Wein und der „Pousse-café" haben Sie nun aber müde gemacht und Sie warten sehnsüchtig darauf, dass die ersten Gäste gehen und Sie sich ihnen anschließen können. Nichts tut sich aber in dieser Richtung, und Sie scheuen sich auch, durch Ihren Abschied das Zeichen zum allgemeinen Aufbruch – denn so ist es dann meistens – zu geben.

Damit haben Sie ganz recht: Warten Sie, bis sich ältere oder höherrangige Gäste verabschieden; dann können Sie ihnen folgen. Als höchstrangiger Gast muss man sich überlegen, rechtzeitig zu gehen, also spätestens 45 Minuten nach dem Ende des Essens, im Zweifel lieber früher als später, um die Gastgeber zu entlasten; auch müssen vielleicht einige Gäste am nächsten Tag früh raus und erwarten sehnlich Ihren Abmarsch. Eine heiße Diskussion oder ein angeregtes Gespräch brauchen Sie deshalb aber nicht zu unterbrechen. Denken Sie nur daran, dass die anderen, wenn sie wohlerzogen sind, auf Sie als den Ältesten warten. Wenn Sie als Gast wissen, dass Sie aus zwingenden Gründen früher gehen müssen, sagen Sie es einem der Gastgeber zu Beginn des Abends und gehen dann unauffällig und ohne Abschied zu nehmen, um nicht die bekannte Kettenreaktion des Aufbruchs auszulösen.

Ein (manchmal allzu) deutliches Zeichen dafür, dass die Gastgeber das Ende des geselligen Beisammenseins gekommen sehen, ist, dass keine alkoholischen Getränke mehr gereicht werden. Früher betrachteten wir das Anbieten eines Kaffees als zarten Hinweis, dass es Zeit sei, bald zu gehen. Diese Bedeutung hat der Kaffee weitgehend verloren; er gehört zur üblichen Abfolge der Speisen und Getränke. Heute kann man sagen, dass man nach dem Kaffee gehen kann, nicht aber unbedingt mit dem Kaffee dazu aufgefordert wird.

Wenn Mitarbeiter der Gastgeber zu einem dienstlichen oder geschäftlichen Essen eingeladen sind, gilt für sie die ungeschriebene Regel, dass sie erst gehen, wenn die anderen Gäste gegangen sind. So halten sie sich für den Fall bereit, dass ihr Chef noch in irgendeiner Sache ihrer Hilfe bedarf; das ist sozusagen Ausfluss der Tatsache, dass die Teilnahme an dem Essen auch dienstlichen Charakter hat. So wird es jedenfalls in Botschaften gehalten, und in anderen Behörden oder in der freien Wirtschaft dürfte es eine vergleichbare Regel geben; informieren Sie sich, wenn Sie nicht ganz sicher sind.

Eines bleibt Ihnen am nächsten Tag noch zu tun: Bedanken Sie sich für die Einladung. Das geschieht zwar nur noch selten, wird aber von den Gastgebern immer gerne gesehen oder gehört. Sie brauchen sich auch nicht mehr hinzusetzen und einen formvollendeten Dankesbrief mit Füllfederhalter zu schreiben (obwohl das schön wäre, wenn Ihnen die Einladung besonders gut gefallen hat). Sie können anrufen oder eine Mail oder eine WhatsApp mit vielen Blumen-Emojis senden; wählen Sie die Form, die beim Empfänger am besten ankommt.

Und schließlich sollten Sie im Hinterkopf behalten, die Einladung bei Gelegenheit zu erwidern; nur bei rein dienstlichen Essen ist das nicht nötig.

Wir gehen zu einem Empfang

Receiving line

Bei einem Empfang gibt es häufig eine „receiving line“, in der der Gastgeber und seine Partnerin – oder die Gastgeberin und ihr Partner –, manchmal zusammen mit Mitarbeitern, die Gäste begrüßen. Das ist für die Gastgeber das einfachste Verfahren, alle Gäste einer großen Veranstaltung zu sehen. Für die Gäste ist es eine Möglichkeit, den Gastgebern zu zeigen, dass sie ihrer Einladung Folge geleistet haben; wie lange sie dann bleiben, ist eine andere Frage.[245]

Bei hochoffiziellen Veranstaltungen ist dem Essen ein sogenanntes *Defilee* vorgeschaltet. Hier werden die vielen Gäste, die sonst keine Gelegenheit hätten, die Gastgeber (beim Staatsbankett sind es der Bundespräsident und seine Frau) und die Ehrengäste (das ausländische Staatsoberhaupt und seinen bzw. ihren Partner) zu begrüßen, auf dem Weg zum Speisesaal an diesen vorbeigeschleust; sie „defilieren“ an ihnen vorbei. Für Otto Normalverbraucher ist das Defilee eine eher seltene Erfahrung; ich beschreibe es in der Fußnote.[246]

---

245 Ein typisches Beispiel einer „receiving line“ sehen Sie bei Botschaftsempfängen. Dort stehen neben dem Botschafterpaar ausgewählte Mitglieder der Botschaft, typischerweise der Vertreter des Botschafters und der Verteidigungsattaché, beide mit Partnern.

246 Stellen Sie sich vor, Sie und Ihre Partnerin sind zu einem Staatsbankett beim Bundespräsidenten eingeladen (dunkler Anzug oder Smoking, kurzes oder langes Kleid). Sie treffen im Schloss Bellevue ein. An der Garderobe erhalten Sie eine Leitkarte, die Ihren Tisch beim Essen anzeigt, und eine Karte mit Ihrem Namen und Ihrer Funktion. Sie gehen dann eine Treppe höher in einen Raum, in dem sich die Gäste bei Getränken und Kanapees sammeln. Wenn die Zeit gekommen ist und (zumindest fast) alle Gäste eingetroffen sind, nehmen die bis dahin nicht in Erscheinung getretenen Gastgeber und Ehrengäste auf dem Weg zum Speisesaal Aufstellung. Der Bundespräsident und seine Frau (in dieser Reihenfolge) stehen zuerst, dann folgen das ausländische Staatsoberhaupt, sei es ein Mann oder eine Frau, und anschließend sein oder ihr Partner. Gleichzeitig bildet sich im Vorraum auf den zarten Hinweise der Protokollmitarbeiter hin eine Schlange von Gästen, die auf dem Weg zum Speisesaal die Gastgeber und Ehrengäste begrüßen wollen (und müssen; es gibt keine Überholspur). Sie stellen sich aber nicht selber vor, sondern der an der Spitze der Schlange stehende Protokollchef, dem jeder Gast bzw. jedes Paar seine Namenskarte gibt, kündigt Sie mit Namen und Funktion laut an und Sie marschieren daraufhin mit Ihrer Partnerin im Schlepptau Richtung Gastgeber und Ehrengäste los. Ja, in dieser Reihenfolge, da Sie sozusagen „dienstlich“ eingeladen sind. Versuchen Sie nicht, Ihre Partnerin auf dem Weg nach vorne zu schieben. Das wäre völlig falsch verstandene Höflichkeit und könnte Ihnen auch noch als Feigheit ausgelegt werden. Denn der Weg zu dem Gastgeber kann Ihnen ungewöhnlich lang vorkommen, zumal aller Augen auf Sie gerichtet sind; besonders lang war der Weg im Kreml. Bleiben Sie gelassen, schütteln Sie Gastgebern und

Einsam?

Gelegentlich kommt es vor, dass Sie auf einem Empfang keine Menschenseele kennen. Dann können Sie sich natürlich alleine den Getränken und dem Essen widmen. Doch werden Sie sich bald fragen, warum Sie eigentlich gekommen sind. Der beste Weg, diese Isolation zu durchbrechen, ist, eine Person, die ebenfalls alleine im Raum steht und sehnsüchtig auf die diskutierenden Gruppen schaut, anzusprechen und in ein Gespräch zu verwickeln. Sie sagen einfach etwas wie „Guten Abend, mein Name ist Franz Meyer. Darf ich Ihnen Gesellschaft leisten?" oder „Haben Sie an den Veranstaltungen und Vorträgen des heutigen Tages teilgenommen?". Der Angesprochene wird Ihnen dankbar sein. Niemand steht gerne alleine auf einem Empfang herum. So ist Ihnen beiden geholfen. Und das Gespräch kann sogar interessant werden; wenn nicht, können Sie sich ja bald wieder verabschieden – dann aber mit dem befriedigenden Bewusstsein, aus dem Empfang das Beste gemacht zu haben. Es ist das A und O eines Empfangs, auf andere Menschen zuzugehen.

Im Gespräch sollte man dem Gesprächspartner in die Augen schauen und nur selten, wenn überhaupt, die Augen schweifen lassen. Sonst erwecken Sie den Eindruck, als wollten Sie so schnell wie möglich wieder weg und mit anderen Gästen sprechen, die Sie mehr interessieren. Das mag ja sogar so sein. Aber dann sollten Sie sich nach einem kurzen Gespräch, bei dem Sie Ihrem Gesprächspartner Ihre volle Aufmerksamkeit gewidmet haben, höflich wieder verabschieden. Beenden Sie das Gespräch mit den Worten „Es hat mich gefreut, Sie kennenzulernen (oder „mit Ihnen zu sprechen). Auf Wiedersehen". Eventuell noch mit den erklärenden Worten: „Ich muss leider noch einige Gespräche führen". Und dann wandern Sie zu einem anderen Gesprächspartner weiter. Bitte gehen Sie nach diesen Worten nicht direkt zum Buffet, selbst wenn das der eigentliche Grund Ihres Abschieds war; es könnte auffallen. Allerdings wäre es nicht freundlich, Ihren Gesprächspartner alleine stehen zu lassen. Versuchen Sie daher nach Möglichkeit, die Absetzbewegung erst einzuleiten, wenn sich eine dritte Person zu Ihnen gesellt hat.

Die Anziehungskraft des Buffets

Überlegen Sie sich in der Anfangsphase eines Empfangs, ob Sie gleich zum Buffet eilen oder ob Sie sich vorher nicht erst ein wenig unterhalten wollen.

Ehrengästen die Hand – ohne große Worte, denn sonst dauert das Verfahren zu lange – und gehen Sie weiter zum Speisesaal. Wenn Ihre Frau die Amtsträgerin ist, geht sie natürlich zuerst und Sie marschieren als Mann hinter ihr her. So etwas nennt man ausgleichende Gerechtigkeit.

Denn ein voller Teller vom Buffet, von einem vollen Mund ganz zu schweigen, ist bei einem Gespräch recht hinderlich. Ich persönlich finde es etwas stillos, sich gleich zu Beginn eines Empfangs um das Buffet zu drängeln. Niemand wird verhungern (zu Hause wird sich ja auch noch ein Stück Brot finden), und selbst am Ende eines Empfangs ist das Buffet nicht leergefegt, selbst wenn Kaviar und Hummerschwänze in Kürze wie von Zauberhand von ihm verschwunden sein werden. Später, wenn Sie – natürlich mit einem Getränk in der Hand – mit einigen Gästen gesprochen haben, können Sie ganz entspannt zu dem dann weniger umdrängten Buffet gehen. Laden Sie sich den Teller dennoch nicht zu voll. Kurz: Zeigen Sie etwas Würde.

Ansonsten gilt bei Empfängen, auch wenn Sie selbst Gastgeber sind: *circulate, circulate!* Jedenfalls bei beruflichen Empfängen, zu denen Sie ja nicht notwendigerweise aus Spaß gehen, sondern um Kontakte zu pflegen. Anders ist das nur bei privaten Empfängen, bei denen man sich zu Freunden und Bekannten treiben lassen kann. Bleiben Sie also nicht schüchtern – oder ausschließlich mit dem Essen beschäftigt – in einer Ecke stehen, sondern wandern Sie durch die Menge. Versuchen Sie nicht nur, mit den wichtigsten Gästen zu sprechen, sondern auch mit möglichst vielen. Ich weiß, es ist anstrengend und es gelingt nicht immer. Manchmal ist ein wichtiger Gast auch schon wieder weg, bevor man zu ihm vorstoßen kann. Aber selbst wenn man sich missmutig sagt, dass man sich diesen Empfang eigentlich hätte sparen können, trifft man dann unvermutet jemanden, mit dem man sich gut und manchmal sogar nutzbringend unterhalten kann.

Empfänge sind meistens zeitlich begrenzt, häufig auf zwei Stunden. Sie sollten diese Zeit auch einhalten; es ist nicht ausgeschlossen, dass die Gastgeber anschließend noch eine andere Verpflichtung haben oder müde sind. Wenn Sie merken, dass Sie fast alleine sind auf weiter Flur – die verbleibenden Personen stellen sich als Familienmitglieder oder Mitarbeiter der Gastgeber heraus –, wenn Ihnen keine Häppchen mehr angeboten werden und nur noch Wasser gereicht wird, dann ist das ein untrügliches Zeichen dafür, dass es Zeit ist zu gehen.[247]

---

247 Sie müssen als Gastgeber ja nicht gleich so weit gehen wie mein erster Botschafter. Der nahm gegen Ende eines Empfangs selbst eine Platte mit den – von den Ehefrauen der Botschaftsmitglieder belegten! – Kanapees und Cracker in die Hand und bot sie mit den Worten „Noch ein Häppchen zum Abschied“ an. Bei den meisten verfehlte das seine Wirkung nicht, bei einigen rief dieser Wink mit dem Zaunpfahl allerdings das Gefühl des „Jetzt erst recht“ hervor. Aber nie für lange.

Fragen des Alltags

Geschenke. Komplimente. „Gesundheit"

Geldgeschenke

Früher wurde das Schenken von Geld zu Geburtstagen, zu Weihnachten, zur Kommunion und zur Konfirmation als zu unpersönlich betrachtet. So kam es, dass mancher Konfirmand bis zu drei „Reclams Schauspielführer" bekam, obwohl er eigentlich für ein Fahrrad sparen wollte.

Was schließen wir daraus? Erstens: Man sollte den zu Beschenkenden oder seine Eltern nach seinen Wünschen fragen. Diese zu erfüllen ist am besten. Wenn man einen Gebrauchsgegenstand schenkt, vom Fahrrad bis zu einer Armbanduhr oder einem Armband, etwas neu Gekauftes oder etwas seit Generationen Vererbtes, verbindet sich damit für den Beschenkten die Erinnerung an den Schenker, und das ist für beide Seiten schön.

Wenn das nicht klappt, ist das Schenken von Geld durchaus zulässig und auch üblich geworden.[248] Kinder und Jugendliche haben es gerne, wenn sie sich für die Summe der Geldgeschenke etwas kaufen können, was für einen einzelnen Schenker zu teuer gewesen wäre. Auch Gutscheine, um shoppen zu gehen, werden gerne gesehen. Was darunter leiden kann, aber nicht leiden muss, ist der emotionale und persönliche Wert des Geschenks, das einen an den Schenker erinnert. Nicht zu unterschätzen ist dabei, dass nicht nur der oder die Beschenkte glücklich ist, sich einen Wunsch erfüllen zu können, für den der Schenker vielleicht nicht den richtigen Geschmack gehabt hätte. Auch der Schenker weiß, dass sein Geschenk Freude macht, ohne dass er sich bei seiner Wahl – vielleicht sogar erfolglos – den Kopf zermartern muss.

Auch Sammelgeschenke des Freundeskreises sind eine schöne Idee. Es kann ebenfalls eine Summe Geldes sein, die es dem Beschenkten erlaubt, sich ein größeres Vergnügen zu leisten. Die Tatsache, dass es sich um schnöden Mammon handelt, kann man durch eine dekorative Verpackung und einige erklärende persönliche Worte vergessen machen.[249]

---

248 77% der 6- bis13-Jährigen sagen, dass sie zu Weihnachten Geldgeschenke bekommen. 57% der erwachsenen Deutschen geben an, dass sie zu feierlichen Anlässen gerne Geld schenken. Das Deutsche Jugendinstitut (DJI) empfiehlt, dass ein Kind zumindest so alt sein sollte, dass es zählen kann; so lerne es auch, mit Geld umzugehen. Vor der Pubertät freuen sich Kinder allerdings am meisten über Spielzeug, mit dem sie gleich nach dem Auspacken spielen können (FAZ 14.12.2018).

249 Elisabeth Binder, So kann's gehen, S.30, schlägt bei Einladungen Hinweise etwa dieser Art vor: „Wir freuen uns über möglichst schlichte weiße, gern anonym gehaltene

Annahme von Geschenken

Man soll angebotene Geschenke nicht aus Bescheidenheit ablehnen. Der Schenker will im Allgemeinen eine Freude bereiten, und es verdirbt ihm die Laune, wenn sein Geschenk aus falsch verstandener Bescheidenheit abgelehnt wird oder er sogar um seine Annahme kämpfen muss. Wir sehen das ja häufig beim Streit im Restaurant darüber, wer die Rechnung bezahlen darf (nicht muss). Lehnen Sie also ein kleines Geschenk nicht mit den Worten „Aber das kann ich doch nicht annehmen“ und innerlichem Bedauern ab, etwa weil Sie es nicht erwidern können. Auch nicht aus den Gründen der „Ehre“.[250]

Etwas anderes ist es natürlich, wenn Sie das Gefühl haben, sich durch die Annahme eines meist größeren Geschenks in eine Situation zu bringen, in der Sie dem Schenker verpflichtet und in Ihrer künftigen Entscheidungsfreiheit einschränkt sind. Dann sind Sie frei, es abzulehnen, und sollten es auch tun.[251]

Dank für Geschenke

Der Dank für Geschenke, auch für Geburtstags- und Weihnachtsgeschenke, scheint etwas aus der Mode gekommen zu sein. Das ist schade, denn so mancher Schenker, der nicht weiß, ob sein Geschenk angekommen und wie es aufgenommen worden ist, wird im nächsten Jahr vielleicht schulterzuckend auf ein solches verzichten. Es muss ja nicht immer ein fehlerfreier handschriftlicher Dankesbrief ohne Verbesserungen sein, wie ich ihn als Kind schreiben musste, aber eine mündliche oder schriftliche Reaktion wäre schon gut. Der persönliche Ausdruck der Freude über das Geschenk entspricht ja doch meistens auch einem Gefühl der Dankbarkeit, das nur häufig von Ge-

Umschläge mit einem kleinen Beitrag (z. B. zu unserem Wunsch eines Tandems)“.

250 Ein schönes Beispiel für diese Erziehung ist Major von Tellheim in Lessings „Minna von Barnhelm“. Dieses Lustspiel, in dem es darum geht, wie dieser übersteigerte Ehrbegriff durch kluge Frauen überwunden werden kann, ist zweieinhalb Jahrhunderte alt, doch findet man diese Haltung auch heute noch. Asfa-Wossen Asserate kritisiert sie so: „Wer kein Herr ist, leidet unter der Vorstellung, einem anderen (durch ein Geschenk) verpflichtet zu sein, und sucht die entstandene Bindung sofort durch ein Gegengeschenk wieder aufzulösen. ‚Jetzt sind wir quitt‘ ist der Gedanke, der jedes Geschenk zu einem Warentausch in etwa vergleichbarem Wert erniedrigt.“ (Manieren, S.65).

251 Ich spreche hier natürlich nicht von Geschenken, für die eine Gegenleistung erwartet wird, also nicht von Bestechung. Hierfür gibt es strafrechtliche, dienstliche und firmeneigene „Compliance“-Vorschriften.

dankenlosigkeit oder Faulheit überlagert ist. Gehen Sie also als Eltern mit gutem Beispiel voran und geben Sie Ihren Kindern, wenn erforderlich, den klaren Hinweis darauf, dass ein Dank nicht nur höflich, sondern in Hinblick auf mögliche spätere Geschenke auch vorausschauend ist. Sonst gerät diese schöne Sitte, die eigentlich eine Selbstverständlichkeit sein sollte, aber natürlich gerade für Kinder mit Mühen oder der Überwindung einer gewissen Schüchternheit verbunden ist, in Vergessenheit.

Komplimente

Komplimente sind auch eine Art Geschenk, das man machen und ruhig annehmen kann. Sie enthalten ein Lob und treffen daher meistens auf dankbare Aufnahme. Denn wer will nicht gerne wegen seines Aussehens oder seiner Leistung gelobt werden? Danken Sie daher als Mann oder Frau einfach für ein Kompliment und sagen Sie nicht „Aber nicht doch!" Die Briten und Amerikaner gehen uns da mit gutem Beispiel voran und sagen auf ein Kompliment grundsätzlich „Thank you".

Komplimente eines Mannes über das Aussehen einer Frau sind in Zeiten der #Metoo-Bewegung allerdings riskant geworden, sodass ich meine obige Aussage für diese Fälle einschränken muss. Überlegen Sie als Mann genau, ob Ihr Kompliment zum Aussehen oder zur Kleidung einer Frau nicht als aufdringliche Anmache oder Macho-Gehabe verstanden werden kann. Das gilt insbesondere dann, wenn Sie einer Mitarbeiterin ein Kompliment machen. So leid es mir tut, das sagen zu müssen, aber halten Sie sich beim geringsten Zweifel lieber zurück, und auch dann mögen Sie Unwillen erregen, denn es kommt hier nicht auf Ihre Einschätzung an, sondern darauf, ob die Dame, der das Kompliment galt, in ihm eine Grenzüberschreitung sieht. Im privaten Umfeld und bei Freunden können – und sollen – Komplimente aber unbesorgt gemacht werden. Und natürlich gibt es keine Grenzen für Komplimente, die eine Frau einem Mann macht: Die sind seltener, werden aber umso lieber gehört.

„Gesundheit!"

Wenn jemand niest, sagen wir in Deutschland üblicherweise „Gesundheit!", die Briten und Amerikaner „(God) bless you!" Einige Ratgeber des guten Tons (hier scheint mir die Bezeichnung besonders passend) raten jedoch davon ab, da man keine Körpergeräusche kommentiere. Das ist bei denen, die uns jetzt einfallen, sicher richtig, stellt aber sonst eine unzulässige Verallgemeinerung dar. Das „Gesundheit!" nach einem Niesen hat sich bei uns ebenso eingebürgert wie das schweigende Übergehen anderer Körpergeräusche. Behalten Sie also diese schöne Sitte bei! Niesen galt früher als gesund und als glücksbringendes Zeichen.[252]

Ähnlich fürsorglich mag es sein, jemandem, der sich verschluckt hat, auf den Rücken zu klopfen. Bei fremden Personen ist hier aber – außer bei offensichtlichen Notfällen – wegen des damit verbundenen Körperkontakts Zurückhaltung geboten.

Rauchen

Das Rauchen in Restaurants und öffentlichen Gebäuden ist gesetzlich geregelt. In Privatwohnungen und Autos muss man um Erlaubnis fragen. Selbst wenn bei einer Einladung Aschenbecher auf dem Tisch stehen, können Sie dort allenfalls nach Abschluss des Essens den Gastgeber fragen, ob Sie rauchen dürfen. Man wird es, wenn überhaupt, nur widerstrebend gestatten. Besser stehen die Chancen, wenn der Kaffee und/oder ein Digestif in einem anderen Raum eingenommen werden. Sonst müssen Sie sich mit den anderen Gästen auf den Balkon zurückziehen.

Die Regel, dass eine Dame auf der Straße nicht raucht, gilt noch immer. Ein solches Verhalten wird von der älteren Generation nach wie vor mit Missbilligung betrachtet. Doch wird diese Regel nach meinen Beobachtungen zunehmend ignoriert. Insbesondere von jungen Leuten, die das als Zeichen ihrer Freiheit sehen. Ich kann es ihnen nicht verdenken, denn einen Grund für diese alte Regel kenne ich nicht. Wahrscheinlich galt das Rauchen der Damen auf der Straße früher deswegen als verwerflich, weil das Rauchen eine Domäne der Herren war, in die demonstrativ eingebrochen wurde. Dennoch will ich hier natürlich nicht Werbung für das Rauchen machen, im Gegenteil.

Handtasche

Einige Männer tragen ihren Frauen gelegentlich die Handtasche. Das ist sicher sehr liebevoll gemeint, aber tun Sie es bitte trotzdem nicht, egal wie groß die Handtasche ist. Sie ist ein typisch weibliches Accessoire und sieht beim Mann extrem unpassend aus. Etwas anderes gilt für Einkaufstüten, Pakete, Koffer usw., bei denen man der Dame eine Last abnimmt.

---

252 So in Xenophons „Anabasis" (III 2 9), wo einer der Zehntausend bei der Heerschau in Kleinasien niesen musste. Dennoch verlief das Unternehmen nicht ganz so glücklich wie erhofft. Niesen galt früher auch als gesund und angenehm, denken Sie nur an den Schnupftabak und das Kräutlein „Niesmitlust", das dem Zwerg Nase in Hauffs gleichnamigen Märchen die Rettung bringt. Das Niesen betreten zu ignorieren, ist also eher kulturlos.

In Restaurant, Kirche und Theater. Zu Hause. Beflaggung

Frühstücksbuffet und Handtücher

Haben Sie in den Ferien auch schon einmal den unwiderstehlichen Drang verspürt, vom Frühstücksbuffet im Hotel etwas einzupacken, etwa als Wegzehrung für eine Wanderung oder eine Fahrradtour? In meiner Wandergruppe gab es heftige Diskussionen zu diesem Thema. Einige hielten es für unmöglich, andere wiederum meinten, etwas Wegzehrung sei im Preis für das Frühstücksbuffet schon inbegriffen; auch äßen sie frühmorgens ja so wenig.

Als Protokollratgeber und Jurist muss ich natürlich sagen, dass es nicht geht, vom Frühstücksbuffet etwas einzupacken. Es sei denn, Sie fragen den Kellner, der es etwas verwundert erlauben oder darauf verweisen wird, dass man für einen Aufpreis ein Lunchpaket bestellen kann. Ich halte es angesichts der überreichen und auch häufig teuren Buffets zwar für eine lässliche Sünde, etwas einzupacken, da es für einen Feriengast bei der anschließenden Wanderung oder Fahrradfahrt, vor allem am Wochenende, schwierig sein kann, sich Brot, Käse und Aufschnitt im Laden zu kaufen. Es bleibt aber eine „Sünde", und so arm, dass man sich in dieser Situation einen Aufpreis nicht leisten könnte, ist man in der Regel auch nicht. Fragen Sie deshalb. Dann brauchen Sie Ihr Butterbrot auch nicht mehr verstohlen in eine Serviette einzupacken und nach einem prüfenden Blick in die Runde in die große Handtasche Ihrer Partnerin verschwinden zu lassen.

Auch beim Abendessen im Hotel sollten Sie die angebrochene Flasche Wein möglichst nur nach Rücksprache mit dem Kellner auf Ihr Zimmer nehmen. Die Wasserflasche mitzunehmen, die Sie beim Mittagessen während einer Stadtbesichtigung angebrochen, aber nicht leergetrunken habe, halte ich hingegen heute auch ohne Nachfrage für erlaubt und üblich. Inzwischen können Sie auch in fast jedem Restaurant fragen, ob Ihnen das nicht bewältigte Essen eingepackt werden kann; es ist nicht einmal nötig zu spezifizieren, ob es für einen Hund ist oder für Sie selbst. Die Restaurants können das Essen ohnehin nicht mehr verwerten und sind im Zweifelsfalle froh, wenn es mitgenommen wird.

Man soll nicht nur nichts mitnehmen, sondern auch nichts liegen lassen. Vor allem Handtücher auf den bestplatzierten Liegen am Swimmingpool. Es ist vor allem in England sprichwörtlich, dass sich deutsche Urlauber um 6 Uhr aus dem Hotelbett schwingen, ihr Handtuch auf eine schöne Liege am Pool legen, dann noch eine Runde schlafen, gemütlich frühstücken und gegen 11.00 Uhr zu ihrer Liege wandern, während andere für eine Liege Schlange stehen. Man mag das vorausschauend nennen, aber es ist nicht rücksichtsvoll. Man macht sich damit keine Freunde.

Im Restaurant

Im Badeurlaub ist man ja häufig geneigt, sich in den Speiseräumen der Hotels in Badekleidung zu bewegen. Doch beherzigen Sie dabei: In geschlossenen Räumen sollten Sie mit Hose/Rock und Hemd/Bluse bekleidet sein. Ich persönlich halte es auch auf der Hotelterrasse für wenig appetitlich, wenn mein Tischnachbar oder Gegenüber mit bloßem Oberkörper sein Mittagessen verzehrt oder auch nur einen Kaffee trinkt. Bekleidungsstücke sind meistens ästhetischer als das, was sie verhüllen. Wenn Sie sich aus dem Restaurant nur schnell etwas für den Strand holen, ist das natürlich etwas anderes. Gleichermaßen sollte man, ebenfalls aus ästhetischen und hygienischen Gründen, in Speiseräumen Schuhe anziehen.

Wer im Eingangsbereich des Restaurants ungeduldig auf einen freien Tisch wartet, schaut manchmal etwas neidisch zu einem Sechsertisch, an dem es sich eine einzelne Person bequem gemacht hat. Darf man sich dazusetzen? Bei uns in Deutschland darf man. Natürlich nicht, ohne vorher gefragt zu haben, ob es genehm ist. Es könnte ja sein, dass die Person noch auf andere Gäste wartet. Wenn nicht, wird sie meistens zustimmen, allenfalls etwas widerwillig, doch kann sie diese Frage ohne gute Begründung kaum ablehnen. Auch wenn man zu zweit ist und dann vielleicht nicht mehr ganz so unbefangen reden kann wie vorher. Allein sitzende Damen kann man ebenfalls fragen, ob man sich zu ihnen setzen darf, vor allem, wenn man in einer Gruppe ist. Der alleinstehende Herr mag sich in solchen Fällen dem Verdacht eines Annäherungsversuchs aussetzen, aber das sollte ihn nicht stören; manchmal ergibt sich daraus eine freundliche, ganz unverfängliche Unterhaltung.

Nun noch ein Hinweis für die USA-Reisenden: In Deutschland sucht man sich im Restaurant meistens selbst einen freien Tisch. In der USA wartet man immer darauf, dass der Kellner einem einen Tisch zuweist, selbst wenn es ein halbes Dutzend freier Tische gibt.

In einem Restaurant, in dem Sie à la carte essen, helfen sie Ihren Gästen, wenn Sie Speiseempfehlungen geben („Das Pfeffersteak ist hier besonders gut“). Sie können auch beizeiten Ihre eigene Präferenz andeuten („Also ich nehme als Vorspeise wahrscheinlich den Shrimps-Cocktail und dann das Kalbsfilet“). Dann weiß jeder Gast, dass er sich auch eine Vorspeise bestellen kann, und wählt nicht aus Bescheidenheit ein Gericht mittlerer Preislage.

Der Kellner wird Ihnen dankbar sein, wenn Sie die Speisekarte zusammenschlagen als Zeichen dafür, dass das Kartenstudium beendet ist und die Bestellung beginnen kann.

Sie rufen den Kellner im Allgemeinen immer noch mit „Herr Ober“. Für weibliche Bedienung hat sich noch kein passendes Äquivalent durchgesetzt. „Fräulein“ ist veraltet, „Frau Oberin“ anderweitig belegt, und der Ruf mit dem am Namensschild erkennbaren Vornamen ist zwar möglich, aber für etwas vornehmere Lokale nicht geeignet. Da hilft nur Blickkontakt oder ein freundliches Handzeichen.[253]

Ich lese mit gelindem Schreck, es sei unpassend, im Restaurant den Brotkorb ganz leer zu essen, Gläser beim Einschenken anzuheben und mit der Hand über dem Glas „Stopp“ zu sagen. Dann wären meine Regelverstöße kaum noch zu zählen. Doch leuchtet mir nur die zweite Regel ein, da man durch Anheben des Glases Unsicherheit schafft und dem Kellner nicht unbedingt hilft. Die anderen Handlungen halte ich für üblich und angemessen – solange man sich beim Brotkorb vergewissert, dass man niemandem etwas wegisst, und für Nachschub sorgt.

Bezahlen

Bei einer geschäftlichen Einladung ins Restaurant ist es für alle ein wenig peinlich, wenn der Gastgeber den Kellner am Tisch bar bezahlt und möglichst noch umständlich nach dem passenden Kleingeld sucht. Zahlen Sie als Gastgeber in solchen Fällen mit Karte oder stehen Sie auf und gehen Sie zum Kellner, um bei ihm die Rechnung zu begleichen.

Wenn man in Gruppe unterwegs ist, entbrennt bei der Rechnung gelegentlich Streit. Und zwar darum, wer zahlen darf. Dieser Wunsch ist eine großzügige Geste. Sonst kann man den Rechnungsbetrag auch einfach durch die Zahl der Esser teilen. Das ist praktisch, aber nicht immer gerecht, da der eine mehr und teuer, der andere weniger und billig gegessen hat. Meistens macht das aber nicht viel aus. Wenn Sie sehen, dass der Verbrauch sehr unterschiedlich war, können Sie ohne weiteres vorschlagen, dass einzeln bezahlt wird.[254] Die gemeinsame Flasche Mineralwasser wird schon jemand übernehmen. Das

253 In die Hände zu klatschen („dar una palmada“) ist nur in Spanien üblich, um die Aufmerksamkeit der Bedienung zu wecken.

254 Im Englischen hat sich dafür die Bezeichnung „to go Dutch“ oder „Dutch treat“ eingebürgert. Das ist ein typisches Beispiel dafür, wie man früher schlechte Eigenschaften (hier mangelnde Großzügigkeit) gerne und meistens sehr zu Unrecht anderen Ländern zugeschrieben hat; logischerweise wird diese Bezeichnung daher nicht in Holland verwandt.

mag dem Kellner etwas Arbeit machen, aber darauf brauchen Sie keine Rücksicht zu nehmen; bei Einzelzahlungen bekommt er dafür mehr Trinkgeld.

Trinkgeld

Trinkgelder sind ein Zeichen der Wertschätzung für eine Leistung und Anerkennung für freundliches Verhalten; sie haben also etwas mit Lob und Komplimenten zu tun.

Es gibt Berufe, bei denen das typischerweise erwartete Trinkgeld vom Arbeitgeber bereits bei der Lohnbemessung berücksichtigt worden ist. Es sind zum Beispiel Kellner, Taxifahrer, Friseure und ihre Kolleginnen. Hier empfiehlt sich besondere Großzügigkeit. In Friseurläden steht als Zeichen dafür meistens ein kleines Sparschwein neben der Kasse. Hotelpersonal, das Ihnen den Koffer auf das Zimmer trägt, kann ebenso ein Trinkgeld erwarten – hoffentlich haben Sie das passende Kleingeld in der richtigen Währung griffbereit – wie ein Zimmermädchen, das nicht dieselbe Möglichkeit hat, Ihnen die Hand hinzuhalten. Das den Blicken des Gastes entzogene Hotelpersonal ist insoweit häufig vernachlässigt und verdient das Trinkgeld mindestens ebenso wie die sichtbaren Helfer. Je ärmer das Land ist, um so mehr sollten Sie daran denken.

Ich habe noch gelernt, dass man dem Inhaber eines Restaurants kein Trinkgeld gibt, weil man ihn mit dieser – dem Personal vorbehaltenen – Geste beleidigen würde. Diese Regel ist meines Erachtens heute, wahrscheinlich zur Freude aller Gastwirte, in Vergessenheit geraten (einige Autoren sind anderer Ansicht). Rätseln Sie also nicht mehr wie früher, ob die Sie bedienende Person der Inhaber ist oder nicht – geben Sie einfach ein Trinkgeld! Bei anderen Serviceleistungen, etwa in der Autowerkstatt, wird der Vorgang durch die Frage „Sie haben doch sicher eine Kaffeekasse“ entpersonalisiert und damit leichter gemacht.

Früher hat man bei privaten Einladungen dem dienstbaren Geist ein Trinkgeld hinterlassen oder in die Tasche gesteckt. Heute ist das nach meiner Erfahrung schon mangels privater Hausangestellter aus der Mode gekommen.[255]

Die Höhe des Trinkgelds im Restaurant ist von Land zu Land verschieden. In manchen Ländern wird grundsätzlich kein Trinkgeld gezahlt, in anderen Län-

255 Anders Gräfin Schönfeldt, die davon ausgeht, dass in der Garderobe ein Tablett liegt, auf das man das Trinkgeld für das Personal legt (Anstand, S.198). Unter Diplomaten mit ihren dauernden dienstlichen Einladungen und dem vergleichsweise gut bezahlten Hauspersonal war das nicht üblich.

dern im Prinzip immer. Die Höhe hängt von der Zufriedenheit des Gastes und davon ab, ob in der Rechnung des Restaurants schon ein gewisser Prozentsatz für die Bedienung enthalten ist. In Deutschland ist das der Fall. Hier kann man als Faustregel circa weitere fünf Prozent dazulegen, bei kleinen Rechnungsbeträgen mehr, bei großen weniger.[256] Es kann auch mehr sein, wenn die Bedienung besonders gut gefallen hat oder wenn man so auf eine runde Summe kommt. Es ist gleichermaßen zulässig, kein Trinkgeld zu geben, wenn man den Service lausig fand.

Unklarheit über die Höhe des Trinkgelds herrscht oft bei einer Kreuzfahrt oder einer Pauschalreise mit Begleiter und Fahrer. Ich habe da schon hitzige Debatten erlebt. Die ersparen Sie sich, wenn Sie vorher den Reiseveranstalter fragen. Bei Kreuzfahrten setzt die Reederei das Trinkgeld oft schon auf die Rechnung. Seien Sie großzügig, ziehen Sie aber auch das Lohnniveau im Land als Vergleich heran. Es leuchtet nicht ein, und bringt die Relationen durcheinander, wenn ein Busfahrer oder Reisebegleiter mit Trinkgeldern einer Gruppe in zwei Wochen mehr verdient als ein örtlicher Lehrer in einem Monat. Bedenken Sie andererseits auch, dass eine für Sie unbedeutende Geldsumme beim Empfänger einen großen Unterschied machen kann. Jetzt haben Sie auf Ihrer nächsten Reise etwas zum Nachdenken…

Kirchen und andere Gotteshäuser

Männer nehmen den Hut ab, wenn sie eine Kirche, aber auch wenn sie ein Haus oder eine Wohnung betreten; bei Kaufhäusern ist das nicht erforderlich. Das Abnehmen des Hutes ist bei uns ein Zeichen der Ehrerbietung; deswegen nehmen Herren auch beim Abspielen der Nationalhymne ihre Kopfbedeckung (auch die Mütze) ab.

Damen behalten ihre Kopfbedeckung in der Kirche auf. In streng katholischen Ländern, in orthodoxen Kirchen und in einigen Freikirchen müssen sie in der Kirche sogar ein Tuch über das Haar legen.[257] Auch bei einem Besuch

---

256 Ich will mich hier nicht berufsschädigend äußern. Andere Ratgeber schlagen zehn Prozent vor. Auch einige meiner jugendlichen Testleser meinten, ich sei knauserig. Folgen Sie Ihrem Herzen.

257 Laut Asserate (Manieren, S.141) geschieht das aufgrund einer Weisung des Apostels Paulus „mit Rücksicht auf die Anwesenheit der Engel“ im Kirchenraum. Das ist sehr diskret ausgedrückt. Wer will, kann das ja einmal im 1. Korintherbrief, Kapitel 11, Verse 3 bis 15 nachlesen. Er wird über das dort zutage tretende Frauenbild schockiert sein, sich dann aber sagen, dass es aus der damaligen Zeit zu verstehen ist. Was immer Ursprung der Sitte ist, den Kopf in der Kirche zu bedecken oder nicht: Sie ist in unserem Kulturkreis fest verankert.

beim Papst wird von Damen erwartet, dass sie ihr Haar bedecken.[258]

Männer wie Frauen sollen in Kirchen aus Ehrfurcht vor dem Raum und den religiösen Gefühlen der Gläubigen anständig gekleidet sein; als unschicklich gelten kurze Hosen oder Röcke, nackte Schultern, tiefe Ausschnitte und ärmellosen Blusen. Das gilt auch für orthodoxe Kirchen und Moscheen. Im Ausland müssen Touristen und vor allem Touristinnen häufig einen bis zum Boden reichenden, alles verhüllenden Umhang anziehen, der am Eingang zur Verfügung gestellt wird.

Kulturelle Unterschiede sind zu beachten. Nach jüdischem Brauch muss der Mann an heiligen Orten den Kopf bedecken, die Frauen dagegen nicht. Deshalb sollten Männer beim Betreten einer Synagoge und auf dem Friedhof etwas auf den Kopf setzen; die Kippa ist die typische Kopfbedeckung hierfür.

In Moscheen hingegen setzen Männer keine Kopfbedeckung auf, Frauen jedoch schon. Die rituelle Reinheit ist dort das Entscheidende mit der Folge, dass man Moscheen nicht mit Schuhen betreten darf. Dasselbe gilt für buddhistische Tempel. Überprüfen Sie also, wenn ein Moscheebesuch auf dem Programm steht, morgens beim Anziehen Ihre Strümpfe bzw. Socken auf Löcher.[259]

Im Iran ist überall im öffentlichen Bereich für Frauen Pflicht, ein Tuch über dem Haar zu tragen, sonst monieren das die Sittenwächter. Also durchaus eine Sitte, bei der Sie interkulturelle Kompetenz beweisen sollten.

---

258 Sie sehen auf Pressefotos, dass sich die meisten Besucherinnen bei einem Besuch beim Papst entsprechend verhalten. „Aufrechte" Protestantinnen neigen allerdings dazu, das demonstrativ nicht zu tun. Dafür hätte ich im Hinblick auf den Korintherbrief noch ein gewisses Verständnis. Nicht aber unter Protokollgesichtspunkten. Hier ist entscheidend, ob ein Verhalten heute als respektvoll oder höflich gesehen wird.

Die Gratwanderung zwischen an uns herangetragenen Erwartungen und unserem Selbstverständnis ist, wie dieses Beispiel zeigt, nicht immer leicht. Bei einem meiner dienstlichen Papstbesuche (die Damen hatten alle einen Schleier über dem Haar) diskutierten wir kurz mit dem Minister, ob auch Protestanten den Ring des Papstes küssen sollten. Der uns begleitende päpstliche Kammerherr riet uns zwar dazu, aber wir taten es nicht, was uns, wie erwartet, nicht übel genommen wurde. Diese Geste ist denjenigen vorbehalten, für die der Papst Kirchenoberhaupt ist.

259 Löcher in den Socken kommen in den höchsten Kreisen vor. Es gab vor einigen Jahren ein großes Hallo, als der dänische Kronprinz Frederik auf einer Auslandsreise bei dem Besuch einer Moschee entdecken musste, dass er diese Überprüfung verabsäumt und sein großer Zeh den Weg ins Freie gefunden hatte. Die Pressefotografen waren begeistert. Der Prinz lachte die Peinlichkeit weg. Das kann ich Ihnen gegebenenfalls auch nur empfehlen.

Oper, Konzert, Theater

Früher zog man sich zum Gang ins Konzert, in die Oper oder das Theater festlich an, die Herren im dunklen Anzug, die Damen im (meistens kurzen) Kleid. Nur noch die ältere Generation folgt heute dieser Sitte; zu Festspielen wie Bayreuth zieht sie sogar Smoking und langes Kleid an. Ansonsten ist die Zeit der Förmlichkeit bei kulturellen Veranstaltungen vorbei. Das ist bei Touristen, die nach einer anstrengenden Stadtbesichtigung gerade noch eine Karte zu einem Konzert in der Philharmonie in Berlin ergattern konnten, verständlich. Sonst aber ist es ein wenig schade, da der besondere Charakter eines Kunstgenusses dadurch zumindest optisch verloren geht. Da sitzen sie dann, im Sporthemd und Jeans. Das ist nicht wirklich schlimm, denn es kommt auf die Kunstbegeisterung an. Dennoch habe ich von – traditionell im Frack spielenden – Musikern gehört, dass sie es doch schön fänden, wenn der festliche Charakter des Abends auch in der Kleidung der Zuhörer gewürdigt würde und seinen Ausdruck fände.[260] Auch manche (älteren) Besucher fänden das schöner.

Was früher das geräuschvolle Auspacken eines Bonbons war, ist heute das Klingeln oder Piepsen eines Handys. Denken Sie daran, es rechtzeitig auszuschalten, am besten schon eine halbe Stunde vorher, damit Sie es nicht vergessen. Es ist ebenso störend wie peinlich, wenn der oder die Betreffende dann unter den gebannten Blicken der anderen Zuhörer entweder das Handy nicht findet oder nicht weiß, wie es auszuschalten ist.

Wenn Sie den Platz in der Mitte der Reihe ergattert haben, aber später kommen als die anderen, müssen Sie sich an den bereits Sitzenden vorbeidrücken. Bitte tun Sie das mit dem Gesicht zu ihnen, selbst wenn es Ihnen, von der Bewegung her gesehen, schwieriger erscheint als mit dem Gesicht zur Bühne.[261] Das Aufstehen der schon Sitzenden oder das Anziehen der Beine sollten Sie mit einem freundlichen Nicken und einem gemurmelten „Danke“ oder „Entschuldigung“ würdigen.[262]

---

260 Die Mailänder Scala bittet ausdrücklich darum, zu Premieren, aber auch zu normalen Opernvorstellungen, mit Anzug und Krawatte zu erscheinen. Im Übrigen gilt der Grundsatz „Je berühmter das Haus und je exklusiver der Anlass, desto vornehmer die Kleidung“. Zwischen Konzert und Oper besteht meines Erachtens kein Unterschied. Im Theater kommt es auf das Stück an..

261 Anders nur in der Kirche: Gesicht zum Altar.

262 Ich stimme Schneider-Flaig, Knigge, S.116, nicht zu, wenn sie schreibt, ein „Danke“ sei in dieser Situation störend. Sie werden nur im Kino nach Beginn der Vorstellung eingelassen, und dort ist das Störpotential durch einen gemurmelten Dank gering. Wie auch sonst bei einem Konzert- und Theaterbesuch vor der Vorstellung.

Mit Schuhen in die Wohnung?

Soll man seine Schuhe ausziehen, bevor man eine fremde Wohnung betritt? Zumal dann, wenn man bereits eine ganze Reihe ausgezogener Schuhe vor der Wohnungstür stehen sieht?

Ich komme nur selten auf den Gedanken. Die Sitte, die Schuhe vor dem Betreten der Wohnung auszuziehen, kenne ich eigentlich nur aus Japan und in Europa aus dem ländlichen Raum, wo man den Dreck des Feldes oder des Stalls nicht in die Wohnung tragen will, etwa aus Dänemark und anderen skandinavischen Ländern. Ich höre aber, dass es auch in Deutschland bei jungen Leuten üblich sei, die Schuhe auszuziehen, wenn man sich besucht. Das mag zu privaten Anlässen so sein. Bei der älteren Generation und im Berufsleben, etwa bei einer Einladung zu Ihrem Chef, und mag der noch so jung sein, würde das gleichzeitige Auspacken der Blumen und Ausziehen der Schuhe sicher auf Befremden stoßen.

Doch Auslegeware, vor allem helle, leidet natürlich, wenn die Gäste bei Regen oder Schneematsch von der Straße kommen. Dann kann man bei Freunden fragen, ob man die Schuhe ausziehen soll. Gut vorbereitete Gäste bringen auch trockene Schuhe mit. Ansonsten kann man mit seinen Straßenschuhen, nachdem man sie sorgfältig auf dem Abtreter gereinigt hat, unbesorgt jede Wohnung betreten.

Neumieter

Früher war es üblich, sich in dem Haus, in dem man eine Mietwohnung bezog, bei seinen Mitbewohnern vorzustellen. Ich kann mich noch erinnern, dass meine Eltern sonntags kurz nach 11 Uhr, um weder beim Frühstück noch beim Mittagessen zu stören, zu diesem Behufe loszogen. Heute würde man damit auf Erstaunen stoßen. Nicht, weil zu viele Mietparteien in einem Haus wohnen, sondern weil Anonymität Trumpf und das Gefühl, in einer Hausgemeinschaft zu leben, weitgehend verloren gegangen ist. So ist man heute darauf beschränkt, die einem auf der Treppe entgegenkommenden Menschen prüfend daraufhin anzuschauen, ob sie vielleicht zu den alten oder neuen Bewohnern des Hauses gehören, und sich dann vorzustellen. Bestenfalls. Oder man läuft jahrelang, allenfalls mit einem halbherzigen Gruß, aneinander vorbei.

Das werden Sie vielleicht auch als bedauerlich empfinden. Die Einladung der Mitbewohner zu einer formlosen Zusammenkunft, sei man Neu- oder Altmieter, zu einem Glas Bier oder, hat man einen Garten, zu etwas Gegrilltem ist da eine gute Idee. Zumal sich ja nicht von der Hand weisen lässt, dass man vielleicht doch einmal auf die Hilfe der Nachbarn angewiesen sein könnte. Etwa beim gemeinsamen Kampf gegen den Vermieter. Vielleicht sind die Nachbarn ja sogar ganz nett! Das alles lässt sich so viel leichter klären, wenn man die Gelegenheit (geschaffen) hat, sich kennenzulernen.[263]

Beflaggung

Zur Terminologie: Eine „Flagge“ kann gehisst, also rauf und runter bewegt werden, eine Fahne nicht.[264] Man spricht im amtlichen Sprachgebrauch deshalb von der „Bundesflagge“. Im Prinzip kann man in Deutschland überall flaggen, an Haus und Auto, solange die Flagge als staatliches Symbol nicht verunglimpft wird. Nicht erlaubt ist die Benutzung der Dienstflagge, also der Flagge, die in der Mitte den „Bundesadler auf einem Schild“ führt. Die Verwendung der Bundesdienstflagge durch Privatpersonen, bei Verwechslungsgefahr auch der ähnlich aussehenden Bundesflagge mit dem Adler ohne Schild, ist eine Ordnungswidrigkeit, wird aber selten verfolgt.

Man kann dauerhaft flaggen oder nur an einigen Tagen, etwa an Feiertagen oder Familienfesten.

Nach alter Regel wird die Flagge bei Sonnenuntergang eingeholt und bei Sonnenaufgang – in den Flaggenerlassen werden Uhrzeiten angegeben – wieder gehisst; dabei darf sie nicht den Boden berühren. Bundesbehörden flaggen im Allgemeinen auch nachts.

Bei zwei nebeneinanderstehenden Fahnenmasten wird die zu ehrende Flagge rechts aufgezogen, und zwar beim Blick von dem Gebäude auf die Straße; man stellt sich vor, dass der Gast vom Inneren des Gebäudes auf die Flaggen schaut. Von dort gesehen rechts kommt also die Europaflagge oder die Flagge des Gastes hin, links davon die Bundesflagge. Wollen Sie eine dritte Fahne hissen, etwa wegen des Besuchs eines ausländischen Staatsoberhaupts, kommt die Flagge seines Landes in die Mitte zwischen Europa- und Bundesflagge. Übereinander gehisste Flaggen sind nicht verboten, doch sollten Sie bedenken, dass die oben gehisste Flagge im Auge des Betrachters bevorzugt wird, was zu Misshelligkeiten führen kann.

---

263 Elisabeth Binder, So kann's gehen, S.141f., empfiehlt dem Neumieter, den Nachbarn nach einem vergeblichen Klingelversuch eine Karte in den Briefkasten zu werfen, mit der man sich kurz vorstellt und vielleicht sogar sagt, dass man sich darauf freue, die Mitbewohner des Hauses kennenzulernen.

264 Eine Fahne ist ein „in der Regel durch Nägel unmittelbar, fest und dauerhaft mit einer Stange verbundenes Stück Tuch“ (Protokoll Inland der Bundesregierung www. protokollinland.de/PI/DE/Beflaggung)

Bei Trauerbeflaggung wird die Flagge auf halbmast gesetzt. Das geschieht dadurch, dass die Flagge zuerst voll gehisst und unmittelbar danach auf halbmast gesenkt wird. Wird bei Trauerbeflaggung die Bundesflagge auf halbmast gesetzt, ist auch die Europaflagge auf halbmast zu setzen, nicht aber eine andere Flagge. Trifft ein protokollarischer Anlass, etwa ein Besuch, mit einer Trauerbeflaggung zusammen, wird, solange der Staatsgast im Gebäude ist, vollmast geflaggt.

Ausländische Flaggen dürfen bei uns von Privaten und Firmen gehisst werden. Das ist aber nicht überall so. Wenn Sie zum Beispiel in Dänemark an Ihrem Ferienhaus die mitgebrachte deutsche Fahne anbringen, müssen Sie mit einer Geldstrafe rechnen.

Kommunikation

Briefe

Vielleicht altmodisch, aber nicht veraltet

In der Zeit elektronischer Kommunikation mögen Briefe für einige den Anflug von Postkutschenzeit haben. Was die Form schriftlicher Mitteilungen anbelangt, sind sie aber nach wie vor die Grundlage, auf der alle modernen Formen schriftlicher Kommunikation aufbauen. Man beherrsche und beachte sie also besser, auch wenn man nur noch elektronisch kommuniziert. Sonst fehlt einem die kulturelle Grundausstattung.

Dies gilt umso mehr, als sich Briefe keineswegs völlig „überlebt" haben. Im Geschäftsverkehr leben sie fort, auch wenn die Kommunikation dort zunehmend elektronisch erfolgt. Auch E-Mails folgen der Form eines vom Briefträger zugestellten Briefes. Bei wichtigen persönlichen Mitteilungen bleiben handschriftliche Briefe unersetzlich – von Liebeserklärungen bis zu Beileidsschreiben. Zumindest dann, wenn sie echte Gefühle ausdrücken sollen. Wenn Sie einer hochgestellten Persönlichkeit schreiben, von Ihrem Chef bis zum Bundespräsidenten, werden Sie das kaum elektronisch tun, zumal eine E-Mail weniger Chancen hat, den Adressaten zu erreichen als ein traditioneller Brief. Gedruckte Glückwunsch- oder Einladungskarten sind eine Kurzfassung brieflicher Mitteilungen für einen breiten, heterogenen Adressatenkreis.

Das Briefschreiben war früher eine literarische Kunstform. Angesichts des Überhandnehmens Emoticon-gespickter Messenger-Dienste wie WhatsApps geht sie einem traurigen Ende entgegen. Das ist nicht zu ändern. Es macht also keinen Sinn darüber zu lamentieren, und natürlich schreibe auch ich ganz überwiegend E-Mails und WhatsApps. Doch sollte man die Urform nicht aus dem Auge verlieren. Ich sage das nicht, weil ich als Student in der Hauptpost von Bonn Briefe sortiert, gestempelt und Briefkästen geleert habe, sondern weil es sonst keine Referenzform für schriftliche Mitteilungen gibt. Und allen, die an Familiengeschichte und der Weitergabe ihrer Erlebnisse interessiert sind, kann ich haptische Briefe und Aufzeichnungen nur empfehlen; sie finden sich nach 30 Jahren leichter in einem Karton auf dem Speicher wieder als in irgendeiner Cloud.

Doch werden wir konkret. Sie werden in diesem Kapitel die Freude des Wiedererkennens haben. Einige Regeln kennen Sie schon aus den beiden Kapiteln über Einladungskarten und mündliche Anreden. Kein Wunder: Mündliche und schriftliche Anrede sind teilweise gleich, wobei die schriftliche

Version im Allgemeinen förmlicher ist als die mündliche.[265]

Für Briefe im Büro- und Verwaltungsbereich legt die Norm DIN 5008 Schreib- und Gestaltungsregeln fest. Sie stammen aus dem Jahr 2011 und sollen 2019 überarbeitet werden. Die Empfehlungen des Bundesministeriums des Inneren und die DIN-Norm stimmen bei Anrede und Grußformel nicht immer überein, da Sprachebene und Adressatenkreis nicht immer gleich sind; das BMI ist viel förmlicher. Das erkläre ich gegebenenfalls.

Absender

Doch nun zu unserem Alltagsbedarf. Stellen Sie sich vor, Sie sitzen an Ihrem PC und wollen an Ihre Versicherung schreiben oder sich Ihrem zukünftigen Chef vorstellen. Da fangen Sie links oben mit Ihrem, des Absenders, Namen und Adresse an. Das ist ja eigentlich der leichteste Teil des Briefs. Sollte man meinen. Falls Sie dennoch Fragen dazu haben, hier einige Antworten:

- Schreiben Sie den Absender so, wie Sie bei der Rückantwort angeschrieben werden wollen. Also mindestens mit Nachnamen und ausgeschriebenem oder abgekürzten Vornamen.
- Bei einem Ehepaar ist „Hans und Ingrid Meyer“ ebenso korrekt wie „Ingrid und Hans Meyer“; das sollten die Partner untereinander klären. Dasselbe gilt natürlich auch, wenn das Paar unterschiedliche Familiennamen hat.
- Man schreibt nie „Herr“ oder „Frau“ vor seinen eigenen Namen. Also „(Dr.) Ingrid Meyer“ oder „(Prof.) I. Meyer“. Wenn es auch eine Ingeborg gleichen Familiennamens gibt, schreiben Sie Ihren Vornamen besser aus.
- Der Gebrauch der *Middle Initials,* also des Anfangsbuchstabens des zweiten Vornamens, ist in den USA üblich und hat sich auch bei uns weitgehend durchgesetzt, insbesondere bei denen, die mit amerikanischen Geschäftspartnern zu tun haben. Das ist legitim und im Verkehr mit den USA sogar

---

265 In der Anlage D finden Sie für den Hausgebrauch ein kurzes Schema von Anreden und Grußformeln, die für private und die meisten beruflichen Anlässe reichen. Sie bekommen dadurch ein Gefühl dafür, welche Anrede zu welcher Grußformel passt. Für den Fall, dass Sie es für bestimmte hochgestellte Persönlichkeiten ganz genau wissen wollen, habe ich Ihnen in Anlage E einen Auszug aus den Hinweisen des Protokolls des Bundesministeriums des Innern angefügt (Bundesministerium des Inneren – Protokoll Inland, Ratgeber für Anreden und Anschriften, Stand Dezember 2016, www.protokoll-inland.dePI/DE/AnschriftenAnreden/). Sie sind sehr detailliert und förmlich; bei den dort aufgeführten Varianten können Sie ohne Weiteres die weniger förmliche wählen.

klug, da ein Fehlen des Middle Initials dort auffällt. Innerhalb Deutschlands halte ich seinen Gebrauch allerdings weiterhin für etwas aufgesetzt, in gewisser Weise auch für ein Zeichen mangelnden kulturellen Selbstbewusstseins. Aber das ist Geschmackssache.

- *Akademische Grade* – in Deutschland sind es vor allem das *Diplom,* der *Bachelor,* der *Magister,* der *Master* und der *Doktor* – können, aber müssen nicht genannt werden.[266] Sie können also Ihren *Dr.* (abgekürzt) vor den Namen setzen. Das gilt auch für das Diplom, z. B. *Dipl.-Ing.* Das ist keine Angabe, sondern dient dazu, dass der Briefempfänger weiß, mit wem er es zu tun hat und wie er Ihnen korrekt antworten kann. Andere akademische Grade wie *Bachelor* und *Master* können – mit oder ohne Komma – hinter dem Namen gesetzt werden, doch ist das weniger üblich.
- Das gilt auch für ausländische akademische Grade.[267]
- Fügen Sie Ihrem „Dr.“ nur in den seltenen Fällen, in denen es für den Adressaten von Interesse ist, die Fachrichtung an. Etwa beim *„Dr. med.“*, da dieser eine gewollte und erwartete Signalfunktion hat. Bei Rechtsanwälten und Notaren gilt das – wenn auch weniger ausgeprägt – auch für den *Dr. jur.*, wahrscheinlich um die Mandanten zu beruhigen, dass das eigentliche Interesse des Rechtsbeistands nicht in Kunstgeschichte liegt. Doch wird ein Patentanwalt ganz zu Recht einen *„Dr.-Ing.“* führen, da das eine für den künftigen Mandanten wichtige Information ist. Bei Bewerbungen empfiehlt sich immer die Angabe der Fachrichtung.[268]

---

266 Akademische Grade sind solche, die nach einem abgeschlossenen Hochschulstudium im Zusammenhang mit einer besonderen wissenschaftlichen Leistung durch Aushändigung einer Urkunde verliehen werden. Bei allem Stolz auf die eigene Leistung: Man muss nicht alles zeigen, was man hat. Ich würde daher davon abraten, den *Dr. h.c.* im Absender zu führen. Der interessiert niemanden.

267 Die jeweiligen (Landes-)Kultusminister schreiben in der Regel vor, dass ausländische akademische Grade – es sei denn, sie sind in der EU erworben – nur mit einem Herkunftszusatz, also der Nennung der Universität, an der sie erworben wurden, geführt werden dürfen. Ich könnte zum Beispiel ein „LL.M. (University of Virginia)“ hinter meinen Namen setzen, aber wer tut das schon, außer vielleicht ein Rechtsanwalt, der damit auf Kenntnisse im amerikanischen Recht hinweisen will. Eine Liste deutscher und ausländischer akademischer Grade finden Sie in den Anlagen O, U und V.

268 Durch einen *Dr. habil.* wird gerne zum Ausdruck gebracht, dass man, bekäme man nur einen Ruf an eine Uni, Professor werden könnte. Das wird die meisten Adressaten allerdings nicht interessieren. Dasselbe gilt für den *Dr. des.* (*Doctor designatus*), eine selten anzutreffende Abkürzung, die zum Ausdruck bringt, dass das Promotionsverfahren bis auf die Veröffentlichung der Dissertation abgeschlossen ist.

- Bei Rechtsanwaltskanzleien oder Arztpraxen mit zwei oder mehr Partnern, die alle einen Doktor haben, lesen Sie gelegentlich „Dres." Klingt mysteriös, steht für das lateinische „doctores", also „die Doktoren", und dient der Kürze.
- Auch die Angabe der Berufs- oder Amtsbezeichnung ist möglich, bei Professoren sogar üblich. Sie müssen wissen, ob Sie den Briefempfänger mit einem gewichtigen Titel beeindrucken wollen und ob die Kenntnis des Berufs für den Empfänger von Interesse ist. Sonst würde ich eher davon abraten. Als Pensionär können Sie die letzte Amtsbezeichnung mit einem angefügten „a.D." (außer Dienst), Ihre letzte Berufsbezeichnung mit einem „i.R." (im Ruhestand) führen; im Übrigen gilt das oben Gesagte.
- Dann folgen Straße und Stadt mit Postleitzahl.[269]
- Wenn Sie einen Briefkopf auf Ihr Papier drucken lassen, sollten Sie beachten, dass auf eleganten Briefbögen, die privat genutzt werden, meistens nur der Name des Absenders steht. Wird die Adresse hinzugefügt, bekommt der Brief einen geschäftlichen Charakter.

Anschrift

Wenn Sie die Adresse schreiben, ist es am einfachsten, Sie schreiben schlicht den Absender des zu beantwortenden (Geschäfts-)Briefs ab. Im übrigen gilt:

- Schreiben Sie, wenn Sie sie kennen, Vor- und Nachnamen. Wenn Sie wissen, dass der Empfänger auf seinen „Middle Initial" Wert legt: Schreiben Sie ihn.
- Doppelnamen werden ausgeschrieben. Adlige Namen ebenfalls. Bei privaten und den meisten geschäftlichen bzw. dienstlichen Schreiben können Sie sich auf die im allgemeinen Verkehr üblichen Namensformen beschränken. Wenn Sie also dem Abgeordneten Alexander Graf Lambsdorff schreiben wollen, dessen voller Name Alexander Sebastian Léonce Freiherr von der Wenge Graf Lambsdorff lautet, genügt „Herrn Alexander Graf Lambsdorff".
- Schreiben Sie „Herrn/Frau Otto/Anna Meyer", also „Herrn" oder „Frau"

269 Kürzen Sie Straßennamen, bei denen „Straße" unverbunden mit einem Namen steht, nicht mit „Str." ab; das geschieht häufig, ist aber nicht ganz korrekt.

Laut DIN 5008 wird die Stadt in der Sprache des Bestimmungslandes geschrieben (für den arabischen und fernöstlichen Sprachraum stelle ich mir das allerdings schwierig vor; die armen Postbeamten), und es soll kein Landescode mehr vor der Postleitzahl stehen, sondern das Land wird in deutscher Sprache in Großbuchstaben ausgeschrieben.

vor den Namen. Auch beim titulierten Adel ist das korrekt, im gesellschaftlichen Briefverkehr aber nicht üblich.[270]

- Wenn Sie ein Paar anschreiben, werden laut Protokoll des BMI entweder die vollständigen Namen genannt („Herrn Otto Meyer und Frau Anna Meyer") oder beide Empfänger gemeinsam aufgeführt („Herrn und Frau Meyer". Ersteres halte ich für sehr lang (bei unterschiedlichen Familiennamen der Partner geht es allerdings nicht anders), letzteres in seiner Kürze fast unhöflich. Ich bin daher der Ansicht, dass es nach wie vor korrekt ist, „Herrn und Frau Otto Meyer" zu schreiben. Die auf Gender-Mainstreaming fixierten Leser mag ich damit besänftigen, dass ich auch nichts dagegen hätte, die Reihenfolge „Frau Anna Meyer und Herrn Otto Meyer" zu wählen. Es bietet sich an, wenn die Frau bekannter ist als ihr Mann.[271]
- Zunehmend üblich, weniger höflich, bei Freunden aber zulässig, ist das völlige Weglassen von „Herrn" und „Frau". Sie schreiben dann also schlicht „Anna und Otto Meyer" oder „Otto und Anna Meyer"; beides ist in Ordnung.
- Die Formulierung „Herrn Otto Meyer und Frau Gemahlin" ist formvollendet, allerdings schon so sehr, dass sie etwas altmodisch daherkommt und daher nur noch selten benutzt wird. Das BMI nennt sie schlicht „eine Bezeichnung des gesellschaftlichen Verkehrs". Benutzen Sie den Zusatz „und Frau Gemahlin" nur bei älteren und hochgestellten, nicht zuletzt adligen Damen – diese sind es so gewohnt und erwarten es häufig.
- Der Einfachheit halber „Ehepaar (Otto) Meyer" zu schreiben, ist inzwischen unüblich geworden und auch nicht sehr elegant. Großzügiger bin ich bei der Adressierung „Familie Otto Meyer" (der Vorname und gegebenenfalls ein akademischer Grad sollten immer hinzugefügt werden). Sie halte ich trotz des Protests einiger meiner Testleser für legitim und korrekt in den Fällen, in denen der Brief an Eltern und Kinder gerichtet ist. Denn diese

270 Vgl. den Abschnitt „Begrüßung" und die „Kleine Adelskunde" im Anhang. Grammatikalisch handelt es sich bei „Herrn" um einen Akkusativ, als die Kurzform für „An den Herrn". In der Schweiz wird auch der Nominativ verwandt, also „Herr" (Zehnder/ Senn, Meeting, S.27). Etwas anderes (Dativ) finden Sie nur bei den alten Formen wie „Seiner Exzellenz" .

271 Immer noch geht aber nicht „Frau und Herrn Meyer", Frau und Herrn Otto Meyer", „Herrn und Frau Anna Meyer" oder „Frau und Herrn Anna Meyer". Ich schreibe das mit etwas schlechtem Gewissen, da das letzte Beispiel genau das widerspiegelt, was Frauen heute sprachlich widerfährt. Zu rechtfertigen ist das nur aus der Tradition. Ein – völlig theoretischer – Kompromiss wären die Beispiele 2 und 3, bei denen der eine zuerst und der andere mit Vornamen genannt wird.

Adresse hat Signalfunktion. Wenn ich zu der Zeit, als meine Kinder noch zu Hause lebten, einen so adressierten Brief bekam, wusste ich, dass ich ihn ihnen zeigen sollte, und sie wussten ihrerseits, dass der Brief auch von ihnen geöffnet werden durfte.

- Es ist nicht mehr üblich, „Fräulein" zu schreiben, worauf früher auch ältere unverheiratete Damen Wert gelegt haben. Heute wird diese Anrede offensichtlich als eine Art Diskriminierung aufgefasst und entspricht nicht mehr dem Lebensgefühl der Zeit. Diese Anrede ist laut BMI nur noch auf ausdrücklichen Wunsch hin anzuwenden. Das gilt im dienstlichen wie im privaten Bereich. In dem etwas förmlicheren Frankreich wird das „Mademoiselle" noch gepflegt, in den USA hat man als Abkürzung ohne Unterscheidungsmöglichkeit „Ms." eingeführt.[272]
- Dann nennen Sie die wichtigsten akademischen Grade und den „Professor". „Dr." kürzen Sie immer ab, beim „Professor" steht es Ihnen frei. Der wissenschaftlich erworbene „Professor" ist (im Gegensatz zum Professor „ehrenhalber") zwar notwendigerweise mit einem „Dr." verbunden, doch erlaubt man sich heute im Allgemeinen in der Anschrift die Redundanz und führt beide auf. Die Nennung des „Dr." und „Prof." sind üblich, die der anderen (nachgestellten) akademischen Grade, auch der ausländischen, nicht so sehr. Tun sie es nur, wenn Sie glauben, dass der Empfänger Wert darauf legt.
- Dasselbe gilt für Ehrendoktorwürden wie „Dr. h.c." oder gar „Dr. h.c. mult."[273]. Wenn Sie den Briefempfänger günstig stimmen wollen, schreiben Sie ruhig „Dr. h.c." (nicht „mult.", das wäre zu viel des Guten). Es wäre überladen, aber korrekt, wenn Sie „Herrn Prof. Dr. Dr. h.c. Philipp Grund, LL.M." schreiben.

---

272 Früher hätte man einen Brief an ein junges Mädchen von 15 Jahren mit „Fräulein" adressiert, ohne sich in das Privatleben der jungen Dame einzumischen, da alle unverheirateten weiblichen Wesen jenseits des Kindesalters „Fräulein" waren. Das „Fräulein" war ein kleines, wohlgemeintes Zeichen dafür, dass man das Mädchen als heranwachsende junge Frau betrachtete. Heute sind einem diese sprachlichen Feinheiten verbaut. Man muss das Kind in die Reihe der bis über Hundertjährigen einreihen und „Frau Annette Meyer" schreiben oder nur „Annette Meyer". So, wie es, ich gebe es zu, immer schon bei heranwachsenden Jünglingen der Fall war. Da hat man allerdings früher auch manchmal – vor allem bei Adligen – von „dem jungen Herren" gesprochen; das hat auch in die Literatur Eingang gefunden (zum Beispiel „Der junge Herr von Strammin" von Hans Fallada).

273 „h.c." bedeutet „ehrenhalber" („honoris causa") und „mult." „vielfach" („multiplex"). Es handelt sich also um einen „vielfachen Ehrendoktor". „Ehrenhalber" wird gelegentlich auch „E.h.", „e.h." oder „eh" abgekürzt.

- Bei einem guten Freund können Sie die Funktion und den akademischen Grad weglassen.
- Bei offiziellen Schreiben an Abgeordnete des Deutschen Bundestags setzen Sie – mit oder ohne Komma – ein MdB (Mitglied des Bundestags) hinter den Namen, bei Abgeordneten des Europäischen Parlaments ein MdEP, bei Abgeordneten eines Landtags ein MdL.[274]
- Im Allgemeinen schreibt man in Geschäfts- oder förmlichen Briefen noch die Dienst- oder Berufsbezeichnungen hinzu, meistens hinter „Herrn“ oder „Frau“. Die der Beamten und Soldaten finden Sie in den Anlagen L und M; Sie können sie ohne weiteres abkürzen. Aber auch im Wirtschafts- und Wissenschaftsbereich gibt es eine Reihe von Funktionen und Ämtern, die ihre Inhaber gerne erwähnt sähen.
- Bei Damen gebraucht man die Amts-, Funktions- und Berufsbezeichnung grundsätzlich in der weiblichen Form. Militärische Dienstgrade nehmen nie die weibliche Form an.
- Gegebenenfalls muss ein a.D. (außer Dienst) hinter die Amtsbezeichnung. Die Bezeichnung „Altbundeskanzler“ oder „Altbundespräsident“ ist etwas für die Presse, nichts für protokollarisch korrekte Schreiben.
- Bei mehreren Amtsbezeichnungen ist nur die höchste zu verwenden. Neben einem aktuellen neuen Amt werden frühere Ämter im Allgemeinen nicht erwähnt.
- Das vorangestellte „An“ bei Behörden und entsprechenden Amts- und Funktionsbezeichnungen ist nicht mehr üblich. Also nicht mehr „An den Präsidenten des Bundesverwaltungsamts/ Herrn Dr. Walter Friedrich“ sondern „Herrn Präsident(en)[275] des Bundesverwaltungsamts/ Dr. Walter Friedrich“ oder „Herrn Dr. Walter Friedrich/ Präsident des Bundesverwaltungsamts“.[276]

---

274 Es hieße also „Herrn Alexander Graf Lambsdorff, MdB“. Bei einem Mitglied des Berliner Abgeordnetenhauses heißt es MdA, bei der Bremischen bzw. der Hamburgischen Bürgerschaft MdBB bzw. MdHB.

275 Laut Duden kann man „Herrn Präsident“ oder „Herrn Präsidenten“ schreiben.

276 Das BMI schlägt „Präsident<u>en</u> des Bundesverwaltungsamts/ Herrn Dr. Walter Friedrich“ vor. Das kleine Suffix -en bei „Präsidenten“, das den Akkusativ ausdrückt, ist für mein Gefühl zu versteckt. Da das BMI bei Bundespräsident und Bundeskanzlerin „Herrn Bundespräsidenten/ Dr. Frank-Walter Steinmeier“ und „Frau Bundeskanzlerin/ Dr. Angela Merkel“ vorschlägt, empfehle ich, auch in allen anderen Fällen das „Herrn“ oder „Frau“ vor die Amtsbezeichnung zu setzen.

- Bei der Reihenfolge der Angaben haben Sie folgende Möglichkeiten
  - Amts- oder Berufsbezeichnung/ Herrn oder Frau, Vor und Nachname mit akademischem Grad/ Straße und Hausnummer/ Postleitzahl und Ort (amtlich empfohlen für dienstliche Schreiben),
  - dasselbe mit Herrn/Frau vor der Amts- oder Berufsbezeichnung (meine Empfehlung, vgl. vorige Fußnote),
  - Herrn oder Frau/ Vor- und Nachname mit akademischem Grad/ Amts- oder Berufsbezeichnung/ Straße und Ort wie oben (amtlich empfohlen für private Schreiben)
- An einen ausländischen Botschafter können Sie also „Herrn Botschafter/ Malcolm Smith/ Britische Botschaft/ Wilhelmstr.70/ 10117 Berlin“ schreiben, an einen Staatssekretär „Herrn Staatssekretär Prof. Dr. Jakob Meister, Bundesministerium des Inneren“.
- Bei adligen Adressaten, bei denen der Adelstitel Bestandteil des Familiennamens ist, heißt es „Herrn Michael Graf von Korff Schmising“ und „Frau Dr. Barbara Gräfin von Korff Schmising“.[277] Beim unbetitelten Adel wird das „von“ immer ausgeschrieben, es sei denn, der Name wird namensrechtlich mit abgekürztem „v.“ geführt.[278]
- Bei Kardinälen lautet die Adressierung „Herrn Eberhard Kardinal Wetter“, der Vorname wird also vor die Amtsbezeichnung (der anscheinend als eine Art kirchlicher Adelstitel betrachtet wird) gezogen.
- Wenn Sie bei einer Häufung und einem langen Namen mit einer Zeile nicht auskommen, trennen Sie die Bestandteile der Adresse möglichst sinngemäß. Namen werden ungern getrennt.
- In einer Firma wird der Brief in der Poststelle geöffnet, wenn die Firma in der Adresse zuerst genannt wird, hingegen nicht, wenn zuerst der Name und dann die Firma genannt werden. Im Behördenverkehr werden Briefe von den Beamten oder Angestellten selbst und nur bei hochrangigen Personen im Vorzimmer geöffnet. Wenn Sie sicher gehen wollen, dass nur der Adressat den Brief öffnet, schreiben Sie „Persönlich“ oder „Vertraulich“ oder beides auf den Umschlag.[279]

---

277 „Herr“ und „Frau“ ist namensrechtlich korrekt und wird daher von den Behörden verwandt, doch im gesellschaftlichen Verkehr wird es meistens weggelassen.

278 Also zum Beispiel Herr von Goethe. Vgl. die Kleine Adelskunde in Anlage H.

279 Auf Sicherheit hin wird in Ministerien und anderen Behörden aber jeder Brief geprüft. Vermeiden Sie also lieber die Übersendung eines metallenen Geschenks an einen

- Wenn Sie sicher gehen wollen, dass der Brief in einer Behörde gleich die zuständige Person erreicht, können Sie „zu Händen von" („z.Hd." oder „z.H.") schreiben. Fürchten Sie, dass der zuständige Sachbearbeiter in Urlaub sein und Ihre Sache deshalb länger liegenbleiben könnte, setzen Sie „o.V.i.A." („oder Vertreter im Amt") hinter den Namen.

Betreff, Bezug. Anlagen

In Geschäftsbriefen folgte früher nach einigen Leerzeilen der „Betreff", abgekürzt „Betr." Hier gaben Sie an, worum es sich handelte. Darunter kam der „Bezug" (meistens nicht abgekürzt), in dem Sie auf das letzte oder die letzten Schreiben oder die letzte Unterhaltung in dieser Sache Bezug nahmen und – es konnte auch im Betreff sein – das Aktenzeichen bzw. Geschäftszeichen nannten. In der nächsten Zeile, noch vor der Anrede, folgte der Hinweis auf die Anlagen.

Heute schreibt man nicht mehr „Betr." und „Bezug", sondern gibt die Information ohne entsprechende Einleitung. Da das nicht gerade der optischen Klarheit dient, kann die Zeile farblich oder durch Fettdruck hervorgehoben werden (nach dem Motto: warum einfach, wenn es auch kompliziert geht).[280]

Heute steht der Hinweis auf die „Anlage(n)" (abgekürzt „Anl."), der früher vor dem Text unter „Betreff" und „Bezug" kam, am Ende des Briefes unter der Unterschrift. Auch hier empfiehlt DIN 5008 Fettdruck, da man es sonst überlesen könnte.

Ein Brief sieht dann so aus, wie Sie es auf der folgenden Seite sehen.

Anrede

Die übliche Anrede ist „Sehr geehrter Herr Meyer" und „Sehr geehrte Frau Meyer". Da machen Sie nie etwas falsch, auch bei den höchsten Repräsentanten des Landes nicht. Wollen Sie eine besondere Verehrung zum Ausdruck bringen, etwa wegen der Verdienste oder des Alters der Person, schreiben Sie „Sehr verehrte(r)".

Den akademischen Grad nennen Sie zumindest in Geschäftsbriefen immer, also „Sehr geehrter Herr Dr. Meyer"/„Sehr geehrte Frau Professor Meyer". Bei mehreren Titeln nehmen Sie nur den höchsten, sonst wird es barock.

Ihnen gut bekannten Minister; das „Vertraulich" auf dem Umschlag wird Ihnen dann wenig helfen und die Sicherheitsleute nur noch misstrauischer machen.

280 „Bezugszeichenzeilen" sind heute in den meisten Geschäftsbriefen ausgedruckt (Ihr Zeichen...Unser Zeichen…Telefon...Name…Datum).

Rechtsanwälte Schuster und Partner
Unter den Linden 658
10100 Berlin

Herrn
LR Dr. Franz Meyer
Referat 513
Auswärtiges Amt
Werderscher Markt 1
10117 Berlin

Visumerteilung des iranischen Staatsangehörigen xyz....
Ihr Schreiben vom..., Az.

Sehr geehrter Herr Dr. Meyer,
......

Mit freundlichen Grüßen

(Dr. Wilhelm Meister)[281]

Anlagen 3

Tragen Sie selbst einen Doktortitel, reden Sie den Empfänger des Briefs im Prinzip nicht mit „Doktor" an. Das ist die reine Lehre, doch im Gegensatz zur mündlichen Anrede nicht immer klug. Nämlich dann, wenn dem Empfänger des Briefs nicht ohne weiteres klar ist, dass Sie als Absender selbst einen

281 Ich halte es für überflüssig, den Namen gedruckt zu wiederholen, wenn er bereits im Briefkopf genannt ist.

Doktortitel tragen. Um sicherzugehen, seine Eitelkeit nicht zu verletzen, kann es klug, wenn auch nicht perfekt sein, den Briefempfänger mit dem Doktortitel anzureden.

Der „Dr." wird, wie in der Anschrift, abgekürzt, der „Professor" ausgeschrieben. Folgt dem „Doktor" kein Name („Sehr geehrter Herr Doktor"), wie es eigentlich nur bei Ärzten vorkommt, wird er ausgeschrieben.

Bei Schreiben an eine Behörde, bei der Sie nicht wissen, ob eine Dame oder ein Herr den Brief liest, ist es immer noch guter Brauch, „Sehr geehrte Damen und Herren" zu schreiben. Häufig lesen Sie aber in Schreiben der Behörde, wer den Brief verfasst hat, und können dann gezielt diese Person anreden.

Manche Autoren empfehlen die Anrede „Guten Tag Frau Müller". Das halte ich für ziemlich unglücklich, auch wenn es freundlich gemeint ist. Es ist eine mündliche Grußformel, die von den meisten älteren Empfängern im Brief nicht als angemessen empfunden werden dürfte; einige werden auch das Komma nach „Guten Tag" vermissen. Da könnte man ja gleich "Ja grüezi wohl, Frau Stirnimaa" schreiben.[282] Sie schreiben am Ende des Briefes ja auch nicht „Auf Wiedersehen" oder „Leben Sie wohl", was die entsprechenden Schlussformeln wären. Wer weiß, vielleicht liest der Empfänger den Brief auch in bitterkalter, windiger Nacht und fragt sich, was das „Guten Tag" soll. Spaß beiseite: Für viele ist diese Grußformel zu umgangssprachlich. Benutzen Sie sie nur bei Freunden. Gleiches gilt für „Hallo Willi".

Gelegentlich findet sich die Anrede „Lieber/Sehr geehrter Franz Meyer". Das Weglassen des „Herr" ist so ein Mittelding zwischen förmlich und vertraut, wenn man der eigentlich gebotenen Formel „Lieber/Sehr geehrter Herr Meyer" einen persönlichen Touch geben will. Ich halte das für akzeptabel, selbst wenn es nicht im Regelbuch der Etikette steht. Bitte aber nicht in offiziellen Briefen!

Unter Freunden und Bekannten schreiben Sie „Liebe(r)". Im zarten Alter von über 70 Jahren schreiben mich nun Personen, die ich gar nicht kenne, mit „Lieber Herr Schultheiß" an. Das fällt mir auf, stört mich aber nicht, da ich das als Zeichen eines gewissen Vertrauens oder einer Hinwendung sehe. Das kann man aber nicht bei allen älteren Briefempfängern voraussetzen; es gibt sicher einige, die daran Anstoß nehmen würden. Schreiben Sie bei fremden Personen also lieber „Sehr geehrte(r)", dann machen Sie nichts falsch.

---

282 Schlagertext aus einem Film „Was ist den bloß – mit Willi los?" mit Heinz Erhardt (1970).

Bei mehreren Empfängern, etwa einem Ehepaar, schreiben Sie „Sehr geehrte Frau Meyer, sehr geehrter Herr Meyer“ oder „Liebe Frau Meyer, lieber Herr Meyer“. Die Reihenfolge (zuerst die Dame, dann der Herr) ist also anders als in der Anschrift; jeder kommt also mal als Erster dran.

Wenn Sie ein befreundetes Ehepaar schriftlich anreden, mögen Sie sich manchmal fragen, ob Sie die Frau oder Ihren alten, Ihnen viel länger bekannten Freund zuerst nennen sollen. Nennen Sie seine Partnerin zuerst; das wird als besonderes Zeichen der Höflichkeit gewertet werden. Anders ist es nur, wenn Sie der Ehefrau oder Freundin Ihres alten Kumpels noch nie persönlich begegnet sind oder wenn Sie sie überhaupt noch siezen. Dann bietet sich an, nur den Freund anzusprechen und unten in der Grußformel zu schreiben „Herzliche Grüße (unbekannterweise) auch an Deine Frau, Dein Julius“. Zu schreiben „Lieber Rolf, liebe Frau Meyer“, wäre zwar korrekt, käme aber etwas schwerfällig und distanziert über.

In offiziellen Schreiben können Sie den Adressaten natürlich auch mit seiner Amts- oder Berufsbezeichnung ansprechen. Also mit „Sehr geehrter Herr Vorsitzender“, „Sehr geehrter Herr Direktor“, „Sehr geehrte Frau Staatssekretärin“ und so weiter. Generäle, Admirale und Kapitäne werden, ungeachtet des unterschiedlichen Rangs innerhalb ihrer Dienstgradgruppe, mit „Herr General“, „Herr Admiral“ oder „Herr Kapitän“ angeredet.

Die Anrede mit der Amtsbezeichnung, die früher allgemein üblich war, ist heute allerdings nur noch bei hochgestellten Persönlichkeiten angebracht, vom Bundespräsidenten bis zum Staatssekretär, vom Vorstandsvorsitzenden bis zum Botschafter. Aber keine Sorge: kaum jemand wird daran Anstoß nehmen, wenn Sie ihn mit seinem Titel anschreiben. Wenn Sie den Namen der Person oder seine genaue Schreibweise nicht kennen, ist das manchmal sogar der letzte Ausweg.

Bei adligen Adressaten empfiehlt das Bundesministerium des Innern, „Sehr geehrter Herr Graf von Korff Schmising“ und „Sehr geehrte Frau Gräfin von Korff Schmising“ zu schreiben. Denn jeder hat das Recht, mit „Herr“ und „Frau“ angeredet zu werden. Die Anrede ohne „Herr“ oder „Frau“ ist beim Adel im gesellschaftlichen Verkehr jedoch üblich; hier also „Sehr geehrter Graf von Korff Schmising“ und „Sehr geehrte Gräfin von Korff Schmising“. „Herr Graf“ sagen seit alters nur Bedienstete. Anredeformen wie „Majestät“ oder „Königliche Hoheit“ werden protokollarisch nur noch im Ausland bei regierenden Häusern gebraucht (und da meistens auf Englisch), im Inland nur noch ganz selten aus alter Tradition. „Durchlaucht“ oder „Erlaucht“ gehören einer vergangenen Epoche an.

Das früher übliche „Sehr verehrte gnädige Frau“ würde ich nur bei älteren Damen empfehlen; bei jüngeren fiele es heutzutage aus den Rahmen. Völlig ungebräuchlich ist inzwischen die Anrede „Sehr verehrtes gnädiges Fräulein“. Diese finden Sie nur noch in Romanen des 19. Jahrhunderts.

In Deutschland wird die Ehefrau nicht mit der Amts- oder Berufsbezeichnung ihres Mannes angeredet. Die Frau eines Botschafters wird also nicht mit „Frau Botschafterin“ angesprochen (mündlich wie schriftlich), sondern mit ihrem Namen; die Anrede „Frau Botschafterin“ ist weiblichen Botschaftern vorbehalten. Dasselbe gilt natürlich umgekehrt für den Mann der Botschafterin. Wenn wir als Beispiel „Minister“ wählen, wird das deutlicher: Da ist uns aus der Presse vertraut, dass nur der Amtsinhaber mit „Minister“ angeredet und bezeichnet wird.

Eine handschriftliche Anrede ist bei maschinengeschriebenen privaten Briefen ein Zeichen von Höflichkeit. In Geschäftsbriefen kann die Anrede auch mit der Maschine geschrieben sein. Es sei denn, Sie wollen den Adressaten Ihrer besondere Wertschätzung versichern. Dann schreiben Sie mit der Hand so etwas wie *„Sehr geehrter, lieber Herr Meyer“ oder „Sehr geehrte Frau Ministerin“.* Wenn Sie mit der handschriftlichen Anrede beginnen, ist es nur konsequent, wenn Sie auch die Grußformel mit der Hand schreiben.

Nach der Anrede machen Sie ein Komma und fahren auf der nächsten Zeile klein geschrieben fort. Früher hat man ein Ausrufezeichen hinter die Anrede gesetzt und den Text dann mit einem Großbuchstaben begonnen; das ist immer noch möglich, aber nicht mehr üblich.

Text

Es galt und gilt als verpönt, einen Brief mit „ich“ anzufangen. Häufig führt das zu etwas gequälten Satzstellungen. Das „ich danke Ihnen herzlich“ nach der Anrede finde ich heute ganz in Ordnung; man schiebt sich dadurch nicht unziemlich in den Vordergrund. Um alle Bedenkenträger zu befriedigen, können Sie natürlich auch „für die Glückwünsche zu meinem Geburtstag danke ich Ihnen herzlich“ schreiben.[283]

In Briefen spielt die Groß- und Kleinschreibung eine Rolle. Wenn man im Text eine Person anspricht, wird „Sie“ oder „Ihnen“ groß geschrieben. So wie ich das in diesem Buch mache. Bitte tun Sie es, auch wenn der Duden es

---

283 Die „Ich“-Phobie hat früher in Geschäftsbriefen zu Wortungetümen wie „der Unterzeichnete“ geführt, ein Ausdruck, der schon grammatikalisch falsch ist (es müsste, wenn es denn sein muss, „der Unterzeichnende“ oder „der Unterzeichner“ heißen). Man liest so etwas zu Recht nicht mehr bzw. sollte es nicht mehr lesen.

freistellt und viele es nicht mehr machen. Das erfordert die Höflichkeit, aber vor allem die sprachliche Klarheit.

Grußformel/Schlussformel

Die Grußformel (oder „Schlussformel") richtet sich in ihrem Grad der Förmlichkeit nach der Anrede. Auf das übliche „Sehr geehrter Herr/ Sehr geehrte Frau" folgen am Ende des Briefs im Allgemeinen die Worte „Mit freundlichen Grüßen".

Das Protokoll des Bundesinnenministeriums empfiehlt bei Schreiben aus offiziellem Anlass auch noch „Mit vorzüglicher Hochachtung" und „Mit ausgezeichneter Hochachtung". Das werden Sie aber nur bei besonders hochgestellten und alten Leuten schreiben. Sie können das sogar noch formvollendeter mit einem „Mit dem Ausdruck meiner (vorzüglichen) Hochachtung bin ich Ihr Ihnen (sehr) ergebener" tun. Doch werden Sie das nur in wenigen Fällen wollen. Es wäre aber absolut korrekt und würde dem Empfänger ein nostalgisches Lächeln entlocken. Diese Grußformeln werden im Allgemeinen, wenn überhaupt, nur von Herren verwandt.[284]

Manche Ratgeber halten die Allzweckformel „Mit freundlichen Grüßen" für konservativ. Dem kann ich nicht folgen, zumal mich die angebotenen Alternativen nicht überzeugen. Sie sind zwar durchweg nett und fröhlich gemeint, aber sie liegen auf einer anderen Sprachebene. Und nicht jeder Empfänger ist für diesen, möglicherweise als zu familiär empfundenen Ton empfänglich. Bleiben Sie daher bei „Mit freundlichen Grüßen".[285]

Ein Zwischending zwischen „Mit freundlichen Grüßen" und „Mit herzlichen Grüßen" ist „Beste Grüße" in den Fällen, wo man etwas weniger förmlich, aber doch auch noch nicht freundschaftlich sein will.

In Geschäftsbriefen haben „Liebe Grüße" nichts zu suchen. Das gilt auch für „Mit herzlichen Grüßen", es sei denn, Sie unterhalten zum Empfänger eine lange und freundschaftliche Geschäftsbeziehung. Wenn Sie etwas persönlicher sein wollen, können Sie „Mit besten Grüßen" schreiben.

---

284 Die Grußformel „Mit der Ihnen zustehenden Hochachtung" ist eine Beleidigung.

285 Ratgeber empfehlen u.a. „Mit freundlichen Grüßen aus/nach Berlin", „Es grüßt Sie herzlich aus Leipzig", „Mit sommerlichen Grüßen", „Mit den besten Wünschen für ein schönes Wochenende" oder „Einen guten Start in das Wochenende wünscht". Bevor Sie diese Grußformeln verwenden, die in einem bestimmten Kontext natürlich gehen, sollten Sie unbedingt überlegen, an wen Sie so schreiben und ob es passt. Das „Mit freundlichen Grüßen" geht immer. Natürlich geht auch „Mit freundlichem Gruß", obwohl ich persönlich eine historisch begründete Aversion dagegen habe.

Bei Freunden und guten Bekannten, die Sie duzen oder zumindest mit „Liebe(r)“ ansprechen, schreiben Sie „Herzliche Grüße“. Heute wird häufig auch „Liebe Grüße“ geschrieben, eine Grußformel, die für mein Gefühl zunehmend inflationär verwandt wird. Ansonsten sind bei Freunden Ihrer Phantasie keine Grenzen gesetzt; da lassen Sie Ihr Herz sprechen („Gruß und Kuss Dein Julius“).

Das vor 50 Jahren noch übliche „Hochachtungsvoll“ ist heute völlig außer Gebrauch geraten und würde als antiquiert, wenn nicht ironisch oder unterwürfig aufgefasst werden.

Etwas ungewöhnlich, sprachlich aber schön und den französischen Grußformen nachempfunden, wäre es, wenn Sie am Ende des Briefes noch einmal die Anrede wiederholen: „Ich bin, sehr verehrter Herr Bundespräsident, mit dem Ausdruck meiner vorzüglichen Hochachtung Ihr (ergebener) Franz Meyer“. Aber wer schreibt schon an den Bundespräsidenten! Allerdings macht sich ein solcher Einschub auch bei anderen Briefen gut, etwa so: „Ich sende Dir, lieb(st)e Elise, meine herzlichen Grüße“.

Die Formulierung „Ihr (sehr) ergebener“ ist in Verbindung mit „Mit freundlichen Grüßen“ ein Stilbruch, da sich beide Formulierungen sprachlich auf verschiedenen Ebenen bewegen. Vermeiden Sie das bitte.

Nach der Schlussformel folgt weder ein Komma (das ist den Engländern vorbehalten), noch, wie gelegentlich früher, ein Ausrufezeichen.

Unterschrift

Es steht Ihnen in Deutschland – auch rechtlich – frei, ob Sie nur mit dem Nachnamen oder mit Vor- und Nachnamen unterschreiben.[286] Bei dienstlichen Schreiben ist es ganz in Ordnung und viel schneller, sich auf den Nachnamen zu beschränken. Es empfiehlt sich aber, auch den Vornamen zu schreiben, wenn sonst aus dem Schreiben nicht ersichtlich ist, ob ein Mann oder eine Frau den Brief unterschrieben hat. Sonst kann der Empfänger nicht korrekt antworten. Die Unterschrift mit Vor- und Nachnamen bürgert sich abgesehen von diesen Überlegungen aber immer mehr ein, da sie als sozial zugewandter angesehen wird. Wenn Sie dem Brief eine gewisse Bedeutung beimessen oder eine Zuwendung ausdrücken wollen, auch soziale Verbundenheit, sollten Sie mit Vor- und Nachnamen unterschreiben.

Wenn Sie einem Geschäftspartner zusätzlich noch Ihre Weltläufigkeit oder internationale Erfahrung nahebringen wollen, können Sie auch Ihr „Middle Initial“ einfügen.

286 Einige Länder verlangen allerdings für die rechtliche Wirksamkeit, dass man mit Vor- und Nachnamen unterschreibt.

Wenn mehrere Personen unterschreiben, steht links der Höherrangige, bei Gleichrangigen der für den Briefinhalt Verantwortliche und somit der Ansprechpartner.

Man kann seinen akademischen Grad vor den Namen setzen. Man sieht das gelegentlich. Ich tue es allerdings nicht, da ich mich nicht über ihn identifiziere. Ich würde auch Ihnen raten, den „Dr." bei der Unterschrift wegzulassen; man könnte Sie sonst für titelbewusst halten.

In dienstlichen Schreiben steht der volle Name – dann auch mit den akademischen Graden und der Berufsbezeichnung – häufig in Klammern unter der Unterschrift. Das ist bei manchen Unterschriften auch wirklich notwendig.[287] Wenn der volle Name des Schreibers bereits oben im Briefkopf steht, kann und sollte man auf seine Wiederholung unter der Unterschrift verzichten; das wäre nur platzraubend und wenig arbeitsökonomisch.

Schließlich fragt sich, ob man „Dein(e)", „Euer/Eure" und „Ihr(e)" vor den Namen setzt. Sicherlich nicht bei dienstlichen und Geschäftsschreiben. Bei Privatschreiben wäre es ein Ausdruck zusätzlicher Verbundenheit; bei vielen Menschen ist der Gebrauch des Possessivpronomens auch unreflektierte Gewohnheit. Als Empfänger eines Briefes würde ich dem Fehlen des „Dein" nicht allzu große Bedeutung beimessen. Dennoch ist es schön, ein „Dein" zu lesen. Gelegentlich wollen Sie die Verbundenheit aber auch ganz deutlich machen, und dann können und sollten Sie „Stets Dein" – auch „Stets Ihr" – oder „In alter Verbundenheit" schreiben.

Früher drückte es eine gewisse Herzlichkeit aus, bei Privatschreiben nur mit dem Nachnamen zu unterschreiben („Ich bin/verbleibe mit freundlichen Grüßen Ihr Meyer"). Das ist heute nicht mehr üblich und würde auch nicht als besonders herzlich aufgefasst werden.

Die Grußformel „Herzliche Grüße von Haus zu Haus" war früher verbreitet, ist aber heute selten geworden. Doch ist sie praktisch und korrekt; man erfasst damit die ganze Familie des Angeschriebenen. Junge Leute würden sich über diesen Gruß heute aber wahrscheinlich wundern.

Wenn Sie den Brief auch anderen Personen zukommen lassen, müssen Sie das dem Empfänger (und als Gedächtnisstütze sich selbst) kenntlich machen. Sie können zum Beispiel schreiben: „Kopien dieses Briefes gehen an...". Das

287 Aus meiner Sicht gebietet es die Höflichkeit, lesbar zu unterschreiben. Viele versuchen, sich durch eine schwungvolle Unterschrift eine genialische Note zu geben; meistens steht aber wenig Genie dahinter, im Gegenteil. Fälschungssicher wird eine Unterschrift dadurch nicht. Mich machen solche Unterschriften bei Bewerbungsunterlagen eher misstrauisch, wenn ihre Lesbarkeit auch kein Auswahlkriterium ist.

klingt vielleicht etwas knapp, deswegen können Sie auch ausführlicher sein: „Kopien dieses Schreibens gehen zur Unterrichtung der Beteiligten an...". Oder Sie folgen einer aus dem Amerikanischen übernommenen Sitte und schreiben auch im Original „cc Frau Dr. Meyer und Herrn Wilms", eventuell mit der Behörden- oder Firmenangabe, also „Frau Dr. Meyer, BMI, und Herrn Wilms, BMA".[288]

Beileidsschreiben

Beileidsschreiben fallen einem oft schwer. Doch sind sie für den Empfänger häufig ein Trost. Deswegen sollte man sich hinsetzen und möglichst bald nach der Todesnachricht einen Brief – eine E-Mail wäre zu formlos, von einer Kurznachricht ganz zu schweigen – schreiben, möglichst mit Füllfederhalter, wenn Sie einen solchen haben, oder einem Schreibwerkzeug, das ein vergleichbares Schriftbild produziert. Bitte keinen Geschäftsbogen nehmen, sondern ein weißes Blatt Papier, wenn Sie wollen auch mit Ihrem aufgedruckten Namen, aber nicht mehr; es ist ein sehr persönlicher Brief. Briefbögen mit schwarzem Rand, die man früher noch kannte, sind heute für Beileidsschreiben unüblich geworden.[289]

Entscheidend bei diesem Brief sind zwei Dinge: Ersten, dass Sie ihn überhaupt schreiben, und zweitens, dass er persönlich ist und Erinnerungen an den Verstorbenen enthält. Er braucht nicht lang zu sein, sollte aber möglichst wenige vorgestanzte Formulierungen enthalten.

Einige werden sich allerdings nicht vermeiden lassen, wie „Zu dem Tod von … drücke ich Ihnen/Dir mein herzliches Beileid aus", „möchte ich Ihnen meine tief empfundene/aufrichtige Anteilnahme ausdrücken" oder „Mit großer Trauer/Mit Bestürzung/Mit großer Betroffenheit habe ich die Nachricht von dem plötzlichen Tod von...erhalten." Viele sprechen auch vom „Ableben", da das nicht so hart klingt. Mir persönlich gefällt dieser Versuch der sprachlichen Abfederung nicht; er wird den trauernden Familienangehörigen auch nicht helfen.

Dann fahren Sie ganz persönlich fort: „Er war mir immer ein guter Freund. Ich kann mich noch gut erinnern, wie wir uns zum ersten Mal bei Dir getroffen haben...". Und dann schreiben Sie einfach alles auf, was Ihnen bei der

---

288 cc ist die Abkürzung für die früher gebräuchlichen *carbon copies* (Durchdruck mittels Kohlepapier). In früheren Schreiben lesen Sie daher auch gelegentlich DD für Durchdruck.

289 „Briefpapier und Kuverts mit schwarzer Umrandung bleiben nur den Angehörigen des Trauerhauses vorbehalten" (Meyden, Business-Etikette, S.57).

Nachricht von dem Tod Ihres Freundes oder Bekannten durch den Kopf gegangen ist. Diese Erinnerungen werden den Hinterbliebenen wertvoll und tröstlich sein, wobei natürlich der Satz *de mortuis nihil nisi bene*[290] gilt.

Als Schlussformel ist in Beileidsschreiben „Im stillen Gedenken" üblich und akzeptiert. Ich halte das allerdings für eine klischeehafte Formulierung, die selten die wahre Stimmungslage widerspiegelt (warum ist das Gedenken eigentlich still und nicht schmerzlich bewegt?). Ich würde empfehlen zu schreiben „Ich trauere mit Euch/Ihnen" oder „In tiefer Verbundenheit", „Mit tiefem Mitgefühl", „Meine Gedanken sind bei Euch/Ihnen", oder „Ich umarme Euch". Das erscheint mir ehrlicher und auch persönlicher.

290 „Über Tote nur Gutes" (schreiben oder sagen).

E-Mails

Wann E-Mail?

Die E-Mail ist inzwischen Teil des täglichen Lebens aller Generationen geworden. Überlegen Sie dennoch, bevor Sie eine E-Mail absenden, ob das die angemessene Form der Kommunikation ist. Dabei sind Anlass und Inhalt der Mail sowie das Alter des Empfängers die entscheidenden Kriterien. Handgeschriebene Briefe sind ja inzwischen aus der Mode gekommen, bei Kondolenzbriefen sind sie aber immer noch die einzig akzeptable Form. Auch bei dem Geburtstagsbrief an die 80jährige Erbtante wäre ein handschriftlicher Brief eine gute Idee, sonst werden Sie noch wegen Unwürdigkeit enterbt. Verzichten Sie also auf die bequeme E-Mail und schreiben Sie einen handschriftlichen Brief, wenn Ihnen der Inhalt wirklich wichtig ist. Wenn das zu viel verlangt ist, kann zur Not auch ein auf dem PC geschriebener, mit einem handschriftlichen Gruß versehener und mit der Post verschickter Brief als persönliches und formgerechtes Schreiben durchgehen, insbesondere wenn Ihre Handschrift so unleserlich ist, des sich jeder Empfänger über etwas Gedrucktes von Ihnen freut.

Wenn die Zeit drängt, der Postweg nicht sicher ist, eine Frist oder ein Fest anstehen oder Ihr Brief aus einem anderen Grund nicht rechtzeitig eintreffen würde, sollten Sie natürlich telefonieren oder in die Tasten Ihres PC oder Smartphones greifen. Dabei ist ein Anruf persönlicher als eine E-Mail. Eine E-Mail hat lediglich den Vorteil, dass der Empfänger sie zu einem ihm genehmen Zeitpunkt lesen kann. Wenn Sie jemandem zum Geburtstag gratulieren wollen, freut sich dieser mehr darüber, Ihre Stimme zu hören, als eine E-Mail von Ihnen zu erhalten. Dennoch: Wenn man im beruflichen Alltag festsitzt oder es abends voraussichtlich zu spät wird anzurufen, ist es durchaus in Ordnung, eine Kurznachricht zu verfassen. Man kann den Anruf ja am nächsten Tag nachholen; das wäre sogar eine gute Idee.

E-Mails sind geradezu ein Muster von Förmlichkeit gegenüber einer SMS und einer Nachricht über einen Messenger-Dienst wie WhatsApp, die häufig ohne Anrede und Grußformel, dafür mit vielen Abkürzungen auskommen und bei denen der umständliche Ausdruck von Gefühlen durch eine Reihe von Emoticons ersetzt wird. Auch das sind legitime Formen der Kommunikation, aber nur dann klug, wenn der Empfänger das auch so sieht. Also überlegen Sie immer, an wen, in welcher Form und zu welchem Anlass Sie die modernen Kommunikationsmittel einsetzen.

DIN 5008

Die Norm DIN 5008 gilt auch für geschäftliche E-Mails. Nicht ohne Grund. Denn E-Mails sind elektronische Briefe. Wie in diesen verlangt die Norm bei E-Mails die Befolgung der Grammatik- und Rechtschreiberegeln und den Gebrauch von Anrede- und Grußformeln. So leicht einem das Schreiben einer Mail auch gemacht wird: Die Regeln der Rechtschreibung, auch das Großschreiben der Anrede „Du", Sie", „Ihr", „Dein(e)", „Euer", „Euch", „Dich", „Dir" und „Ihnen" sind zu beachten. Hier hört die Vereinfachung auf. Großschreibung ist zum Verständnis wichtig; Fehler werden von dem Empfänger ebenso negativ vermerkt wie in einem Brief. Ansonsten geht es bei der Norm weitgehend um bürotechnische Ratschläge.

E-Mails sind keine Telegramme oder Kurznachrichten, obwohl sie im Dialog sehr kurz und formlos ausfallen können. Daher sollte man bei Abkürzungen und Akronymen, also den aus den Anfangsbuchstaben mehrerer Wörter gebildeten Kurzwörtern, Zurückhaltung üben. Einige betrachten sie als wenig höflich, andere kennen gar nicht ihre Bedeutung – wie auch die Bedeutung der zur Auflockerung eingestreuten Emoticons.[291]

Das Akronym asap (as soon as possible, also baldmöglichst) kennen inzwischen ja viele – und lesen es meistens gar nicht gerne, ob nun abgekürzt oder ausgeschrieben. SgDuH (Sehr geehrte Damen und Herren) ist ein unaussprechbares Wortungetüm und, da es eine Anrede ist, auch ein wenig unhöflich; ich würde es nicht verwenden. MfG (Mit freundlichen Grüßen) habe ich früher mit Begeisterung genutzt; jetzt lese ich mit Sorge, aber ohne recht überzeugt zu sein, dass das unhöflich sei. Viel hängt davon ab, was im beruflichen und privaten Umfeld üblich und bekannt ist. So sind die Abkürzungen im militärischen Schriftverkehr für Zivilisten vielfach unverständlich, im Bundesverteidigungsministerium aber eine große Erleichterung. Emoticons dienen zur Auflockerung und gelegentlich auch zur emotionalen Abfederung einer Nachricht; überlegen Sie genau, an wen Sie solche schicken.

Adresse und Verteiler

Berufliche bzw. dienstliche Mailadressen sind weitgehend vorgegeben. Bei privaten Mailadressen sind Sie völlig frei, doch sollten Sie überlegen, ob Sie wirklich Hasi26 oder SupermanXXL als Adresse wählen wollen. Es könnte ja sein, dass Sie einmal eine berufliche Nachricht von Ihrem privaten PC ver-

---

291 Emoticons sind Smileys in allen Variationen, Emojis die bei Chats eingesetzten Piktogramme wie Blumen und gebrochene Herzen. Eine Liste mit einigen (englischen) Akronymen finden Sie in Anlage S.

senden wollen, und dann ist Ihnen Ihre eigene E-Mail-Adresse vielleicht nicht mehr ganz lieb. Wählen Sie also eine allgemein verwendbare; auch die Vergesslichen unter Ihren Freunden werden Ihnen dankbar sein, wenn sich Ihr Name aus der Adresse ergibt.

Vor allem für dienstliche bzw. geschäftliche Mails gilt weiter: Seien Sie sparsam mit dem Verteiler! Eine Mail sollte, von Ausnahmefällen abgesehen, einen oder nur wenige Adressaten haben. Daneben gibt es vielleicht einige „cc-Adressaten“, die über die Entwicklung des Vorgangs informiert sein müssen. Bei allen anderen, die Sie noch cc setzen, verstopfen Sie nur den Posteingang und verursachen ein leises Stöhnen beim Eingang der Mail. Auch dann, wenn Sie Ihre Mail für besonders genial halten und möglichst viele an diesem Meisterwerk teilhaben lassen wollen. Es ist durchaus möglich, dass andere Ihre Mail mit ganz anderen Augen sehen und als Wichtigtuerei abtun. Das ist insbesondere dann der Fall, wenn Sie die ganze Leitungsebene und Ihre Vorgesetzten „zur Information“ mit einer solchen Mail befassen. Die Chance, dass Ihr Name dadurch positiv im Gedächtnis der Chefs haften bleibt und Sie dafür mit Lob bedacht werden, ist gering; eher das Gegenteil ist zu befürchten.

Manchmal haben Sie einen großen Verteiler – zum Beispiel bei Einladungen zu der Mitgliederversammlung einer Gesellschaft oder sonstigen Mitteilungen an die Mitglieder eines Vereins. In diesen Fällen ist es schon aus datenschutzrechtlichen Gründen ratsam, die Mail an sich selbst zu schicken und alle anderen Adressaten in das bcc-Feld (blind carbon copy, auf Deutsch „Blindkopie“) zu setzen, sodass kein Empfänger weiß, an wen die E-Mail sonst noch gegangen ist. Dann kann sich niemand beschweren, dass man seine Mail-Adresse anderen zur Kenntnis gegeben habe. Bei nur wenigen Adressaten kann es allerdings als unfair angesehen werden, einige Empfänger verdeckt und andere offen zu beteiligen.

Betreffzeile

Die Betreffzeile hat bei E-Mails eine besondere Bedeutung, weil sie das Erste und Einzige ist, was der Empfänger im Posteingang sieht. Sie muss aussagekräftig sein. Denn danach entscheidet der Empfänger, ob er sich die Mail überhaupt ansehen oder gleich wegdrücken will. Gibt es keinen oder nur einen wenig aussagekräftigen Betreff, kann die Mail auch leicht im Spam-Ordner landen.

Das ist insbesondere bei dienstlichen Mails wichtig. Ein aussagekräftiger, konkreter Betreff sorgt dafür, dass alle Mails mit dem gleichen Betreff zusammenbleiben und in der Registratur zusammen eingeordnet werden. Das erleichtert Ihnen und anderen später einmal, in der unendlichen Zahl der Maileingänge die richtige Mail im richtigen Vorgang zu finden. Schreiben Sie im Betreff also nicht nur „Besprechung", sondern „Besprechung am 11.11.2011", möglichst noch mit dem Besprechungsinhalt („Karneval").

Nutzen Sie die „Antwort-Taste", wenn Sie eine elektronische Anfrage beantworten. Dann bleibt der Vorgang samt Betreff zusammen und ist leichter in seiner Gesamtheit zu lesen.

Wenn eine Mitteilung eilig ist, vermerken Sie das bereits im Betreff, da es dort am schnellsten auffällt. Sie können auch die „Priority"-Taste benutzen, doch vermeiden Sie eine Inflation dieses Mittel, sonst nimmt niemand dieses Signal bei Ihren Mails mehr ernst („Bei dem ist alles eilig!").

Groß- und Kleinschreibung

Alles klein zu schreiben, mag ja für einige modern sein und in der privaten Kommunikation angehen. Im dienstlichen Verkehr sollte man das aber nicht tun. Bitte verfallen Sie auch nicht in das andere Extrem, den ganzen Text in Großbuchstaben zu schreiben. Das wird als aufdringlich angesehen. Es bringt nichts – außer Kopfschütteln bei den Chefs.

Anrede und Grußformel

Eine E-Mail ist ein Brief – im beruflichen Verkehr nach Möglichkeit in Kurzform. Wir werden alle von Mails überschwemmt und wollen gerne schnell zum Kern ihres Inhalts vordringen. Können wir daher auf eine Anrede und Grußformel verzichten? Im Prinzip nicht, doch gibt es Ausnahmen. Bei einem mehrmals hin und her gehenden Mailwechsel können Anrede oder Formalitäten nach der ersten Mail natürlich entfallen: Das ist ein einheitlicher schriftlicher Dialog und im dienstlichen oder geschäftlichen Mailverkehr häufig anzutreffen. Machen Sie sich immer kurz Gedanken darüber, ob das Weglassen der Anrede passend ist und wie der Adressat den Telegrammstil auffasst. Bei einer wichtigen Mail würde ich auf die Anrede nicht verzichten.

Wenn man jemanden schriftlich anredet, muss man sich mit einer Grußformel auch wieder von ihm verabschieden.

Nutzen Sie dieselben Anreden wie in einem Brief. „Sehr geehrter Herr Meyer" oder „Sehr geehrte Frau Meyer" sind immer korrekt, auch „Sehr geehrte Damen und Herren", wenn Sie die Empfänger nicht kennen. Eine solche Anrede wird vom Empfänger vielleicht als förmlich empfunden, doch nicht ungern gelesen.

„Guten Morgen, Herr Meyer“ hat zwar etwas Herzliches, ist meines Erachtens aber auch im Mailverkehr eher grenzwertig. Das „Hallo(,) Herr Meyer“ halte ich, zumindest in dieser Kombination mit „Herr“ oder „Frau“, für ein sprachliches Armutszeugnis, über das, insbesondere in dienstlichen Mails, so mancher stolpern wird; das würde ich nicht riskieren. In privaten Mails ist ein „Hallo Martin“ oder „Hi, Martin“ üblich, wenn auch von Älteren nur mit Anstrengung akzeptiert. Das sollten Sie im Auge behalten. Ich selbst antworte gelegentlich so, wenn ich mit einem „Hallo“ angeschrieben werde, da dann jede andere Anrede übertrieben förmlich oder zu vertraulich wäre. „Hallo“ hat etwas Unverbindlich-Unspezifisches.

Erst ein Gespräch mit einer meiner Testleserinnen hat mich auf die Spur gebracht, woher meine Abneigung gegen „Guten Morgen, Herr Meyer“ und „Hallo“ in Briefen oder E-Mails rührt. Sie fand „Hallo“ ganz in Ordnung, denn „so begrüßen wir uns doch auch mündlich“. Genau das ist es. Durch den neuen Sprachgebrauch wird die Grenze zwischen zwei Kategorien verwischt, um nicht zu sagen aufgehoben, nämlich zwischen der mündlichen Begrüßung und der schriftlichen Anrede. Niemand sagt doch zur Begrüßung auf der Straße „Sehr geehrter Herr Meyer“ oder „Lieber Fritz“, so wie man bisher einen Brief begonnen hat. Sondern man sagt „Guten Tag, Herr Meyer“ oder „Hallo Fritz“. Aufgrund der Leichtigkeit, der Schnelligkeit und der damit verbundenen Formlosigkeit elektronischer Kontaktaufnahme „schwappt“ die Form der mündliche Begrüßung auf die schriftliche Anrede über. Es ist diese Formlosigkeit, die älteren Semestern wie mir auffällt. Was nicht bedeutet, dass sie heute nicht durchaus zulässig wäre. Es ist nur ein markanter sprachlicher Wandel. Sie müssen wissen, ob Sie diese Grenzen verwischen wollen oder nicht.

Die Grußformeln „Mit freundlichen Grüßen“ oder auch „Beste Grüße“ sind immer gut. „Herzliche Grüße“ oder „Liebe Grüße“ sind privaten E-Mails vorbehalten. Das Possessivpronomen in der Grußformel sollte wie im Brief benutzt werden; es ist bei Mails im dienstlichen Verkehr aber viel seltener als in Briefen. Die Abkürzung „MfG“ für „Mit freundlichen Grüßen“ ist nach Meinung aller Stilratgeber in Geschäftsbriefen unpassend. Das schmerzt mich, denn ich habe sie mit Begeisterung gebraucht.

Legen Sie bei der Unterschrift dieselben Kriterien an wie im Brief. Das gilt auch für den „Middle Initial“.

Man kann automatische Signaturen mit Grußformel und Namen, Adresse und Telefon des Absenders einblenden. Das kann sehr praktisch sein, doch lassen Sie es bei den nötigsten Angaben bewenden. Häufig gehen Mails ja hin und her, und dann ist die stete Wiederkehr immer gleicher, ausführlicher, alle Funktionen und Ämter aufzählenden Signaturen störend.

Bei Abwesenheit von mehr als einem Tag sollten Sie bei der beruflichen E-Mail-Adresse die *„Out of office"*– Funktion einstellen und erklären, ob die E-Mail während der Abwesenheit vom Vertreter gelesen wird und wann Sie wieder am Arbeitsplatz sind.

Struktur und Inhalt

Ihre Berufskollegen müssen wie Sie Dutzende oder sogar Hunderte von E-Mails pro Tag lesen. Die atmen auf, wenn sie nicht nur kurze, sondern auch klar gegliederte Mails erhalten. Inhaltliche Klarheit wird unterstützt durch das Schriftbild. Benutzen Sie bei langen Mails also Absätze, Überschriften, Nummerierungen, Anstriche, Fettdruck und Unterstreichungen. Der Leser wird es Ihnen danken. Auch Ihr Vorgesetzter. Aber natürlich nur dann, wenn Ihre Mail mit Fettdruck, Unterstreichungen und verschiedenen Schriftarten nicht wie ein moderne Graphik aussieht. Finden Sie einen Mittelweg.

Schließen Sie die dienstliche Mail, die über die reine Nachrichtenübermittlung hinausgeht, mit einem klaren Petitum ab, damit der Empfänger weiß, was von ihm erwartet wird („Bitte um Mitzeichnung", „Bitte um Überprüfung", „Bitte um Rückruf" usw.). Diese Wünsche können auch an den Anfang gesetzt werden. Chefs sind dankbar, wenn Sie bei Vorlagen oder anderen Aufzeichnungen, seien sie nun elektronisch oder gedruckt, gleich am Anfang durch den Hinweis „Zur Information" (auch „Zur Unterrichtung") oder „Mit der Bitte um Entscheidung" darauf aufmerksam gemacht werden, was sofortiges Handeln erfordert und was warten, also gegebenenfalls geruhsam zu Hause gelesen werden kann.

E-Mails gehen schnell von der Hand und werden gelegentlich im Affekt geschrieben. Vermeiden Sie das. Denken Sie nicht nur an den Empfänger, sondern auch immer daran, dass E-Mails allgemein bekannt und auch zu Beweiszwecken genutzt werden können. Seien Sie im eigenen Interesse zurückhaltend. Formulieren Sie die Mail so, dass Sie sie auch in der Zeitung, am Schwarzen Brett oder in Gerichtsakten lesen könnten, ohne rot zu werden. Ich erinnere mich noch gut daran, dass der parlamentarische Untersuchungsausschuss in der sogenannten „Visa Affäre" 2004/2005 den Mail-Verkehr von Referenten und Sachbearbeitern des Auswärtigen Amts zu Beweiszwecken herangezogen hat. Mancher fand gar nicht mehr lustig, was er Jahre zuvor aus einer Laune des Übermuts oder des Verdrusses heraus scherzhaft, ironisch oder auch kritisch über andere Personen geschrieben hatte. Schreiben Sie Ihre E-Mails deshalb so, dass Sie sie jederzeit mit gutem Gewissen einem Publikum vorlesen könnten, und zwar sowohl was den Inhalt als auch was die Seriosität und ganz allgemein den Ton anbelangt.

Denken Sie auch daran, dass Ihre Mails weitergeleitet werden und bei demjenigen landen könnten, über den Sie sich am Anfang der Mail-Kette so locker geäußert haben – meistens ja in der Annahme, dass der erste Empfänger der Mail diese vertraulich behandeln werde. Der aber schickt die Mail weiter, vielleicht weil er nicht aufpasst, weil er sie witzig findet oder weil er eine Frage dazu hat, und nach 20 Weiterleitungen landet sie dann im PC des von Ihnen so locker kritisierten Vorgesetzten. Das ist nicht unbedingt gut.

Benutzen Sie die E-Mail nicht als Mülleimer Ihrer Emotionen. Es wäre leicht, sich mit einem Knopfdruck vielen gegenüber Luft zu verschaffen. Aber Sie würden es wahrscheinlich bereuen.

Lesen Sie Ihre Mail noch einmal durch, bevor Sie auf den „Senden"-Knopf drücken. Rechtschreib- und Flüchtigkeitsfehler sind in einer Mail ebenso peinlich wie in einem Brief. Manchmal ergänzt Ihr PC auch selbständig ein Wort, das dadurch erstaunlich unpassend werden kann. Alle diese Fehlerquellen sollten Sie durch nochmaliges sorgfältiges Durchlesen ausschalten, so eilig Sie es auch haben mögen und so verlockend der „Senden"-Knopf leuchten mag.

E-Mails sind praktisch, aber sie erhöhen auch die Schlagzahl Ihrer Arbeit. Damit meine ich: Es wird erwartet, dass Sie schnell auf die E-Mail reagieren. Sie können als Privatperson die an Sie gerichteten Mails natürlich eine Zeitlang oder gänzlich unbeantwortet lassen, wenn es Ihnen egal ist, dass der Absender darüber nicht glücklich ist. Berufliche und dienstliche E-Mails sollten aber innerhalb von ein oder zwei Tagen beantwortet werden. Wenn Sie das wegen der Komplexität des Falls nicht schaffen, sollten Sie innerhalb dieses Zeitraums einen Zwischenbescheid geben.

Der Umgang mit dem Handy. Telefonieren. Textnachrichten

In den beiden letzten Kapiteln ging es um die Form schriftlicher Mitteilungen. Wie aber gehe ich in Gesellschaft anderer mit der „Hardware" um, mit dem Handy selbst, das ich immer griffbereit habe und mit dem ich telefonieren, schreiben und fotografieren kann?

Wenn Sie früher einen Brief schrieben oder zu Hause über das Festnetz einen Telefonanruf entgegennahmen, war das Verfahren simpel. Sie zogen sich zurück, setzten sich an den Schreibtisch oder griffen zum Telefonhörer und drehten an der altmodischen Wählscheibe. Heute ist das Smartphone Ihr ständiger Begleiter. Es verführt zum Multitasking – zum Telefonieren in öffentlichen Verkehrsmitteln, bei Besprechungen und beim Zahlen an der Kasse, zum Lesen und Eintippen von Nachrichten bei Tisch, zum Musikhören mit zumindest einem Stöpsel im Ohr beim Gespräch. Wenn Sie alleine sind, können Sie mit dem Handy machen, was Sie wollen. In Gesellschaft anderer gelten aber Umgangsformen, und zwar die im Netz, auch „Netiquette" genannt. Das schlimmste, was Ihnen früher geschehen konnte, war ein Tintenklecks beim Briefschreiben; heute können Sie Ihre Umwelt durch die Handhabung Ihres Smartphones nachhaltig verärgern. Daher einige Regeln:[292]

- Wählen Sie Lautstärke und Klingelton Ihres Handys so, dass Sie in keiner Situation verlegen um sich schauen müssen, wenn es klingelt. Einige schließen vom Klingelton (vor)schnell auf den Charakter des Eigentümers; überlegen Sie also genau, wen Sie beeindrucken wollen.[293] Ändern Sie den Klingelton Ihres Handys aber nicht zu häufig, sonst realisieren Sie nicht gleich, dass es das Handy in Ihrer Tasche ist, das im Konzert so endlos lange klingelt.

- Überlegen Sie im öffentlichen Raum, ob ein Anruf wirklich notwendig ist. Dort sollten Sie Ihre Anrufe auf ein Minimum beschränken. Die Vertraulichkeit einer Nachricht ist schnell dahin, wenn sie mit kräftiger Stimme im

---

292 Ich beziehe mich im Folgenden vor allem auf Debrett's „Netiquette", ein kleines englischsprachiges Buch aus dem Jahr 2012 und damit aktueller als andere Werke. Es mag gelegentlich strenger sein als andere Ratgeber, aber es sensibilisiert so für den schleichenden Schwund höflicher Umgangsformen beim Gebrauch moderner Medien. Selbst wenn einige das, was ich im Folgenden schreibe, für übertrieben und in der heutigen Welt für unpraktikabel halten, sollten Sie beim Lesen einen Gedanken darauf verschwenden, ob an diesen strengen Regeln nicht doch etwas dran ist.

293 Beispiele mit begrenzter Aussagekraft: Bei Geräuschen vom Bauernhof will der Träger witzig sein. Klassische Musik wird von mittelaltrigen Personen bevorzugt, die von ihrer Jugend träumen, Filmmusik von „movie-junkies".

Bus ausposaunt wird. Auch sind die in der U-Bahn neben Ihnen Sitzenden an Ihren Beziehungsproblemen oder den Lieferschwierigkeiten Ihrer Firma nur in den seltensten Fällen interessiert. Sie empfinden Ihre empörten Kommentare, wie gemein sich Ihr Freund oder Ihre Freundin wieder einmal verhalten hat, als eher peinlich. Beschränken Sie sich, auch wenn Sie angerufen werden, auf den notwendigen, nüchternen Informationsaustausch mit leiser Stimme. Am besten sagen Sie: „Ich rufe zurück.“[294]

- Führen Sie kein volles Telefongespräch in Anwesenheit anderer, auch nicht Ihrer Freunde. Nach Debrett's wäre das „the height of bad manners“, also der Gipfel der Unhöflichkeit. Dass wir uns inzwischen fast schon an ein solches Verhalten gewöhnt haben, macht die Sache nicht besser.
- Bei einigen Gelegenheiten wird erwartet oder gebeten, das Handy stumm zu stellen. Wenn bei einem Zuhörer das Handy klingelte, pflegte Bundespräsident Rau seine Rede zu unterbrechen und zu sagen: „Sagen Sie, der Betrag ist überwiesen“.
- Die Pflicht zur Stummschaltung gilt für alle Gelegenheiten, bei denen ein Klingelton störend wäre – von der Beerdigung bis zum Konzert. Wenn aber das Handy vibriert und Sie unbedingt sofort antworten müssen, sollten Sie das außer Hör- und möglichst auch außer Sichtweite tun. Am besten aber üben Sie Ihre Nervenkraft und warten bis zum Ende der Veranstaltung.
- Das Handy ist kein Megaphon, also sprechen Sie leise.
- Rufen Sie, wenn die Verbindung unterbrochen ist, nicht minutenlang „Hallo“, sondern beenden Sie das Gespräch und versuchen Sie es erneut, wenn Sie aus dem Funkloch raus sind.
- Versuchen Sie, bald zurückzurufen, wenn Sie jemand (den Sie kennen) telefonisch zu erreichen versucht hat, ohne eine Nachricht zu hinterlassen.
- Menschen aus Fleisch und Blut verdienen mehr Aufmerksamkeit als eine Maschine. Stellen Sie Ihr Handy in Gesellschaft also aus oder mindestens auf „leise“ oder „vibrieren“. Legen Sie es, wenn Sie mit anderen zusammensitzen, nicht vor sich auf den Tisch um zu sehen, wer Sie gerade zu erreichen versucht. Es kann (mit Recht) als demonstrative Geste mangelnden Interesses aufgefasst werden.

---

294 Fremde Gespräche über Handy in öffentlichen Verkehrsmitteln stören uns mehr als die Gespräche der Umsitzenden, weil wir nur einen Gesprächspartner hören und uns unbewusst fragen, was der andere wohl gesagt hat. So jedenfalls eine Theorie zur Erklärung dieses Phänomens.

- Setzen Sie das Telefongespräch nicht fort, wenn Sie etwas anderes tun, etwa im Supermarkt an der Kasse zahlen. Es ist beleidigend, Leuten, die einen bedienen (auch dem Kellner), nicht die ungeteilte Aufmerksamkeit zu schenken.
- Rufen sie nicht von unpassenden Orten, etwa dem „stillen Örtchen“ an. Die Geräuschkulisse könnte Sie verraten und dem Gesprächspartner die Lust an der Fortsetzung des Gesprächs nehmen.
- Wenn Sie während eines Treffens oder einer Besprechung einen wichtigen Anruf erwarten, sagen Sie es dem Vorsitzenden vorher, erklären Sie den Grund und entschuldigen Sie sich im Voraus, dass Sie deshalb hinausgehen.
- Führen Sie im Großraumbüro keine privaten Gespräche Es nervt nicht nur Ihre Kollegen, sondern könnte auch Ihren Chef auf den Plan rufen. Denn sie sind häufig untersagt.
- Ist es nun erlaubt, sein Handy, das Tablet oder einen Laptop bei einer Besprechung vor sich auf den Tisch zu legen und an ihm zu arbeiten? Es ist. Diese Geräte haben die Funktion des Notizblocks und der mitgebrachten Akte übernommen. In der Akte kann man bei einer Besprechung ja auch blättern oder sich auf Papier Notizen machen. Mich stört es zwar immer noch, wenn meine Zuhörer bei einem Vortrag dauernd auf ihr Display starren oder geschwind ihre Finger über die Tasten gleiten lassen, aber das ist eine Frage der Gewöhnung. Sachliche Gründe, das zu rügen, gibt es nicht – wenn nicht gerade mit dem Freund oder der Freundin gechattet wird.
- Aus Sicherheitsgründen kann vorgeschrieben werden, dass alle elektronischen Geräte, ob eingeschaltet oder nicht, außerhalb des Besprechungsraums verbleiben. Dafür haben einige Büros bereits (Schließ-)Fächer im Korridor oder im Vorzimmer eingerichtet.
- Die früher in Telefonzellen angeschlagene Aufforderung „Fasse Dich kurz“ hat mit dem Einzug von Handys und Flatrates im privaten Bereich weitgehend an Bedeutung verloren. Im Beruf macht sie aber noch immer Sinn, um die Telefonleitung des Sachbearbeiters nicht zu lange zu blockieren. Auch bei Sprachnachrichten ist der Empfänger nicht glücklich, wenn er unkonzentrierte oder ausschweifende Nachrichten abhören muss.
- Früher hieß es: „Das Telefon hat seine Zeiten!“. Das war vor 50 Jahren so und gilt eigentlich auch heute noch. Früher war es unhöflich, in den Morgenstunden bis 9.00 Uhr anzurufen, zur Zeit des Mittagessens und des Mittagsschlafs (12.00 bis maximal 16.00 Uhr, andere sagen 15.00 Uhr) und

abends nach 21.00 Uhr, es sei denn, man wusste, dass der Betreffende erst spät zu Bett ging. Diese Grenzen werden heute in der Zeit durchgehender Erreichbarkeit kaum noch beachtet – leider. Privat bleibt es ärgerlich, durch einen Anruf in früher Morgenstunde, beim Essen oder beim Mittagsschlaf – wenn man sich diesen heute noch leisten kann – gestört zu werden. Und dienstliche Anrufe zu Hause wird ein guter Chef auf ein absolutes Minimum beschränken.

- Der Knopf im Ohr des Gegenüber beim Gespräch ist ebenso irritierend wie sein dauernder Blick auf das Handy. Lauscht er nun meinen lichtvollen Ausführungen oder hört er weiter „Heavy Metal“? Also bitte Stöpsel aus dem Ohr! Nehmen Sie in einer solchen Situation am besten die ganze Vorrichtung ab: Der um Ihren Hals hängende Kopfhörer „makes you look like a moody teenager“, lässt Sie nach Debrett's also wie einen schlechtgelaunten Teenager ausschauen.

Einige weiteren „technischen“ Hinweise möchte ich noch geben, obwohl mir meine jugendlichen Testleser („Das macht heute niemand mehr“) abgeraten haben:

- Eine alte Regel besagt, dass sich bei einer Familie, die zu Hause über das Festnetz angerufen wird, der Vater mit dem Nachnamen meldet: „Meyer“. Seine Frau sagt ausnahmsweise „Frau Meyer“. Das ist keine patri- oder matriarchalische Anwandlung, sondern eine einfache Methode, dem Anrufer gleich anzuzeigen, mit wem er es zu tun hat. Wenn sich der Sohn, auch wenn er den Stimmbruch schon lange hinter sich hat, mit Vor- und Nachnamen meldet, weiß der Anrufer gleich, dass er nicht mit dem Vater spricht. Dasselbe gilt natürlich für die Tochter und alle anderen Personen, die sich in dem Haushalt befinden. Sind Sie zu Besuch und der Inhaber des Telefonanschlusses kann gerade nicht ans Telefon gehen, bittet Sie aber abzuheben, sagen Sie: „Bei Meyer“ und fügen, wenn Sie wollen, Ihren Namen hinzu. Werden Sie über Ihr Handy angerufen, das ja nur Sie benutzen, genügt ein „Ja?“ oder „Hallo“. Ihren Namen zu nennen wäre überflüssig, ist aber auch nicht schädlich.

- Aus Sicherheitsgründen ziehen es viele vor, sich bei einem Anruf nie mit dem Namen zu melden. Schon deshalb, um es Trickbetrügern schwerer zu machen. Das ist ein legitimes Argument, insbesondere dann, wenn man auf dem Display sieht, dass der Anrufer eine unbekannte, eigenartige oder unterdrückte Nummer benutzt.

- Werden Sie im Büro angerufen, wird den Anrufer vor allem interessieren, ob er die richtige Behörde oder die richtige Firma erreicht hat. Nennen Sie also diese und anschließend Ihren Namen, und zwar ohne Amtsbezeichnung und ohne akademischen Titel. Die Nennung des Vornamens wird inzwischen zwar als höflich und sozial zugewandt betrachtet, doch werden Sie das bald einstellen, wenn Sie viele Telefonanrufe erhalten. Sie können stattdessen Ihre Arbeitseinheit nennen; sie interessiert den Anrufer weit mehr. Das noch hinzugefügte „Guten Tag“ ist zwar höflich und mag zur Schaffung einer guten Atmosphäre bei Kundenanrufen sinnvoll sein. Ansonsten halte ich es im Büroalltag aber für unnötig und nur zeitraubend.

- Wenn Sie anrufen, sagt gelegentlich eine müde Stimme am anderen Ende der Leitung nur „Hallo“. Das ist gerade bei Behörden etwas irritierend, und in meiner Jugend haben wir daher – unter Anlehnung an das damals bekannte Aufputschmittel „Hallo Wach“ – gelegentlich mit „Wach“ geantwortet. Das war vielleicht pädagogisch richtig, dem Gesprächsverlauf allerdings nicht unbedingt zuträglich. Sagen Sie also bitte, wenn Sie über das Festnetz angerufen werden, mehr als „Hallo“, sonst muss der Anrufer nachfragen, mit wem er es zu tun hat.
- Hellwach ist hingegen, wer den Anrufer gleich mit dem auf dem Display erscheinenden Namen anspricht. Manche Anrufer sind erstaunt, nicht allen ist es lieb, da sie ihre Identität lieber selbst preisgeben würden. Gute Freunde sind vielleicht geschmeichelt, dass man ihre Nummer gespeichert hat.
- Oft wird Ihnen am Telefon ein komplizierter Sachverhalt vorgetragen. Sie sollten dann den Anrufer bitten, sein Anliegen schriftlich – brieflich oder per E-Mail – zu wiederholen. Das ist ganz korrekt. Denn andernfalls haben Sie die lästige und schwierige Aufgabe, das Ihnen Geschilderte selbst zu notieren und die Notiz an den zuständigen Bearbeiter weiterzuleiten oder als Vermerk zu den Akten zu verfügen. Das ist nicht nur lästig, sondern auch riskant, da Sie nicht wissen, ob Sie den Anrufer richtig verstanden haben. Denn manche telefonischen Bitten werden recht konfus vorgebracht. Wenn der Antragsteller seinen Wunsch selber schriftlich formuliert, weiß man (hoffentlich) genau, was er will, und er kann sich später nicht darauf berufen, man habe ihn falsch verstanden.
- Wiederholen Sie eine Nachricht, die Sie weitergeben sollen, mündlich („Ich wiederhole:...“). Wenn Sie das tun, schalten Sie nicht nur die Gefahr eines Missverständnisses aus, sondern können sich danach auch viel besser an das Gesagte erinnern. Die Wiederholung einer Nachricht war nicht nur beim Militär üblich, sondern hat sich auch im zivilen Leben bewährt.
- Sagen Sie es Ihrem Gesprächspartner, wenn Sie das Telefon auf „laut“ gestellt haben, damit er seine Worte danach wählen kann.

Textnachrichten

Soviel zum Telefonieren. Für Textnachrichten gelten folgende Regeln:[295]

- In Gesellschaft anderer eine Textnachricht zu lesen oder zu schreiben, ist ebenso ungehörig, wie in ihrer Gegenwart zu telefonieren.
- Benutzen Sie SMS, wie der Name sagt (Short Message Service), für kurze, eilige Nachrichten. Wichtige Nachrichten haben Anspruch auf längere Erklärung in anderer Form.
- Antworten Sie auf eine Textnachricht schnell.
- Rufen Sie lieber an, wenn Sie eine Verabredung absagen müssen; eine mündliche Entschuldigung ist persönlicher und wird daher eher akzeptiert.
- Seien Sie vorsichtig mit dem Abfassen von Textnachrichten zu nachtschlafender Zeit. Es ist zwar Schuld des Empfängers, wenn er sein Handy nicht abgeschaltet hat, aber trotzdem…
- Unterschreiben Sie mit Ihrem Namen, wenn Sie nicht sicher sind, ob der Empfänger Ihren Namen gespeichert hat.
- Seien Sie zurückhaltend in Ausrufe- und Fragezeichen. Mehr als eins, im Sonderfall zwei, würden als Ausdruck jugendlichen Überschwangs aufgefasst werden (aber vielleicht wollen Sie das ja).
- Bei gedrängt formulierten Nachrichten ist die Gefahr eines Missverständnisses größer als bei einem langen Text. Formulieren Sie also sorgfältig.
- Vermeiden Sie Ironie und scherzhafte Formulierungen, wenn Sie nicht sicher sind, dass der Adressat sie versteht. Missverständnisse sind hier leichter als bei einem Gespräch, bei dem Tonfall und Gesichtsausdruck des Gesprächspartners einen Hinweis auf die Ernsthaftigkeit des Gesagten geben. Wir sind irritiert, wenn wir auf etwas „reinfallen“ oder nicht wissen, was wir von dem Gesagten oder Geschriebenen zu halten haben. Setzen Sie im Text also hinter einen Scherz ein entsprechendes Emoticon oder Emoji, wenn Sie nicht sicher sind, dass der Mangel an Ernsthaftigkeit erkannt wird.
- Passen Sie Ihre Sprache dem Empfänger an. Keine Emoticons oder englische Abkürzungen an Ihre Großmutter oder an Ihren Chef.
- Versuchen Sie als älteres Semester nicht, durch die Art Ihrer Textnachricht „cool“ zu wirken. Kinder finden es laut Debrett‘s „toe curling“ (höchst

---

295 Nach Debrett‘s Netiquette, S.20.

peinlich), wenn die Mutter ihnen eine Nachricht wie „wot u doin 4 lunch" („What are you doing for lunch", also etwa „Was planst Du für das Mittagessen") auf dem Küchentisch hinterlässt. Von ihren Eltern erwarten sie schon eine gepflegte Sprache.

- *„Textspeak"* („Ich schreibe, wie ich spreche", ein entfernter Verwandter der phonetischen Rechtschreibung) hat sich als schnelle und kurze Art der Textnachricht rasant entwickelt.[296] Teenager kommunizieren so mit Leichtigkeit und Tempo. Für Ältere, die die Abkürzungen nicht kennen, an phonetischer Schreibweise Anstoß nehmen und an Interpunktion (ja, sie ist für das Verständnis hilfreich!) gewöhnt sind, sind solche Nachrichten vielfach gar nicht zu entziffern.[297] Deshalb sollte man als Jugendlicher immer im Auge behalten, an wen und was man schreibt – ob an Freunde oder den Chef, oder ob es sich um eine unwichtige Mitteilung oder um eine Bewerbung, vielleicht sogar eine Examensarbeit handelt.

Für alle Textnachrichten einschließlich E-Mails gilt:

- Schreiben Sie nichts, was Sie dem anderen nicht auch ins Gesicht sagen würden („Don't be a coward"/„Seien Sie kein Feigling").
- Schreiben Sie nie einen Text, wenn Sie zu viel getrunken haben.
- Belästigen Sie Ihre Freunde nicht mit zu vielen Aufforderungen zur Unterzeichnung von Petitionen, mit Spendenaufrufen, Kettenmails, Hinweisen auf witzige Videos und umfangreiche, Speicherplatz raubende Anlagen.
- Glückwünsche zu größeren Anlässen, schlechte Nachrichten, Beileidsbekundungen und Entschuldigungen für ernsthafte Verfehlungen erfordern einen echten Brief.[298]

296 Im Jahr 2001 gab es in Großbritannien 1 Mrd. Textnachrichten, neun Jahre später schon 129 Mrd.

297 Ihnen zuliebe lüfte ich in der Anlage S das Geheimnis einiger (englischer) Abkürzungen.

298 Debrett's nennt noch mehr Gelegenheiten, bei denen ich – schon aufgrund eigener Praxis – nicht so streng wäre: Genesungswünsche, Zusagen zu Einladungen, (es sei denn, sie wurden elektronisch ausgesprochen), Entschuldigungen für Nichterscheinen, Dank für Geschenke und Glückwünsche jeder Art.

Netiquette: Soziale Netzwerke

Allgemein

Telefonate und Textnachrichten dienen der Nachrichtenübermittlung von Person zu Person. In den sozialen Netzwerken wie Chatroom, Facebook und Twitter können Sie sich an eine Gruppe von Personen bzw. an die Öffentlichkeit wenden. Es ist wie der Übergang vom Dialog zur Gruppendiskussion.

Sie können als Nutzer in den sozialen Medien in gleicher Weise beeindrucken oder sich blamieren wie im persönlichen Gespräch, höflich sein oder die anderen Teilnehmer verärgern, sie fesseln oder langweilen. Da Ihnen aber die Gesichter und Reaktionen der anderen verborgen bleiben, entfällt, wie oben zum Thema Ironie erwähnt, eine Warnfunktion, die Sie hindert, sich zu verrennen oder in der Form zu vergreifen. Es ist daher besondere und größere Sorgfalt geboten als in einer Situation von Angesicht zu Angesicht.

Zugleich ist die Hemmschwelle niedriger, etwas Flapsiges oder Unpassendes zu sagen, da man die Illusion der Anonymität, der Distanz und einer flüchtigen Mitteilung hat. Zu Unrecht. Was Sie in den sozialen Medien schreiben oder an Bildern „posten“, hat eine überraschende Bestandskraft. Es ist nicht nur langlebig, sondern auch unerwartet öffentlich.[299]

Also Vorsicht. Sich in den sozialen Netzwerken sicher und korrekt zu bewegen, ist bei weitem wichtiger als mit Messer und Gabel formvollendet umzugehen. Die Aussage mag in diesem Buch überraschen, aber so ist es. Ein Fehler bei Letzterem bringt Ihnen die hochgezogenen Augenbrauen Ihrer Großmutter oder Ihres Chefs ein, ein Fehler in den Netzwerken kann Ihr berufliches Fortkommen und Ihren privaten Frieden gefährden.

---

299 Nachdem Anfang 2019 bekannt wurde, dass ein Schüler die Daten von Hunderten von Persönlichkeiten in Deutschland ausgespäht und ins Internet gestellt hatte, hat sich der davon auch betroffene Parteivorsitzende der Grünen, Robert Habeck, ganz aus Twitter und Facebook zurückgezogen. Und zwar genau aus den oben genanten Gründen, nämlich um seine Privatsphäre zu schützen und auch, wie er selbst sagte, um dem Sog schneller und unüberlegter Äußerungen auf Twitter zu entgehen. Es gebe noch hinreichend andere Wege der Kommunikation. Es muss ihm schwergefallen sein, da Twitter für Politiker ein zunehmend wichtiger Kommunikationsmodus ist. Auch trat er damit einen kleinen „Shitstorm“ los. Der SPD-Generalsekretär warf ihm vor, sich aus dem Raum zurückzuziehen, “in dem die Debatten stattfinden“ (FAZ vom 9.1.2019). Wenn diese Äußerung auch überwiegend dem Diskurs mit dem politischen Gegner zuzurechnen sein dürfte, zeigt sie doch das Spannungsverhältnis zwischen Nutzen und Gefahren der digitalen Medien und auch den gesellschaftlichen Druck auf einige Gruppen, sich ihrer zu bedienen.

Im Prinzip gelten im Netz dieselben Umgangsregeln wie bei mündlicher und schriftlicher Kommunikation. Sie sind nur auf das neue Medium anzuwenden. Sie bauen weitgehend auf dem Konsens der Nutzer auf und ändern sich daher entsprechend. Sie verbieten persönliche Beleidigungen, die Verletzung religiöser und weltanschaulicher Gefühle, die Aufforderungen zu Straftaten sowie rassistische und sexistische Äußerungen. Kommerzielle und politische Werbung wird ungern gesehen. Es gelten die Regeln des Strafrechts, der Moral und des Kanons guter Umgangsformen. Ganz allgemein gilt die goldene, allen Kulturen gleiche Regel: „Behandele andere so, wie Du selbst behandelt werden willst".

Die 10 Regeln des Knigge-Rats

Es gibt verschiedene Versionen der Netiquette, also der Umgangsformen im Netz. Die „Zehn Gebote der Computerethik" des RFC 1855 (Request for Comment, 1994 verfasst von Arlene H. Rinaldi) fallen durch ihre Anlehnung an die Zehn Gebote schon fast in die Kategorie religiöser Moralvorschriften[300]. Daher wenden wir uns lieber gleich den zehn Regeln zu, die der Deutsche Knigge-Rat für das Verhalten in Sozialen Netzwerken aufgestellt hat. Hier sind sie:

- „Wählen Sie Ihr favorisiertes Netzwerk sorgsam aus."
- „Bleiben Sie authentisch." Der Knigge-Rat warnt davor, fiktive Identitäten aufzubauen, um bei Freunden und Geschäftspartnern, die im Internet recherchieren, nicht an Glaubwürdigkeit zu verlieren. Dem entspricht, und das ist auch üblich, „halb anonym" zu bleiben und etwa den Vornamen mit einem Kürzel des Nachnamens oder eine Abkürzung von beiden zu nutzen.
- „Meiden Sie plumpe Vertraulichkeiten." Das gilt natürlich immer, doch ist die Hemmschwelle im Internet niedriger.

---

300 Du sollst nicht Deinen Computer benutzen, um anderen Schaden zuzufügen.
Du sollst nicht anderer Leute Arbeit am Computer behindern.
Du sollst nicht in anderer Leute Files stöbern.
Du sollst nicht den Computer zum Stehlen benutzen.
Du sollst nicht den Computer benutzen, um falsches Zeugnis abzulegen.
Du sollst nicht Software benutzen oder kopieren, für die Du nicht gezahlt hast.
Du sollst nicht anderer Leute Ressourcen ohne deren Erlaubnis verwenden.
Du sollst nicht anderer Leute Werk als Deines ausgeben.
Du sollst über die sozialen Konsequenzen Deiner Programme nachdenken.
Du sollst den Computer so benutzen, dass Du Verantwortung und Respekt zeigst.

- „Lehnen Sie unerwünschte Anfragen ab.“
- „Belästigen Sie Ihre Kontakte nicht“ (etwa durch nervende Spiele).
- „Bleiben Sie freundlich und wahren Sie die Formen der Höflichkeit.“
- „Reagieren Sie humorvoll.“
- „Halten Sie den Dialog lebendig“, etwa dadurch, dass Sie regelmäßig Ihre Nachrichten überprüfen und einmal wöchentlich mit Ihren Netzwerk-Partnern kommunizieren .
- „Behalten Sie den Weitblick.“ Fragen Sie sich, ob Sie Ihren Beitrag auch noch in zwei Jahren gerne lesen würden. Durch alte Tweets haben schon manche Politikerkarrieren ein abruptes Ende gefunden. „If in doubt, leave out“ (also „Streichen Sie den Text, wenn Sie Zweifel haben“).
- „Schließen Sie Trolle (störende Teilnehmer) aus.“
- Man könnte noch hinzufügen:
- Tragen Sie kulturellen Unterschieden Rechnung.
- Vorsicht bei den Themen, vor denen auch beim Small Talk gewarnt wurde (Religion, Politik, Kritik).
- Das Internet ist kein Ort, um „Dampf abzulassen“.
- „Du“ oder „Sie“? Die Frage ist schwer generell zu beantworten, da man seine Gegenüber meistens nicht kennt. Die Faustregel lautet: „Wer selber siezt, will gesiezt werden; wer duzt, will geduzt werden“. Dem Zug der Zeit folgend, beginnt das „Du“ zu überwiegen. In Frankreich ist das „Sie“ noch üblich.
- Keine Nachrichten oder Bilder ohne die Zustimmung des Absenders weiterleiten. Eine Verletzung des Rechts am eigenen Bild oder eines Urheberrechts kann teuer werden.

Und für den *Arbeitsplatz*:

- Die private Nutzung des Internets am Arbeitsplatz (Surfen, E-Mails, Facebook u.ä., vom Herunterladen pornographischer Websites ganz zu schweigen) ist meistens vom Arbeitgeber verboten. Eine Verletzung dieser Regel kann arbeitsrechtliche Konsequenzen haben. Das ist häufig im Arbeitsvertrag geregelt.
- Der Grund für das Verbot liegt nicht nur in der Gefahr der Ablenkung von der Arbeit, sondern auch in der damit verbundenen Anfälligkeit für Viren.

- Geben Sie niemals Informationen über Ihre Firma oder Ihre Kollegen preis. Aber nicht nur die Vertraulichkeit ist gefragt, auch Ihr Anstand: Äußern Sie sich nicht negativ über sie.
- Bewerten Sie Ihre Firma oder deren Produkte nicht unter falschem Namen, auch wenn Sie von ihnen überzeugt sind. Diese Art von Reklame fällt Ihnen leicht auf die Füße.

Ergänzungen für Facebook

- Sie brauchen Menschen, die Sie nicht kennen, nicht zu Ihren Freunden zu machen. Es gibt keinen Wettbewerb darum, wer die meisten Freunde hat.
- Warten Sie 24 Stunden, bevor Sie jemanden als „Freund" ein- oder wieder ausladen.[301]
- Wenn Sie jemanden auf Facebook bitten, Ihr Freund zu sein, sollten Sie der Einladung ein paar persönliche Worte hinzufügen.
- Wählen Sie Ihr Profilbild sorgfältig aus.
- Senden Sie schmutzige Witze und verletzende Bilder, die Ihnen ein „Freund" schickt, nicht weiter.

Schutz der Privatsphäre

- Unterschätzen Sie das Internet nicht. Ihr eigener privater Raum ist schnell geöffnet, der anderer schnell verletzt.
- Schützen Sie Kinder, eigene und fremde. Posten Sie keine Fotos von ihnen oder übermitteln Sie sie nur gezielt an bekannte Personen. Sonst können Sie sie gleich in der Zeitung veröffentlichen. Holen Sie die Erlaubnis der Eltern ein, wenn Sie Bilder fremder Kinder verschicken.
- Posten Sie keine unvorteilhaften Fotos Ihrer Freunde, auch nicht zum Spaß. Natürlich auch nicht Ihre eigenen. Das gilt auch für Grimassen, leichte Bekleidung und lächerliche Posen. Denken Sie immer an die Folgen. Sie wollen doch nicht, dass solche Fotos den Weg in die Öffentlichkeit finden oder auf dem Computerschirm des Personalchefs der Firma auftauchen, bei der Sie und Ihre Freunde sich gerade bewerben.

---

301 Denken Sie auch daran, dass ein „friend" in Facebook dieser Bezeichnung nach bisherigen Maßstäben nicht entspricht. Lassen Sie sich durch das Wort nicht täuschen. Nur wenige „Freunde" verdienen, dass man ihnen viele Informationen über sich preisgibt.

Reden

Von der virtuellen zurück in die reale Welt. Sie schreiben ja nicht nur Briefe und E-Mails und äußern sich nicht nur gesprächsweise, sondern müssen auch einmal eine Rede halten. Diese hätte, von der Anrede abgesehen, nicht viel mit Umgangsformen zu tun. Dennoch behandele ich sie in diesem Kapitel. Nicht nur bei Politikern und Diplomaten, auch in vielen anderen Berufen wird die Fähigkeit, Reden zu halten, in höheren Positionen erwartet; sie ist eine wichtige Voraussetzung für das berufliche Fortkommen. Auch bei Familienfesten wollen Sie doch als Redner eine gute Figur machen!

Sammeln der Argumente

Kernstück der Vorbereitung ist der Inhalt der Rede. Überlegen Sie sich zunächst, welche Hauptbotschaft(en) Sie überbringen wollen. Versuchen Sie, sie jeweils in einem Satz auszudrücken. Eine Rede sollte nicht mehr als drei Kernbotschaften enthalten, sonst bleiben sie nicht in den Köpfen der Zuhörer haften.

Dann sammeln Sie die Argumente und ordnen sie. Dabei geht es vor allem um die Sachargumente. Aber versuchen Sie auch, die Zuhörer zu unterhalten. Konzentrieren Sie sich nicht nur auf das, was Ihnen wichtig erscheint, sondern sprechen Sie auch die Punkte an, deren Erörterung Ihre Zuhörer erwarten. Gehen Sie vom „Empfängerhorizont" aus. Der Zuhörer erwartet von einer guten Rede, dass sie sich mit den Punkten auseinandersetzt, die ihm bei dem Thema einfallen und wichtig sind. Diese Erwartung sollte der Redner erfüllen; er muss die Zuhörer „abholen". Tut der Redner das nicht, halten die Zuhörer die Rede – inhaltlich vielleicht zu Unrecht – für schlecht. Die Punkte, die Ihnen, dem Redner, wichtig sind, müssen Sie natürlich trotzdem bringen. Glücklicherweise werden die Erwartungen der Zuhörer und das, was Sie sagen wollen, häufig zusammenfallen.

Wenn Sie nur Fakten referieren, sozusagen eine „Bildungsrede" halten, sollten Sie versuchen, den Stoff möglichst interessant zu gestalten. Flechten Sie Scherze und Anekdoten ein, vielleicht stellen Sie sogar echte und rhetorische Fragen, um mit Ihren Zuhörern ins Gespräch zu kommen; der „interaktive" Vortrag ist sehr viel wirkungsvoller als das reine Dozieren. Er vermeidet auch das sanfte Einschlummern der Zuhörer.

Bei anderen Reden geht es um Werbung für Ihren Standpunkt. Argumentieren Sie sorgfältig. Bringen Sie zuerst die Argumente, die gegen Ihre Lösung sprechen, um sie dann mit Ihren eigenen (besseren) zu entkräften. Sie wollen überzeugen, aber nicht um jeden Preis. Respektieren Sie andere Meinungen und nehmen Sie sie ernst. Auch aus taktischen Überlegungen, von der Fairness ganz abgesehen. Der Diskussions- oder Gesprächspartner könnte sich sonst in seiner Ehre gekränkt fühlen und bockig werden mit der Folge, dass Sie ihn mit Argumenten nicht mehr erreichen. Argumentieren Sie *„suaviter in modo, fortiter in re"*, wie die alten Römer sagten.[302]

Historische Einleitungen oder Rückblicke können interessant sein, doch sollten sie bei „Meinungsreden", bei denen Sie überzeugen wollen, nicht zu viel Raum einnehmen. Sie ermüden leicht.

Unterscheiden Sie ganz deutlich Fakten von Meinungen. Im Allgemeinen setzt man die Fakten an den Anfang der Rede, um aus ihnen dann Schlüsse zu ziehen. Fakten werden von den Zuhörern nicht immer gleich als solche akzeptiert; präparieren Sie sich also auf Nachfragen.

Seien Sie authentisch. Verbiegen Sie sich nicht und sagen Sie nichts, von dem Sie nicht überzeugt sind. Es geht um Ihre Glaubwürdigkeit, nach Aristoteles einer der drei Pfeiler der Rhetorik. Eigene Gefühle und Überzeugungen sind viel überzeugender als solche, die man nur deshalb vorträgt, weil man es tun zu müssen glaubt.

Eine Lanze für die Rhetorik

Der Begriff „Rhetorik" hat für viele einen schlechten Klang. Sie halten sie für ein verwerfliches Mittel, durch Form vom Inhalt abzulenken. Das trifft aber nur bei ihrem Missbrauch zu. Schon in der Antike wurde sie als legitimes Mittel der Überzeugung eingesetzt. Sie war eine anerkannte Wissenschaft; der Ausdruck „Rhetorik" bedeutet ja nichts anderes als „Kunst der Rede". Aus dieser Zeit sind uns heute noch berühmte Redner bekannt, wie Demosthenes und Cicero.[303] Aristoteles definiert Rhetorik als die Fähigkeit, mit einer Rede zu überzeugen. Dabei seien drei Dinge entscheidend: die Glaubwürdigkeit des Redners *(ethos)*, das emotionale Befinden des Hörers *(pathos)* und das Argument *(logos)*. Letzteres sei das wichtigste Element, das von dem Versuch, sachfremde Emotionen zu wecken, frei gehalten werden müsse. Auch sei der Charakter des Redners wichtig: Er überzeuge nur dann, wenn er glaubwürdig sei. Diese Regeln gelten auch heute noch.

---

302 *„Verbindlich in der Form, aber hart in der Sache".*

303 Die Reden des griechischen Staatsmanns Demosthenes gegen den mazedonischen König Philipp sind als „Philippika" heute noch sprichwörtlich. Demosthenes soll zur Übung seiner Stimme die Rede am Meer mit Kieselsteinen im Mund geübt haben. Keine Sorge; ich gehe nicht so weit, Ihnen das zu empfehlen.

In der Aufklärung warf man der Rhetorik vor, durch das Ansprechen von Emotionen von der Wahrheit und der rationalen Erkenntnis abzulenken. Kant lehnte Rhetorik ab, Goethe ebenfalls. Die Unterscheidung zwischen „überreden“ und „überzeugen“ zeigt, wie diese kritische Haltung sogar in unsere Sprache Eingang gefunden hat: Wer (rhetorisch) „überredet“ worden ist, ist nicht notwendigerweise auch (inhaltlich) „überzeugt“, sondern folgt der Überredung aus Schwäche, fast wider Willen. Das gilt aber, wie gesagt, nur für den Missbrauch dieses Stilmittels. Art und Form entscheiden ebenso über den Erfolg eines Vortrags wie sein Inhalt. Die brillantesten Gedanken können, ungeschickt, verwirrend, monoton oder nuschelnd vorgetragen, als ermüdend und uninteressant empfunden werden. Ideal ist das Zusammenspiel von Inhalt und Form. Im schriftlichen wie im Mündlichen gilt: Wirre und schlecht gegliederte Ausführungen lassen den Verdacht auf wirre und schlecht gegliederte Gedanken aufkommen – oft zu Recht.

Gute Redner gebrauchen Stilmittel der Rhetorik. Langweilige Reden sind kein Beweis von Seriosität und hoher Wissenschaftlichkeit, sondern Ausweis mangelnder Begabung oder rhetorischer Ignoranz. Diesen Fehler wollen wir nicht machen. Wir setzen Rhetorik als legitimes Mittel zur wirkungsvollen Darlegung der Argumente ein, von deren Richtigkeit wir überzeugt sind. Nehmen Sie Ihre Zuhörer daher bei einer Rede oder einem Vortrag intellektuell und emotional gefangen, ja, unterhalten Sie sie auch.

„In der Kürze liegt die Würze“

Gebrauchen Sie kurze Sätze, sonst verlieren die Zuhörer den Faden. Kurze Sätze kommen bei einer Stegreifrede fast automatisch. Kurze Sätze hintereinander, fast im Stakkato, können auch ein Stilmittel sein; damit erwecken Sie Aufmerksamkeit und reißen die Hörer mit.

Auch die Rede insgesamt sollte kurz sein. „Mir wurde gesagt, ich dürfe über alles reden, nur nicht über 20 Minuten“ ist eine beliebte Einleitung – und darüber hinaus auch noch so wahr! 20 bis 30 Minuten sind das Maximum an Zeit, in der Sie mit der Aufmerksamkeit der Zuhörer rechnen können. In diesem Zeitrahmen lässt sich fast immer das Wesentliche sagen. Gibt man Ihnen 45 oder 60 Minuten für Ihren Vortrag, beenden Sie ihn, wenn möglich, nach halber Zeit und eröffnen Sie – nach vorheriger Ankündigung, damit sich die Zuhörer Fragen überlegen können – die Diskussion.

In der Diskussion wird es meistens lebhaft. Wenn Sie Glück haben, werden Fragen gestellt, bei deren Beantwortung Sie zu Aspekten in die Tiefe gehen können, die die Zuhörer offensichtlich interessieren; das weiß man als Redner nicht immer vorher. Sie laufen zwar Gefahr, Parallelvorträge von Wichtigtuern anhören zu müssen und unter Umständen unangenehme Fragen zu bekommen, aber meistens ist es das Risiko wert. Wenn in der für die Diskussion reservierten Zeit keine Fragen gestellt werden, können Sie immer noch Themen, die Sie bei Ihrer Rede ausgespart haben, von sich aus aufgreifen.

Stilmittel

Scheuen Sie sich nicht, eigene Erfahrungen und Gefühle zum Ausdruck zu bringen. Sie werden als aufrichtig und echt rüberkommen und nicht als ein in Klischees befangener Theoretiker. Die authentische Rede ist immer die beste, da die Einheit von Person und Aussage die Zuhörer beeindrucken wird, selbst wenn sie nicht derselben Meinung sind wie der Redner.

Machen Sie Pausen, um wichtige Aussagen sacken zu lassen oder um Spannung aufzubauen. Modulieren Sie Ihre Stimme, um die Aufmerksamkeit der Zuhörer zu fesseln. Nähern Sie sich Ihrem Thema aus überraschender Perspektive. Flechten Sie auch einmal einen überraschenden, vielleicht sogar leicht schockierenden Satz ein: Er wird Ihre Zuhörer aufwecken.

Sie können die Aufmerksamkeit der Zuhörer gleich am Anfang der Rede mit einem Scherz wecken. Bei den Amerikanern ist der Witz zu Beginn und am Ende der Rede praktisch Standard. Versuchen Sie das auch. Wenn der Witz gut ist, wird er nach meiner Erfahrung häufig besser in Erinnerung bleiben als der Rest der Rede. Aber das ist ja auch schon etwas. Und das Gelächter der Zuhörer trägt Sie über die ersten Minuten hinweg und lockert Sie. Dabei ist es schön, wenn der Witz nicht eine „olle Kamelle“, sondern auf den Anlass und die Situation zugeschnitten ist.

Um die Aufmerksamkeit der Zuhörer zu wecken, sollten Sie, wenn das möglich ist, orts- oder zuhörerbezogen beginnen. Etwa so: „Ich freue mich besonders, heute vor Studenten der Universität Tübingen zu sprechen. Ich war vor 50 Jahren selber einer von Ihnen und habe die Zeit in schöner Erinnerung. Gibt es immer noch jeden Sommer Stocherkahnrennen? Und ist das Essen in der Mensa immer noch so gewöhnungsbedürftig? Ich bin sicher, zumindest das hat sich gebessert. Ernst Bloch, Walter Jens und Theodor Eschenburg waren zu meiner Zeit die Professoren, die weit über die Universität hinaus berühmt waren. Eines ihrer Themen möchte ich heute aufgreifen...“ Da ist natürlich Schmeichelei und auch Anbiederung dabei, aber eine solche Einleitung schafft doch eine positive Atmosphäre der Gemeinsamkeit, vielleicht sogar einen Lacher bei dem zugegebenermaßen billigen Scherz über das Essen.

Freie Rede

Wenn Sie Ihre Zuhörer fesseln wollen, sollten Sie vor allem frei sprechen. Sie sprechen dann langsamer und machen einfachere Sätze. Wenn Sie einen Text ablesen, den Sie vorher mit großer Sorgfalt redigiert und Nebensätze, vielleicht sogar Schachtelsätze eingebaut haben, um Ihre komplexen Gedankengänge nachzuzeichnen, werden Sie Ihre Zuhörer verlieren. Sie haben dann zwar eine brillante „Schreibe“ verfasst, aber sie wird ihre Wirkung auf die Zuhörer verfehlen. Was Sie brauchen, ist eine – keineswegs leichtere, nur anders strukturierte – „Spreche“, der leichter zu folgen ist. Diese entwickeln Sie im Allgemeinen automatisch, wenn Sie frei sprechen. Nur Profis, einige Politiker etwa, die immer wieder zu denselben Themen sprechen, können einen komplizierten Text oder Gedankengang frei und so vortragen, dass die Zuhörer ihm wirklich folgen können.

Nicht jeder Text ist für einen Vortrag in freier Rede geeignet. Manchmal wollen Sie ja auch eine brillante „Schreibe“ vortragen. Denken Sie dann daran, die komplizierten Gedankengänge so vorzutragen, dass man ihnen folgen kann. Gliedern Sie auch durch Ihre Stimmführung. Lesen Sie nicht in monotoner Stimme ab, sondern heben Sie zwischendurch den Kopf und schauen Sie den einen oder anderen Zuhörer an, um vielleicht zu ergründen, ob er Ihnen folgen kann. Es bedarf einer gewissen Übung, gelegentlich aufzuschauen und dann wieder die richtige Stelle im Text zu finden, aber es geht.

Eine Ausnahme von der freien Rede gilt insbesondere dann, wenn Sie eine Presse- oder eine andere offizielle Erklärung vortragen, bei der es auf den genauen Wortlaut ankommt. Kleben Sie dann am Text und kümmern Sie sich nicht darum, ob Sie Ihre Zuhörer fesseln. Darauf kommt es hier nicht an.

Freie Rede erlaubt den Blickkontakt mit den Zuhörern. Der Blickkontakt – vom Schweifenlassen der Augen über die ganze Versammlung bis zum flüchtigen Fixieren einzelner Zuhörer – gibt Ihnen Hinweise darauf, ob diese sich langweilen oder Ihnen aufmerksam folgen. Es gibt meistens welche, die zustimmend nicken – wenn Sie sich auf diese konzentrieren, steigt beim Reden Ihre Laune, selbst wenn Sie später feststellen sollten, dass der Betreffende nur einen nervösen Tick hatte.

Viele haben natürlich Angst davor, ohne Konzept einen Teil der Rede oder viele der ach so schönen Formulierungen im Manuskript, auf die sie so stolz sind, zu vergessen. Diese Sorge ist verständlich. Machen Sie sich daher einen Sprechzettel, auf dem die Schlüsselworte der einzelnen Gedankengänge stehen. Das ist wie ein Inhaltsverzeichnis Ihrer Rede, an dem Sie sich entlang hangeln können, wenn Sie einmal die Erinnerung im Stich lässt. Sie können auch die einleitenden Worte jedes neuen Themas aufschreiben, wenn Sie sich so sicherer fühlen. Halten Sie diesen Zettel ruhig in der Hand – wahrscheinlich werden Sie ihn gar nicht brauchen, aber er beruhigt –, und wenn Sie ihn doch brauchen, haben Sie ihn schon zur Hand und brauchen ihn nicht verlegen zu suchen. Jeder wird Verständnis dafür haben, dass Sie einmal drauf schauen. Der Rat erfahrener Redner ist auch, die ersten und letzten Sätze einer Rede auswendig zu lernen.

Und sollten Sie einmal einen genialen Gedankengang, ein besonders schönes Beispiel oder eine fulminante Formulierung vergessen haben, grämen Sie sich nicht. Niemand weiß, was Sie vorhatten zu sagen. Alle beurteilen Ihre Rede nach dem, was sie gehört haben. Und das war gut. Damit können und sollten Sie zufrieden sein.

Die Körpersprache sollte eher sparsam, aber doch sichtbar sein: kleine Gesten mit den Händen, Wenden des Kopfes und nur wenig mehr. Sie soll vor allem eines signalisieren: Selbstvertrauen und Überzeugungskraft des Redners.

Ort und Zuhörer

Wenn Sie eine Rede vorbereiten, ist es sinnvoll, sich nach der Zusammensetzung der Zuhörer – ihrem Bildungsgrad, ihren Interessen, ihrem beruflichen und privaten Hintergrund – zu erkundigen, so gut das geht. Wichtig ist auch, vorher zu wissen, wo die Rede gehalten wird – in einem großen oder kleinen Saal, drinnen oder draußen, und ob die Zuhörer sitzen oder stehen. Inhalt und Länge der Rede hängen davon ab. Im Freien reden Sie anders – und zwar rustikaler, zumindest weniger differenziert – als in geschlossenen Räumen. Ein kleiner Saal ist für einen intimeren, anspruchsvollen Vortrag geeignet. Wenn die Zuhörer stehen müssen, fassen Sie sich besser kurz. Wenn Sie davon ausgehen müssen, dass Sie auf einer Bühne mit einem Mikrofon in der Hand stehen werden, machen Sie sich besser vermehrt Gedanken darüber, was Sie mit Ihrem Manuskript anfangen. Entweder Sie stecken es weg. Das wäre die beste Lösung. Oder Sie bitten um ein Pult. Wenn das nicht geht, nehmen Sie das Mikrofon in die rechte und das Manuskript in die linke Hand. Machen Sie ruhig und mit Selbstvertrauen eine Pause, wenn Sie das Manuskript, eine Hand am Mikrofon, umblättern müssen. Alle werden das für völlig normal halten.

Die Frage nach der Zusammensetzung der Zuhörer mag Sie überraschen. Aber vor einem Fachpublikum in der Aula der Universität reden Sie ganz anders als auf einer Wahlveranstaltung im Bierzelt, um einmal zwei Extreme zu nennen. Überlegen Sie also genau, vor welchem Publikum Sie reden. Bei einem Fachpublikum können Sie auch mit Fachbegriffen arbeiten, die Sie anderen erst erklären müssten. Vermeiden Sie zu viele Fremdwörter und unnötige Demonstrationen Ihrer Bildung. Sonst laufen Sie Gefahr, des intellektuellen Hochmuts geziehen zu werden. Fremdsprachige Zitate sollten Sie richtig übersetzen, sonst geht der Schuss nach hinten los und Ihre ganze Bildungsfassade bricht krachend zusammen.[304]

Anrede

Eine banale, aber immer wieder auftretende Frage ist, wie man seine Zuhörer anredet. Das hängt von der Zusammensetzung der Gruppe ab.

Wenn Sie zu einer Gruppe etwa gleichrangiger, Ihnen nicht bekannter Menschen sprechen, können Sie als Mann jede Rede mit „Meine Damen und Herren" einleiten, es sei denn, sie sehen nur Damen oder nur Herren vor sich. Dann beschränken Sie sich auf „Meine Damen" oder „Meine Herren". Gibt es im Kreis der Zuhörer nur eine Dame, sagen Sie „Meine Dame, meine Herren". Das klingt etwas gekünstelt, ist aber richtig. Weniger geschäftsmäßig, etwas höflicher und deshalb zu empfehlen ist es, „Meine sehr geehrten Damen und Herren" zu sagen. Sie können auch „Meine (sehr) verehrten Damen und Herren" sagen, wenn Sie eine besonders illustre Gesellschaft vor sich haben, doch nur in seltenen Fällen werden Sie Ihre Zuhörer wirklich (sehr) verehren.

Als Dame können Sie Ihre Rede mit „Meine Herren, meine Damen" einleiten, da das andere Geschlecht aus Höflichkeit eigentlich immer zuerst ge-

---

304 Sie vermeiden dann solche Peinlichkeiten wie die Presseerklärung einiger Bundesminister, die Ende Mai 2017 in einer gegen die Handelspolitik von Präsident Trump gerichteten Presseerklärung den – aus dem römischen Recht kommenden – Begriff „pacta sunt servanda" recht unbeholfen mit „Verträgen muss man dienen" übersetzten. Das heißt in normalem Hochdeutsch natürlich „Verträge müssen eingehalten werden". Für Altsprachler und Juristen ein Standardsatz.

Dem Germanisten wiederum wird bei jedem Interview im Fernsehen auffallen, dass kaum ein Redner, seien es Politiker oder Fernsehmoderatoren, sich noch daran erinnert, dass die Konjunktion „weil" (wie alle Konjunktionen) in dem Nebensatz, den sie einleitet, eine Inversion erfordert. Sie sind anscheinend nur noch in der Lage, syntaktisch in Hauptsätzen zu sprechen. Sagen Sie also nicht „Weil es geht um wichtige Fragen", sondern „Weil es um wichtige Fragen geht" oder, wenn Sie in dieser Situation nur noch Hauptsätze bilden können, „Denn es geht um wichtige Fragen". Und denken Sie bitte zweitens daran, dass „scheinbar" und „anscheinend", im vorvorigen Satz mit Bedacht gewählt, völlig unterschiedliche Bedeutungen haben.

nannt wird.[305] Allerdings tun das nur wenige; eigentlich müsste man sich die Reden im Bundestag einmal daraufhin anhören.

Politiker sagen natürlich „Liebe Bürgerinnen und Bürger", „Liebe Studentinnen und Studenten" und „Meine lieben Wählerinnen und Wähler", um sich genderkorrekt zu verhalten. Das ist ziemlich repetitiv, aber politisch korrekt, und daher empfehle ich Ihnen, das auch zu tun. Politisch ebenfalls korrekt, den meisten Germanisten aber ein Graus, sind Unisex-Begriffe wie „Studierende"; das sind sprachliche Notlösungen ohne wirkliche Not. Ich bin schon in der Einleitung darauf eingegangen. Versuchen Sie, sie zu vermeiden.

Häufig sind Sie von jemandem eingeladen worden, eine Rede zu halten. Er wird Sie einführen. Gelegentlich gibt es zusätzlich noch einen Hausherrn, in dessen Räumen Sie sprechen, der auch ein paar Worte sagt. Wenn Sie Ihre Rede beginnen, werden Sie beide als erste mit den Worten „Sehr geehrter Herr Meyer, liebe Frau Friedrich" begrüßen und dann „Meine (sehr) geehrten Damen und Herren" für das Publikum anfügen. Wenn Sie von einem Professor eingeführt werden, sagen Sie natürlich „Sehr geehrter Herr Professor Meyer". Überhaupt sollten Sie bei solchen Begrüßungen immer den akademischen Grad der Person nennen, also auch den „Doktor", selbst wenn Sie selbst einen haben. Denn in diesem Fall sprechen Sie, anders als wenn Sie sich persönlich begrüßen, auch zur Zuhörerschaft, und da ist es ein Gebot der Höflichkeit, den akademischen Grad zu nennen.

Wenn Sie die Betreffenden kennen und duzen, können Sie, um das freundschaftliche Verhältnis deutlich zu machen, auch sagen: „Sehr geehrter Herr Professor Meyer, lieber Fritz" oder „Sehr geehrte Frau Dr. Friedrich, liebe Uschi". Sie fahren dann nach der Grußformel fort: „Ich danke Dir für die freundliche Einführung".

Was aber, wenn Sie Minister, Kardinäle, Bischöfe, Botschafter, Ministerpräsidenten der Länder und Mitglieder des Bundestages vor sich haben, von den Vorstandsvorsitzenden großer Unternehmen ganz zu schweigen? Die werden Sie nach Möglichkeit alle persönlich begrüßen wollen, und zwar so, dass die Begrüßung nicht den größten Teil Ihrer auf fünf Minuten bemessenen Redezeit einnimmt. Daher sollten Sie versuchen, die Zahl der Personen, die Sie namentlich begrüßen, möglichst klein zu halten. Das gilt im besonderen Maße dann, wenn es mehrere Redner gibt, die immer wieder dieselben Personen begrüßen zu müssen glauben, was bei den Zuhörern unweigerlich Ermüdungserscheinungen hervorruft.

---

305 Helbach-Grosser/Hofmann, Stil, S.66.

Glücklicherweise gibt es Kategorien, die mehrere Berufsgruppen erfassen. Als „Exzellenzen" redet man sowohl Staats- und Regierungschefs als auch Parlamentspräsidenten, Minister, ausländische Botschafter und Bischöfe an – schon haben Sie sechs Personengruppen elegant und schnell erfasst. Diese Bezeichnungen mögen manchmal etwas altmodisch klingen. Sie sind aber üblich und sehr praktisch, wenn es darum geht, hochgestellte Persönlichkeiten der verschiedensten Art formvollendet und mit geringem Aufwand zu begrüßen.

Wenn Sie nicht schlicht „Exzellenzen, meine Damen und Herren" sagen, beginnen Sie mit dem Namen oder der Berufsbezeichnung der höchstrangigen Person, gegebenenfalls also mit dem Bundespräsidenten, und arbeiten sich dann über die Bundeskanzlerin, fremde Botschafter, Minister, Kardinäle und Bischöfe locker der Rangfolge nach bis zu dem „Meine Damen und Herren" durch.[306] Das dauert. Sie können es aber auch bei dem kargen „(Sehr geehrter) Herr Bundespräsident" und „(Sehr geehrte) Frau Bundeskanzlerin" belassen und dann gleich „Meine Damen und Herren" sagen, das wäre vorbildlich kurz, wegen der Sonderstellung der beiden nachvollziehbar und damit in Ordnung. Ich persönlich finde lange Anreden nervig.

Und schließlich: Wenn Sie eine ausgearbeitete Rede mit der – hoffentlich kurzen – Liste der Namen aller zu begrüßenden Ehrengäste vor sich haben, achten Sie darauf, dass die dort Aufgeführten wirklich auch schon eingetroffen sind. Sie hören gelegentlich „Ich begrüße Herrn X, der leider noch nicht hier ist"; das hat etwas Komisches und klingt unprofessionell.

Nervosität

Viele fühlen sich unwohl, wenn sie eine Rede halten müssen. Auch ich bin vor Reden noch immer ein wenig nervös. Und das ist schon ein Fortschritt im Vergleich zu früheren Jahren. Irgendwann stellte ich bei einer Videoaufnahme im Rhetorikkurs fest, dass man mir meine innere Beklommenheit nicht ansah, sondern dass ich aussah, als würde ich das Reden genießen. Das begann ich dann ansatzweise auch zu tun.

Warum breite ich diese Schwäche aus? Weil ich den Lesern, denen es ebenso geht, Mut machen will. Es werden nicht wenige sein. Eine Studie der Universität Paderborn kam 2012 zu dem Ergebnis, dass 43 Prozent der Orchestermusiker unter starker oder mittelstarker Auftrittsangst leiden.[307]

---

306 Eine kurzgefasste Rangfolge finden Sie in Anlage I.

307 FAZ vom 4.6.2018.

Man kann etwas gegen Angst vor und Nervosität bei Reden tun. Schreiben Sie sich in einen Rhetorikkurs ein. Es zahlt sich aus, im privaten wie im öffentlichen Leben. Im Rhetorikkurs lernen Sie sowohl, wie man eine gute Rede aufbaut, als auch, wie man seine Nervosität bekämpft. Wenn Reden Halten zur Routine wird, verliert es seinen Schrecken. Das bessert Ihre Laune, Ihr Selbstbewusstsein und Ihre beruflichen Chancen. Ein leichtes Unwohlsein bei Reden vergeht möglicherweise nie, aber es wird zumindest beherrschbar. Leichte Nervosität bewahrt Sie im Übrigen vor länglichen Ausführungen mancher Redner, die mit selbstgefälligem Lächeln die Geduld der Zuhörer strapazieren. Das ist doch auch schon etwas![308]

308 Helbach-Grosser/Hofmann, Frauen, S.150, geben praktische Tipps (die nicht nur für Frauen gelten): „Nehmen Sie Karteikarten für das Manuskript, da DIN A 4 Papier schon das leichteste Zittern Ihrer Hände verrät. Zittert die Stimme, sprechen Sie etwas lauter. Und tragen Sie ein Halstuch, wenn Ihr Hals dazu neigt, vor Aufregung rot zu werden. Nehmen Sie Pannen gelassen und mit Humor; jeder hat sie schon einmal erlebt".

Im Büro

Kollegen und Vorgesetzte

Auch im Büro spielen Umgangsformen eine große Rolle. Respekt, Kollegialität und Freundlichkeit sind die Grundlagen eines guten Betriebsklimas. Und das ganz unabhängig von der Tatsache, dass eine Behörde oder Firma hierarchisch organisiert ist.

Natürlich gelten die Regeln der Hierarchie, doch mildert man sie zumindest sprachlich ab. Man spricht nicht mehr von Untergebenen, sondern von Mitarbeitern. Man erteilt nicht mehr Befehle oder Weisungen, sondern man bittet einen Mitarbeiter, etwas zu tun. Früher war in Ministerien der Leiter des Referats der Referent und seine Mitarbeiter des höheren Dienstes waren die Hilfsreferenten; heute sind sie alle Referenten und der Chef ist Referatsleiter.

Selbst wenn man Weisungen und Aufträge erteilt, selbst wenn man etwas an einem Mitarbeiter auszusetzen hat, kann das ruhig und höflich geschehen. Niemand wird Ihre Autorität deshalb in Zweifel ziehen oder Ihnen den Respekt verweigern. Im Gegenteil. Höflichkeit, Respekt vor den anderen und vielleicht sogar Freundlichkeit – nicht jeder ist ein kommunikativer Typ, es gibt auch freundliche Introvertierte – erzeugen im Allgemeinen die Loyalität, die Sie als Chef brauchen, aber nicht erzwingen können. Nur so werden Sie, vom Menschlichen einmal ganz abgesehen, auch erfolgreich sein.

Das gilt in besonderem Maße für das Verhalten gegenüber Pförtnern, Boten, Fahrern und Sicherheitskräften. Sie werden nicht immer hinreichend wahrgenommen, obwohl sie es sich zur Aufgabe machen, das Leben ihrer Chefs und der Mitarbeiter insgesamt sicher und die Abläufe reibungslos zu gestalten. Manche Vorgesetzte ignorieren diese Mitarbeiter, weil sie denken, nur die Hochintellektuellen und die, die Geschäftsabschlüsse vermitteln, seien adäquate Gesprächspartner für sie. Das ist nicht nur unfreundlich, sondern auch unklug. Denn ohne die Service-Mitarbeiter, so will ich sie einmal nennen, geht es nicht. Und gerade weil sie nicht immer wahrgenommen werden, sind Sie besonders empfänglich für ein persönliches Wort des Dankes und, wenn man sie besser kennt, für Interesse an ihrer Familie. Fahrer registrieren dankbar, wenn sie nicht unnötig lange in Dienstbereitschaft gehalten werden. Mit vielen von ihnen und, wenn Sie welche haben, mit den Bodyguards verbringen Sie am Tag viele Stunden.

Ähnliches gilt für den Umgang mit Kollegen auf gleicher Ebene, selbst wenn sich diese besser wehren können. Menschen sind unterschiedlich. Sie können sich nicht notwendigerweise gegenseitig leiden, haben persönliche Probleme, die ihr Verhalten im Büro beeinflussen, und manchmal gibt es Eifersüchteleien und rücksichtsloses Karrieredenken. Das muss man im Hinterkopf haben, wenn man mit anderen zusammenarbeitet. Kollegen müssen sich nicht lieben, doch müssen sie einander respektieren – das bedeutet auch, fair und kollegial zu sein – und miteinander auskommen. Darauf haben alle einen Anspruch. Wenn man darüber hinaus gar freundlich ist, wenn man großzügig darüber hinwegsieht, dass andere einmal gestresst sind oder einen schlechten Tag haben – man hat ja auch einmal einen solchen, selbst wenn man sich selbst für perfekt hält –, sollte das Betriebsklima in Ordnung, wenn nicht sogar gut sein.

Wenn das Betriebsklima nicht aus eigener Kraft der Beteiligten auf gleicher Ebene gut ist, bleibt nichts anderes übrig, als sich an den Vorgesetzten zu wenden in dem hoffentlich berechtigten Vertrauen, dass er schlichtend und konstruktiv eingreifen kann. Personalführung gehört zu seinen vornehmsten Aufgaben.

Vorgesetzte

Damit wenden wir uns den Chefs näher zu. Das ist auch ein viel dankbareres und ergiebigeres Feld.

Der Chef ist nicht der bessere Mensch, er hat es nur weiter gebracht. Dank Leistung und einer gehörigen Portion Glück, sodass er seine Qualitäten zeigen konnte; bei vielen schlummern sie unerkannt. Manchen Chefs ist das nicht klar, und sie verlieren darüber hinaus den Blick dafür, dass ihre Erfolge nur möglich sind, weil sie sich auf ein gutes Team stützen konnten. Es sind nicht die besten, glücklicherweise auch nicht die meisten. Jeder Chef steht auf den Schultern seiner Mitarbeiter, so brillant er auch selbst sein mag.

Eine Führungsposition ist Privileg und Verantwortung zugleich. Gute Führung erfordert ein gutes Beispiel und Autorität. Wie aber erwirbt man die? Sicher nicht durch einen Befehlston. Aber doch durch Führung, mit Empathie und der Bereitschaft, Verantwortung zu übernehmen. Das gilt auch für den kooperativen Führungsstil. Auch hier gilt, dass einer die Vorgaben machen, die Entscheidungen fällen und sie nach außen vertreten muss. „Mit einem Stuhlkreis alleine ist es nicht getan.“[309]

Geben Sie als Chef klare Anweisungen, und zwar sowohl was die Aufgabe, als auch was die Zuständigkeit und was den Zeitrahmen anbelangt.

Sagen Sie genau, was Sie von Ihren Mitarbeitern erwarten. Wenn es sich nicht um Routine handelt, sollten Sie noch den Hintergrund des Auftrags er-

309 Dold, InternAA, Oktober 2017, S.7.

klären. Dann kann er besser erledigt werden. An einem Mangel an Kommunikation kranken vor allem große Behörden, bei denen zwischen Arbeits- und Leitungsebene ein großer Abstand mit vielen Zwischenebenen besteht. Viele sehen ihren Chef selten oder nie. Von ihnen, den fachlichen Spezialisten, werden dann ohne weitere Vorgaben Redeentwürfe erwartet. Der Mitarbeiter gibt seinen fachlich fundierten Entwurf ab, weiß aber häufig nicht, welchen Stil der Chef liebt und worauf es ihm besonders ankommt. Dann greifen die nah am Chef sitzenden Redenschreiber ein – zu Unrecht den Kopf schüttelnd. Denn es liegt nicht am Fachkollegen, sondern an mangelnder Kommunikation, die von oben erfolgen muss, dass weder die Gewichtung, noch die Diktion des Chefs richtig getroffen sind. Das hat viel Doppelarbeit und Frustration bei allen Beteiligten zur Folge.[310]

Beachten und respektieren Sie die Zuständigkeiten! Niemand mag es, wenn ihm interessante Aufgaben weggenommen und unangenehme, die eigentlich jemand anderes erledigen müsste, aufgegeben werden. Gerade bei tüchtigen Mitarbeitern ist für die Chefs die Versuchung groß, das zu tun. Aber geben Sie ihr nicht nach. Das hätte Überarbeitung auf der einen und Frustration auf der anderen Seite zur Folge.

Es ist sinnvoll, bei Aufträgen einen gewissen zeitlichen Sicherheitspuffer einzubauen, doch sollte man es nicht übertreiben. Das gilt insbesondere dann, wenn der Auftrag von ganz oben kommt und jede Hierarchieebene ihre eigene Sicherheitsmarge einrechnet. Sonst hat der arme Kollege, der die Arbeit machen muss, kaum noch Zeit dafür. Das ist eine häufige Ursache von unnötigem Stress.

Vorgesetzte können von ihren Mitarbeitern eine Menge Arbeit verlangen, doch nur mit realistischer Zeitvorgabe und unter Berücksichtigung der Arbeitsbelastung und der Arbeitseffizienz der Betreffenden. Sonst überfordern Sie sie, und damit ist keinem gedient.[311]

Schließlich ist es wichtig, zwischen eiligen und wichtigen Angelegenheiten zu unterscheiden. Wichtige Dinge sind keineswegs immer auch eilig; meistens hat man für sie sogar relativ viel Zeit. Diese braucht man auch, um sie

---

310 Das klingt einleuchtend, doch weiß ich, wie schwer es ist, die erforderliche Transparenz herbeizuführen.

311 Sehr gefallen haben mir junge Vorgesetzte von heute, die Mitarbeiter, die unter Dauerstress arbeiten, zu einigen freien Tagen „verdonnern“, damit sie ihre Batterien wieder aufladen können. Das ist eine erfreuliche Entwicklung. Aus demselben Grund, nämlich um einen Ausgleich für Überstunden und die Möglichkeit für Erholungspausen zu schaffen, sind in den letzten 20 Jahren in Ministerien Stechuhren eingeführt worden.

gründlich zu bearbeiten. Eilige Angelegenheiten sind nicht notwendigerweise bedeutsam oder schwierig, obwohl das viele meinen. Sie müssen nur sofort erledigt werden, etwa weil Fristen laufen. Versuchen Sie, Ihren Mitarbeitern zu vermitteln, warum eine Angelegenheit gerade jetzt so eilig ist, dass sie schnell, oder so wichtig, dass sie besonders sorgfältig erledigt werden muss.

Elektronische Arbeitsaufträge am Freitagabend in der Erwartung, dass sie über das Wochenende erledigt werden, sind Ausweis schlechter Personalführung. Natürlich kommt es vor, dass eine Sache wirklich brennt, doch dann sollte erklärt werden, warum es so eilig ist, und um Entschuldigung für die Beanspruchung am Wochenende gebeten werden. Das ist nicht überall so, ich weiß, aber in Deutschland gehört das zum guten Ton im Betrieb.

Nicht umsonst ist die Erwartung der permanenten telefonischen und elektronischen Erreichbarkeit der Mitarbeiter – am Wochenende, abends und nachts – inzwischen zu einem Politikum geworden; mancher Betriebsrat macht sich für „Schonzeiten“ seiner Beschäftigten stark. Diese sollten Sie als Vorgesetzter aber schon von sich aus beachten. Nur in Notfällen sollte die Balance zwischen Arbeit und Freizeit gestört werden; sie bekommt sogar der Arbeit gut. Und ein ehrgeiziger Chef ist kein Notfall in diesem Sinne.

Lob und Kritik

Neben Übertragung von mehr Verantwortung ist das Lob das wichtigste Instrument, um gute Leistung zu würdigen. Das Motto “Nicht getadelt ist genug gelobt“ ist veraltet und war auch früher falsch. Jeder ist verpflichtet, nach bestem Können zu arbeiten, aber es freut und beflügelt ihn, für gute Arbeit gelobt zu werden. Zumal er für schlechte getadelt oder genauer, denn es geht nicht um einen moralischen Tadel, kritisiert wird. Öffentliches Lob vor Kollegen oder Dritten freut die Mitarbeiter besonders.[312]

Der Vorgesetzte, der lobt, muss auch Kritik üben können, sonst ist er unglaubwürdig. Einfach nur nett zu sein, macht noch keinen guten Vorgesetzten aus. Dauerndes Lob wird als wertlos empfunden und verliert seinen stimulierenden Effekt; ebenso stumpft dauernde Kritik ab und demotiviert.

Kritik soll maßvoll und konstruktiv sein. Sie sollte nicht mit einer Schuldfrage verknüpft werden, sondern auch aufzeigen, wie man es das nächste Mal besser machen kann. Vor allem sollte Kritik möglichst nur unter vier Augen geäußert werden, um den Kritisierten nicht unnötig bloßzustellen.

---

312 Einer meiner Vorgesetzten empfahl einmal „Loben Sie auch Ihre Vorgesetzten“. Ein wahres Wort. Nur darf man es nicht übertreiben, und es muss auch ein guter Anlass dafür vorliegen. Sonst wirkt es wie Anbiederung.

In einem Gespräch unter vier Augen kann die Kritik viel nuancierter und ernster geäußert werden als unter Zeugen. Man kann nach Gründen für eine schwache Leistung fragen und dabei unter Umständen auch den persönlichen Bereich ansprechen.[313] Dafür muss man sich Zeit nehmen. Der Mitarbeiter wird im Allgemeinen persönliche Fragen abwehren, doch wenn er den Eindruck hat, dass der Vorgesetzte ihn als Mensch respektiert und nicht als Arbeitsmaschine sieht, wird er Vertrauen schöpfen und sich vielleicht öffnen.

Lob und Kritik sind ein schwieriges Thema. Das rechte Maß ist nicht immer leicht zu finden. Manchmal helfen weder Lob noch Kritik. Aber Sie sollten es in abgewogener Balance damit versuchen.

Kritik ist weder eine Einbahnstraße noch die Prärogative des Vorgesetzten. Auch für ihn ist Kritik wichtig; das werden sich die meisten in einer stillen Stunde auch eingestehen. Sie sollte allerdings in der richtigen Form erfolgen, sonst ist keinem gedient. Im Auswärtigen Amt gibt es – wie auch in anderen Ministerien – seit 2001 eine Art institutionalisierter Bewertung der Vorgesetzten. Sie wird „Vorgesetzten-Feedback“ genannt, um das Reizwort „Beurteilung“ oder gar „Kritik“ zu vermeiden. Es geht in erster Linie auch nicht um Kritik, sondern darum, für Vorgesetzte und Mitarbeiter einen Rahmen zu schaffen, in dem beide über die Arbeitsbeziehung sprechen und in dem die Mitarbeiter, ohne berufliche Nachteile befürchten zu müssen, in einem autorisierten Verfahren ihre ehrliche Meinung über den Vorgesetzten äußern können.[314]

---

313 Etwa so: „Ich habe in letzter Zeit bei Ihnen einen Leistungsabfall beobachtet, den ich mir nicht erklären kann. Gefällt Ihnen die Arbeit nicht? Haben Sie Probleme mit Ihren Kollegen? Haben Sie persönliche Probleme? Kann ich Ihnen irgendwie helfen?“

314 Die Mitarbeiter erhalten jährlich einen Fragebogen zu den Vorgesetzteneigenschaften ihres Chefs. Sie beantworten die Fragen anonym, damit sie sich in ihren Antworten frei fühlen. Der Vorgesetzte gibt gleichzeitig zu denselben Fragen eine Selbsteinschätzung ab. Eine zentrale Stelle im AA (nicht das Personalreferat) wertet die Bögen aus und übersendet dem Vorgesetzten das Ergebnis. Wenn der sieht, dass die Meinung der Mitarbeiter nicht mit seiner Selbsteinschätzung übereinstimmt, sollte bei ihm ein Prozess der Selbstreflexion einsetzen. Aber nicht nur das. Der Vorgesetzte muss das Ergebnis (nicht seine Selbsteinschätzung) mit seinen Mitarbeitern erörtern und nach Möglichkeit aufarbeiten. Die Diskussion mit den Mitarbeitern erfüllt nicht immer die Erwartungen, da nicht immer jemand bereit ist, aus der Anonymität zu treten und Kritik mit Beispielen zu untermauern. Dennoch ist das Verfahren sinnvoll, da es selbst bei gewahrter Anonymität einen Denkprozess beim Vorgesetzten in Gang setzen kann und den Mitarbeitern zudem eine legitime Möglichkeit gibt zu sagen, was ihnen an ihrem Chef nicht gefällt. Wenn sie das tun, und das ist die Idealvorstellung, wird die Diskussion auf beiden Seiten für ein besseres Verständnis dafür sorgen, was Vorgesetzter und Mitarbeiter voneinander erwarten und erwarten können.

Vertrauen

Sie können als Chef ruhig streng sein, solange die Mitarbeiter Vertrauen darauf haben, dass Sie gerecht und fair sind und Ihren Mitarbeitern grundsätzlich wohlwollend gegenüberstehen, sich gegebenenfalls auch vor sie stellen.

Ein Zeichen des Vertrauens ist es, seinen Mitarbeitern Freiräume zu gewähren und Verantwortung zu übertragen. Das motiviert enorm. Doch liegen hier zwei Interessen im Widerstreit: Das Interesse des Mitarbeiters an Selbständigkeit und der Wunsch des Vorgesetzten nach Kontrolle. Deshalb wird die Übertragung von Verantwortung nur schrittweise erfolgen; sie muss sich bewähren.

Denken Sie daran, dass Sie im Laufe der Jahre als Vorgesetzter zu einer Respektsperson werden. Man merkt es selber manchmal gar nicht; man hält sich ja für so freundlich und wohlwollend. Das kommt bei den Mitarbeitern, die wenig mit einem zu tun haben, aber nicht immer so an. Viele, und es sind nicht die schlechtesten, sind nervös, wenn sie ausnahmsweise einmal zum Chef gerufen werden oder sich mit einem persönlichen Anliegen an ihn wenden. Sie merken das als Chef schnell. Nehmen Sie Ihren Mitarbeitern diese Nervosität, seien Sie freundlich, auch wenn Sie eigentlich keine Zeit haben. Denken Sie daran, wie es Ihnen früher selbst bei Gesprächen mit Vorgesetzten erging. Möglicherweise können Sie nicht helfen. Aber Sie sollten aufmerksam und zugewandt zuhören, nach Möglichkeit einen Rat geben und Mut machen. Sie bleiben Respektsperson, aber eine, zu der man Vertrauen hat.

Besuchsprotokoll

Die ersten Merkposten bei einer Besuchsvorbereitung sind: Hotel, Transport und gegebenenfalls Dolmetscher reservieren. Sonst haben Sie ein Problem.

Die zweite Grundregel lautet: Fahren Sie die Strecke des Besuchsprogramms ab. Sonst stellen Sie zu spät fest, dass es Straßensperren gibt oder das Restaurant an dem Tag geschlossen hat.

Checken Sie, ob gegebenenfalls der VIP-Raum des Flughafens zur Verfügung steht, was seine Nutzung kostet und wo der Gast begrüßt werden kann. Es bemisst sich nach dem Rang des Gastes, ob er am Flughafen abgeholt wird, und wenn ja, von wem.

Stellen Sie Blumen, Obst oder eine andere kleine Aufmerksamkeit auf das Hotelzimmer, wenn Ihnen das Wohlbefinden des Gastes wichtig ist. Im Konferenzraum sollten Getränke und Dinge zu knabbern stehen. Tischfähnchen gibt es nur bei offiziellen Besuchen ausländischer Gäste.

Wenn die besuchende Delegation am Konferenzort eintrifft, sollte sie von dem Gastgeber oder – so wird es meistens sein – einem seiner Mitarbeiter am Eingang des Gebäudes in Empfang genommen und zum Konferenzraum geleitet werden. Wenn man will, kann man den Leiter der besuchenden Delegation zu einem kurzen Gespräch in das Büro des Gastgebers führen, während die anderen gleich zum Konferenzraum gehen, dort bewirtet werden und sich schon mit den Mitgliedern der empfangenden Delegation bekannt machen.

Wenn dann die Chefs hereinkommen, ist es eine Frage der Größe der Delegationen, aber gegebenenfalls auch ein Zeichen besondere Freundlichkeit, ob die Delegationsleiter um den Tisch herumgehen und alle Mitglieder der anderen Delegation begrüßen oder nicht. Häufig wird nur denen, die auf dem Weg zum Sitzplatz der Chefs stehen, die Hand geschüttelt.

Delegationen sitzen sich im Allgemeinen gegenüber. Der Platz des Delegationsleiters ist in der Mitte der Längsseite des Tisches. Er wird von seinen wichtigsten Mitarbeitern eingerahmt. Die Sitzordnung sollte vorher vom empfangenden Protokoll festgelegt und mit Namensschildern ausgezeichnet werden, sonst gibt es u.U. eine kleine Rangelei um die „guten“ Plätze nahe dem Chef. Im Allgemeinen wird der wichtigste Mitarbeiter rechts vom Chef sitzen und der zweitwichtigste links von ihm – wenn der Platz linker Hand nicht vom Dolmetscher eingenommen wird, der nahe an den Personen sitzen muss, deren Worte er dolmetscht. Der Jüngste sitzt dann am Ende des Tisches. Eine Verteilung der Delegationsmitglieder auf beide Seiten des Tisches ist unüblich und allenfalls bei sehr freundschaftlichen Treffen möglich.

Die typische Sitzordnung bei Delegationsgesprächen ist unten aufgezeichnet. Dabei ist DLA der Delegationsleiter der Delegtion A, D1A sein wichtigster Mitarbeiter, Dol der Dolmetscher. Bei Delegation B gilt dasselbe. Auf der einen Seite (Delegation B) sehen Sie die Variante mit Dolmetscher, auf der anderen die ohne Dolmetscher. Die Sitzordnung ist genderblind.

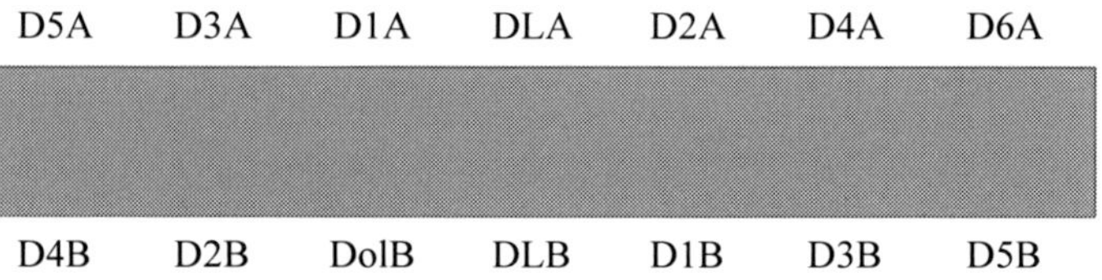

Der gastgebende Delegationsleiter begrüßt zunächst die Gäste und stellt die Mitarbeiter seiner Delegation vor. Das gilt auch dann, wenn einige vorher schon begrüßt worden sind und wenn vor den Plätzen Namensschilder stehen, die auf beiden Seiten beschriftet sind. Es ist ein Akt der Höflichkeit. Der besuchende Delegationsleiter antwortet und stellt seinerseits die Mitglieder seiner Delegation vor.

Nur bei Vereinsversammlungen ist es notwendig und üblich, anfangs den Konsens zur Tagesordnung festzustellen. Bei Delegationsgesprächen hat jede Seite Themen, die sie anzusprechen wünscht und die nur idealerweise vorher abgestimmt sind, es aber nicht sein müssen.

Es macht manchmal Sinn, nach der Begrüßung die technischen Einzelheiten wie Kaffeepause, Fortsetzung der Gespräche beim Mittagessen und die für das Gespräch vorgesehene Zeit zu besprechen.

Vor dem Gespräch sollte jede Seite intern einen Protokollführer bestimmen. Wenn das nicht geschieht, sollte sich das (dienst-)jüngste Mitglied jeder Delegation darauf einstellen oder die Frage am besten mit seinem Chef klären. Es könnte sonst bei einem zerstreuten Chef, dem erst nach der Sitzung einfällt, dass man ein Protokoll braucht, in die Bredouille kommen.

Es ist wegen der Abhörgefahr durchaus üblich, dass die Gesprächsteilnehmer gebeten werden, ihre Handys vor dem Konferenzraum abzugeben. Sie müssen dann sicher und wieder auffindbar verwahrt werden. Werden Handys zugelassen, fragt sich, ob sie auch benutzt werden dürfen. Sicher nicht zum Telefonieren oder zum Austausch von Botschaften, aber doch dazu, um Dokumente aufzurufen und zu lesen, die man sonst in Akten mit sich schleppen würde. Hier sind die Dinge im Fluss.

Wenn es eine Videokonferenz gibt oder wenn jemand zugeschaltet wird, muss man darauf achten, dass die Kamera die wichtigsten Sprecher immer und andere Sprecher bei Bedarf erfassen kann.

Schließlich freuen sich alle Delegationsmitglieder, insbesondere wenn sie in ein fremdes Land gereist sind, wenn sie neben der Arbeit auch noch die Möglichkeit zu einem – vom Gastgeber organisierten – Besuchsprogramm haben. Ideal ist ein kulturelles Highlight oder der Besuch eines Marktes, wo man Geschenke für die Lieben daheim kaufen kann, möglichst noch unter der Führung eines Orts- und Preiskundigen. Ein solches Programm prägt die spätere Bewertung des Besuchs in nicht unerheblichem Maße.

Englischer Teil

Im Gespräch

Heute genügt es in Wirtschaft und Verwaltung meistens nicht mehr, sich nur auf Deutsch ausdrücken zu können. Dazu sind wir zu sehr vernetzt. Die in unseren Breiten international am häufigsten genutzte Sprache ist Englisch. Nun ist das hier kein Englisch-Lehrbuch. Doch sollte man Gesprächsformen, die Form eines Briefes, mündliche und schriftliche Anreden und einige sprachliche Besonderheiten des Englischen kennen, um im internationalen Verkehr zu bestehen. Sie werden hier kurz dargestellt.[315]

Mündliche Anreden

Die übliche und unverzichtbare Formulierung zu Beginn einer Rede ist „Ladies and Gentlemen". Wie im Deutschen sagen Sie vorher „Excellencies", wenn Sie Staatsoberhäupter, Ministerpräsidenten, ausländische Botschafter, Minister und Bischöfe auf einen Schlag erfassen wollen. Eine Königin begrüßen Sie schlicht mit „(Your) Majesty", ein anderes Mitglied der königlichen Familie mit „(Your) Royal Highness".[316] Sie sagen „(Dear) Mr. President", „Dear Prime Minister", „Dear General" oder auch „Dear (Mr.) Secretary" Es klingt etwas freundlicher, wenn Sie den Namen anfügen, also „Dear Secretary O'Higgins", „Dear General Custer", „Dear Ambassador Meyer".

Im weiteren Verlauf der Rede oder des Gesprächs werden Sie dann nur noch „Secretary", „Sir" oder „Madam", „General" oder „Ambassador" sagen. Also „Thank you, Ambassador, for your kind words, and you, General, for the clear analysis of the situation". Das „Mr.", das wir erwarten würden, entfällt dann; Sie können es benutzen, aber es klingt förmlicher und weniger dynamisch.

Damen werden mit der Funktion ohne Unterscheidungsmerkmal („Secretary", „Ambassador") und sonst als „Dear Mrs. Smith" angeredet. Damen unter 18 Jahren können Sie mit „Miss" oder Mrs. anreden; die Aussprache

315 Ich stütze mich im englischen Teil auf *Debrett's Correct Form*, Hickey, *Honor and Respect*, French, *United States Protocol*, den online-Protokollratgeber des U.S. State Department https:// www.state.gov/documents/organization/176174.pdf vom 9.4.2018 und das „Skills Manual" der Englischen Abteilung der Akademie Auswärtiger Dienst, das von Heinz Georg Köhler und seinen Kollegen verfasst wurde. Weiter haben mir Eric Hess und Maren Kresse vom Sprachendienst des Auswärtigen Amts wertvolle Hilfe geleistet.

316 In Japan hieße es: "(Your) Imperial Majesty" und „(Your) Imperial Highness".

von Miss und Ms unterscheidet sich nicht. *Madam* (auch *Madame*) ist die förmliche Anrede für eine Amtsträgerin; sie wird vor der Amtsbezeichnung („Madam Speaker“) oder ohne Zusatz gebraucht.

Bei *Chairman* ist das schwierig; es gibt ja auch *„Chairwoman“* und *„Chairperson“*. Der US Senat schreibt in seinen Ausschusslisten nur *„Chair“;* wenn ein Name folgt, schreibt er je nach Geschlecht *„chairman“* und *„chairwoman“*. Sie können eine weibliche Ausschussvorsitzende daher am elegantesten mit *„Madam Chair“* anreden.

Wenn Sie jemanden begrüßen, sagen Sie:

- How do you do? (Worauf immer „How do you do?“ geantwortet wird)
- How are you?
- Good morning/Good evening

Die Begrüßung „Good day“ lesen Sie nur noch bei Karl May oder in Wildwest-Romanen.

Um Abschied zu nehmen, gibt es nur zwei formelle Möglichkeiten. Sie sagen „Good-bye“ und „Good night“. „Au revoir“ wird als exaltiert angesehen.

Wenn Sie sich auf einem Empfang von Ihrem Gesprächspartner verabschieden wollen, sagen Sie: „Good-bye, I am very glad to have met you“, „Good-bye, I hope to see you again soon/some time“ oder „Good-bye. It has been a great pleasure to meet you“. Die andere Person sagt dann einfach „Thank you“ oder (im zweiten Fall) „I hope so, too.“

Vorstellung

Um sich selbst vorzustellen, sagen Sie: „(Hello), I am Peter/Lisa Smith“, und fügen dann eventuell Ihre Funktion an („I am Vice Consul at the U.S. Embassy“ oder „I work for Mr. Meyer“).

Wenn man andere vorstellt, gibt es verschiedene Formulierungen:

- Mrs. Brown, may I present Mr./Mrs. Smith? (Standard)
- Mrs. Brown, do you know Mrs. Smith?
- Mrs. Brown, have you met Mrs. Smith?[317]
- Mrs. Brown, this is my daughter Elly.

---

317 Diese Formel gebrauchen Sie nicht, wenn Sie der Dame einen Herren vorstellen; es klingt zu indiskret.

Weniger förmlich, aber laut Protokoll des U.S. State Department auch in Ordnung ist es, einfach nur die Namen zu nennen, also zu sagen: „Mr. Brown, Mrs. Smith".

Sie sollten nie sagen: „Mrs. Brown, meet Mr. Smith" oder „Mr. Smith, meet Mrs. Brown" (da Befehlston). Sagen Sie aus demselben Grund auch nicht: „Mrs. Brown, shake hands with Mr. Smith" oder „Mr. Smith, I want you to make acquaintance with Mrs. Brown". „Mr. Smith, I want you to meet Mrs. Brown" würden Sie zu Mr. Smith nur sagen, wenn Mrs. Brown nicht in Hörweite ist; es ist keine Form der Vorstellung.

Gebrauchen Sie auch nicht die Formel „my friend" („Mr. Smith, I would like you to meet my friend Mr. Brown"), weil Sie dann Mr. Smith auf größere Distanz setzen als Ihren Freund Brown. Sie können eine solche Nähe nur dann ausdrücken, wenn Sie Familienmitglieder vorstellen, also: „I would like you to meet my mother/sister/aunt/cousin" usw.

Ein Doktor, ein Richter, ein Bischof und ein Senator werden mit ihrem Titel vorgestellt, also als „Dr. Brown", „Justice Smith" „Bishop Miller" und „Senator Tucker", ein katholischer Priester als „Father Kelley".

Eheleute stellen (wie bei uns) ihren Partner mit „My husband" und „My wife" vor und nicht mit „Mr./Mrs. Smith". Letzteres sagt man nur zu dienstbaren Geistern, wenn man von seinem Partner spricht. Von „Mary" oder „John" spricht man nur zu Leuten, die diese Personen auch mit Vornamen ansprechen.

Die in Großbritannien einzig akzeptable Antwort auf eine Vorstellung lautet, „How do you do". Das „Charmed" oder „Pleased to meet you" ist in den besseren Kreisen verpönt. Informell, so das U.S. State Department, kann man nach der Vorstellung natürlich sagen: „It' s nice/ I am pleased /I am very glad /I am delighted to meet you". Im eigenen Büro sagt man „to see you". Auch ein einfaches „Hello" wird als korrekt akzeptiert. Das klingt für meine europäischen Ohren recht formlos, aber auf die kommt es hier nicht an, sondern vor allem auf die Stimmführung. Man soll das „Hello" auf der ersten Silbe betonen und nicht rufen.

Entschuldigung und andere Regeln

Die einzige korrekte Entschuldigungsformel lautet „I am (awfully) sorry". „I beg your pardon" sagt man nur, wenn man etwas akustisch nicht verstanden hat. „Pardon me", „Beg pardon" oder „Pardon" wird von der Oberklasse nicht gebraucht.

Die Briten und Amerikaner sind in ihren Formulierungen viel weniger direkt und damit höflicher als wir. Sie sagen: "I don't think I agree with you" oder „It seems to me that this is not quite right" statt „You are wrong" oder „Nothing of this kind". Benutzen Sie in solchen Fällen also immer „should", „would" und „please", zum Beispiel bei: „I would like you to do this" oder „Please be so kind to..." (statt „You have to" oder „You must").

Auf der Straße und bei Tisch

Ob der Herr nun in Begleitung von ein oder zwei Damen geht: Er geht immer auf der Straßenseite, nie zwischen den Damen; dieses protokollarisch sanktionierte Vergnügen hat er nur bei uns.

Der Hut wird im Lift abgenommen, wenn eine Dame einsteigt.

Beim Essen wird immer nur ein Stück Fleisch abgeschnitten und dann gegessen, nie zwei Stücke auf Vorrat.

Servietten kommen auf den Schoß, sobald man sitzt, beim kurzen Aufstehen während des Essens auf den Stuhl.

Die Person, auf deren Wohl getrunken wird, trinkt nicht mit, sondern bleibt sitzen und nickt nur.

Die Amerikaner sollen laut der Protokollhinweise des State Department aufstehen, wenn ein Botschafter – etwa bei einem Vortrag – den Raum betritt, da er Vertreter des Staatsoberhaupts ist. Das mag intern in US-amerikanischen Botschaften so sein; ich habe es nur selten gesehen.

Manche werden sich fragen, warum die Amerikaner die rechte Hand auf das Herz legen (sie behalten gegebenenfalls den abgenommenen Hut in dieser Hand), wenn sie die Nationalhymne hören. Das ist die Haltung des *Pledge of Allegiance to the U.S. Flag,* 1942 offiziell eingeführt und nur für amerikanische Staatsbürger relevant.[318] Militärpersonen salutieren. Ausländer verhalten sich wie bei jeder Nationalhymne, unterbrechen ihre Unterhaltung und nehmen gegebenenfalls die Kopfbedeckung ab. Wenn sie auch die rechte Hand aufs Herz legen, ist das zwar nicht erwartet, wird im Zweifel aber als respektvolle und freundliche Geste gewertet.

---

318 Denn der „Treueeid" lautet: „I pledge allegiance to the flag of the United States of America, and to the republic for which it stands, one nation under God, indivisible, with liberty and justice for all".

Unser Beispielbrief sieht so aus:

(*Sender*:)
German Research Centre for International Relations
Akademikerweg 25
D-10134 Berlin

(*Recipient*:)
Mr John Norton Moore
Institute of International Law
25, Flordon Drive
London
SW1X8PZ

(*Body*:)
Dear Mr Moore,(*Salutation)*
Thank you for your letter of 10 March 2015. I am glad to hear that you can participate in our „Conference on the Law of the Sea“ on 15 June 2015. It will begin at 10. a.m. in the conference room of our institute.

I look forward to meeting you.

Sincerely, (*Complimentary close)*
Betty Milton
Assistant to the Director.

Adresse auf dem Briefumschlag

Die Briten machen hinter Mr, Mrs, Prof, Dr usw. keinen Punkt. Anders ist es in den USA, wo ein Punkt hinter diese Abkürzungen gesetzt wird. Es ist eine Feinheit, aber Sie sollten sie kennen, da eine Mischung der britischen und US-amerikanischen Schreibweise einem Briten sofort als fremd auffällt. Im vorigen Kapitel habe ich die amerikanische Schreibweise mit Punkt gewählt. Von jetzt an setze ich einen Punkt, wenn es sich um einen US-amerikanischen Briefschreiber oder Zusammenhang handelt, und lasse ihn weg, wenn es ein britischer ist.

Die Adressierung *Miss* wird im Englischen heute nur noch selten, und vor allem dann gebraucht, wenn die (unverheiratete) Person Wert darauf legt. Da „Mrs“ den Verheiratetenstatus indiziert, ist der inzwischen allgemein benutzte Ausweg, bei allen weiblichen Adressaten *Ms* zu schreiben. Das ist für ältere Semester vielleicht ungewohnt, aber praktisch und auch Praxis. Das amerikanische Protokoll empfiehlt für „women with undefined social satus“ die Anrede „Ms.“, für alleinstehende Frauen und junge Mädchen bis zum 18. Lebensjahr aber immer noch „Miss“.[319] Bei Geschäftsbriefen werden Sie meistens „Ms.“ schreiben. Alle diese Adressen sind korrekt.

Der Doktorgrad wird im Englischen nur bei Ärzten gebraucht. Machen Sie also im Englischen von Ihrem juristischen Doktor keinen Gebrauch, sonst werden Sie bei einem Notfall zu einem Patienten gerufen. Oder Sie folgen dem englischen Sprachgebrauch und setzen ein klärendes J.D. (Juris Doctor) hinter Ihren Namen.

Adressierung und Anrede mit „Excellency“ ist im Englischen ebenso selten und denselben Personen wie im Deutschen vorbehalten.

Mitglieder des *Privy Council*, die von der Königin auf Lebenszeit ernannt werden und zu denen Mitglieder des Königshauses, der Erzbischof von Canterbury, der Bischof von London, der Lord Chancellor, Mitglieder hoher Gerichte, alle Kabinettsmitglieder und die Ministerpräsidenten einiger Commonwealthländer gehören, führen *The Right Honourable* (abgekürzt *The Rt Hon)* vor den Namen. Dann entfällt das „Mr“, „Mrs“ oder „Ms“. Man kann ein PC für „Privy Council“ hinter den Namen setzen, doch das ist nicht notwendig, da bereits „The Rt Hon“ auf die Mitgliedschaft im Privy Council hinweist. Angeredet werden die Mitglieder des Privy Council wie jeder andere mit ihrem Namen, ohne das Rt Hon; auf Ehepartner hat die Mitgliedschaft im Privy Council keine formalen Auswirkungen.

Die jüngeren Söhne von Earls und alle Söhne und Töchter von Viscounts, Barons und Lords of Parliament führen „aus Höflichkeit“ („by courtesy“) ein „The Honourable“ („The Hon“) vor ihrem Namen.[320] Diesen Höflichkeitstitel benutzt man jedoch nur, wenn man von ihnen spricht, etwa wenn man sie vorstellt, nicht aber, wenn man mit ihnen spricht.

Im Englischen werden die *Abkürzungen der Orden und der akademischen Grade* nach dem Namen geführt, also „John Brown, KCMG“ (Knight Commander of the Order of St Michael and St George) oder „Mr. John

319 Hickey, Protocol, S.285, French U.S. Protocol, S.32.

320 Näheres dazu in der Anlage R zum englischen Adel.

Brown, PhD". Sie haben eine bemerkenswerte Vielfalt. Eine Liste finden Sie in den Anlagen T, U und V.

In Großbritannien sehen Sie auf Briefumschlägen häufig ein *Esq* nach einem Komma hinter dem Namen des Adressaten; dafür entfällt dann vor dem Namen das „Mr". Das ist die Abkürzung für „Esquire", einem „title of respect to men of higher social rank, above the rank of gentleman and below the rank of knight". Unter den Personenkreis, die so angeschrieben werden, fallen im Prinzip alle Träger eines Ordens und einer sonstigen Auszeichnung unterhalb des Knight.[321] Dieses Suffix wird inzwischen in Großbritannien bei allen benutzt, die man ehren will, sodass es in vielen Kreisen schon fast als unhöflich aufgefasst wird, wenn Sie nicht „Esq" schreiben. Entscheiden Sie sich im Zweifel für „Esq"; niemand wird deshalb beleidigt sein, im Gegenteil. Schreiben Sie also *John MacGregor, Esq* statt *Mr. John MacGregor*. Nicht üblich ist es, Esq zu schreiben, wenn Sie zum Beispiel einem Handwerker einen Auftrag erteilen. Und natürlich schreiben Sie nie ein „Esq" hinter Ihren eigenen Namen, ebenso wenig wie Sie ein „Mr" vor Ihren Namen setzen. In Großbritannien benutzt man Esq nur für Männer.

Bei Mitgliedern des Parlaments setzen Sie ein *MP* (Member of Parliament) hinter den Namen; das entspricht unserem MdB (Mitglied des Bundestags).

Wenn ein (Ehe)Paar angeschrieben wird, heißt das in der Adresse „Mr and Mrs Peter Smith", eine auch bei uns mögliche Alternative, oder gegebenenfalls „Secretary and Mrs Peter Smith". Sie können auch „Colonel Peter Smith and Mrs Smith" schreiben (förmlich) oder „Colonel and Mrs Peter Smith" (weniger förmlich).

Doch sind hier die Dinge etwas im Fluss. In den USA regt sich zunehmend Widerstand gegen den Gebrauch nur des Vornamens des Mannes bei der Adressierung an ein Ehepaar. Das hat natürlich auch Auswirkungen auf die Übung in Großbritannien. Statt „Mr. and Mrs. John Brown" kann man heute – und die Tendenz geht dahin – auch schreiben „Mr. and Mrs. John and Mary Brown" (hingegen besser nicht „Mr. John and Mrs. Mary Brown").[322] Die Frage ist angesichts der zurückgehenden Häufigkeit von Briefen nicht obsolet, da man E-Mails, wir haben es gesehen, wie Briefe adressieren soll.

Hat bei einem Paar einer einen akademischen Titel, schreiben Sie auf den Umschlag „Dr. John Brown and Mrs. (Mary) Brown" oder „Dr. and Mrs.

321 Vgl. auch die Anlage R zum englischen Adel. „Esq" finden Sie zum Beispiel auf Einladungen des Königshofs und in der Korrespondenz einer Bank mit ihren Kunden.

322 So Robert Hickey 2018 im Business writing blog von Lynn Gaertner-Johnston.

John Brown“ (traditioneller). Hat die Frau promoviert, ist die traditionelle Form „Mr. John Brown and Dr. Brown“, doch spricht meines Erachtens nichts gegen „Mr. John Brown and Dr. Mary Brown“, zumal wenn die Frau als Ärztin mit ihrem Vornamen bekannt ist. Auch wenn auf dem Umschlag der akademische Titel nachgestellt ist, etwa „Mr. John Brown, M.D.“ (Medical Doctor), reden Sie ihn im Brief mit „Dear Dr. Brown“ an. Dieselbe Anrede würde natürlich für seine Frau gebraucht, wenn sie den „Dr.“ führt.

Hat die Frau bei der Eheschließung ihren Mädchennamen behalten, schreiben sie an „Mr. John Brown and Mrs. (oder Ms.) Mary Smith“. Das „and“ zeigt an, dass die beiden verheiratet sind. Leben sie ohne Trauschein zusammen, heißt es auf dem Briefumschlag „Mr. John Brown (neue Zeile) Mrs. (oder Ms.) Mary Smith“.[323]

Wenn die mit John Brown verheiratete Mary Brown, geborene Smith, alleine angeschrieben wird, schreibt man an Mrs. John Brown. Sie wird also, wie auch Witwen, ganz anders als in Deutschland mit dem Vornamen des Mannes angeschrieben. Bei geschiedenen Frauen heißt es nach alter Schule hingegen „Mrs. Mary Brown“. Das macht den Familienstand auf eine Weise transparent, die wir nicht kennen. Das moderne Protokoll erlaubt aber zunehmend, auch Ehefrauen, die den Namen ihres Mannes angenommen haben, mit ihrem eigenen Vornamen anzuschreiben, also „Mrs. Mary Brown“ und „Ms. Mary Brown“.[324] Angesprochen werden alle mit „Mrs. Brown“. Nur die geborene Mary Smith, die den Namen ihres Mannes John Brown bei der Eheschließung nicht angenommen hat, heißt natürlich weiter Mrs. Smith.

Es gibt also verschiedene Möglichkeiten, John und Mary Brown einzeln anzuschreiben:

- Dr/Mr John Brown
- Mrs/Ms John Brown (seine Frau)
- Dr John Brown könnten beide sein
- Mrs/Ms Mary Brown (die meisten werden denken, John und Mary hätten sich scheiden lassen; andere, es sei eine unverheiratete Verwandte von John; und wenige, es sei die weiterhin glücklich verheirate Frau von John)

---

323 French, U.S. Protocol, S.148f.

324 French, U.S. Protocol, S.147. Verheiratete Frauen können auch ihren Mädchennamen zusammen mit dem Namen ihres Mannes führen. Unsere Mary, eine geborene Smith, kann also darum bitten, mit „Mary Smith Brown“ oder „Mary S. Brown“ angeschrieben zu werden. Das uns wohl bekannteste Beispiel einer solchen Kombination dürfte der Name von Hillary Rodham Clinton sein.

- Ms/Miss (*selten*) Pauline Brown (ihre Tochter unter 18 Jahren oder eine unverheiratete jugendliche Verwandte)
- John Brown, Esq (höflich)
- Sir John Brown (wir haben ihn geadelt)
- Mr John Brown, KCMG (wir haben ihm einen Orden verliehen)
- The Right Honourable John Brown, MP (jetzt haben wir John ins Unterhaus gewählt)
- The Honorable Mary Smith, Secretary of Transport (jetzt haben wir die emanzipierte Mary nach der Eheschließung ihren Mädchennamen fortführen lassen und sie zur Transportministerin in den USA gemacht.)

Briefliche Anrede (Großbritannien)

Hinter der Anrede im Brief setzen die Briten ein Komma, die Amerikaner bei offiziellen Schreiben einen Doppelpunkt, bei privaten ein Komma.[325] Beide fahren auf der nächsten Zeile mit einem Großbuchstaben fort. Das ist wohl der häufigste Fehler nichtenglischer Briefschreiber. Briten wie Amerikaner setzen beide ein Komma hinter die Grußformel am Ende des Briefes.

Dieser Regel sollten Sie im Allgemeinen folgen. Es gibt aber auch die *open punctuation,* bei der weder nach der Anrede noch nach der Schlussformel ein Satzzeichen gesetzt wird. Sie ist – eher in Großbritannien als in den USA – zulässig, allerdings muss man konsequent sein: Wenn nach der Anrede kein Komma gesetzt wird, verbietet es sich auch nach der Schlussformel.

Die förmlichste Anreden sind *Sir* und *Madam. Madam* ist die förmliche Anrede einer Amtsträgerin; sie steht vor der Amtsbezeichnung („Madam Speaker“) oder alleine („Madam“) und nie vor dem Namen. Etwas weniger förmlich sind *(Dear) Sir* und *(Dear) Madam.* Im gesellschaftlichen Verkehr sagen Sie *Dear Mr/Mrs/Ms Brown.* Ein *My* vor dem *Dear* zeigt, dass der Schreiber einen warmen Ton anschlagen will. Die amerikanische Sitte, auch den Vornamen zu nennen („Dear John Brown“), ist auch in Großbritannien auf dem Vormarsch, insbesondere in Geschäftsbriefen.

Ein Brief an einen Professor wird mit „Professor John/Mary Brown“ adressiert. Angeredet werden er und seine Frau im Brief mit Dear Sir/Madam“, „Dear Professor Brown“ oder „Dear Mr/Mrs Brown“. Wenn Sie „Professor“ und den Nachnamen nennen, fällt also das „Mr“ oder „Mrs“ vor dem Titel

325 Also „Dear Senator Smith:“ und „Dear John,“. Der Grund dafür ist mir schleierhaft; doch es ist etablierte Regel (French, U.S. Protocol, S.33).

weg. Wir sind das nicht gewohnt. Nehmen wir daher zur Illustration eine andere Amtsbezeichnung und machen wir John zum Botschafter. Dann schrieben wir wahlweise an „Dear Mr Ambassador“ (das entspricht unserem Sprachgefühl), „Dear Ambassador“ oder „Dear Ambassador Brown“ (bei den beiden letzten Fassungen könnte das auch Mary sein).

Adressierung und briefliche Anrede (USA)

Ich notiere hier nur die Abweichungen von der in Großbritannien üblichen Form.

Die Abkürzungen bzw. Suffixe *Jr. (für „Junior“), II, III,* usw. sind Teil des Namens und daher bei der Briefadresse aufzuführen, schon um Verwechslungen zu vermeiden. Bei der mündlichen oder brieflichen Anrede werden Sie nicht verwandt. Sie tun es aber, wenn Sie jemanden förmlich vorstellen wollen: „I would like you to meet Mr. and Mrs. John N. Brown, the Third“.

Sie können hochgestellte Persönlichkeiten mit ihrem Titel ansprechen und anschreiben, also „Dear Senator (Brown)“. In der Wirtschaft gibt es solche Titel nicht; dann nehmen Sie die Funktion und schreiben an einen Firmenchef „Mr./Mrs. John N. Brown, Chief Executive Officer, Fantasy Company, Adresse“. Im Brief gebrauchen Sie die Anrede „Dear Mr./Ms. Brown“.

Im amerikanischen Sprachgebrauch gibt es (mangels Privy Council) nur *The Honorable*; beachten Sie, dass im Amerikanischen das u in „Honorable“ fehlt. Auch hier werden das T (am Anfang der Zeile) und das H groß geschrieben.[326] „The Honorable“ wird auf Briefumschlägen geschrieben und gebraucht, wenn man die Person einer Gruppe vorstellt, sonst nicht. Der Ehrentitel steht nicht vor der Funktion, sondern vor dem Namen, da die Person „honorable“ ist, nicht das Amt. Es heißt also „The Honorable John Brown, Mayor of Somerset“ und nicht „The Honorable Mayor of Somerset, John Brown“. „The Honorable“ wird immer mit dem Vornamen und nie mit Mr., Mrs., Ms., Dr., einem militärischen Rang und einem nachgestellten akademischen Grad oder dem Esquire geführt.[327] Man bezeichnet sich selbst nicht als „The Honorable“, etwa auf Briefpapier oder Einladungskarten.

---

326 Das „The Honorable“ wird im Amerikanischen im Allgemeinen nicht abgekürzt und alleine auf eine Zeile geschrieben. Nur in Geschäftsbriefen findet man gelegentlich das mit dem Namen auf einer Zeile geschriebene „The Hon. John Moore“. Im Fließtext wird das „The“ klein geschrieben: „A speech by the Honorable John Moore“.

327 Also nicht The Honorable Brown, The Honorable Mr. Brown, The Honorable Dr. Brown, The Honorable General Brown, The Honorable John Brown, PhD, The Honorable John Brown, Esquire.

Berechtigt, diesen Ehrentitel zu führen, ist, wer vom Präsidenten mit Zustimmung des Senats für ein Amt ernannt oder für ein öffentliches Amt, egal auf welcher Ebene, gewählt worden ist. Also beispielsweise folgende Personen:

- der Stabschef und die Ratgeber des US-Präsidenten
- der gewählte, aber noch nicht amtierende US-Präsident und Vizepräsident
- Minister und Staatssekretäre der USA
- Senatoren und Mitglieder des House of Representatives, also die Mitglieder beider Häuser des Congress
- Richter am Supreme Court und an den Federal Courts
- Gouverneure, Parlamentsmitglieder, Minister und Richter der Bundesstaaten
- auf kommunaler Ebene Bürgermeister, Sheriffs und andere gewählte Amtsträger
- Ausländische Generalkonsuln
- US-Botschafter und Gesandte, doch nur, wenn sie von Amerikanern mit diesem Ehrentitel angeschrieben oder vorgestellt werden.

Schreiben Sie also, wenn Sie sich an ein weibliches Kabinettsmitglied und ihren Mann richten, „The Honorable Mary Brown, Secretary of Transport, and Dr. John Brown".

Die uns allen aus Filmen bekannte Anrede eines Richters mit *„Your Honor"* ist korrekt, wird aber vor allem bei der mündlichen Anrede eines Richters in der Gerichtsverhandlung und eines Bürgermeisters in seiner Gemeinde benutzt, sonst nicht.

Your Excellency wird nach denselben Regeln benutzt wie bei uns.

Formale Anreden für kirchliche Würdenträger sind *His Holiness, His Beatitude, His Eminence, The Reverend, The Venerable.* Sie schreiben also auf den Briefumschlag „The Reverend Mark M. Phillips" und bei Kardinälen, wie im Deutschen, „His Eminence Joseph Cardinal Brown".

Sie reden und schreiben wie im Deutschen auch ehemalige Amtsträger mit ihrer Amtsbezeichnung an. Anders ist es nur, wenn es immer nur einen Amtsträger gibt, also beim Präsidenten, dem Vizepräsidenten, dem Speaker of the House/Senate und dem Chief Justice of the Supreme Court, bei Ministern, Gouverneuren eines Bundesstaats und Bürgermeistern einer Stadt. Hier werden nur die aktuellen Amtsinhaber mit ihrer Amtsbezeichnung angeredet.

In den USA ist *Esquire* weniger verbreitet als in Großbritannien. Es wird häufig ausgeschrieben und erhält bei der Abkürzung einen Punkt. In den USA kann man Esquire auch für Frauen verwenden; das deutet aber dann – wie dort häufig auch bei Männern – darauf hin, dass die Betreffende Rechtsanwältin ist.

Die Anrede (*salutation*) ist – in der Reihenfolge abnehmender Förmlichkeit und zunehmender Häufigkeit – wie folgt gestaffelt:

- Anrede mit Ehrentitel („Your Majesty", „Your Eminence", „Your Excellency")
- Nur Amtsbezeichnung bzw. Rang („Chief Justice")
- „Mr. President", „Mr. Speaker", „Mr. Chairman"
- „Madam President", „Madam Speaker", „Madam Chair". Das ist, wie bei der mündlichen Anrede, die eleganteste Form bei weiblichen Vorsitzenden. Auf Wunsch – dieser wird gelegentlich von der Betroffenen bekanntgemacht – ist aber auch „Madam Chairperson", „Madam Chairwoman" oder „Madam Chairman" möglich.
- Amtbezeichnung mit „Dear" („Dear Chief Justice", „Dear Ambassador")
- Amtsbezeichnung mit „Dear" und „Mr." („Dear Mr. President", „Dear Mr. Speaker", Dear Mr. Ambassador")
- „Dear Sir", „Dear Madam"
- „Dear Sir or Madam" ("Sehr geehrte Damen und Herren")
- „Dear Mr/Mrs/Ms Brown" oder „Dear Dr Brown"(UK)
- „My dear Mr./Mrs./Ms. Smith" (USA)
- „Dear William/Sarah"
- „Dear Bill/Sally"
- „Sally dear"
- „Dearest Sally"

Grußformeln/Schlussformeln

Die im gesellschaftlichen Verkehr übliche Schlussformel *(complimentary close)* ist *Yours (very) sincerely,* und die Grußformeln im geschäftlichen Verkehr sind *Yours faithfully* und *Yours (very) truly.* Dabei benutzt man „faithfully" in Geschäftsbriefen und „truly", wenn es sich zwar nicht um Geschäftliches handelt, man die angeschriebene Person aber nicht kennt. „Truly“ ist eine Spur weniger förmlich als „faithfully“. *Respectfully* schreiben Sie typischerweise an Vorgesetzte. An die Königin könnten Sie schreiben: *„I have the honour to be Your (Majesty's) obedient servant John Brown.* Das erwähnt Debrett's vor allem aus historischen Gründen und nur für „British subjects“.

Die gesamte Palette der Grußformeln, englischer wie amerikanischer und wieder in der Reihenfolge abnehmender Förmlichkeit, ist im Folgenden dargestellt. Dabei gebe ich in Klammern an, ob eine Grußformel mehr in England oder mehr in den USA gebraucht wird.

- Most respectfully, Very respectfully, Respectfully yours, Respectfully, (bei Vorgesetzten, insbesondere bei Militärs, vom Präsidenten bis zum unmittelbaren Chef, nie bei gleichem Rang. Eine Dame allerdings unterzeichnet nie so einen Brief an einen Herren)
- Faithfully yours, Faithfully, (Standard, wenn man den/die Angeschriebene/n nicht kennt oder nicht weiß, wo der Brief in der Behörde oder Firma landet, also z.B. wenn sie oben an „Dear Sir or Madam“ geschrieben haben.)
- (Very) truly yours, Yours truly, (Standard)
- Sincerely yours, Sincerely, Very sincerely yours, Yours always sincerely, Always sincerely yours, (Das ist Standard, wenn man den Empfänger des Briefes kennt und wenn man ihn in der Anrede mit Namen angesprochen hat)
- Always affectionately, Affectionately,
- Cordially yours, Cordially,
- (Warm) regards,
- Devotedly, (UK)
- Best wishes,
- All the best, Best, Cheers (UK)
- Take care,
- Until next time,
- Love, Love and best wishes, With love, Love to you/from us all, All my/our love, Lots of love, Much love,[328]

---

328 Unter Freunden und in der Familie. Wie „liebe Grüße“ bei uns zunehmend häufig.

- Lovingly, (UK)
- Yours loving, (UK)[329]

Wer im Zweifel ist, ob er das „Yours“ vor oder nach das „sincerely“ oder „faithfully“ schreiben soll: British English ist „Yours sincerely“, American English „Sincerely yours“.

Einladungskarten

Wenn Sie im Ausland wohnen, werden Sie sich ohne weiteres eine englische Einladungskarte beschaffen können, deren Muster Sie dann bei dem Druck der Ihren folgen. Auf einige Besonderheiten sei hier aber doch hingewiesen.

Die Uhrzeit wird im Englischen im 12-Stunden-Modus angegeben, mit dem angefügten a.m. (ante meridiem, d.h. vor dem Scheitelpunkt der Sonne, also vormittags) und p.m. (post meridiem, nach dem Scheitelpunkt der Sonne, also nachmittags). 4 p.m. ist also 16.00 Uhr. Bei 12:00 p.m. mag es Zweifel geben, ob das nun mittags oder Mitternacht bedeuten soll. Zur Klarstellung: 12 p.m. bedeutet 12 Uhr mittags, 12 a.m. Mitternacht. Da hier auch Engländer im Zweifel sein können, wird gelegentlich das 12 p.m durch „noon“, das 12 a.m. durch „midnight“ ersetzt.

„U.A.w.g.“ heißt auf Englisch RSVP[330]

„Nur Absagen“ heißt „regrets only“.

„Zur Erinnerung“ heißt „to remind“ oder „pour mémoire“.[331]

329 Ein britischer Ratgeber hält „Warmly yours,“ für „unspeakable“ (mit Recht) und „Yours in haste, /Hastily yours,“ für unhöflich.

330 „Répondez s'il vous plaît“. Man liest auch „Plesase reply by (Datum)“ und „The favor of reply is requested“.

331 Gelegentlich mögen Sie auf einer Einladungskarte auch *b.y.o.l.* lesen, etwa bei der Einladung in einen Club. Es bedeutet „Bring your own liquor“ und heißt, dass man sich seinen Bourbon, Gin oder was auch immer selber mitbringen und an der Bar abgeben soll. Dort wird das Getränk, mit dem Namen des Eigentümers versehen, aufbewahrt. Und von dort holt man sich seinen Nachschub, kann auch Freunde zu Kostproben einladen oder ein Tauschgeschäft vereinbaren. Das alles dient dazu, die Kosten des Abends und den organisatorischen Aufwand niedrig zu halten. Am Ende des Abends packt man seine (halbvollen) Flasche(n) wieder ein.

Englisch: Zeichensetzung und häufige Fehler

Kommasetzung

Die Frage, wann im Englischen ein Komma steht, ist für viele ein Buch mit sieben Siegeln. Hier wird das Rätsel gelöst:

Man setzt im Englischen ein Komma bei

- einem Satz, der mit einem Nebensatz anfängt: „Although the weather was bad, they started a mountain hike“. Dagegen ohne Komma bei „They started a mountain hike although the weather was bad.“ Typisch sind hier die “If-Sätze”: „If you give me the money, I will buy the bread myself.“ Aber: „I will buy the bread myself if you give me the money.“
- einer adverbielle Bestimmung am Anfang des Satzes: „Actually, I don't know where she is.“ „In theory, this should have worked.“
- einer Parenthese: „I hope, as I said before, that it will all turn out well.“ „When he had said that, however, there was a ghastly silence.”
- zwei Hauptsätzen mit verschiedenen Subjekten: „The duchess slowly raised her arm, but the ambassador did not kiss her hand.“
- einem Relativsatz in partizipieller Form: „The horse, seeing how high the fence was, refused to jump“.
- einem Relativsatz, der eine zusätzliche Information gibt. Kein Komma bekommt hingegen ein Relativsatz, der ein vorausgehendes Wort erklärt. Das ist für uns Deutsche, die bei jedem Relativsatz ein Komma setzen, verwirrend und eine Quelle häufiger Fehler. Daher ein Beispiel:
    - „The students who knew all the answers looked out (of)[332] the window.” Das heißt, dass nur die Studenten, die alle Antworten wussten, aus dem Fenster schauten. Der Relativsatz spezifiziert also das Wort „Studenten“. Substantiv und definierender Relativsatz bilden eine Einheit, die nicht durch ein Komma getrennt wird.
    - “The students, who knew all the answers, looked out (of) the window.“ Dieser Satz bedeutet, dass alle Studenten die Antworten wussten und (zusätzliche Information) aus dem Fenster schauten. Diese zusätzliche Information im Relativsatz, die für die Aussage des Hauptsatzes entbehrlich ist, wird von Kommas eingerahmt.

---

332 Das „of“ ist nicht zwingend. Es bedeutet, dass man einfach so aus dem Fenster schaut; ohne „of“ schaut man zielgerichtet.

  - “He passed the test with flying colours, which was a relief to his mother.“ Aber: “He chose the shirt which he liked best.” Der Relativsatz muss nicht notwendigerweise eingerahmt sein.

- Aufzählungen: „The waiter brought coffee, cream, sugar, and biscuits.“ Im Gegensatz zum Deutschen steht also im Englischen auch ein Komma vor dem „and“.[333]

- Direkte Rede: „Yes“, she said, „I’ll come as soon as possible.“ Also wie im Deutschen.

- Interjektionen („tags“): „It’s a nice day, isn’t it?“ „You know what I am talking about, don’t you?“ „Wow, that is great!“

- Zahlen: 1,000; 1,000,000; 23,526,043, aber 2.75%. Also genau anders als bei uns: Ein Komma bei der Gliederung der Tausender und ein Punkt bei Dezimalstellen.

Kein Komma steht:

- vor der Konjunktion „that“: “I hope that you are fine.”[334]

- Vor einem mit „to“ eingeführten Infinitiv: „Don’t forget to call me when you have arrived.“[335]

- Bei einem Relativsatz, der als Objekt fungiert: „I do not know which size he wears”, „I cannot imagine who could have done that“. Haupt und Relativsatz werden als eine Einheit gesehen, die nicht durch ein Komma unterbrochen werden darf.

- Zwischen zwei inhaltlich verbundenen Hauptsätzen; hier kann man am besten ein Semikolon setzen; auch ein Punkt ist möglich: „I am quite clear on this point; we should discuss it in more detail.“

- In einer indirekten Rede (auch anders als bei uns): „“He said you have to pay the money.” „I wonder why he said that.“ “I think I will go now.“

- Bei zwei Hauptsätzen mit demselben Subjekt (wie im Deutschen): „We went to the theatre and sat in the first row.“

---

333 Dieses sogenannte „Oxford comma“ vor dem „and“ wird in den USA verwandt, in Großbritannien seltener.

334 Einer der häufigsten Fehler der Deutschen, denen das Komma vor dem – einen Nebensatz – einleitenden “dass” in Fleisch und Blut übergegangen ist.

335 Im Deutschen kommt es darauf an, ob es ein erweiterter Infinitiv ist.

Unterschiede der Rechtschreibung im britischen und amerikanischen Englisch

Der letzte Satz – einige hätten sicher “theater” geschrieben – bringt mich zu den Unterschieden der Rechtschreibung zwischen dem britischen und amerikanischen Englisch. Man sollte konsequent bei einer der beiden bleiben. Wir produzieren häufig unbewusst eine Mischung. Dem englischen Muttersprachler fällt das sofort auf. Die gängigen Unterschiede sind (die britische Schreibweise kommt zuerst):

- *-re -er*: theatre/theater, centre/center
- *-our, or*: honour/honor
- *-ise, -ize*: realise/realize; criticise/criticize; apologise/apologize usw. Inder, Australier, Südafrikaner und Kanadier schreiben -ise, doch der Trend geht zu -ize. Die Briten haben beides, betrachten -ize aber eher als altmodisch.
- *-ou,-o*: mould/mold
- *-ce, -se*: defence/defense
- *-l* wird im britischen Englisch häufig verdoppelt, zum Beispiel: he travelled/traveled; jewellery/jewelry, marvellous/marvelous usw.; jedoch fulfil (brit.), fulfill (US); wilful (brit.), willful (US); instalment (brit.), installment (US). Da gibt es keine generelle Regel, man muss es schlicht lernen.
- Das *stumme e* wird im britischen Englisch geschrieben, im amerikanischen Englisch nicht: abridgement/abridgment, judgement/judgment, acknowledgement/acknowledgment, jewellery/jewelry und andere.

Datumsangabe

10 March 1945 ist ebenso richtig wie *10th March 1945* (britisches Englisch) und *March 10, 1945* bzw. *March 10th, 1945* (amerikanisches Englisch). Es besteht im britischen Englisch die Tendenz, bei Ordnungszahlen die Buchstaben st, nd, rd und th hochzustellen; in den USA eher nicht.

Tage und Monate werden großgeschrieben.[336]

---

336 Ich bitte um Nachsicht, wenn ich aus meiner persönlichen Erfahrung drei weitere Hinweise gebe, obwohl ich weder Englischlehrer bin noch Oberlehrer sein möchte:

“Quite”und “rather” können im Deutschen zwar mit “ganz” übersetzt werden, doch hat „quite“ die Bedeutung von „sehr“ und „rather“ von “ziemlich”. Es ist also ein Riesenunterschied, ob eine Leistung „rather good“ oder „quite good“ ist.

“You must not” heißt “Du darfst nicht”. Es wird häufig mit “Du musst nicht” übersetzt, doch das hat ja bekanntlich die Bedeutung von „Du brauchst nicht“, und das

ENGLISCH: HILFREICHE FORMULIERUNGEN

Einige typische Formulierungen werden Ihnen bei verschiedenen Gelegenheiten nützlich sein. Sie werden feststellen, dass die Briten höflicher sind und sich weniger direkt ausdrücken als Deutsche. Darauf sollten Sie im Mündlichen wie im Schriftlichen achten. Die folgenden Formulierungen gelten für den privaten wie für den beruflichen Bereich, etwa bei Auskünften, in Briefen oder in Verhandlungen.

Empfangsbestätigung

- Thank you for your letter of 10 March/March 10th, from which I understand that ...
- In reply to your inquiry about ...
- With reference to your request for information about .../ With reference to our recent telephone conversation ...
- Referring to your letter of 10 March, from which I understand that ...

Information

- I am pleased to provide you with the following information.
- Please note/be informed/be advised that ...
- We would recommend that you ...
- I am pleased to inform you that ....
- I regret to inform you that … *(nicht: I regret to have to inform you)*
- I am afraid that we are unable to comply with your request for …

Reihenfolge

- First of all …, secondly ...; thirdly ...; finally ...
- To turn to the question of …

---

heißt auf Englisch „You need not“. Ein häufiger Anglizismus, wohl aus der Synchronisation englischsprachiger Filme entstanden.

Das englische “v” wird wie ein deutsches “w” ausgesprochen, also wie „Wetter“ (vgl.“Vase”), während das englische “w” so gesprochen wird, als hätte man eine heiße Kartoffel im Mund, also ohne die Zähne auf die Unterlippe zu legen. Das, und nicht das “th”, ist der Aussprachefehler, an dem man Deutsche in England am schnellsten erkennt.

Hinweis auf eine Verpflichtung, Rat

- You are/will be/ may be required to ...
- You should …
- It would greatly facilitate matters if you could …
- You are advised to ...
- ...is mandatory
- I would like to draw your attention to the following requirements:
- The documents will have to be/must be/need to be returned by … (date).

Erkundigungen

- I am writing to inquire whether ...
- I should be grateful to know whether …

Bestätigungen

- I am writing to confirm that ...
- This is to confirm that ...

Feststellungen

- The facts of the case are as follows ...

Bitten

- I would be most grateful if I could ...
- Could you perhaps .../ Would you be kind enough to…
- We would be most grateful for your cooperation/assistance in this matter.
- Please let me know if Monday at 10.00 o'clock would be convenient for you.
- Please let me know whether this arrangement suits you.

Bitte um eine schnelle Antwort

- We would like to remind you of our letter(s) of ...
- I would appreciate an early reply to this letter.
- An early reply would be greatly appreciated.
- ... at your earliest convenience/as soon as possible.

Entschuldigungen

- I must apologise (brit.) for not writing to you sooner.
- I most sincerely apologize (US) for any inconvenience this matter may have caused (you).

Übersendung von Anlagen

- Please find enclosed/Enclosed please find the following documents: …
- An information leaflet concerning … is enclosed
- Encl/Encls/enc/encs
- *Oder:* I am sending the documents under separate cover.

Dank

- Thank you (both) very much for a most enjoyable/a delightful evening/ inviting us to dinner last Friday/the most enjoyable evening we spent last Friday at your home.
- Linda and I would like to thank you very much for ...
- Thank you once again for …
- It was most kind of you to ...
- We hope that we can repay your hospitality soon.
- You always manage to arrange a really memorable evening.
- We really enjoyed meeting so many interesting people.
- It was so nice to be able to relax and enjoy the company, the dinner, and the wine.

(für Glückwünsche)

- Thank you for your birthday wishes.
- Many thanks for your congratulations and good wishes on my birthday. (förmlicher Dank für Glückwünsche)

(förmlicher Dank für Glückwünsche)

- Excellency (*m.p.*[337]), I was most pleased to receive your letter of congratulation dated … on the occasion of my 50th birthday and wish to thank you so much for the kind sentiment expressed.

337 Abkürzung von *manu proprio,* die Anrede sollte also mit (eigener) Hand geschrieben werden.

- Many thanks indeed for your congratulations and good wishes on my birthday. It was most kind of you to remember, and I much appreciate your letter.
- I am most grateful for your congratulations and good wishes. It was so kind of you to write. I hope I have the pleasure of meeting you again soon.
- Thank you very much for your very kind congratulations. It has been a great pleasure for me to receive, as I have, so many friendly messages.

Dank im Voraus

- With thanks in advance ...
- Thank you in advance for your co-operation in this matter.

Schlussbemerkungen

- I hope (that) the above information will be of assistance to you/will meet your requirements.[338]
- Should you require any further information, please contact/ please do not hesitate to contact...
- I hope that I have been able to be of assistance to you (in this matter).
- I look/ I am looking forward to meeting you soon.

Glückwünsche (förmlich)

- Please accept my sincere congratulations on your appointment/election as chairman of … I was delighted to learn about it when I returned from ...
- I am delighted to hear that you have been appointed to … Please accept my best wishes and sincerest congratulations.
- May I express my sincerest congratulations ...

Glückwünsche (zu Feiertagen)

- Congratulations on your birthday! My best wishes, and many happy returns!
- Merry Christmas *(vergessen Sie „X-mas"!)* and a Happy New Year[339]
- „Season's greetings" ist ein allgemein akzeptierter Glückwunsch bei Weihnachts- und Neujahrsgrüßen, wenn man an Nichtchristen schreibt.

338 Beides, mit und ohne „that", ist korrekt.

339 Großgeschrieben, wenn es als Überschrift oder im Rahmen einer Grußformel verwendet wird.

Benutzt man diese Formel gegenüber Christen, zeigt sie eine gewisse Religionsferne oder Gedankenlosigkeit.

- Happy Easter
- Happy Name Day

Beileid

- May I express to you/ I want to express my sincere condolences on the death/passing of ...
- I was deeply grieved/saddened to learn/to hear of the death of … Please convey my heartfelt sympathy to ...
- I send you this personal message of sorrow and profound regret at the passing of ...
- News received with deep sorrow
- Profoundly shocked by the news
- Deepest sympathy for your loss
- Share in your mourning/your grief
- Pay respectful homage to the memory of …
- We want to extend to you and your family our profound regret/sympathy on the death of ...

Anhang

A. Synopse Dresscode [340]

Dresscode	Herr	Dame	Anlass
Informell (zwanglos) *casual, sporty casual*	Jeans, T-Shirt, dem Anlass angepasst, also auch Wanderschuhe, „free-style“	ebenso	Familienkreis, sportliche Freizeitveranstaltung, Ausflug
Informell, (halboffiziell) *business casual, smart casual, casual Friday, „Come as you are“*[341]	Anzug und Hemd; keine Krawattenpflicht, Kombination, eher keine Jeans[342]	sportliches Kostüm, Hose mit Jacke, Strümpfe[343], geschlossene Schuhe	Informelle Business-Veranstaltung, Seminar, Workshop
Straßenanzug (Tagesanzug) *business attire, business suit day informal,*	Anzug oder Kombination, Krawatte, dunkle Schuhe, dunkle Socken[344]	Dezentes Kostüm, Hosenanzug, helle Bluse, elegantes Shirt, geschlossene elegante Schuhe	Geschäftsessen, Sitzung, Vortrag

340 Weitgehend in Anlehnung an Zehnder/Senn, Meeting, S.134f., 138ff.

341 „Come as you are“ ist nicht wörtlich zu verstehen. Es gilt für Veranstaltungen jeder Art nach der Arbeit. Also wird bei Herren der Tagesanzug erwartet, evtl. ohne Krawatte, und bei den Damen dieselbe Kleidung wie im Büro.

342 Zehnder/Senn, Meeting, S.138, schlagen hier noch „Poloshirt und Baumwollhose (Chinois) ohne Jackett“ vor, aber das scheint mir ein wenig formlos.

343 Bei jeder Art der Kleidung werden für Damen Strümpfe erwartet. Ich erwähne das deshalb in Zukunft nicht mehr eigens.

344 Ich bin nicht so streng: Tagsüber auch helle Schuhe mit entsprechenden Socken zum hellen Anzug.

Dresscode	**Herr**	**Dame**	**Anlass**
Dunkler Anzug *dark suit, lounge suit, informal*	Wie der Dresscode sagt: dunkler Anzug, vorzugsweise dunkelgrau oder dunkelblau, *bei Beerdigungen* wie oben, auch schwarzer Anzug, dunkle oder schwarze Krawatte, passende Socken und Schuhe	Festliches Kostüm, Kleid oder festlicher Hosenanzug *bei Beerdigungen* dunkles oder schwarzes Kostüm	Festliche und feierliche Bekleidung für Tag und Abend: Cocktailparty, Empfang, Konzert, Oper, Theater, Gedenkfeier, Beerdigung
Stresemann (kleiner Gesellschaftsanzug) *stroller, semi formal*	Schwarzes, einreihiges Jackett, schwarze oder graue Weste, schwarzgrau gestreifte Hose	Kostüm, Kleid (mit Jacke oder Mantel), geschlossene elegante Schuhe	Festlicher Empfang, Hochzeiten, Trauerfeiern; tagsüber bis 18.00 Uhr
Cut (großer Gesellschaftsanzug) *cutaway coat, morning coat, morning dress, (full) formal*	Wie Stresemann, nur Jackett (oder eher Gehrock) mit Schwalbenschwänzen. Schwarze oder graue Weste je nach Anlass; grau bei Hochzeiten, schwarz bei offiziellen Veranstaltungen.	Elegantes Kostüm oder kurzes Kleid mit Jacke und Mantel	Hochzeit, Staatsempfang, Trauerfeier; tagsüber bis 18.00 Uhr *in England*: Pferderennen, dann dazu grauer Zylinder
Smoking (kleiner Gesellschaftsanzug) *black tie, Tuxedo(USA), semi formal*	Schwarzes Jackett mit Seidenkragen, gefälteltes Hemd mit Umschlagkragen oder Klappkragen, verdeckte Knopfleiste, schwarze Fliege, Kummerbund oder schwarze Weste, schwarze Hose mit einfachen Galons an der Außennaht[345]	Kurzes Kleid, (langes Kleid nicht ausgeschlossen, aber selten), elegantes Kostüm, festlicher Hosenanzug	Festlicher Empfang, Festliches Abendessen, Ball, Hochzeit, abends ab 18.00 Uhr

Dresscode	**Herr**	**Dame**	**Anlass**
Dinnerjacket [346]	Smoking mit weißem Jackett	Wie bei Smoking	Gartenfeste und Kreuzfahrten, abends
Frack (großer Gesellschafts-anzug) *white tie, full evening dress, (full) formal*[347]	Offen getragenes Frackjackett (eher ein Gehrock, da mit Schwalbenschwänzen), Frackhemd mit Einfachmanschette, Klappkragen, gestärkter Hemdbrust und nur mühsam anzubringenden Steckknöpfen *(kalkulieren Sie deshalb für das Anziehen eine halbe Stunde ein*), weiße Weste, weiße Fliege, schwarze Hose mit Doppelstreifen an der Außennaht, Lackschuhe	Langes Kleid (erforderlich)	Staatsempfang, Staatsbankett, abends ab 18.00 Uhr
(National-) Tracht *national dress*	Gilt eher für Bewohner exotischer Länder. Keine Lederhosen	Dirndl möglich	Hochzeiten, Bälle, Diplomaten-empfänge, „die Wies‘n“

345 Schuhe aus schwarzem Lackleder sind möglich; einige erachten sie als zwingend.

346 Im Englischen ist „black tie“ der Dresscode, doch Sie würden im Geschäft in England ein „dinner-jacket“ verlangen. Verlangten Sie einen „black tie“, würden Sie nur eine schwarze Fliege bekommen.

347 Wenn „Uniform“ auf der Einladungskarte steht, bedeutet das für Damen Bekleidung wie für formelle und sehr formelle Anlässe, also vom „dunklen Anzug“ aufwärts. Meistens gibt es daneben einen Hinweis zur Zivilkleidung, nach der sich die Damen richten können.

B. Businesskleidung [348]

Hochoffiziell[349]

Für Herren ein drei- oder zweiteiliger Anzug, Hose ohne Umschlag[350]

- Für Damen eher ein Kostüm als ein Hosenanzug, Rocklänge knieumspielend
- Farben für Anzug und Kostüm: nur dunkelblau oder anthrazit
- Muster des Anzugs: uni oder Nadelstreifen
- Hemden: Kent- oder Haifischkragen, Umschlagmanschetten, weiße Hemden[351]
- Blusen: weiß oder cremefarben
- Schuhe und Strümpfe: bei Herren schwarze Oxford, schwarze Strümpfe[352]

Halboffiziell[353]

- Anzug als Zwei- oder Dreiteiler
- Kombinationen. Bei Zweireihern sollten immer Hosen mit Umschlag getragen werden, bei Einreihern Hosen ohne Umschlag.[354]
- Damen tragen Kostüm, Jackenkleid mit Jacke, oder Hosenanzug.
- Röcke knieumspielend
- Damen können auch ein elegantes Twinset tragen.
- Farben für Anzug und Kostüm: dunkelblau, anthrazit, grau, dunkelbraun, auch Beigetöne oder andere dezente Farben

---

348 Aus Meyden, Business-Etikette, S. 102f. Sie nähert sich der Frage unter dem Aspekt „hochoffiziell“ und „halboffiziell“

349 Bedeutet hier Führungskräfte, Mitarbeiter in großen Firmen, Banken und Versicherungen.

350 Meyden empfiehlt Dreiteiler. In meinem Berufsleben habe ich allerdings selten Dreiteiler gesehen; international wird diese Abstufung nicht gemacht.

351 Die Kragenform ist, außer bei Frack und Smoking, eine Frage der sich periodisch ändernden Mode und hat daher für die Etikette weniger Bedeutung. Umschlagmanschetten sind nicht zwingend, aber natürlich eleganter als einfache Manschetten.

352 Das Modediktat „Oxford-Schuhe“ ist mir unverständlich. Auf jeden Fall aber schwarze oder dunkle Strümpfe in der passenden Farbe zu einem dunklen Anzug und schwarzen Schuhen.

353 Bedeutet hier: Berufstätige mit Kundenkontakt, also Ratgeber, Rechtsanwälte, Verkäufer hochwertiger Waren.

354 Typisch ist hier der Blazer. Hosen mit Aufschlag sind eher sportlich. Lassen Sie sich durch modische Details nicht verunsichern.

- Muster: Uni, Nadel- oder Kreidestreifen, Glencheck, Hahnentritt, Pepita, Pinpoint[355]
- Hemden und Blusen: Herren können zwischen verschiedenen Kragenformen wählen (abgesehen vom Buttondown), weiß oder Pastelltöne, auch weiß mit dezenten Farbstreifen.[356]
- Damen können auch ein schickes T-Shirt unter dem Kostüm bzw. dem Hosenanzug tragen.
- Schuhe und Strümpfe bei Herren: schwarz oder (bei dunkelbraunem Anzug) dunkelbraun, Oxford oder Budapester, bei sportlicheren Anzügen auch Slipper[357]
- Schuhe und Strümpfe bei Damen: schwarze, dunkelblaue, braune oder kamelfarbige Pumps, elegante Schnürschuhe mit Ledersohle, Strümpfe hautfarben, schwarze Strümpfe können kritisch sein.[358]

---

355 Ich persönlich würde von Pepita abraten; zu „kleinkariert“. Aber Geschmackssache.

356 Mir ist nicht erklärlich, warum ein Hemd mit geknöpftem Kragen nicht mit Krawatte getragen werden kann. Es sieht nur etwas sportlicher aus. Ich habe das nie beachtet.

357 Meiner Ansicht nach bei hellen Anzügen natürlich auch helle Schuhe, solange sie nicht heller als der Anzug sind. Braune Anzüge werden von allen Ratgebern als nicht passend betrachtet, da Braun in England früher die Farbe eines sportlichen Anzugs war. Ich teile diese Ansicht nicht, aber Vorsicht.

358 Ich teile diese Skepsis nicht. Schwarz betont die Form.

C. BRANCHEN-DRESSCODE

Man kann zwischen einem anlassbezogenen Dresscode (was ziehe ich zu welcher Veranstaltung an, Anlage A) und einem branchenbezogenen Dresscode unterscheiden; das wichtigste Beispiel für ihn ist der Business-Dresscode (Anlage B). Es gibt aber auch andere Branchen, die einen bestimmten Stil pflegen, der nicht zwingend, aber typisch ist.[359]

Branche	**Dresscode**	**Kleidung**
Politik, Verwaltung, (auch Diplomatie), internationale Konzerne, Banken, Versicherungen, wirtschaftsnahes Consulting	Klassisch-formell, „Business"	Anzug, Hemd, Krawatte; Hosenanzug, Kostüm, Bluse; gedeckte Farben
Marketing, PR, Lifestyle, Medien, Mode, Kosmetik, Werbung	modisch-trendig	Stilelemente und Farben der aktuellen Mode
Kunst, Kultur, Architektur, Design	Avantgarde, puristisch	Klare Linien, zurückhaltende Farben, Reduktion auf das Wesentliche, wenig Schmuck
Handel, Technik, IT, Wissenschaft, Bildung, Gesundheit	sportlich-bequem	Sportliches Jackett, Jeans, T-Shirt, Sweaters, Sneakers
Tourismus, Lokalpolitik, Landwirtschaft, Gewerbe	regional-traditionell,	Rustikale Materialien wie Tweed, Manchester; Country-Style (Tracht)
Soziales, Nichtregierungsorganisationen, Gesundheit, Esoterik, multikulturelle Aktivitäten, Psychotherapie, Kunstgewerbe	kreativ-individuell	Naturtextilien, Fair-Trade-Mode, Stilelemente aus verschiedenen Kulturen

359 Diese Aufstellung folgt Zehnder/Senn, Meeting, S.146.

D. Synopse Briefe (täglicher Gebrauch)

Typ des Briefs	**Anrede**	**Grußformel**
Sehr förmlich (privat oder dienstlich)	Sehr verehrte(r) Herr/Frau und dann die Amts- oder Berufsbezeichnung (also „Sehr geehrte Frau Ministerin“) oder Name mit akademischem Grad (also „Sehr geehrte Frau Dr. Schuster“) oder Sehr verehrte gnädige Frau	Mit vorzüglicher/ ausgezeichneter Hochachtung bin ich Ihr (Ihnen sehr ergebener) Mit freundlichen Grüßen
Geschäftsbriefe, Privatbriefe an unbekannte Personen	Sehr geehrte(r) Herr/Frau Amts- bzw. Berufsbezeichnung oder Name mit akademischem Grad (wie oben) Sehr geehrte Damen und Herren,	Mit freundlichen Grüßen
Geschäfts- und Privatbrief an bekannte Personen, Freunde, Familie	Sehr geehrte(r) Herr/Frau (*evtl.* Dr.) Meyer, Sehr geehrter Herr Minister, lieber Herr (Dr.) Meyer, Liebe(r) Herr/Frau Meyer, Liebe Ingrid, lieber Rolf	Mit freundlichen Grüßen Beste Grüße Herzliche Grüße Liebe Grüße Ich umarme Euch/Dich/ Liebe Grüße und einen Kuss an Eva

E. Förmliche Anschriften und Anreden [360]

Amt/Anschrift	**Anrede**	**Gruß-/Schlussformel**
Herrn Bundespräsident(en)[361] akad. Grad, Vor- und Familienname	Hochverehrter *oder* Sehr verehrter Herr Bundespräsident *m.E. auch* Sehr geehrter Herr Bundespräsident	Mit dem Ausdruck meiner ausgezeichneten (*oder* vorzüglichen) Hochachtung *oder* Mit ausgezeichneter (*oder* vorzüglicher) Hochachtung[362]
Frau Bundeskanzlerin (akadem. Grad) Vor- und Familienname	Sehr verehrte (*oder* geehrte) Frau Bundeskanzlerin	Mit ausgezeichneter (*oder* vorzüglicher) Hochachtung
Präsidenten[363] des Deutschen Bundestags Herrn (akadem. Grad) Vor- und Familienname[364]	Sehr verehrter (*oder* geehrter) Herr Bundestagspräsident	Mit ausgezeichneter (*oder* vorzüglicher) Hochachtung
Präsidenten des Bundesrats Herrn Ministerpräsident(en)	Sehr verehrter (*oder* geehrter) Herr Bundesratspräsident	Mit ausgezeichneter (*oder* vorzüglicher) Hochachtung

360 Bundesministerium des Inneren, Stand Dezember 2016. Das hier ist nur ein Auszug. Alle Formen können für offizielle wie auch für private Briefe genutzt werden; sie sind in beiden Fällen korrekt. Allerdings rate ich, in privaten Briefen die weniger förmlichen Varianten zu wählen; manchmal habe ich auch eine hinzugefügt. Zur Demonstration wähle ich willkürlich einmal die weibliche und einmal die männliche Form.

361 Laut Duden ist auch „Herrn Präsident" zulässig.

362 Der Bundespräsident bekommt viele Briefe von Bürgern, die „Mit freundlichen Grüßen" unterzeichnen. Das ist ganz in Ordnung und stört ihn m.W. nicht. „Mit freundlichen Grüßen" geht auch in den folgenden Beispielen immer.

363 Das -en deutet auf den sonst in „Herrn" ausgedrückten Akkusativ. Sprachlich sehr verknappt. Ich hielte es für konsequent und sprachlich besser, bei allen Amtsträger, wie bei Bundespräsident und Bundeskanzler, das „Herrn" und „Frau" vor die Berufsbezeichnung zu setzen und nicht vor den Namen, also z.B. hier „Herrn Präsident (oder Präsidenten) des Deutschen Bundestags, Dr. Wolfgang Schäuble".

364 Auch in allen folgenden Fällen mit akademischem Grad und Vor- und Familiennamen.

Amt/Anschrift	**Anrede**	**Gruß-/Schlussformel**
Bundesministerin der Verteidigung Frau ...	Sehr geehrte Frau Bundesministerin	Mit ausgezeichneter (*oder* vorzüglicher) Hochachtung *oder* Mit freundlichen Grüßen
Frühere Bundesministerin ohne aktuelles öffentliches Amt: Frau ... Bundesministerin a.D.	Sehr geehrte Frau (akadem. Grad) Familienname	Mit ausgezeichneter (*oder* vorzüglicher) Hochachtung *oder* Mit freundlichen Grüßen
Frühere(r) Bundesminister(in) mit aktuellem öffentlichem Amt, jetzt MdB Mitglied des Deutschen Bundestages Frau/ Herrn ...	Sehr geehrte/r Frau/ Herr Abgeordnete/r *m.E. auch:* Sehr geehrte/r Herr/Frau Meyer	Mit ausgezeichneter (*oder* vorzüglicher) Hochachtung *oder* Mit freundlichen Grüßen
Vorsitzenden der Fraktion (der) … im Deutschen Bundestag Herrn ...	Sehr geehrter Herr Vorsitzender *(oder* Abgeordneter) *oder* Sehr geehrter Herr...	Mit vorzüglicher Hochachtung *oder* Mit freundlichen Grüßen
Mitglied des Deutschen Bundestages Frau ...[365]	Sehr geehrte Frau Abgeordnete *oder* Sehr geehrte Frau ...	Mit vorzüglicher Hochachtung *oder* Mit freundlichen Grüßen
Mitglied des Europäischen Parlaments Frau ...	Sehr geehrte Frau Abgeordnete *oder* Sehr geehrte Frau ...	Mit vorzüglicher Hochachtung *oder* Mit freundlichen Grüßen

365 Ich halte „Frau .., MdB/MdEP“ im normalen Schriftverkehr für durchaus ausreichend.

Amt/Anschrift	**Anrede**	**Gruß-/Schlussformel**
Parlamentarischen Staatssekretär beim Bundesminister des/der/für … Herrn[366]	Sehr geehrter Herr Parlamentarischer Staatssekretär	Mit vorzüglicher Hochachtung *oder* Mit freundlichen Grüßen
Staatssekretärin des Bundesministeriums des/der/für ... Frau ...[367]	Sehr geehrte Frau Staatssekretärin	Mit vorzüglicher Hochachtung *oder* Mit freundlichen Grüßen
Präsidenten des Bundesverfassungs-gerichts Herrn...	Sehr verehrter (*oder* geehrter) Herr Präsident[368]	Mit ausgezeichneter (*oder* vorzüglicher) Hochachtung *oder* Mit freundlichen Grüßen
Ministerpräsidenten des Landes … Herrn ...[369]	Sehr geehrter Herr Ministerpräsident	Mit ausgezeichneter (*oder* vorzüglicher) Hochachtung *oder* Mit freundlichen Grüßen

366 Parlamentarische Staatssekretäre sind immer Mitglied des Bundestags, daher bedarf es keines „MdB“ hinter dem Namen. Dasselbe gilt für Staatsminister, die der Funktion nach auch Parlamentarische Staatssekretäre sind, aber, in einigen Ressorts wie dem AA „Staatsminister“ genannt werden, um ausländischen Gesprächspartnern im Ministerrang protokollarisch gleichgestellt zu sein. Der dänische „Statsminister“ wiederum ist der Ministerpräsident.

367 Auch hier kann man schreiben: „Frau Staatssekretärin, Name, Bundesministerium…“

368 Das gilt für alle Präsidenten, von Amtsgericht bis zum Bundesgerichtshof. Bei der Ebene unterhalb der Bundesgerichte schreiben Sie den Präsidenten mit „Sehr geehrter Herr Präsident“ an und grüßen ihn oder sie mit „Mit freundlichen Grüßen“. Die am BVerfG tätigen Richter nennen sich „Richter (Richterin) des Bundesverfassungsgerichts“ und nicht, wie bei allen anderen Gerichten, „Richter am ...“.

369 In Bayern, Hessen, Niedersachsen und Thüringen heißt das abweichend „Bayerischen/Hessischen/Niedersächsischen/Thüringer Ministerpräsidenten“. In Berlin heißt es „Regierenden Bürgermeister von Berlin, Herrn ...“, in Bremen „Präsidenten des Senats der Freien Hansestadt Bremen, Herrn Bürgermeister ...“, in Hamburg “Präsidenten des Senats der Freien und Hansestadt Hamburg, Herrn Ersten Bürgermeister ...“. Anrede und Schlussformel sind in allen Fällen gleich.

Amt/Anschrift	**Anrede**	**Gruß-/Schlussformel**
Diplomaten		
Seiner Exzellenz dem Apostolischen Nuntius[370] Herrn Erzbischof (akadem. Grad) Vor- und Familienname	Exzellenz *oder* Sehr geehrter Herr Nuntius	Mit ausgezeichneter (*oder* vorzüglicher) Hochachtung *oder* Mit freundlichen Grüßen
Ihrer Exzellenz der Botschafterin von/ des/der...(Staat) Frau ...[371]	Exzellenz *oder* Sehr geehrte Frau Botschafterin	Mit ausgezeichneter (*oder* vorzüglicher) Hochachtung *oder* Mit freundlichen Grüßen
Gesandte[372] von/des/ der ...(Staat) Frau ...	Sehr geehrte Frau Gesandte	Mit vorzüglicher Hochachtung *oder* Mit freundlichen Grüßen
Generalkonsulin von/des/der … (Staat) Frau ...	Sehr geehrte Frau Generalkonsulin *oder* Sehr geehrte Frau ...	Mit vorzüglicher Hochachtung *oder* Mit freundlichen Grüßen
Katholische Kirche		
Seiner Heiligkeit Papst … Vatikanstadt	Eure Heiligkeit *oder* Heiliger Vater	Genehmigen Eure Heiligkeit den Ausdruck meiner ehrerbietigen Hochachtung *oder* Mit dem Ausdruck meiner verehrungsvollen Hochachtung *oder* Mit dem Ausdruck tiefer Verehrung

370 In Deutschland als „Doyen" des diplomatischen Korps Sprecher der Botschafter.

371 „Frau Botschafterin, Name, Land, Adresse" genügt im Allgemeinen auch.

372 Ranghohes Mitglied der Botschaft (englisch „minister"), häufig Vertreter des Botschafters/der Botschafterin.

Amt/Anschrift	**Anrede**	**Gruß-/Schlussformel**
Seiner Eminenz (dem Hoch- würdigsten) Herrn Vorname Kardinal Familienname[373]	Eminenz *oder* Sehr verehrter Herr Kardinal	Mit vorzüglicher Hochachtung *oder* Mit freundlichen Grüßen
Seiner Exzellenz (dem Hochwürdigsten) Herrn (akadem. Grad) Vor- und Familienname (Erz-)Bischof von ...	Exzellenz *oder* Sehr geehrter Herr (Erz-)Bischof	Mit vorzüglicher Hochachtung *oder* Mit freundlichen Grüßen
Herrn Prälat(en) (akadem. Grad) Vor und Familienname	Sehr geehrter Herr Prälat	Mit vorzüglicher Hochachtung *oder* Mit freundlichen Grüßen
Monsignore (akadem. Grad) Vor und Familienname	Sehr geehrter Monsignore (akadem. Grad) Familienname	Mit vorzüglicher Hochachtung *oder* Mit freundlichen Grüßen
Evangelische Kirche		
Vorsitzenden des Rates der Evange- lischen Kirche in Deutschland Herrn Landesbischof/ Bischof/Präses (akadem. Grad) Vor- und Familienname	Sehr geehrter Herr Ratsvorsitzender	Mit vorzüglicher Hochachtung *oder* Mit freundlichen Grüßen
Landesbischöfin der Evangelischen Lan- deskirche in Baden Frau ... [374]	Sehr geehrte Frau Landesbischöfin	Mit vorzüglicher Hochachtung *oder* Mit freundlichen Grüßen

373 Beachten Sie die Reihenfolge: Vorname – Kardinal – Familienname. Bei Kardinälen – häufig sind sie ja Professoren – fallen in der Anschrift alle akademischen Grade weg.

Amt/Anschrift	Anrede	Gruß-/Schlussformel
Herrn Pfarrer/Pastor (akadem. Grad) Vor- und Familienname	Sehr geehrter Herr Pfarrer/Pastor	Mit freundlichen Grüßen
Orthodoxe Kirche		
Seiner Seligkeit dem Hochwürdigsten Patriarchen … (Name) von … (Ort)[375]	Eure Seligkeit *oder* Hochwürdigster Herr Patriarch	Genehmigen Eure Seligkeit den (*oder* Mit dem) Ausdruck meiner ausgezeichneten Hochachtung
Seiner Eminenz dem (Hochwürdigsten) Metropoliten ... (Name) von Deutschland Exarch von Zentraleuropa[376]	Eminenz *oder* Hochwürdigster Herr Metropolit	Mit dem Ausdruck meiner ausgezeichneten Hochachtung
Jüdische Religions-gemeinschaft		
Herrn Landesrabbiner (akadem. Grad) Vor und Familienname	Sehr geehrter Herr Landesrabbiner	Mit vorzüglicher Hochachtung *oder* Mit freundlichen Grüßen

374 Die Vielfalt der evangelischen Landeskirchen in Deutschland spiegelt sich in unterschiedlichen Bezeichnungen ihrer Bischöfe wider. Vgl. BMI-Ratgeber S.125ff.

375 Der Patriarch ist das Oberhaupt einer autokephalen orthodoxen Kirche, z.B. der Griechisch-Orthodoxen Kirche.

376 Der Metropolit von Zentraleuropa ist ein Kardinal der orthodoxen Kirche, aber nicht höherrangig, sondern *primus inter pares* unter den anderen Metropoliten, die „Exzellenz" oder „Herr Bischof" angeredet werden.

Amt/Anschrift	**Anrede**	**Gruß-/Schlussformel**
Universität, sonstige		
Rektor der Universität/ Hochschule … Herrn Prof. (akadem. Grad) Vor- und Familienname	Sehr geehrter Herr Rektor *oder gelegentlich, wenn sehr förmlich* Magnifizenz	Mit vorzüglicher Hochachtung *oder* Mit freundlichen Grüßen
Herrn Rechtsanwalt/ Studienrat/Direktor (akadem. Grad) Vor- und Familienname	Sehr geehrter Herr Rechtsanwalt/ Studienrat/Direktor *oder* Sehr geehrter Herr (akadem. Grad) Familienname	Mit freundlichen Grüßen

F. Förmliche Anrede („Ehren- und Adelsprädikate")

Öffentliches Amt	**Anrede (lateinisch)**
Staatsoberhaupt, Regierungschef(in), Parlamentspräsident(in), Minister(in), Botschafter(in)	Exzellenz[377]
Rektor einer Universität	Magnifizenz (selten)
Dekan einer Fakultät	Spektabilität (sehr selten)
Kirche	
Der Papst	Eure Heiligkeit *Für Katholiken*: Heiliger Vater
Kardinal	Eminenz
Erzbischof, Bischof, Bischöfin	Exzellenz
Priester	Hochwürden[378] (veraltend)
Adel	
Regierende(r) König(in)/ regierender Kaiser (Japan)	Majestät[379]

377 Das ist die einzige formelle Anrede sein, die heute noch häufiger verwandt wird.

378 Schneider-Flaig, Knigge, S.13, empfiehlt, Dompröbste, Prälaten und Inhaber ähnlicher Ämter mit „Euer Gnaden" anzureden. Ich wage nicht zu behaupten, dass das falsch sei, doch klingt mir das sehr fremd. Ich hatte beruflich mit einem jungen, dynamischen Prälaten zu tun, den weder ich noch alle, die mit ihm sprachen, mit „Euer Gnaden" angeredet haben; er hätte wahrscheinlich freundlich lächelnd gebeten, das doch bitte zu lassen.

379 Mit regierenden Monarchen werden Sie sich wahrscheinlich auf Englisch verständigen, also „(Your) Majesty".

Mitglieder regierender Kaiser- und Königsfamilien	Kaiserliche/Königliche Hoheit[380]
Regierender Großherzog (z.B. Luxemburg) und Familienmitglieder	Königliche Hoheit
Herzog	Herzog (*Alter Stil*: Hoheit)
Prinzen und Fürsten	Prinz, Prinzessin (*Alter Stil:* Durchlaucht)
Grafen	Graf, Gräfin *(Alter Stil, wenn aus ehemals regierendem Haus:* Erlaucht[381])

380 Auch hier werden Sie sich im Zweifel auf Englisch verständigen, also „(Your) Royal/ Imperial Highness". Mitglieder ehemals regierender Häuser werden aus Höflichkeit im gesellschaftlichen Verkehr gelegentlich auch heute noch so angesprochen, aber eigentlich ist diese Zeit vorbei.

381 Nach Asserate, Manieren, S.251ff.

G. Abkürzungen der Ehren- und Adelsprädikate

Sie werden heute im Allgemeinen nur die Abkürzungen von „Exzellenz", „Eminenz" und „Königlich Hoheit" sehen, und die auch nur selten. Mehr als diese brauchen Sie eigentlich nicht zu kennen. Wenn Sie aber mit Adelskreisen in Berührung kommen, sollten Sie die weniger üblichen Abkürzungen veralteter, aber gesellschaftlich gelegentlich noch benutzter Adelsprädikate kennen.

In Staat und Kirche noch üblich

I.E.	Ihre(r) Exzellenz *weibliches Staatsoberhaupt, Parlamentspräsidentin,Regie rungschefin, Ministerin, Botschafterin, Bischöfin*
S.E.	Seine(r) Exzellenz *männlich, dieselben Funktionen*
I.I.E.E.	Ihre(n) Exzellenzen *Plural, dieselben Funktionen*
S.Em.	Sein(r) Eminenz *Kardinal*
H.H.	Hochwürdige Herren *katholische Pfarrer, veraltend*
Msgr. / Mgr.	Monsignore

Adel: Regierende Familien

I.M.	Ihre(r) Majestät *(weiblich, regierendes Haus)*[382]
S.M.	Seine(r) Majestät *(männlich, regierendes Haus)*
I.I.M.M.	Ihre(n) Majestäten *(also Plural, regierendes Haus)*
I.K.H.	Ihre(r) Kaiserliche(n) *oder* Königliche(n) Hoheit *(weibliches Familienmitglied des Kaisers/der Königin)*
S.K.H.	Seine(r) Kaiserliche(n) *oder* Königliche(n) Hoheit *(Männliches Familienmitglied des Kaisers/ der Königin)*
I.I.K.K.H.H.	Ihre(n) Kaiserlichen (*oder* Königlichen) Hoheiten *(Plural)*

382 Jeweils gleiche Abkürzungen, ob man nun den Nominativ gebraucht oder – bei der Anrede – den Dativ.

Adel: veraltet

I.H. / S.H.	Ihrer/Seiner Hoheit *(auch)* Ihrer/Seiner Hoch(wohl)geboren, *Herzöge, Grafen, Freiherrn und Barone, Ritter und Edle, als besondere Höflichkeit auch bei Bürgerlichen*[383]
I.D. / S.D.	Ihrer/Seiner Durchlaucht *Prinzen und Fürsten aus 1918 nicht regierenden Häusern*
I.E. / S.E.	Ihrer/Seiner Erlaucht *(Grafen)* [384]

383 Im Plural, etwa bei einem Brief an ein Ehepaar, lautet das I.I.H.H. (Ihren Hochwohlgeboren) oder auch I.H.S.H., wenn man die Dame und den Herren gesondert erfassen will. Bei Adligen ist es die traditionelle, veraltende Höflichkeitsform, beim Schreiben an Nichtadlige im gesellschaftlichen Verkehr eine freundliche Geste. Diese ist übrigens nicht so aus der Zeit gefallen, wie es auf den ersten Blick scheinen mag. Briten und Amerikaner benutzen, wie wir oben in den „englischen“ Kapiteln gesehen haben, ja auch „The Hono(u)rable“ oder „The Right Honourable“, und Briten schreiben auf Briefumschlägen hinter den Namen Bürgerlicher häufig „Esq“.

384 Steht den Häuptern vormals reichsständischer, nach 1803 mediatisierter gräflicher Familien zu (Krabs, Erlaucht, S.18f.).

H. Kleine Adelskunde

Wenn wir von Umgangsformen sprechen, kommen wir am Adel nicht vorbei. Erstens, weil er traditionelle Höflichkeitsformen vergleichsweise stark pflegt. Und zweitens, weil er Teil der Gesellschaft ist.

Natürlich sind Adlige zu behandeln wie alle anderen auch. Doch machen es die Namen etwas komplizierter. Und es gibt Besonderheiten im gesellschaftlichen Verkehr, zum Beispiel bei der Begrüßung und dem Schreiben von Briefen, die man kennen sollte. Ich habe sie im Hauptteil erklärt. Ihre Anwendung, die keine Anerkennung einer politischen oder gesellschaftlichen Besserstellung beinhaltet, bleibt jedem selbst überlassen.

Bei einem meiner Vorträge über das Buch fragte mich ein sympathischer Herr, wie man Brücken bauen und der Jugend klar machen könne, dass ein Prinz von Preußen mit „Königliche Hoheit“ anzusprechen sei. Ich musste ihm antworten, diese Brücke dürfe man nicht bauen, da die Anrede heute keine rechtliche Grundlage habe. Das stehe auch so auf der Protokollseite der Bundesregierung im Internet. Die Anrede laute „Prinz von Preußen“. Man könne jungen Leuten allenfalls erklären, dass der Prinz vor mehr als hundert Jahren so angeredet worden wäre und sie ihn aus Freundlichkeit so anreden könnten, er aber keinen Anspruch darauf habe. Den hätten nur Mitglieder regierender Häuser, und die gebe es nur im Ausland.

Zum Thema Adel musste ich Einiges nachlesen. Dabei habe ich aus purem Interesse der Geschichte viel Platz eingeräumt. Das Ergebnis meiner Recherchen sieht so aus:[385]

Adelsbezeichnungen sind alle Zusätze, die auf Adel hindeuten.

Der Adelstitel gibt den Rang in der Adelshierarchie an (König, Herzog, Graf usw.). Er spielt heute allenfalls gesellschaftlich eine Rolle und wird vor allem in Adelskreisen beachtet. Rechtlich gibt es keine Unterschiede (Art.3 GG).

Das „Genealogische Handbuch des Adels“, der „Gotha“, gibt Aufschluss über die Abstammung deutscher Adelsfamilien. Er ist gegliedert in fürstlichen, gräflichen, freiherrlichen und untitulierten Adel (also dem mit einem einfachen „von“) und jeweils unterteilt in Uradel (erste urkundliche Erwähnung vor 1400) und Briefadel (Belohnung für besondere Verdienste, ohne Herrschaftsfunktion und Sitz). „Kurfürst“ ist kein Adelstitel, sondern be-

---

385 Ich stütze mich, was die gesellschaftlichen Formen anbelangt, auf Meissner/Burkhard, Gute Manieren. Das Buch ist ein halbes Jahrhundert alt, aber Adelsprotokoll ist langlebig. Zur Aktualisierung habe ich weiter Krabs, *Erlaucht,* aus dem Jahr 2014 herangezogen.

zeichnete bis 1806 die Fürsten, die zur Wahl des Kaisers des Heiligen Römischen Reichs Deutscher Nation berechtigten waren. Sie hatten ganz unterschiedliche Ränge, vom König über Erzbischöfe (Köln, Mainz und Trier) bis hin zum Pfalzgrafen.

Die Adelstitel wurden durch Art.9 der Weimarer Reichsverfassung Bestandteil des Namens. Ausnahmen waren nur die Herrschertitel regierender Häuser, also „Kaiser", „König" und „Großherzog". Diese fielen auch namensrechtlich weg; man wollte den Eindruck einer Herrscherfunktion vermeiden. Abkömmlinge von Kaiser Wilhelm II. werden Sie also korrekt mit „Prinz/Prinzessin von Preußen" anreden und keinesfalls mit „König/in von Preußen" oder „Königliche Hoheit". Daher nennen sich die Abkömmlinge des Königs von Württemberg auch „Herzog/in von Württemberg"; dieser Titel befand sich 1918 noch unter ihren vielen anderen. Mitglieder solcher Familien werden im gesellschaftlichen Verkehr ganz selten noch mit (Königliche) Hoheit angeredet oder, etwa in Todesanzeigen, so bezeichnet.[386] Das wirkt wie aus der Zeit gefallen, ist aber, da nicht mit rechtlichen Ansprüchen verbunden, eine durchaus zulässige eine Form der gesellschaftlichen Traditionspflege und internen Höflichkeit.

Die Adelstitel können, obwohl sie eigentlich fester Namensbestandteil sind, nach einer Entscheidung des Reichsgerichts aus dem Jahre 1926 dekliniert und geschlechtsspezifisch abgewandelt werden; hier folgt man dem Sprachgefühl. Sie können auch mit anderen Titeln zusammen geführt werden, denken Sie nur an den bekannten regimekritischen Bischof von Münster (1933-1946), Clemens August Kardinal Graf von Galen.

Nach dem Ersten Weltkrieg wurden alle Vorrechte des Adels aufgehoben. Es ist also protokollarisch nicht möglich, Adelsränge heutigen staatlichen Hierarchiestufen zuzuordnen. Der Rang bemisst sich, wie bei jedem anderen auch, nach persönlicher Leistung. Nur in Ausnahmefällen wird man im deutschen Staatsprotokoll der gesellschaftlichen Bedeutung einer Adelsfamilie Rechnung tragen; das hängt ganz von der Art der Veranstaltung ab.

Regierende Monarchen sind Staatsoberhäupter, so zum Beispiel der Kaiser von Japan, die Königin von England und der Großherzog von Luxemburg. Und nur weil man weiß, dass sie ihren Eltern einmal nachfolgen werden, werden Kronprinzen und Kronprinzessinnen – im Gegensatz zu Kindern

---

386 Gelegentlich liest man von „Herren" eines adligen Hauses, also dem Oberhaupt der Familie, etwa dem „Herren des Hauses Hohenzollern". Diese hatten früher einen anderen Adelstitel als ihre Kinder; heute bleibt der Name in allen Generationen und gleichgültig, ob man erster oder fünfter Sohn ist, gleich.

gewählter Staatsoberhäupter – protokollarisch hochrangig behandelt; bisweilen werden sie auch Vertreter des regierenden Elternteils sein.[387]

Adelsprädikat ist sowohl der Namenszusatz („von") als auch die – heute veraltete – Anrede für einen Adligen wie „Durchlaucht". In Deutschland gibt es die Namenszusätze *von, zu, von und zu, vom, zum, vom und zum, zur, von der, von dem.* „Von" gab ursprünglich den Sitz oder das Herrschaftsgebiet an, „zu" deutet darauf hin, dass die Familie bei der Namensgebung noch im Besitz der namensgebenden Stätte war, etwa einer Burg. Der frühere Verteidigungsminister Freiherr von Guttenberg heißt genau genommen Karl-Theodor Freiherr von und zu Guttenberg, nur wird das „und zu" umgangssprachlich der Kürze wegen meist weggelassen. Ebenso ergeht es dem großen preußischen Reformer Reichsfreiherr vom und zum Stein. Das „zu" wurde auch gerne benutzt, um den „Uradel" vom sogenannten „Briefadel" zu unterscheiden, der im 19. Jahrhundert zunehmend verdienten Bürgerlichen, insbesondere Beamten, verliehen wurde.[388]

„Van" ist dagegen niederländischen Ursprungs und kein Adelsprädikat (Ludwig van Beethoven). Das „de" in französischen Namen (Marquise de Pompadour) deutet auf Adel hin, muss es aber nicht; der Roman „Bel-Ami" von Guy de Maupassant zeigt auf höchst unterhaltsame Weise, wie der Titelheld seinen Namen Duroy zu „du Roy" veredelt, um nicht zu sagen veradelt.

Mit Adelsprädikaten wie „Durchlaucht" werden Sie nur noch in alten und historischen Romanen – oder in Todesanzeigen – in Berührung kommen.

Mediatisierter Adel sind Adelshäuser, die 1803 durch den Reichsdeputationshauptschluss, der das Ende des Heiligen Römischen Reichs Deutscher Nation einläutete, die Herrschaft über ihren Kleinstaat verloren, ihren Titel aber behalten haben. Ihr Besitz wurde „mediatisiert", d.h. „mittelbar gemacht" und in ein größeres Staatsgebiet eingegliedert. Dadurch verloren sie ihre souveränen Rechte, blieben aber regierenden Häusern „ebenbürtig".

Bei *Genanntnamen* (zum Beispiel Michael Graf von Korff gen. Schmising) bezog sich der „Genannt-Teil" des Namens oft auf den Besitz. Oder er war Folge einer Adoption. Zwar bedeutete ursprünglich das „gen.", dass der Na-

---

387 In Dänemark gab es vor einigen Jahren einen Eklat, weil der älteste Sohn der Königin, Frederik, bei einem Neujahrsempfang als Kronprinz in ihrer Vertretung an erster Stelle in der *receiving line* stand; das war protokollarisch ganz korrekt, hat seinem Vater, dem Prinzgemahl, aber gar nicht gefallen.

388 In den Ranglisten des preußischen Militärs wurde bis 1914 der Uradel durch die Abkürzung des „von" zu „v." vom neueren Briefadel unterschieden. Auch das können Sie heute noch an einigen Namen erkennen.

mensträger auch so genannt werden wollte oder sollte, doch wurde das großzügig gehandhabt; es hing auch vom Adoptionsvertrag ab. Unser Phantasie-Adliger, Ulrich von Wörth gen. Seeleiten, kann sich Ulrich von Seeleiten, Ulrich von Wörth oder Ulrich von Wörth Seeleiten (mit oder ohne Bindestrich) nennen. Wenn man es genau wissen will, muss man ihn fragen, wie er seinen Namen führt. Alle Elemente sind namensrechtlich Teil des Namens.

Träger *zusammengesetzter Familiennamen,* deren erster Namensteil kein Adelsprädikat trägt, reden Sie so an, dass Sie das Adelsprädikat vom zweiten Namensteil nach vorne vor den ersten Namensteil ziehen. Die Nachfahren des im 19. Jahrhundert bekannten Würzburger Gynäkologen Friedrich Wilhelm Scanzoni von Lichtenfels reden Sie mit Herr und Frau von Scanzoni an. Nur in amtlichen Schreiben wird der Name voll ausgeschrieben.

Im Telefonbuch und in anderen alphabetischen Listen finden Sie adlige Namen unter dem Anfangsbuchstaben des hinter dem Adelszusatz folgenden Namensteils, von Moltke also unter M, von Bismarck unter B, Edler von der Planitz unter P. Sie sollten sie auch so einordnen, wenn Sie alphabetische Listen machen. Nicht alle wissen das, und so fängt bei Flug- und Hotelbuchungen häufig das Suchen an.

Die folgende Synopse führt alle Anredeformen auf, auch veraltete. Nicht nur aus historischem Interesse; sie können als Höflichkeitsformeln in seltenen Fällen noch Verwendung finden. Zu Ihrer Beruhigung kann ich Ihnen sagen, dass Sie jeden Adligen auch mit „Herr von ..." anreden können.[389] Nur regierende Herrscher und ihre Familienangehörigen haben Recht auf die Anrede „Majestät" und „Königliche Hoheit". Man kann Elizabeth II ja schlecht als „Mrs Queen" anreden. Auch geht einem das „Your Majesty" auf Englisch leichter über die Lippen. Die Anreden „Prinz/Prinzessin", „Graf/Gräfin" usw. benutze ich im Deutschen bei weniger bekannten Gesprächspartnern, wenn auch nach Überwindung einer kleinen Hemmschwelle; sie sind einfach und kurz. Überlegen Sie immer, in welchem Umfeld Sie sich bewegen. Auf einer gesellschaftlichen Veranstaltung können Sie eine Dame „Prinzessin" anreden; wenn diese aber als Geschäftsfrau mit den Lieferanten ihrer Modeboutique spricht, ist sie „Frau von". Das dürfte auch im Allgemeinen ihrer Erwartungshaltung entsprechen, und damit ist alles in Ordnung. Freiherrn, Barone, Edle und Ritter sind ganz korrekt einfach „von".

389 Es mag nicht ganz korrekt sein, ist aber akzeptiert.

Titel	Anschrift	Anrede	Veraltet
Regierende Kaiser (*Japan*)/ Könige/ Königinnen[390]	Seiner/Ihrer Majestät König/in (Name) von (Land)	*in Gespräch und Brief:* (Eure) Majestät *auf Englisch* (Your) Majesty	
Familien-mitglieder regierender Häuser *(also nur im Ausland oder bei ihrem Besuch in Deutschland)*[391]	Seiner/Ihrer Kaiserlichen/ Königlichen Hoheit *Diese und andere Formeln können abgekürzt werden.*	Kaiserliche/ Königliche Hoheit *auf Englisch* (Your) Imperial/Royal Highness	
Regierender Großherzog/in *(zum Beispiel Luxemburg)*	Seine/Ihrer Königlichen Hoheit dem/der Großherzog/in (Name) von (Land)	Königliche Hoheit	Allerdurch-lauchtigste/r
Angehörige früher regierender Häuser	Mit dem Namen *(der ja den Adelstitel enthält)* vgl. unten *Graf*	Mit dem Namen; vgl. unten *Graf*	(Königliche) Hoheit
Erzherzog/in *(alle ehemalig)*[392]	*wie Herzog*	*wie Herzog*	Durch-lauchtigste/r (K.u.K.) Hoheit

390 Auch ehemals regierende Könige, die nicht abgedankt haben, wie König Konstantin von Griechenland. Eine Geste der Höflichkeit ohne politische Bedeutung.

391 Bei den Ehepartnern der Regierenden ist es unterschiedlich. Silvia, Königin von Schweden, reden Sie mit „Majestät" an, einen Prinzgemahl wie Prinz Philip, Duke of Edinburgh, mit „Königliche Hoheit".

392 Es sind die Angehörigen des österreichischen Kaiserhauses Habsburg. Da es im 19. Jahrhundert durch die Personalunion mit Ungarn zu einer „Kaiserlichen und Königlichen" (K.u.K.) Monarchie wurde, kommt die umfangreiche Anrede zustande.

Titel	Anschrift	Anrede	Veraltet
Herzog/in	Vorname Herzog/in von (Ort/Land)[393] *So im gesellschaftlichen Verkehr üblich. Behörden setzen ein* Herr/Frau *vor den Vornamen, da jeder behördlich mit Herr oder Frau angeredet wird.*	*im Gespräch:* Herzog/in, Herzog/in von Wörth *oder* Herr/Frau von Wörth *im Brief, förmlich* Herzog/in *eher* Sehr geehrte/r Herzog/in, Sehr geehrte/r Herzog/in von Wörth, Sehr geehrte/r Frau/Herr von Wörth	Durchlaucht, (Seiner/Ihrer) Hoheit *wenn nicht mediatisiert*[394]*:* Königliche Hoheit *Anrede der Tochter:* Prinzessin
Markgraf/ -gräfin[395]	*wie Herzog*	*wie Herzog*	
Fürst/in[396] *die Kinder (selten)* Prinz/essin	*(Behörden:* Herrn/Frau*)* Ulrich/Elisabeth Fürst/in von Wörth	*wie Herzog*	(Seiner/Ihrer) Durchlaucht, (Königliche) Hoheit

393 Chefs der herzoglichen, markgräflichen, landgräflichen und fürstlichen Häuser führen im Anschriftenfeld keine Vornamen (Krabs, Erlaucht, S.24).

394 Also Familien, die bis 1918 geherrscht haben, wie der Herzog (bis 1918 König) von Württemberg.

395 In einigen regierenden Häusern trugen die Erb- oder Kronprinzen bis zu ihrer Thronbesteigung den Titel „Markgraf". Damit gehören Markgrafen auch zu den Prinzen. Der Titel bezeichnet heute noch die Chefs verschiedener ehemals regierender Häuser. Doch das sind Feinheiten. Den meisten, wie mir, werden Markgrafen nur noch aus der Sage und der Geschichte bekannt sein, etwa der edle Markgraf Rüdiger von Bechlaren aus dem Nibelungenlied oder der wegen seiner militärischen Erfolge gegen die Türken „Türkenlouis" genannte Markgraf Louis Wilhelm von Baden.

396 Der Fürst hat im Adelsprotokoll, ähnlich wie der Prinz, verschiedene Ränge, die dem „Gotha" entnommen werden können. Bekanntester Titular- (also nicht regierender) Fürst ist bei uns wahrscheinlich Fürst Otto von Bismarck.

Titel	**Anschrift**	**Anrede**	**Veraltet**
Prinz/Prinzessin[397]	Ulrich/Elisabeth Prinz/Prinzessin von Wörth *Behörden setzen ein* Herr/Frau *vor den Namen (vgl. oben Herzog).*	Prinz/Prinzessin, Prinz/Prinzessin von Wörth oder Herr/Frau von Wörth *im Brief mit vorgeschaltetem* Sehr geehrte/r...	(Seiner/Ihrer) Erlaucht[398] Durch-laucht[399] Königliche(n) Hoheit, Hoheit
Reichsgraf/ -gräfin[400]	*wie Graf*	*wie Graf*	Erlaucht
Landgraf/-gräfin[401] Pfalzgraf/-gräfin	*wie Graf*	*wie Graf*	Durchlaucht, Hoheit
Graf/Gräfin *die Tochter nicht mehr „Komtesse", sondern auch* Gräfin	(Herrn) Ulrich Graf von Wörth (Frau) Elisabeth, Gräfin von Wörth	*im Gespräch:* Graf/Gräfin, Graf/ Gräfin von Wörth, Herr/Frau von Wörth *im Brief:* Sehr geehrte/r Graf/Gräfin, Sehr geehrte/r Graf/Gräfin von	Erlaucht[402], Hochgeboren, Komtesse

397 Nur im Märchen sind alle Prinzen junge Königssöhne. In Wirklichkeit gibt es Prinzen vieler Art; ihr Rang bemisst sich nach der Stellung des Chefs des jeweiligen Hauses. Die verschiedenen Varianten sind „für den Laien undurchsichtig", wie Krabs schreibt. Befragen Sie den „Gotha", wenn Sie es genau wissen wollen.

398 Steht den Häuptern vormals reichsständischer, seit 1803 mediatisierter gräflicher Familien zu (Krabs, Erlaucht, S.18f.).

399 Prinzen und Fürsten aus im Jahr 1918 nicht mehr regierenden Häusern (ebd. S.30).

400 Reichsgrafen waren früher reichsunmittelbare Herrscher einer Grafschaft, unterstanden also nur dem Kaiser und keinem anderen dazwischengeschalteten Landesherrn, und standen daher protokollarisch eine Stufe höher als „gewöhnliche" Grafen.

401 Landgrafen sind eigentlich nur noch Wagner-Liebhabern aus dem „Tannhäuser" ein Begriff, in dem der Landgraf Hermann von Thüringen die Sänger zu einem Wettstreit einlädt.

402 Für hochgräfliche Häuser, also solche, die vor 1400 urkundlich erwähnt wurden.

Titel	Anschrift	Anrede	Veraltet
		Wörth, Sehr geehrte/r Herr/Frau von Wörth	
(Reichs-) Freiherr[403] (Reichs-)Freifrau Baron/in[404] (ist der „Zwillingsbruder"des Freiherrn)	Ulrich/Elisabeth Freiherr/Freifrau von Wörth, *behördlich auch* Herr/Frau Ulrich/Elisabeth Freiherr/Freifrau von Wörth[405] *aber auch durchaus üblich* Herrn/Frau Ulrich/ Elisabeth von Wörth *die Tochter teilweise noch* Henriette Freiin von Wörth, *sonst* Frau Henriette von Wörth	*Das Adelsprädikat „Freiherr" wurde auch früher nicht gesprochen, daher:* Herr/Frau von Wörth *möglich auch:* Baron/Baronin (von Wörth) *Tochter:* Frau von Wörth *im Brief:* Sehr geehrte/r Freiherr/Freifrau von Wörth, *oder* Sehr geehrte/r Herr/Frau von Wörth *Seltener* Sehr geehrte/r Baron/in, Sehr geehrte/r Baron/in von Wörth	Hochgeboren *(Uradel, sonst:)* Hochwohlgeboren Baronesse[406]

403 Herrschten wie die Reichsgrafen früher über ein eigenes Gebiet und unterstanden dem Kaiser unmittelbar.

404 Barone kommen vielfach aus dem baltischen Adel und wurden durch einen Beschluss der Adelsrechtlichen Abteilung der Deutschen Adelsgenossenschaft 1931 im „Gotha" in die Abteilung der Freiherrn aufgenommen. Aufgrund eines Beschlusses des Adelsrechtsausschusses von 1955 ist es ihnen freigestellt, den Titel Freiherr oder Baron zu führen. Freiherrn kann man immer mit „Baron" ansprechen. Aber das sind Feinheiten.

405 Namensrechtlich korrekt, wird wegen der Dopplung des „Herr" und „Frau" im gesellschaftlichen Verkehr aber nicht verwandt.

406 Schon vor 50 Jahren hielten Meissner/Burkhard „Baronesse" für altmodisch, merkten aber an, dass es „in einigen Adelskreisen noch gerne gehört" wird.

Titel	Anschrift	Anrede	Veraltet
Edler/Edle	Herrn Ulrich Edler von Wörth, Frau Elisabeth Edle von Wörth	*im Gespräch*: Herr/ Frau von Wörth *im Brief*: Sehr geehrte/r Herr/Frau von Wörth	
Ritter *(persönlicher Adel)*[407]	Herr Ulrich Ritter von Wörth, *aber*: Frau Elisabeth von Wörth	*wie Edler*	Hochwohl-geboren
Untituliert *(schlichtes „von“)*	Herrn/Frau Ulrich/Elisabeth von Wörth	*wie Edler*	

407 Wurde bis 1918 für persönliche Tapferkeit verliehen. Der Titel geht nicht auf die Kinder über und wird auch nicht von der Ehefrau getragen.

I. Rangordnung der Repräsentanten deutscher Institutionen

Bundespräsident/in

Präsident/in des Deutschen Bundestags

Bundeskanzler/in[408]

Präsident/in des Bundesrats[409]

Präsident/in des Bundesverfassungsgerichts

Bundesminister[410]

Die Chefs der diplomatischen Missionen[411]

Regierungschefs der Länder

Präsidenten der Landtage

Die höchsten Repräsentanten der Religionsgemeinschaften

Die Vertreter der im Bundestag vertretenen Parteien und Fraktionen

Die Mitglieder des Bundestags

Die Richter am Bundesverfassungsgericht

Landesminister

Die Präsidenten der Wirtschaftsverbände, des Deutschen Gewerkschaftsbundes und vergleichbarer Berufsverbände

Die Präsidenten der obersten Bundesgerichte

---

408 In der Literatur wird der Bundeskanzler gelegentlich an zweiter Stelle, also vor dem Bundestagspräsident genannt.

409 Es gab Bemühungen, allerdings erfolglose, den Bundesratspräsidenten auf den Platz nach dem Bundespräsidenten zu heben, da er dessen Vertreter sei. Das Grundgesetz kennt aber keinen Vizepräsidenten, sondern sieht in Art.57 GG lediglich eine funktionale Vertretungsregelung vor.

410 Die Rangfolge spiegelt sich übrigens auch in den amtlichen Kennzeichen der Dienstwagen wider. Der Bundespräsident hat 0-1, die Bundeskanzlerin 0-2. Die klassischen Ressorts folgen dann in der Spitzengruppe (BD 1 für den Bundestag, BD 5 für das Bundespräsidialamt, BD 7 für das Auswärtige Amt, BD 9 für das Bundesinnenministerium usw.). In den Bundesländern wird BD durch die Länderkennung ersetzt, also B für Berlin. Wenn Sicherheitsbedenken nicht entgegenstehen, haben auch Botschaftswagen festgelegte Kennzeichen, die – mit Ausnahmen – alphabetisch gelistet sind, so zum Beispiel 0 11 für Ägypten, 0 17 für die USA, 0 45 für Frankreich, 0 49 für Großbritannien, 0 140 für Russland.

411 Hier habe ich ausnahmsweise eine Gruppe von Ausländern eingefügt, denen Sie bei offiziellen Anlässen häufiger begegnen können. Diese Rangordnung ist allerdings eine deutsche Besonderheit. In anderen Ländern rangieren die Botschafter als Vertreter ihres Staatsoberhaupts vor den Ministern.

K. Amtliche Reihenfolge der Bundesminister/innen

Kabinettsbeschluss vom 14.03.2018[412]

BM der Finanzen
BM des Inneren, für Bau und Heimat
BM des Auswärtigen
BM für Wirtschaft und Energie
BM der Justiz und für Verbraucherschutz
BM für Arbeit und Soziales
BM der Verteidigung
BM für Ernährung und Landwirtschaft
BM für Familie, Senioren, Frauen und Jugend
BM für Gesundheit
BM für Verkehr und digitale Infrastruktur
BM für Umwelt, Naturschutz und nukleare Sicherheit
BM für Bildung und Forschung
BM für wirtschaftliche Zusammenarbeit und Entwicklung
BM für besondere Aufgaben

412 Die Reihenfolge der Bundesminister/innen wird nach jeder Regierungsneu- oder -umbildung festgelegt.

L. AMTSBEZEICHNUNGEN DER BEAMTEN [413]

Beamte	**AA Inland** (nur bei Abweichung)	**AA Botschaften/Konsulate** (nur bei Abweichung)
Staatssekretär (StS)[414]		
Ministerialdirektor (MD/MinDir)		Botschafter
Ministerialdirigent (MDg/MinDirig)		Botschafter, Generalkonsul, Gesandter
Ministerialrat (MR/ MinRat) Leitender Regierungsdirektor (LRD)	Vortragender Legationsrat Erster Klasse (VLR I)	Botschafter, Generalkonsul, Gesandter, Gesandter-Botschaftsrat, Botschaftsrat Erster Klasse (BR I)
Regierungsdirektor (RD/RegDir)	Vortragender Legationsrat (VLR)	Generalkonsul, Botschaftsrat (GK, BR)
Oberregierungsrat (ORR)	Legationsrat Erster Klasse (LR I)	Konsul Erster Klasse (Ks I)
Regierungsrat (RegRat/RR)	Legationsrat (LR) *als Beamter auf Probe* Legationssekretär (LS)	Konsul (Ks)
(Regierungs-) Oberamtsrat (ROAR)	Oberamtsrat (OAR)	Kanzler Erster Klasse (Kzl I)

413 Die komplette Liste der Amtsbezeichnungen im öffentlichen Dienst findet sich in der Anlage I zum BBesGes. Diese Amtsbezeichnungen gibt es auch in den Ländern. Die Abkürzungen stehen in Klammern. Der tabellarischen Übersichtlichkeit halber werden nur die männlichen Amtsbezeichnungen aufgeführt

414 Die Parlamentarischen Staatssekretäre (PstS) und Staatsminister (StM) sind keine Beamten, sondern Mitglieder des Bundestags.

(Regierungs-) Amtsrat (RAR)	Amtsrat (AR)	Kanzler Erster Klasse (Kzl I)
(Regierungs-) Amtmann (RAmtm)		Kanzler (Kzl)
(Regierungs-) Oberinspektor (ROI)	Konsulatssekretär Erster Klasse (KS I)	
Regierungs-inspektor (RI)	Konsulatssekretär (KS)	
Regierungsamts-inspektor (RAI)		
Regierungshaupt-sekretär (RHS)		
Regierungsober-sekretär (ROS)		
Regierungssekretär (RS)		
Oberamtsmeister (OAM)		
Amtsmeister (AM)		
Hauptamtsgehilfe (HAG)		
Oberamtsgehilfe (OAG)		

M. DIENSTGRADE DER BUNDESWEHR [415]

Heer, Luftwaffe	Marine
General (Gen)	Admiral (Adm)
Generalleutnant (GenLt/GL)	Vizeadmiral (VAdm/VADM)
Generalmajor (GenMaj/GM)	Konteradmiral (KAdm/KADM)
Brigadegeneral (BrigGen/BG)	Flottillenadmiral (FltlAdm/FADM)
Oberst (O)	Kapitän zur See (Kpt zS/KZS)
Oberstleutnant (Oberstlt/OTL)	Fregattenkapitän (FKpt/FK)
Major (Maj/M)	Korvettenkapitän (KKpt/KK)
Stabshauptmann (StHptm/SH)	Stabskapitänleutnant (StKptLt/SKL)
Hauptmann (Hptm/H)	Kapitänleutnant (KptLt/KL)
Oberleutnant (OLt/OL)	Oberleutnant zur See (OLt zS/OLZS)
Leutnant (Lt/L)	Leutnant zur See (Lt zS/LZS)
Oberstabsfeldwebel (OStFw/OSF)	Oberbootsmann (OStBtsm/OSB)
Stabsfeldwebel (StFw/SF)	Stabsbootsmann (StBtsm/SB)
Oberfähnrich (OFähnr/OFR)	Oberfähnrich zur See (OFähnr zS/OFRZS)
Hauptfeldwebel (HptFw/HF)	Hauptbootsmann (HptBtsm/HB)
Oberfeldwebel (OFw/OF)	Oberbootsmann (OBtsm/OB)
Fähnrich (Fähnr/FR)	Fähnrich zur See (Fähnr zS/FRZS)
Feldwebel (Fw/F)	Bootsmann (Btsm/B)
Stabsunteroffizier (StUffz/SU)	Obermaat (OMaat/OMT)
Fahnenjunker (Fhj/Fj)	Seekadett (SKad/SK)

415 Nach der Soldatenlaufbahnverordnung (SLV).

Unteroffizier (Uffz/U)	Maat (Maat/MT
Oberstabsgefreiter (OStGefr/OSG)	Oberstabsgefreiter (OStGefr/OSG)
Stabsgefreiter (StGefr/SG)	Stabsgefreiter (StGefr/SG)
Hauptgefreiter (HptGefr/HG)	Hauptgefreiter (HptGefr/HG)
Obergefreiter (OGefr/OG)	Obergefreiter (OGefr/OG)
Gefreiter (Gefr/G)	Gefreiter (Gefr/G)
Soldat (S)[416],	Matrose (Matr)

416 Nach Truppengattung und Truppenteil unterschiedlich; möglich u.a. Grenadier, Jäger, Panzerschütze, Panzergrenadier, Flieger, Kanonier, Schütze u.a.

N. Verdienstorden der BR Deutschland

Stufe	**Tragweise**	**Internationale Klasse**
Verdienstmedaille	Linke Brust, am Bande	Medaille
Verdienstkreuz am Bande	Linke Brust, am Bande	Ritterkreuz
Verdienstkreuz Erster Klasse	Linke Brust, Steckkreuz	Offizierskreuz
Großes Verdienstkreuz	am Halsband	Komtur
Großes Verdienstkreuz mit Stern	am Halsband, Bruststern links	Großkomtur
Großes Verdienstkreuz mit Stern und Schulterband	am Schulterband; es wird von der rechten Schulter zur linken Hüfte getragen. Bruststern links	Großkreuz 2. Klasse
Großkreuz	wie oben	Großkreuz Erster Klasse
Großkreuz in besonderer Ausführung[417]	wie oben	Großkreuz (Sonderform)
Sonderstufe des Großkreuzes[418]	wie oben	

417 Bisher nur Konrad Adenauer und Helmut Kohl.

418 Nur für Staatsoberhäupter und ihre Familienangehörigen. Amtsinsignie des Bundespräsidenten als Ordensherr.

O. Akademische Grade

Seit dem Bologna-Prozess gibt es aus Gründen der europäischen Harmonisierung von europäischen Studiengängen und -abschlüssen auch deutsche Bachelor- und Masterabschlüsse. Sie tragen englische Bezeichnungen.[419]

B.A.	Bachelor of Arts
M.A.	Master of Arts
B.Ed.	Bachelor of Education
M.Ed.	Master of Education
B.Eng.	Bachelor of Engineering
M.Eng.	Master of Engineering
B.F.A.	Bachelor of Fine Arts
M.F.A.	Master of Fine Arts
B.LL.	Bachelor of Laws
M.LL.	Master of Laws
B.Mus.	Bachelor of Music
M.Mus.	Master of Music
B.Sc.	Bachelor of Science
M.Sc.	Master of Science

419 Daneben gibt es weiterhin das Diplom, das Lizenziat, den Magister, den Doktor und die Staatsexamen, u.a. der Juristen und Mediziner.

Englischer Teil

P. Briefe – British English

Adressat	Adresse	Anrede	Schlussformel
Minister (Männer und Frauen)	The Rt Hon Peter/Lisa Smith, MP Secretary of Transport	*förmlich:* Sir/Madam, Secretary, *weniger förmlich:* Dear Sir, Dear Madam, Dear Secretary Smith,	*Förmlich:* Accept, Sir/ Madam, the (renewed) assurance of my highest consideration, *Weniger förmlich:* I am, dear Secretary, yours respectfully/sincerely, Respectfully, Sincerely,
Männliches Parlamentsmitglied	The Rt Hon Peter Smith, MP *oder* Sir Peter Smith, KCMG, MP *(hier mit Adelstitel und Orden)*	*förmlich:* Sir, *weniger förmlich:* Dear Mr Smith, My dear Mr Smith, *oder* (My) dear Sir Peter,	*förmlich:* Respectfully yours, *weniger förmlich:* Yours faithfully, Yours sincerely, *(es ist unerheblich, ob das „yours" vor oder nach „sincerely" steht; in den USA eher dahinter)*
Weibliches Parlamentsmitglied	The Rt Hon. Lisa Smith, MP	Madam, Dear Ms/Mrs Smith,	*wie oben*

Botschafter	His/Her Excellency Peter/Lisa Smith Ambassador of the People's Republic of Ruretania	*förmlich, fremde Botschafter:* Excellency, *weniger förmlich und immer eigene Botschafter:* Sir/Madam, Mr/ Mrs Ambassador, Dear Mr/Mrs Ambassador, My dear Ambassador,	*förmlich:* Please accept, Excellency, the assurances of my highest consideration, I am, Sir/Madam, yours very sincerely, I am, Mr/Mrs Ambassador, yours very sincerely, Respectfully yours, Yours sincerely,
Unbe-kannte Adressaten, Beamte, Diplo-maten, öffentliche und Firmen-angestellte	Mr/Dr Peter Brown, Esq Mr/Mrs Peter/Lisa Brown	Sir/Madam, Dear Sir/Madam, Dear Sirs, Dear Sir or Madam, Dear Mr/Mrs/Dr Smith	Yours faithfully, Yours sincerely,

Q. BRIEFE – AMERICAN ENGLISH

Adressat	**Adresse**	**Anrede**	**Schlussformel**
Präsident der USA (*Mann und Frau*)	The President The White House Washington DC 20500 *weniger förmlich :* The President and Mrs. Brown, *bei Präsidentin* The President and Mr. John Brown[420]	Mr./Madam President: Dear Mr./Madam President: *bei Ehepaar* Dear Mr. President and Mrs. Brown:	Most respectfully,
Minister (*Mann und Frau*)	The Honorable Peter/Lisa Smith, Secretary of Transport	*förmlich:* Mr./Madam Secretary: Sir/Madam: *weniger förmlich:* Dear Mr./Madam Secretary: *bei Ehepaar* Dear Mr./Madam Secretary and Mrs./ Mr. Smith)	Respectfully yours, Respectfully, Sincerely yours, Yours sincerely, Sincerely,
Senator (*Mann und Frau*)	The Honorable Peter/Lisa Smith United States Senate	Dear Senator Smith:	Sincerely yours, Sincerely,
Speaker of the House of Repre-sentatives *(Mann und Frau)*	The Speaker of the House of Representatives, United States Capitol Washington DC	Dear Mr./Madam Speaker:	Respectfully yours, Respectfully,

420 Ein Relikt früherer männlicher Dominanz ist, dass nur beim Ehemann, nicht aber bei der Ehefrau der Vorname genannt wird.

	20515		
Repre- sentative *(Mann und Frau)*	The Honorable Peter/Lisa Smith United States House of Representatives	Dear Mr./Ms. Peter/Lisa Smith:[421] *wenn Vor-sitzende(r) eines Ausschusses:* Dear Mr./Madam Chairman:	Sincerely yours, Sincerely,
Richter am Supreme Court	Justice Peter/Lisa Smith The Supreme Court	Dear Justice Smith:	Respectfully yours, Respectfully,
Andere Richter	The Honorable Peter/Lisa Smith Gericht, Adresse	Dear Judge Smith:	Sincerely yours, Sincerely,
General	Brigadier General Peter Smith, USAF/USA/USN (*Air Force/Army/ Navy*) Funktion, Adresse	Dear General Smith:	Sincerely yours, Sincerely,
Fremder Botschafter	His/Her Excellency Peter/Lisa Smith Ambassador of the Kingdom of Ruretania	Your Excellency: Dear Mr./Madam Ambassador: Dear Ambassador Smith:	Sincerely yours, Sincerely,
Eigener Bot-schafter	The Honorable Peter/Lisa Smith Ambassador of the United States of America[422]	Dear Mr./Madam Ambassador: Dear Ambassador Smith:	Sincerely yours, Sincerely,

421 *Congressman* und *Congresswoman* sind eigentlich keine Anreden, werden aber im gesellschaftlichen Verkehr im Gespräch gebraucht.

422 Sie adressieren den Brief immer an die „Embassy of the United States of America“, nicht an die „American Embassy“. Man schreibt auch nicht „American citizen“ sondern immer „citizen of the USA“, da die USA ein Teil des amerikanischen Kontinents sind. Doch Briefe an US-Botschafter außerhalb der westlichen Hemisphäre

Anglikanischer Bischof, *z.B. Dr. Peter Smith, Bischof von Durham*	The Right Reverend Bishop of Durham Adresse	My Lord: *oder* My Lord Bishop:	Yours respectfully,
Katholische Kirche: Kardinal	His Eminence Joseph Cardinal Brown (auch Cardinal Joseph Brown möglich) Archbishop of Ahern	Your Eminence: *weniger förmlich:* Dear Cardinal Brown:	Respectfully yours, Respectfully,
Katholische Kirche: Priester	The Reverend Peter Smith, S.J. (*wenn Jesuit)* Kirche, Adresse	Dear Father Smith:	Sincerely yours, Sincerely
Unbekannter Empfänger im öffentlichen Dienst unterhalb Ministerebene oder in Wirtschaft	Mr./Mrs./Ms. Peter/Lisa Smith; Peter/Lisa Smith, Esquire; Mr. and Mrs. Peter Smith; Mr. and Mrs. Peter and Lisa Smith	Dear Mr./Mrs./Ms. Smith:	Sincerely,
Rechtsanwalt	Mr./Ms. Lisa/Peter Smith Attorney at Law, Name der Firma Adresse *oder* Lisa/Peter Smith, Esq. Name der Firma usw.	Dear Mr./Mrs./Ms. Smith:	Sincerely,

adressieren Sie an den „American Ambassador“.

R. Englischer Adel

Bei uns in Deutschland werden Sie nur selten Anwendungsfälle finden, in denen Sie einen oder eine Adlige förmlich anreden. In Monarchien ist das anders. Durch die Medien sind die britischen Adelstitel wohl am bekanntesten.[423] Hier unterscheidet man zwischen Hochadel (nobility) und Landadel (gentry).

Peerage (Nobility)

Der Hochadel mit den Peers und Peeresses (Peerage) kennt fünf Grade:

Duke/Duchess (Herzog/in), seit 1337

Marquess/Marchioness (abgeleitet von dem französischen „Marquis“ und von „Markgraf“), seit 1385

Earl/Countess (abgeleitet vom skandinavischen „Jarl“), seit 1016, also noch aus der Zeit der Sachsen. „Earl“ wird für den Adel in Großbritannien verwandt, „Count“ für den gräflichen Adel außerhalb des Königreichs.

Viscount/Viscountess (abgeleitet von Vice Comes, dem Vertreter eines Count), seit 1440

Baron/Baroness, ein von den Normannen eingeführter Rang

Die Rangfolge der Peers wird dadurch verkompliziert, dass sie jeweils einer von fünf verschiedenen Peerages angehören, der von England, Schottland, Großbritannien, Irland und dem United Kingdom. Diese Reihenfolge gibt auch die Rangfolge an.

Der Adelstitel geht nach dem Tod des Vaters nur auf den ältesten Sohn über. Alle übrigen Söhne und Töchter tragen bürgerliche Namen, auch der älteste Sohn, bis er den Adelstitel des Vaters geerbt hat. Sehr große Familien verfügen über mehrere Titel. Das Familienoberhaupt trägt den höchsten; die anderen werden der Reihe und Rangordnung nach auf die anderen Familienangehörigen verteilt. Gibt es nicht genügend Söhne und nächste männliche Familienangehörige, können auch die Töchter und die nächsten weiblichen Verwandten berücksichtigt werden. Damit tragen Söhne, Enkel und Neffen derselben Familie, mitunter auch Töchter und Nichten, gänzlich unterschiedliche Namen. Da sie kein „of“ vor ihrem Namen führen (nur vor dem Titel,

---

423 Die folgenden Ausführungen stützen sich auf *Debrett's Correct Form* und die FAZ vom 17.5.2018 („Royals und Co.“).

etwa der Duke of Marlborough), ist ihr Name von dem der Bürgerlichen nicht zu unterscheiden. Man muss die Namen einfach kennen; wenn ein Brite einen Spencer-Churchill trifft, weiß er, dass dieser aus der Familie des Duke of Marlborough kommt.

Damit aber nicht genug. Die Namen und Titel verschieben sich beim Tod des jeweiligen Familienchefs und „höherer" Namensträger. Bei einem Todesfall rückt also ein jeder der unmittelbaren Nachkommen in die nächsthöhere Stufe auf und heißt dann anders. Wer das nicht genau verfolgt, kann sich da nie auskennen und findet seinen Studienfreund, den er als John Radcliffe kannte, kaum wieder. Es sei denn, er konsultiert die neueste Ausgabe von „Burke's Peerage", eine Art englischen „Gotha". Für einen Ausländer ist das alles ziemlich verwirrend[424].

Alle Peers hatten bis 1999 einen Sitz im Oberhauses (House of Lords). Durch eine Reform, die die große Zahl der Oberhausmitglieder drastisch verringerte, verloren viele der erblichen Peers aus alten Adelshäusern ihren Sitz. Heute hat das Oberhaus 802 Mitglieder: 687 auf Lebenszeit ernannte „life peers", 90 erbliche Adlige und 25 Bischöfe der Anglikanischen Kirche.[425]

Die Anrede lautet beim Duke förmlich „Your Grace" (Euer Gnaden), im gesellschaftlichen Verkehr „Duke/Duchess" (also wie bei uns), im Brief „Dear Madam" (förmlich) oder „Dear Duchess" (social).

Bei dem Marquess, Earl, Viscount und Baron sind die Anreden gleich und lauten "My Lord"/"My Lady" (förmlich, vor allem Bedienstete und Untergebene), „Lord X" oder „Lady X" im gesellschaftliche Verkehr für andere. Es gilt als unfein, bei den Adelstiteln zu unterscheiden, wie man bei uns bei allen Generalsrängen auch „Herr General" sagt. Bei einer Baronin kann man statt „Dear Baroness X" auch „Dear Lady X" sagen, je nach dem, was die Angesprochene lieber hört.

Man unterscheidet die Adelstitel nur bei der Adressierung eines Briefes.

Gentry

Unterhalb der Peers, in der „Gentry", gibt es Baronets und Knights:

- *Baronet* ist ein erblicher Titel, der zwischen „Baron" und „Knight" angesiedelt ist (seit 1611). Sir Denis Thatcher, der Mann von Margret Thatcher, hatte diesen Titel. Der Baronet führt ein „Sir" vor dem Namen und bei der

424 Meissner/Burkhard, Gute Manieren, S.411. Details können Sie unter https://en.wikipedia.org./wiki/Courtesy_titles_in_the_United_Kingdom googeln.

425 Das Unterhaus, bei dem das politische Gewicht liegt, hat 650 Abgeordnete.

Adressierung eines Briefes die Abkürzung „Bt“ hinter dem Namen. So steht auf dem Briefumschlag „Sir John Brown, Bt“. Die förmliche Anrede im Brief lautet „(Dear) Sir“, die gesellschaftliche (social) „Dear Sir John“. Mündlich wird er immer mit “Sir John“ angeredet.

- Die Frau des Baronets führt ein „Lady“ vor dem Nachnamen; Sie kennen alle den Buchtitel „Lady Chatterley’s Lover“. Hat sie noch den Ehrentitel „Honourable“, wird er vorangestellt, also „The Honourable Lady Brown“. Die schriftliche Anrede lautet „(Dear) Madam“ (förmlich), und „Dear Lady Brown“ (gesellschaftlich), die mündliche immer „Lady Brown“. Auf dem Briefumschlag steht nur „Lady Brown“. Gibt es andere mit dem selben Titel und Nachnamen, setzen Sie den Vornamen in Klammern dazu: „Lady (Edith) Brown“.

- Die persönliche, also nicht erbliche Würde des *Knight* wird am häufigsten verliehen, an Politiker und andere Persönlichkeiten der Gesellschaft, von denen bei uns vor allem die Sportler wie David Beckham und Musiker wie Mick Jagger und Simon Rattle bekannt sind.[426] Diese Erhebung in den Adelsstand ist Folge der Verleihung bestimmter Orden (Garter und Thisle immer, bei Bath, Star of India, St Michael and St George, Indian Empire, Royal Victorian, British Empire der obersten Grade, die ein „Knight“ im Namen tragen) oder durch die Verleihung des „Knight Bachelor“.[427] Knights haben das Recht, ein „Sir“ vor dem Namen zu führen; angeredet werden sie mit „Sir“ und dem Vornamen, also als Sir Simon und nicht Sir Rattle. Auf dem Briefumschlag steht „Sir John Brown“ (eventuell mit der Abkürzung des Ordens), bei der schriftlichen Anrede „(Dear) Sir“ (förmlich) und „Dear Sir John“ (gesellschaftlich). Der Ausdruck „Knight“ erscheint allenfalls in offiziellen oder juristischen Schriftstücken. Mit „Sir“ alleine spricht man nur Höhergestellte an.

- Die Frau eines Knight wird wie die eines Baronets angeredet: „Lady Smith“. Auf Briefumschlägen steht immer „Lady Smith“, die Anrede im Brief lautet „(Dear) Madam“ (förmlich) oder „Dear Lady Smith“ (gesellschaftlich).

Den Titel *„Dame“* tragen Damen, die den Orden vom Bath, St Michael and George, Royal Victorian oder British Empire in den Stufen „Dame Grand Cross“ oder „Dame Commander“ verliehen bekommen haben. Der Titel wird

426 Laut Stemmler, Royals und Co, in der FAZ vom 17.5.2018 ist die Verleihung des „Knight“ etwa so häufig wie die der deutschen Honorarprofessur.

427 An Ausländer verliehene Orden geben nur das Recht, die Ordensbuchstaben hinter dem Namen zu führen, nicht aber das „Sir“ vor dem Namen.

immer zusammen mit dem Vornamen benutzt, also „Dame Edith Smith“. Sie wird „Dame Edith“ angeredet. Auf dem Briefumschlag steht „Dame Edith Smith“ mit der Abkürzung des entsprechenden Ordens, die schriftliche Anrede lautet „(Dear) Madam“ (förmlich) oder „Dear Dame Edith“ (gesellschaftlich) und, wenn man sie kaum kennt, auch „Dear Dame Edith Smith“. Der Ehemann hat an dem Titel keinen Anteil; das Ehepaar heißt also „Mr and Dame Brown“.

Esquire

Der „Esquire“, meistens „Esq“ abgekürzt, wird nur in der Briefanschrift verwandt. Diese Bezeichnung – es ist kein Adelstitel – gebührt jedem Gentleman, also auch Bürgerlichen. Ursprünglich gehörte es zum Begriff des Gentleman, dass er ein Landgut besaß. Mit dem Erwerb eines solchen Landbesitzes wurde er ein „Squire“, erhielt die damit verbundenen Vorrechte (niedere Gerichtsbarkeit und Patron der Dorfkirche) und stand im Rang dem Kleinadel etwa gleich. Daraus ergab sich später, dass ein Mann, dessen Familie einen adligen Lebensstil führte, auch dann „Esquire“ blieb, wenn er keinen Landsitz mehr hatte. So wird ein Gentleman auch heute noch, wenn man höflich sein will, als „Esquire“ angeschrieben.[428]

Viceroy

„Viceroy“, der letzte Viceroy of India zum Beispiel war Lord Mountbatten, ist kein Adelstitel, sondern die Amtsbezeichnung des britischen Gouverneurs in den Kolonien.

Prinzen

Prinzen und Prinzessinnen sind in England nur die Mitglieder des Königshauses. Sie werden aber meisten nicht so genannt, sondern sind unter einem anderen Adelstitel bekannt. Die Brüder des Kronprinzen Charles, Prince of Wales, sind Andrew, Duke of York, und Edward, Earl of Wessex. Seine Schwester Anne ist Princess Royal.

---

428 Meissner/Burkhard, Gute Manieren, S.411.

S. „Textspeak"
Englische Abkürzungen

AFAIK	As far as I know
AML	All my love
ASAP	As soon as possible
AYSOS	Are you stupid or something?
B4	Before
BRB	Be right back
BTW	By the way
BW	Best wishes
CU	See you
GBH	Great big hug
GL	Good luck
HAK	Hugs and kisses
I<3U	I love you
IMO, IMHO	In my (humble) opinion
IMS	I am sorry
KISS	Keep it simple, stupid
LOL	Laughs out loud
NOYB	None of your business
N1	Nice one
OMDB	Over my dead body
OMG	Oh my god
PAL	Parents are listening
PAW	Parents are watching
PAX	Persons
PIR	Parents in room
ROFL	Rolling on the floor laughing
SOHF	Sense of humour failure
TBC	To be continued
TGIF	Thank God it's Friday
THX	Thanks

TOM	Tomorrow
TTG	Time to go
TVM	Thank you very much
WBU	What about you?
WDYMBT	What do you mean by that?
WYP	What's your problem?
WYWH	Wish you were here
XOXO	Hugs and kisses
ZZZ	Sleeping, bored

T. Britische Orden

K.G.	Knight of the Order of the Garter („Hosenbandorden“)
K.T.	Knight of the Order of the Thisle
K.P.	Knight of the Order of St. Patrick
	Order of the Bath
G.C.B.	Knight Grand Cross
K.C.B.	Knight Commander
C.B.	Companion
O.M.	Order of Merit
	Star of India
G.C.S.I.	Knight Grand Commander
K.C.S.I.	Knight Commander
C.S.I.	Companion
	Order of St Michael and St George
G.C.M.G.	Knight Grand Cross
K.C.M.G.	Knight Commander
C.M.G.	Companion
	Order of the Indian Empire
G.C.I.E.	Knight Grand Commander
K.C.I.E.	Knight Commander
C.I.E.	Companion
	Order of the Royal Victorian Order
G.C.V.O.	Knight (or Dame) Grand Cross
K.C.V.O.	Knight Commander
D.C.V.O.	Dame Commander
C.V.O.	Commander
M.V.O.	Member (4th or 5th class)
	Order of the British Empire
G.B.E.	Knight (or Dame) Grand Cross
K.B.E.	Knight Commander
D.B.E.	Dame Commander
C.B.E.	Commander
O.B.E.	Officer
M.B.E.	Member

U. Akademische Grade (UK)

D.D.	Doctor of Divinity	Theologie
LL.D.	Doctor of Laws	Jura (Cambridge und andere Universitäten außer Oxford und Durham)
D.C.L.	Doctor of Civil Law	Zivilrecht
Lit.D.	Doctor of Literature	Philologie (Cambridge und Dublin)
D.Litt.	Doctor of Letters	dito
M.D.	Doctor of Medicine	Medizin (alle Universitäten außer Oxford)
D.M.	Doctor of Medicine	dito (Oxford)
Mus.D.	Doctor of Music	Musik (Cambridge und Durham)
D.Mus.	Doctor of Music	dito (Oxford)
Ph.D.	Doctor of Philosophy	Philosophy (Cambridge und alle anderen außer:)
D.Phil.	Doctor of Philosophy	dito (Oxford)
Sc.D.	Doctor of Science	Naturwissenschaften (Cambridge und Dublin)
D.Sc.	Doctor of Science	dito (die anderen Universitäten)
M.A.	Master of Arts	(Verschiedene Fachrichtungen)
B.A.	Bachelor of Arts	
B.Lit(t).	Bachelor of Letters	
B.D.	Bachelor of Divinity	
LL.M.	Master of Laws	
M.C.L.	Master of Civil Law	
M.B.	Bachelor of Medicine	
B.M.	Bachelor of Medicine (Oxford)	
B.Mus./Mus.B.	Bachelor of Music	
B.Sc.	Bachelor of Science	

V. Akademische Grade (USA)

B.A.	Bachelor of Arts
B.Agr.	Bachelor of Agriculture
B.Arch.	Bachelor of Architecture
B.D.	Bachelor of Divinity
B.Lit.	Bachelor of Literature
B.Mus.	Bachelor of Music
B.S. und B.Sc.	Bachelor of Science
D.C.L.	Doctor of Civil Law
D.D.	Doctor of Divinity
Dr.P.H.	Doctor of Public Health
D.Theol.	Doctor of Theology
J.D.	Doctor of Laws
L.H.D.	Doctor of Humanities (Geisteswissenschaften)
Litt.B.	Bachelor of Literature
Litt.D.	Doctor of Literature
LL.B.	Bachelor of Laws
LL.D.	Doctor of Laws
LL.M.	Master of Laws
M.C.L	Master of Comparative Law
M.A.	Master of Arts
M.D.	Doctor of Medicine
M.S.	Master of Science
Mus.B.	Bachelor of Music
Mus.D.	Doctor of Music
Ph.B.	Bachelor of Philosophy
Ph.D.	Doctor of Philosophy
Sc.D.	Doctor of Science
S.T.D.	Doctor of Sacred Theology

Was Knigge wirklich sagte

Adolph Freiherr von Knigge hat nicht geschrieben, wofür er landläufig in Anspruch genommen wird. Er hat keinen Kanon guter Manieren verfasst, kein Lehrbuch der Umgangsformen. Er war vielmehr ein Humanist, der die Menschen seiner Zeit bisweilen kritisch, aber auch mit humorvoller Distanz und meist mit Sympathie betrachtete und gute Ratschläge erteilte, wie man am besten mit ihnen und ihren kleinen und großen Schwächen umging.

In seinem Buch „Über den Umgang mit Menschen“ macht er im ersten Kapitel „Allgemeine Bemerkungen und Vorschriften“. Er bricht diese anschließend in 24 Kapiteln herunter auf den Umgang mit sich selbst, mit den Menschen unterschiedlicher Gemütslagen, Stände und Berufe, auf Fürsten und Nachbarn, auf Ehegatten und Kinder, auf Reiche und Arme, auf Verliebte, Choleriker und Betrunkene, auf Geistliche, Juristen, Ärzte und Bauern, auf Schriftsteller und Leser(!). Aber auch der Umgang mit Haustieren war ihm ein Kapitel wert. Er ist ein Moralist, aber seine Ratschläge sind vor allem geprägt von dem Gebot der Rücksichtnahme und von Weltklugheit. Er schreibt gerade nicht „Über den Umgang mit Messer und Gabel“, sondern darüber, wie man mit den Menschen umgehen soll, um sich selbst vor Ungemach zu bewahren und den Mitmenschen die Rücksichtnahme zukommen zu lassen, die sie verdienen.

Ich zitiere ihn im Folgenden ausführlich. Er schreibt einen schönen, etwas altmodischen Stil; immerhin schrieb er ja vor 230 Jahren. Seine Ratschläge sind noch immer mit Gewinn zu lesen. Heute würden eher Lebensberater so etwas schreiben, nicht aber Verfasser von Benimmbüchern. Seine „Bemerkungen“ spiegeln eine Moral wider, die heute vielfach als altmodisch empfunden wird, aber dennoch zeitlos ist, wie „Strebe nach Vollkommenheit“, „Sei ordentlich und arbeitsam in Deinem Berufe“. Sie enthalten Aufforderungen zur Rücksichtnahme wie „Enthülle nie die Schwächen Deiner Nebenmenschen“, die eigentlich selbstverständlich sind, aber häufig doch nicht beachtet werden. Und enthalten so banale Hinweise wie „Verleihe nie Bücher, die Dir geliehen worden sind“, die vermuten lassen, dass Knigge selbst einige Bücher auf diese Weise auf Nimmerwiedersehen verloren hat.

Wenn ich im Folgenden Knigge ausführlich zitiere, tue ich das nicht, um Seiten zu füllen, sondern weil mir gefällt, was und wie er schreibt, und um diskret einige Hinweise zu geben, die zu äußern ich mich sonst scheuen würde. Vieles wird Ihnen bekannt vorkommen, manches werden Sie mit Schmunzeln lesen, fast immer werden Sie sagen: „Recht hat er, der alte Knabe!“

Es geht gerade nicht um Etikette

Doch fangen wir an mit dem, worüber Knigge ausdrücklich nicht schreiben will, nämlich mit den Regeln der Etikette. Er schreibt:

Kurz, alles was eine feine Erziehung, was Aufmerksamkeit auf sich selbst und andere verrät, das gehört notwendig dazu, den Umgang angenehm zu machen, und es ist wichtig, sich in solchen Dingen nichts nachzusehen. Hierüber in diesen Blättern viel mehr zu sagen: (...) dazu ist hier nicht der Ort.[429]

Bei dem Auslassungszeichen der drei Punkte (ich habe einen zwei Seiten langen Satz zusammengezogen) nennt er dann die einzigen technischen Regeln guten Benehmens in seinem Buch. Nämlich dass

- *man so wenig als möglich in einer Gesellschaft den Leuten den Rücken zukehren, in Titeln und Namen nicht irre werden solle;*
- *man den Vornehmern immer auf der rechten Seite oder, wenn drei beisammen sind, in der Mitte gehen lasse;*
- *man dem, mit welchem man gerade spricht, frei und offen, doch nicht starr und frech in das Gesicht schauen und nicht allerorten das große Wort haben solle;*
- *man den Leuten nicht in die Rede fallen dürfe;*
- *wenn man ein Frauenzimmer*[430] *führt, um sie nicht zu stoßen, mit ihr gleichen Schritt halten und mit demselben Fuße wie sie antreten, ihr auch zuweilen seine linke Hand reichen müsse, wenn sie an der rechten Seite nicht so bequem gehen würde;*
- *man auf steilen Treppen im Hinuntersteigen die Frauenzimmer vorausgehen, im Hinaufsteigen aber sie folgen lassen müsse;*
- *vornehme Leute, wenn sie nicht über Vorurteile hinaus sind, es übelnehmen, wenn ein Geringerer von sich und ihnen in Gemeinschaft spricht (z.B. „Wir haben gewonnen im gestrigen Spiele und unsre Gegner verloren"), sondern dass sie verlangen, man solle tun, als seien sie alleine in der Welt des Nennens wert: "Ihro Exzellenz, Ihro Gnaden haben gewonnen" (höchsten möchte man hinzusetzen „mit mir");*
- *man bei Tische den abgeleckten Löffel, womit man gegessen, nicht wieder vor sich hinlegen solle;*

---

429 Knigge, Umgang, S.62ff. (1.Teil, 1. Kapitel „Allgemeine Bemerkungen und Vorschriften über den Umgang mit Menschen"). Ich benutze die originale Schreibweise und ziehe der besseren Lesbarkeit halber den Text ohne Beachtung wissenschaftlicher Zitierweise zusammen.

430 Das waren früher durchaus Damen von Stande.

- *wir einen Teller, oder was uns dargereicht wird, auch dann abnehmen müssen, wenn wir nichts davon behalten wollen;*
- *es anständig sei, wenn jemand im Vorbeigehen grüßen will, den Hut auf der Seite abzuziehn, wo der Fremde nicht gehe, damit man ihn nicht damit berühre und sein Gesicht nicht vor ihm verberge;*
- *man, wenn man jemand etwas darreicht, es, insofern dies zu ändern steht, nicht mit der bloßen Hand hingeben müsse;*
- *es sich nicht schicke, in Gesellschaften in das Ohr zu flüstern, bei Tafel krumm zu sitzen, unanständige Gebärden zu machen;*
- *es unartig sei, in Gesellschaft jemandem einen unschuldigen Spaß zu verderben, z.B. wenn er Kartenkünste zeigt und wir wissen, wie das Stück gemacht wird.*

Und er schreibt weiter zu Themen, die in diesem Buch angesprochen sind:

Nur noch etwas über die Kleidung. Kleide Dich nicht unter und nicht über Deinem Stand; nicht über und nicht unter Dein Vermögen; nicht phantastisch; nicht bunt; nicht ohne Not prächtig, glänzend noch kostbar; aber reinlich, geschmackvoll, und wo Du Aufwand machen musst, da sei Dein Aufwand zugleich solide und schön. Zeichne Dich weder durch altväterische, noch jede neumodische Torheit nachahmende Kleidung aus. Wende einige größere Aufmerksamkeit auf Deinen Anzug, wenn Du in der großen Welt erscheinen willst.

Es ist wichtig, jede kleine Regel des Anstandes, selbst in dem Zirkel seiner Familie, zu beobachten, um sich das zur andern Natur zu machen.

Es gibt noch andre kleine gesellschaftliche Unschicklichkeiten und Unkonsequenzen, die man vermeiden und wobei man immer überlegen muss, wie es wohl aussehen würde, wenn jeder von den Anwesenden sich dieselbe Freiheit erlauben wollte; zum Beispiel bei der Predigt zu schlafen; in Konzerten zu plaudern und bei dem Tanze zugleich die Melodie mitzusingen. Bleibe auch nicht allein im Zimmer, wo Schriften oder Gelder herumliegen.

Das war es aber schon mit den Benimmregeln. Dann kommt der Moralist zum Vorschein.

Der Anspruch an sich (und andere)

Knigge schreibt über Eigenschaften und Verhalten, die Sie auch heute noch bei Ihren Mitmenschen beobachten können. In einer stillen Stunde der Selbstkritik werden sie die eine oder andere vielleicht auch bei sich selbst erkennen können. Die Lektüre lohnt sich also.[431]

Zeige Dich mit einem gewissen bescheidenen Bewusstsein innerer Würde, und vor allen Dingen mit dem auf Deiner Stirne strahlenden Bewusstsein der Wahrheit und Redlichkeit! Zeige Vernunft und Kenntnisse, wo Du Veranlassung dazu hast!

Strebe nach Vollkommenheit und nicht nach dem Scheine der Vollkommenheit und Unfehlbarkeit!

Sei aber nicht gar zu sehr ein Sklave der Meinungen andrer von Dir! Sei selbständig!

Enthülle nie auf unedle Art die Schwächen Deiner Nebenmenschen, um Dich zu erheben! Suche keinen Menschen, auch den Schwächsten nicht, in Gesellschaft lächerlich zu machen.

Suche weniger selbst zu glänzen als andern Gelegenheit zu geben, sich von vorteilhaften Seiten zu zeigen, wenn Du gelobt werden und gefallen willst.

Schreibe nicht auf Deine Rechnung, wovon andern das Verdienst gebührt!

Fehlt Dir etwas, hast Du Kummer, Unglück, leidest Du Mangel, so klage Dein Leid, Deine Schwäche niemand als dem, der helfen kann, selbst Deinem treuen Weibe nicht!

Rühme Dich nicht zu laut Deiner glücklichen Lage! Krame nicht zu glänzend Deine Pracht, Deinen Reichtum, Deine Talente aus! Die Menschen vertragen selten ein solches Übergewicht ohne Murren und Neid.

Gegenstand des Geistes ist ein seltenes Geschenk des Himmels. Ich rate daher, wenn eine unerwartete Frage uns überrascht, nur eine Minute still zu schweigen und der Überlegung Zeit zu lassen.

So wenig als möglich lasset uns von anderen Wohltaten fordern und annehmen! Man trifft gar selten Leute an, die nicht früh oder spät für kleine Dinge große Rücksichten forderten.

Keine Regel ist so allgemein, keine so heilig zu halten, als die, auch in der geringsten Kleinigkeit unverbrüchlich Wort zu halten. Es gibt keine Notlügen; noch nie ist eine Unwahrheit gesprochen worden, die nicht früh oder spät nachteilige Folgen für jedermann gehabt hätte.

Sei streng, pünktlich, ordentlich, arbeitsam, fleißig in Deinem Berufe!

---

431 Es folgen – häufig zusammengezogene – Zitate aus dem 1. Teil, 1. Kapitel, Nr. 1 bis 62, S.38ff.

Verleihe nie Bücher oder andre Dinge, die Dir geliehen worden.

Interessiere Dich für andre, wenn Du willst, dass andre sich für Dich interessieren sollen!

Vor allem vergesse man nie, dass die Leute unterhalten, amüsiert sein wollen, dass es aber unter der Würde eines klugen Mannes ist, den Spaßmacher, und eines redlichen Mannes, den niedrigen Schmeichler zu machen.

Wem es darum zu tun ist, dauerhaft Achtung sich zu erwerben, der würze nicht ohne Unterlass seine Gespräche mit Lästerungen, Spott, Medisance und gewöhne sich nicht an den auszischenden Ton von Persiflage!

Erzähle nicht leicht Anekdoten, besonders nie solche, die irgend jemand in ein nachteiliges Licht setzen, auf bloßes Hörensagen nach! Hüte Dich, von einem Hause in das andre Nachrichten zu tragen, vertrauliche Tischreden, Familiengespräche! Eine der wichtigsten Tugenden im gesellschaftlichen Leben, die wirklich täglich seltener wird, ist die Verschwiegenheit.

Schrecke, zerre und necke auch niemand, selbst Deine Freunde nicht, mit falschen Nachrichten, mit Witzeleien oder was sonst auf einen Augenblick beunruhiget, in Verlegenheit setzt.

Man hüte sich, bei Personen, mit denen man umgeht, unberufen unangenehme Dinge in Erinnerung zu bringen. Nimm nicht daran teil, lächle nicht beifällig, tue lieber, als hörtest Du es gar nicht, wenn jemand einem Dritten unangenehme Dinge sagt oder ihn beschämt.

Sei vorsichtig im Tadel und Widerspruche! Es gibt wenige Dinge in der Welt, die nicht zwei Seiten haben.

Habe Acht auf Dich, dass Du in Deinen Unterredungen nicht durch einen wässrigen, weitschweifigen Vortrag ermüdest. Lass' auch andre zu Wort kommen. Rede nicht von Dingen, die außer Dir schwerlich jemanden interessieren können. Rede nicht in einer fremden Sprache, wenn es glaublich ist, dass nicht jeder, der um Dich ist, dieselbe verstehe.

Vermeide, mit aller Gewalt zu glänzen. Rede nicht zu viel von Dir selber, außer in dem Zirkel Deiner vertrautesten Freunde! Sei, was Du bist, immer ganz und immer derselbe. Nicht heute warm, morgen kalt; heute grob, morgen höflich und zuckersüß. Mit solchen Leuten ist übel umzugehen.

Hüte Dich, in den Fehler derjenigen zu verfallen, die aus Mangel an Gedächtnis oder an Aufmerksamkeit auf sich, oder weil sie so verliebt in ihre eigenen Einfälle sind, dieselben Histörchen, Anekdoten, Späße, Wortspiele, witzige Vergleichungen und so ferner bei jeder Gelegenheit wiederholen.

Würze nicht Deine Unterhaltung mit Zweideutigkeiten. Zeige auch keinen Beifall, wenn andre dergleichen vorbringen. Auch in bloß männlicher Gesellschaft verleugne nicht die Schamhaftigkeit, Sittsamkeit und Dein Missfallen an Zoten.

Flicke keine platten Gemeinsprüche in Deine Reden ein. Zum Beispiel, dass Gesundheit ein schätzbares Gut und Schlittenfahren ein kaltes Vergnügen sei.

Lerne Widerspruch ertragen.

Man respektiere das, was andren ehrwürdig ist. Man lasse jedem die Freiheit der Meinung. Und man vergesse nicht, dass das, was wir Aufklärung nennen, andren vielleicht Verfinsterung scheint. Doch dünkt mich, man vermeidet heute oft zu vorsätzlich, über Religion zu reden. Einige Leute schämen sich, Wärme für Gottesverehrung zu zeigen, aus Furcht, für nicht aufgeklärt genug gehalten zu werden.

Wenn Du von körperlichen, geistigen, moralischen oder andern Gebrechen redest oder Anekdoten erzählst, die gewisse Grundsätze oder Vorurteile lächerlich machen oder gewisse Stände in ein nachteiliges Licht setzen sollen, so sieh Dich vorher wohl um, ob niemand gegenwärtig sei, der das übel aufnehmen, diesen Tadel oder Spott auf sich oder seine Verwandten ziehen könnte.

Halte Dich über niemandes Gestalt, Wuchs und Bildung auf! Es steht in keines Menschen Gewalt, diese zu ändern. Nichts ist kränkender, niederschlagender und empörender für den Mann, der unglücklicherweise eine etwas auffallende Gesichtsbildung oder Figur hat, als wenn er bemerkt, dass diese der Gegenstand von Verspottung oder Befremdung wird. Wenn man dabei noch überlegt, wie relativ und dem verschiedenen Geschmacke unterworfen die Begriffe von Schönheit und Hässlichkeit sind und wie oft unter einer anscheinend hässlichen Larve ein schönes, edles, warmes, großes Herz mit einem feinen, tiefdenkenden Kopf steckt, so sieht man leicht, dass man sehr selten Recht hat, auf das äußere Ansehn eines Menschen nachteilige Folgerungen zu bauen, und nie Befugnis haben kann, die Eindrücke, welche ein solcher Anblick etwa auf uns macht, zu jemandes Kränkung durch Lachen oder auf andre Art kundwerden zu lassen.

Briefwechsel ist schriftlicher Umgang; fast alles, was ich vom persönlichen Umgange mit Menschen sage, leidet Anwendung auf den Briefwechsel. Vorsichtigkeit ist im Schreiben noch weit dringender als im Reden zu empfehlen, und ebenso wichtig ist es, mit den Briefen, die man empfangen hat, behutsam umzugehen. Ein einziges hingeschriebenes unauslöschliches Wort, ein einziges aus Unachtsamkeit liegengebliebenes Papier hat manches Menschen

Ruhe und oft auf immer den Frieden einer Familie zerstört. Noch einmal! Ein übereiltes mündliches Wort wird wieder vergessen, aber ein geschriebenes kann noch nach 50 Jahren, in Erben Händen, Unheil stiften.

Bekümmre Dich nicht um die Handlungen Deiner Nebenmenschen, insofern sie nicht Bezug auf Dich oder so sehr auf die Moralität im Ganzen haben, dass es Verbrechen sein würde, darüber zu schweigen. Ob aber jemand langsam oder schnell geht, viel oder wenig schläft, oft oder selten zu Hause, prächtig oder lumpig gekleidet ist, Wein oder Bier trinkt, Schulden oder Kapitalien macht, eine Geliebte hat oder nicht – was geht das Dich an, wenn Du nicht sein Vormund bist?

Wenn uns durch Gespräche Langweile gemacht wird, gebieten uns Vernunft, Vorsicht und Menschenliebe, Geduld zu fassen und nicht durch beleidigendes Betragen unsern Überdruss zu erkennen zu geben.

Ein großes Talent, das durch Studium und Achtsamkeit erlangt werden kann, ist die Kunst, sich bestimmt, fein, richtig, kernig, nicht weitschweifig auszudrücken, lebhaft im Vortrage zu sein, sich dabei nach den Fähigkeiten der Menschen zu richten, mit denen man redet, sie nicht zu ermüden, gut und launig zu erzählen, nicht über seine eigenen Einfälle zu lachen, nach den Umständen trocken oder lustig, ernsthaft oder komisch seinen Gegenstand darzustellen und mit natürlichen Farben zu malen. Dabei soll man sein Äußeres studieren, sein Gesicht in seiner Gewalt haben und nicht grimassieren. Der Anstand und die Gebärdensprache sollen edel sein, man soll nicht bei unbedeutenden, affektlosen Unterredungen wie Personen aus den niedrigsten Volksklassen mit Kopf, Armen und anderen Gliedern herumfahren und um sich schlagen; man soll den Leuten grade, aber bescheiden und sanft ins Gesicht sehen, sie nicht bei Ärmeln, Knöpfen und dergleichen zupfen oder immer etwas zu spielen zwischen den Fingern haben.

Umarme nicht jeden. Drücke nicht jeden an Dein Herz. Was bewahrst Du den Bessern und Geliebten auf, und wer wird Deinen Freundschaftsbezeigungen trauen, ihnen Wert beilegen, wenn Du so verschwenderisch in Austeilung derselben bist?

Sei nicht jedermanns Freund und Vertrauter.

Beurteile die Menschen nicht nach dem, was sie reden, sondern nach dem, was sie tun. Aber wähle zu Deiner Beobachtung solche Augenblicke, in welchen sie von Dir unbemerkt zu sein glauben. Richte Deine Aufmerksamkeit auf die kleinen Züge, nicht auf die Haupthandlungen, zu denen jeder sich in seinen Staatsrock steckt.

Die Art, wie man Wohltaten erweist, ist oft mehr wert als die Handlung selbst.[432]

So viel zu den Anforderungen an sich und andere. Doch wie die Mitmenschen beurteilen und mit ihnen umgehen? Knigge bietet dazu reichhaltiges Anschauungsmaterial. Obwohl seine Beobachtungen zeitgebunden sind, erscheinen sie uns heute nur in wenigen Fällen veraltet. Hier eine Kostprobe:[433]

Der Umgang mit anderen

Der Eitle
Der Eitle will geschmeichelt sein; Lob kitzelt ihn unaussprechlich. Da nun jeder Mensch mehr oder weniger von dieser Begierde, zu gefallen und vorteilhafte Eindrücke zu machen, befallen ist, so kann man ohne Sünde hie und da einem guten Manne, dem diese kleine Schwäche anklebt, in diesen Punkten ein wenig nachsehen und ein Wörtchen, so er gerne hört, gegen ihn fallen lassen.[434]

Eigensinnige Menschen
Eigensinnige Menschen sind viel schwerer zu behandeln als sehr empfindliche. Da helfen weder Gründe noch Schonung. Es ist da mehrenteils nichts weiter zu tun, als einen solchen steifsinnigen Pinsel blindlings handeln zu lassen, ihn aber so in seine eigenen Ideen, Pläne und Unternehmungen zu verwickeln, dass er, wenn er durch übereilte, unkluge Schritte in Verlegenheit gerät, sich selbst nach unsrer Hilfe sehnen muss. Dann lässt man ihn eine Zeitlang zappeln, wodurch er nicht selten demütig und folgsam wird.[435]

Jähzornige Leute
Jähzornige Leute beleidigen nicht mit Vorsatz. Sie sind aber nicht Meister über die Heftigkeit ihres Temperaments. Ich brauche wohl nicht zu erinnern, dass weise Nachgiebigkeit und Sanftmut die einzigen Mittel sind, den Jähzornigen zur Vernunft zurückzuführen.[436]

Dumme Leute
Dumme Leute, die ihre Schwäche fühlen (und) sich von vernünftigen Men-

---

432 II 10 S.230.

433 Das ist der Hauptteil seines Buchs, 23 von 25 Kapiteln. Die römischen Zahlen bei den folgenden Quellenangaben verweisen auf eines der drei Teile des Buchs, die arabischen auf die Kapitel.

434 I 3 S.89f.

435 I 3 S.92f.

436 I 3 S.95.

schen leicht zum Guten und schwer zum Bösen leiten lassen, sind nicht zu verachten. Unerträglich hingegen ist die Lage, wenn man es mit einem Stockfisch zu tun hat, der sich für einen Halbgott hält. Aber man tut oft den Leuten großes Unrecht. Nicht jeder hat die Gabe, seine Gedanken und Empfindungen an den Tag zu legen, am wenigsten auf unsre Manier. Nach seinen Taten muss man ihn richten. Und dann sind Gelehrsamkeit, Kultur und gesunde Vernunft wieder sehr verschiedene Dinge. Es herrscht unter Menschen so viel Konvention, und wir verwechseln gar zu leicht die Grundsätze, welche auf diesen Übereinkünften beruhen, mit den unwandelbaren Vorschriften der reinen Weisheit. Wir sind nun einmal gewöhnt, Worte nachzulallen, deren unzweideutigen Sinn wir Mühe haben würden, einem ganz rohen Wilden zu erklären. Und so halten wir denjenigen für einen Schafskopf, der von allem diesen auswendig gelernten Zeug nichts weiß und nur so redet, wie ihm der Schnabel gewachsen ist.[437]

Enthusiasten, überspannte, romanhafte Menschen
Die Enthusiasten, überspannten, romanhaften Menschen, Kraftgenies und exzentrischen Leute leben und weben in einer Atmosphäre von Phantasien wie ein Fisch im nassen Elemente, und sind geschworne Feinde der kalten Überlegung. Modelektüre, Romane, Schauspiele, geheime Verbindungen, Mangel an gründlichen wissenschaftlichen Kenntnissen und Müßiggang stimmen einen großen Teil unserer heutigen Jugend auf diesen Ton, man trifft aber auch Schwärmer mit grauen Köpfen an. Ist Dir's darum zu tun, einen solchen Schwärmer von etwas zu überzeugen, so müssen Deine Gespräche warm und feurig sein, und Du musst mit ebenso viel Enthusiasmus der gesunden Vernunft das Wort reden, als womit er die Sache seiner Torheit verficht. Selten aber richtet man überhaupt etwas mit solchen Menschen aus, und es ist am besten getan, der Zeit die Kur zu überlassen. Kraftgenies und exzentrische Leute lasse man laufen, solange sie sich noch nicht gänzlich zum Einsperren qualifizieren. Die Erde ist so groß, dass eine Menge Narren nebeneinander Platz darauf haben.[438]

Umgang mit Alten
Bei dem Umgang mit Alten muss ich um Verzeihung bitten, wenn ich hier einige Regeln zu geben wage, die ziemlich nach der alten Mode schmecken werden. Es gibt viele Dinge in dieser Welt, die sich durchaus nicht anders als durch Erfahrung lernen lassen. So ist es doch wohl im Ganzen unleugbar, dass die Summe mannigfaltiger Erfahrungen, die jeder in der Welt lebende

---

437 I 3 S.114f.

438 I 3 S.120ff.

Mann in einer langen Reihe von Jahren einsammelt, ihn in den Stand setzt, schwankende Ideen zu berichtigen, von idealistischen Grillen zurückzukommen, sich nicht leicht von Phantasie, warmem Blute und reizbaren Nerven irreführen zu lassen und die Menschen und die Dinge um ihn her aus einem richtigen Gesichtspunkte anzusehen. Endlich dünkt es mich so schön, so edel, dem, welcher nun nicht lange mehr die Schätze und Freuden dieser Welt schmecken kann, den Rest seines Lebens, in welchem gewöhnlich Sorgen und Kümmernisse wachsen, und der Genuss vermindert wird, so leicht als möglich zu machen, dass ich keine Bedenken habe, dem Jünglinge und Knaben zuzurufen: „Vor einem grauen Haupte sollst Du aufstehen! Ehre das Alter! Suche den Umgang älterer kluger Leute!" Übrigens ist es aber auch gewiss, dass es sehr viel alte Gecken und Schöpfe, so wie hie und da weise Jünglinge gibt, die schon geerntet haben, wo andre noch kaum ihr Handwerksgerät zum Graben und Pflügen schleifen..[439]

Umgang mit Kindern
Der Umgang mit Kindern hat für einen verständigen Mann unendlich viel Interesse. Hier sieht er das Buch der Natur in unverfälschter Ausgabe aufgeschlagen. Wer Menschen studieren will, der versäume nicht, sich unter Kinder zu mischen. Heilige Pflicht ist es, ihnen auf keine Weise Ärgernis zu geben, sich leichtfertiger Reden und Handlungen zu enthalten, ihnen in jeder Art Tugend, in Wohlwollen, Treue, Aufrichtigkeit und Anständigkeit Beispiel zu geben – kurz, zu ihrer Bildung alles nur Mögliche beizutragen.[440]

Eheleute
Wir sind darüber einig, dass vollkommene Gleichheit in Denkungsart und Temperament in einer glücklichen Ehe nicht notwendig sei; traurig aber ist doch immer die Lage, wenn die Ungleichheit gar zu auffallend ist. Alle Zwistigkeiten unter Eheleuten sollten nur unter ihrenvier Augen ausgemacht werden.[441]

Verliebte
Mit Verliebten ist vernünftigerweise gar nicht umzugehen; sie sind so wenig als andre Betrunkene zur Geselligkeit geschickt; außer ihrem Abgotte ist die ganze Welt tot für sie.[442]

---

439 II 1 S.133f.

440 II 1 S.135.

441 II 3 S.164, 167.

442 II 4 S.170.

Das Auge der Frauen
Ich muss daran erinnern, dass die Frauenzimmer an den Männern Reinlichkeit und eine wohl gewählte, doch nicht phantastische Kleidung lieben und dass sie leicht mit einem Blicke kleine Fehler und Nachlässigkeiten im Anzug bemerken.[443]

Freunde
Keine freundschaftlichen Verbindungen pflegen dauerhafter zu sein als die, welche in der früheren Jugend geschlossen werden. Hast Du einen solchen treuen Freund gefunden, so bewahre ihn auch! Freunde, die uns in der Not nicht verlassen, sind äußerst selten: Sei Du einer dieser seltenen Freunde! Etwas von dem, was ich über das Verhältnis unter Eheleuten gesagt habe, findet auch bei Freunden statt, nämlich, dass man sich hüten müsse, einander überdrüssig zu werden. Man sehe sich nicht so übermäßig oft, dass die Gesellschaft des Freundes aufhört, Wohltat, dass sie anfängt, etwas Alltägliches für uns zu werden.[444]

Mitbewohner
In großen Städten pflegt man zu glauben, es gehöre zu dem guten Ton, nicht einmal zu wissen, wer mit uns in demselben Haus wohnt. Das finde ich sehr abgeschmackt.[445]

Lehrer
Überhaupt verdienen diejenigen mit vorzüglicher Achtung behandelt zu werden, die sich redlich dem wichtigen Erziehungsgeschäft widmen. Der geringste Dorfschulmeister, wenn er seine Pflichten treulich erfüllt, ist eine wichtigere und nützlichere Person im Staate als der Finanzminister.[446]

Geistliche
Lehrreich und wohltätig ist der Umgang mit einem Geistlichen, der sich aus ganzer Seele seinem heiligen Berufe widmet, der Wahrheit und Tugend mit Eifer und Wärme nachstrebt und die Kraft des Wortes durch eigenes Beispiel bestätigt. Allein nicht alle Diener der Kirche sehen diesem Bilde ähnlich. Die Religion behandeln sie als eine trockene Wissenschaft und ihr Amt als einträgliches Handwerk. Ihr Ehrgeiz ist unermesslich; ihr geistlicher Stolz, ihr Despotismus, ihre hierarchische Herrschsucht ohne Grenzen. Den Eifer für die Religion brauchen sie zum Deckmantel ihrer Leidenschaften. So kann

443 II 5 S.180.

444 II 6 S.195, 199f., 202, 206.

445 II 8 S.222f.

446 II 10 S.232.

es wohl nicht schaden, wenn man gewisse Vorsichtigkeitsregeln beobachtet, die im Umgange mit allen Personen dieses Standes nicht ganz übel angebracht sind. So verhindere man die zu große Vertraulichkeit der Weiber und Töchter mit gewissen Beichtvätern und geistlichen Ratgebern.[447]

Ärzte
Kein Stand ist für das Menschengeschlecht wohltätiger als die Ärzte. Den Mann, der alles aufwendet, was in seinen Kräften steht, Deine Gesundheit herzustellen, belohne nicht sparsam.[448]

Juristen
Wenden wir uns nun zu den Juristen. Wer dazu beiträgt, unser Eigentum zu sichern; wer keinen einzigen kleinen Schritt von dem geraden Weg der Gerechtigkeit abzuweichen, wer den Punkt, den Vernunft, Wahrheit, Redlichkeit und Billigkeit bestimmen, zu treffen weiß; wer der Beschützer der Armen, des Schwächeren und Unterdrückten gegen den Stärkern, Reichern und Unterdrücker; wer der Waisen Vater, der Unschuldigen Retter und Verteidiger ist – der ist gewiss unserer ganzen Verehrung wert.

Was ich hier gesagt habe, beweist aber auch zugleich, wie sehr viel dazu gehört, auf den Titel eines würdigen Richters und auf den eines edlen Sachwalters Anspruch machen zu dürfen. Da widmen sich denn die schiefsten Köpfe dem Studium der Rechtsgelehrsamkeit. Ihre ganze Gedankenreihe knüpft sich nur an ihr Buch aller Bücher, an das Corpus Juris an, und ein steifer Zivilist (Zivilrechtler) ist wahrlich im gesellschaftlichen Leben das langweiligste Geschöpf, das man sich denken mag. Einen besseren Rat weiß ich nicht zu geben als den: Man hüte sich, mit seinem Vermögen oder seiner Person in die Hände der Justiz zu fallen![449]

Handwerker und Künstler
Ein redlicher arbeitsamer und geschickter Handwerksmann oder Künstler ist eine der nützlichsten Personen in unserem Staate. Was hat eine müßige Hofschranze, was hat ein reicher Tagedieb vor dem fleißigen Bürger voraus, der seinen Unterhalt auf erlaubte Weise mit seiner Hände Arbeit erwirbt? Dieser Stand befriedigt unsere ersten und natürlichsten Bedürfnisse. Man ehre also einen rechtschaffenen und fleißigen Handwerksmann und betrage sich höflich gegen ihn. Man gehe nicht ohne Not, solange man von seiner Arbeit, von

---

447 III 4 304ff. Das ist ein Auszug *ad usum delphini*; drastische Kommentare habe ich ausgelassen.

448 III 6 S.327ff.

449 III 6 S.S.330ff. Mit Juristen scheint Knigge schlechte Erfahrungen gemacht zu haben.

seinem Fleiße oder von seinen Preisen zufrieden ist, von ihm ab, um sich einem andern zuzuwenden. Man bezahle ordentlich, pünktlich, bar und dinge ihm nicht über die Grenzen der Billigkeit ab.[450]

Bauern
Man trifft unter alten Landleuten Menschen von so unverfälschtem Sinne, von so hellem, heitern Kopfe und von so festem Charakter an, dass diese manchen hochstudierten Herrn beschämen könnten. Im ganzen betrage man sich gegen den Bauern grade, offen, ernsthaft, wohlwollend, nicht geschwätzig, konsequent, immer gleich, und man wird sich seine Achtung und sein Zutrauen erwerben. Von Land-Edelleuten und Personen höhern Standes, die in den Dörfern leben, gilt zum Teil dasselbe.[451]

Spieler
Beim Spiele zeige keine böse Laune, wenn Du schlechte Karten bekommst, wenn Du verlierst. Wer nie Geld im Spiele verlieren will, der muss sich auf die Blindekuh einschränken. Spiele nicht so unerträglich langsam, dass Deinen Gesellschaftern alle Geduld vergeht. Zanke nicht, wenn Deine Mitspieler Fehler machen. Zeige keine laute Freude, wenn Du gewinnst; das pflegt dem, welcher verloren hat, empfindlicher zu sei als der Verlust selbst. Nötige niemanden zum Spielen, wenn er nicht gern oder unglücklich spielt.[452]

Haustiere
Ich habe nie begreifen können, welche Freude man daran haben kann, Tiere in Käfigen und Kästen einzusperren. Habe ich diejenigen getadelt, die grausam gegen Tiere verfahren, so muss ich doch auch sagen, dass andre in die entgegengesetzte Übertreibung fallen, indem sie mit dem Viehe wie mit Menschen umgehen. Ich kenne Damen, die ihre Katze zärtlicher umarmen als ihren Ehegatten, und Männer, die gegen ihre Hunde mehr Zärtlichkeit, Schonung und Nachsicht beweisen als gegen ihre Freunde, die sich von jenen müssen mit Flöhen bevölkern lassen.[453]

---

450 III 6 S.343ff.

451 III 6 S.350.

452 III 7 354f.

453 III 9 S.364ff.

Und zu guter Letzt schreibt Knigge über das Verhältnis zwischen Schriftsteller und Leser:

Ich halte die Schriftstellerei in unsern Zeiten für nichts mehr als für schriftliche Unterredung mit der Lesewelt. Man soll es also dem Schriftsteller nicht übel ausdeuten, wenn er, verführt von ein wenig Geschwätzigkeit, von der Begierde, über irgendeine Materie allerlei Arten von Menschen seine Gedanken mitzuteilen, etwas drucken lässt, das nicht gerade die Quintessenz von Weisheit, Witz, Scharfsinn und Gelehrsamkeit enthält. So geschieht es, dass wir etwas schreiben, welches sehr interessant scheint, jeden andern aber gähnen macht.

Reden wir aber jetzt von den Pflichten des Lesers gegenüber dem Schriftsteller. Zuerst soll jener, denke ich, nie vergessen, dass dieser sich nicht nach dem Geschmacke eines jeden einzelnen richten kann. Der Mann müsste ein Hexenmeister sein, der ein Buch verfassen könnte, in welchem jeder fände, was er suchte. Sei also nicht zu strenge, mein gelehrtes Leserlein, in Beurteilung eines sonst nicht schlecht geschriebenen Buchs, oder behalte wenigstens Deine Meinung darüber in Deinem Kopfe und verschreie das Buch nicht! Beurteile nicht ein Buch, wenn Du nur einzelne Stellen daraus gelesen hast.[454]

454 III 10 S.368ff.

Test-Sketche

In den folgenden Sketchen sind Fehler eingebaut, die Sie entdecken sollen. Die Auflösung finden Sie in den Fußnoten.

1. Szenario: Begrüssung und Autofahrt

Ein Botschaftsangehöriger und seine Frau sehen den Botschafter und seine Frau beim Einkaufen

Er: „Oh, da kommt der Botschafter mit seiner Frau. Sie kommen auf uns zu.“

Sie: „Lass' uns schnell die Straße überqueren, dann brauche ich den beiden nicht Guten Tag zu sagen; ich kenne beide doch noch gar nicht.“[455]

Er: „Nein, er könnte uns schon gesehen haben. Es würde aussehen, als wollten wir ihm aus dem Weg gehen.“

Sie: (verfällt in Schweigen)

Das Botschafterehepaar kommt heran. Die junge Frau streckt dem Botschafter völlig verwirrt die Hand hin, um ihn zu begrüßen.[456]

Der nun seinerseits verwirrte Botschafter fragt: „Sind Sie die Tochter von Botschaftsrat Meyer?“ Mit anderen Worten, es liegt ein Missverständnis vor. Was wäre richtig gewesen?[457]

Meyer begrüßt den Botschafter und stellt ihm seine Frau vor. Er sagt: „Guten Morgen, Herr Botschafter. Darf ich Ihnen/ich möchte Ihnen meine Frau vorstellen. Sie ist erst letzte Woche aus Deutschland gekommen.“[458] Sie winkt dem Botschafter zu und sagt: „Hallo!“[459], besinnt sich dann aber schnell,

---

455 Falsch: Man weiß nie, ob der Entgegenkommende einen nicht auch schon gesehen hat. Der Botschafter wird sich gegebenenfalls wundern, dass sein Mitarbeiter ihm ausweicht. Es ist immer besser, sich der Situation zu stellen. Und zu üben, bis es locker von der Hand geht.

456 Falsch: Die Männer, die sich kennen, begrüßen sich zuerst, und dann stellt der Botschaftsmitarbeiter seine Frau vor. Wenn die Ehepaare schon bekannt sind, würde die junge Frau zuerst die Frau des Botschafters begrüßen und dann ihn; ihr Ehemann würde es genauso machen.

457 Wenn Meyer dem Botschafter seine Frau vorgestellt hätte.

458 Richtig. Kleine Erklärungen runden das Bekanntmachen ab. „Herr Botschafter“ ist die korrekte Anrede.

459 Egal ob sie sich schon kennen oder nicht: Gegenüber dem Botschafter ist dieser Gruß zu formlos. Könnte sie bei guten Freunden sagen. Dafür braucht sie nicht „Herr Botschafter“ zu sagen. Sie sollte ihn also mit seinem Namen anreden.

sagt: „Guten Morgen, Herr Botschafter, ich freue mich, Sie kennenzulernen. Mein Mann spricht so häufig von Ihnen." Sie reicht ihm ihre Hand.[460] Dann beginnt sie ein angeregtes Gespräch mit ihm.[461]

Meyer begrüßt die Frau des Botschafters und stellt ihr seine Frau vor.[462]

Oder: Der Botschafter wendet sich zu seiner Frau und sagt: „Liebling, ich möchte Dir (Herrn) Botschaftsrat Meyer und seine Frau vorstellen. Herr Meyer ist eine meiner wichtigsten Stützen in der Botschaft und macht dort Wirtschaft."[463] Der ob des Lobs begeisterte Meyer streckt der Frau des Botschafters sofort seine Hand hin.[464]

Die Frau des Botschafters sagt: „Guten Morgen, Frau Meyer, guten Morgen, Herr Meyer. Gerade gestern sagte mein Mann noch, wie froh er ist, Sie in der Botschaft zu haben, Herr Meyer. Und Sie, Frau Meyer, wie haben Sie sich eingelebt? Sagen Sie mir, wenn ich Ihnen irgendwie behilflich sein kann."[465]

Nun sieht der Botschafter plötzlich den australischen Botschafter und seine Frau. Die beiden Botschafterpaare kennen sich gut und begrüßen sich ganz informell mit Vornamen und Küsschen auf die Wange. Das Ehepaar Meyer hatte keine Gelegenheit (und auch keinen Grund), diskret zu verschwinden. Sie kennen beide das australische Botschafterpaar nicht. Was wird nun geschehen? Wir haben folgende Möglichkeiten:

---

460 Richtig. Der Hinweis darauf, dass ihr Mann häufig vom Botschafter spricht, ist zwar etwas ambivalent, aber den Spaß kann sie sich gegebenenfalls machen; auch werden ihre Worte in diesem Zusammenhang, wenn nicht gerade etwas vorgefallen ist, positiv verstanden werden.

461 Falsch. Erst muss sie die Frau des Botschafters begrüßen.

462 Das geht. Ganz korrekt wäre allerdings die im Text gleich folgende Variante, dass der Botschafter die Vorstellung übernimmt. In solchen Situationen wird das strenge Zeremoniell aber selten eingehalten – und niemand nimmt Anstoß daran, wenn die Reihenfolge und die Worte der Begrüßung etwas durcheinander gehen. Man sollte dies alles allerdings möglichst wissen und üben.

463 Das wäre ein gutes Prozedere. Ganz lehrbuchmäßig wäre es, wenn der Botschafter seiner Frau erst Frau Meyer und – nachdem sich die Damen begrüßt haben und noch bevor sie beginnen, Einkaufstipps auszutauschen – Herrn Meyer vorstellen würde. Doch das ist ein wenig unpraktisch, und daher ist die gemeinsame Vorstellung eines Ehepaars durchaus üblich.

464 In diesem Fall muss er warten, bis seine ja ebenfalls vorgestellte Frau die Frau des Botschafters begrüßt hat und diese ihm – davon kann er allerdings ausgehen – ihrerseits die Hand hinstreckt.

465 Nett.

- Herr Meyer streckt der Frau des australischen Botschafters seine Hand hin.[466]
- Frau Meyer begrüßt ihrerseits die Frau des australischen Botschafters.[467]
- Die Frau des deutschen Botschafters ergreift die Initiative, nimmt Frau Meyer am Arm und sagt zur Frau des australischen Botschafters: „Linda, ich würde Dich gerne mit Frau Meyer, der Frau unseres Wirtschaftsattachés, bekannt machen. Sie ist gerade aus Deutschland gekommen."[468]
- Der Botschafter sagt: „Linda und John, ich würde Euch gerne mit Herrn und Frau Meyer bekannt machen. Herr Meyer ist mein Botschaftsrat für Wirtschaft, und seine Frau ist gerade aus Deutschland eingetroffen. (Zum Ehepaar Meyer gewandt:) Das sind John und Linda Smith. John/Mr. Smith ist der Botschafter Australiens."[469]
- Wie ist die nun folgende Reihenfolge der Begrüßungen?[470]

Das australische Paar will bald seine Einkäufe fortsetzen und verabschiedet sich. Wie geht das vor sich?[471]

Das Botschafterpaar und Ehepaar Meyer bleiben zurück. Plötzlich sagt der Botschafter zu seiner Frau: „Du liebe Güte, ich habe ganz vergessen, dass gleich die Matinee im Konzerthaus beginnt, zu der ich (dummerweise) zugesagt habe. Wir werden hier nie ein Taxi bekommen, das uns noch rechtzeitig hinbringt." Herr Meyer hat seinen Wagen ganz in der Nähe geparkt. Einem plötzlichen Impuls folgend sagt er zum Botschafter: „Unser Wagen steht

---

466 Falsch.

467 Falsch.

468 Das ist nett, von der Wortwahl richtig und schafft gleich eine positive Atmosphäre. Nur die Reihenfolge ist nicht ganz korrekt, was aber wenig macht, wenn die Atmosphäre stimmt. Es wäre Aufgabe des deutschen Botschafters, Ehepaar Meyer den Australiern vorzustellen. Und so passiert es dann auch.

469 Richtig. Die Erklärung ist wichtig.

470 Ganz korrekt wäre es, wenn die Frau des australischen Botschafters erst Frau Meyer und dann Herrn Meyer die Hand ausstreckte und sich ihr Mann in derselben Reihenfolge anschlösse. Klappt aber selten. Ich hielte es für keinen Beinbruch, wenn sich die Frauen zuerst begrüßten oder wenn Frau Meyer zuerst den australischen Botschafter begrüßen würde. Nur sollte darauf geachtet werden, dass Herr Meyer seiner Frau bei der Begrüßung den Vortritt lässt.

471 Die Frau des australischen Botschafters sagt erst den Damen auf Wiedersehen, dann den Männern, dem deutschen Botschafterpaar vor den Meyers. Nach ihr sagt ihr Mann auf Wiedersehen, in derselben Reihenfolge.

ganz in der Nähe. Können wir Sie hinfahren? Wir sind hier ohnehin fertig und waren auf dem Heimweg."

Das Botschafterpaar nimmt dankend an, beide Paare überqueren die Straße und nähern sich dem geparkten Wagen. Meyer öffnet die Wagentür mit der Fernbedienung. Was nun? Wer setzt sich wohin? Wir haben folgende Möglichkeiten:

- Meyer klemmt sich sofort hinter das Steuer, um Zeit zu sparen.[472]
- Frau Meyer setzt sich aus demselben Grund schnell neben ihren Mann auf den Beifahrersitz, wo sie auch sonst immer sitzt.[473]
- Der Botschafter setzt sich rechts hinten in den Wagen, seine Frau setzt sich neben ihn.[474]
- Meyer öffnet eine Wagentür für den Botschafter.[475]
- Meyer öffnet die Beifahrertür für den Botschafter.[476]
- Meyer öffnet die Beifahrertür für die Frau des Botschafters, damit sie die beste Aussicht hat.[477]
- Meyer öffnet dem Botschafter die Tür rechts hinten. Oder soll er sie der Frau des Botschafters öffnen und ihn alleine hinten links einsteigen lassen?[478]

---

472 Falsch. So eilig ist es nun auch wieder nicht.

473 Im Ergebnis wahrscheinlich richtig. Aber sie sollte warten, bis die anderen ihren Platz gefunden haben; vielleicht will der Botschafter ja neben ihrem Mann sitzen.

474 In Ordnung, wenn sich Meyers nicht weiter um ihre Fahrgäste kümmern.

475 Fast richtig. Er sollte allerdings zuerst der Frau des Botschafters die Tür aufhalten; in der Zeit wird sich der Botschafter selbst ins Auto setzen.

476 Das ist strittig. Der Platz rechts hinten ist nur bei Wagen mit Chauffeur der Ehrenplatz, sonst der neben dem Fahrer. Ich hielte es in diesem Fall aber dennoch für besser, wenn Meyer dem Botschafter den Platz rechts hinten anböte; das wäre eine besondere Höflichkeit. Es wäre dann an dem gleichfalls um Höflichkeit bemühten Botschafter zu sagen, dass er vorne neben dem Fahrer Platz nehmen will und die beiden Damen hinten sitzen sollen.

477 Falsch; sie sollte auf alle Fälle im Fond sitzen.

478 Beides wäre korrekt. Meyer kann davon ausgehen, dass der Botschafter so höflich ist, seiner Frau den Ehrenplatz rechts hinten anzubieten. Die Frau des Botschafters würde das auch mit Befriedigung sehen. Den Botschafter, der gewohnt ist, rechts hinten zu sitzen, und seine Frau insoweit zu vergessen pflegt, könnte das allerdings stutzen lassen. Es ist Sache des Botschafterpaares, unter sich auszumachen, wer wo hinten sitzt.

- Meyer öffnet der Frau des Botschafters, da er schon an der Fahrertür steht, die linke hintere Tür.[479]
- Frau Meyer öffnet dem Botschafter eine Wagentür.[480]
- Frau Meyer öffnet der Frau des Botschafters eine Wagentür.[481]
- Botschafter hält Frau Meyer die Tür zum Beifahrersitz auf und setzt sich dann hinten rechts hin.[482]

Meyer fährt in rasender Fahrt zum Konzertsaal, kommt dort zwei Minuten vor Beginn des Konzerts an und reiht sich in die Schlange der vorfahrenden Wagen ein.

- Als sie am Eingang sind, hält er an, bleibt sitzen, dreht den Kopf nach hinten und sagt zum Botschafterpaar in dem Bemühen, Zeit zu sparen „Auf Wiedersehen. Jetzt haben wir es ja gerade noch geschafft."[483]
- Obwohl die Zeit drängt und die Fahrer hinter ihm ersichtlich ungeduldig sind, steigt Meyer aus, hilft der Botschafterin, die links hinten sitzt, aus dem Wagen und verabschiedet sich von ihr und dem Botschafter, der zwischenzeitlich alleine ausgestiegen ist. Seine Frau steigt nicht aus und hat sich im Wagen von dem Botschafterpaar verabschiedet.[484]

Herr und Frau Meyer fahren leicht gestresst, aber glücklich nach Hause. Sie haben alles richtig gemacht und zudem dem Botschafterpaar Hilfsbereitschaft gezeigt. Eine gute Basis dafür, künftig gut miteinander auszukommen.

---

479 In Ordnung. Er kann annehmen, dass der Botschafter immer im Dienst ist und bei dem Konzert vielleicht erwartet wird und deshalb hinten rechts sitzen sollte. Bei starkem Verkehr weniger bequem für die Frau des Botschafters, aber er hilft ihr ja.

480 Das braucht sie nicht zu tun; es wäre auch unüblich.

481 Auch das wäre unüblich, aber eine nette Geste, insbesondere wenn die Frau des Botschafters viel älter ist.

482 Das wäre in mehrfacher Hinsicht eine gute Lösung: Der Botschafter zeigt sich höflich Frau Meyer gegenüber, die das ohne weiteres dankend annehmen darf, und er selbst sucht sich seinen Platz, während Meyer damit beschäftigt ist, der Frau des Botschafters die Wagentür links hinten aufzuhalten.

483 Praktisch, aber doch zu lässig. Er sollte zumindest Anstalten machen auszusteigen.

484 Richtig. Es wäre zu viel des Guten, aber darüber kann man streiten, wenn Frau Meyer auch noch aus dem Wagen springen würde. Häufig wird – und das wäre die beste Lösung – der Botschafter sagen: „Bitte bemühen Sie sich nicht und bleiben Sie sitzen. Wir springen hier schnell raus." Dann verabschieden sich er und seine Frau von Ehepaar Meyer eher formlos, aber doch mit angedeutetem Handschlag und Dank, im Wagen.

Wenn es sich um eine Botschafterin und ihren Mann handelt, begrüßt Meyer die Botschafterin und stellt ihr dann seine Frau vor. Diese begrüßt Frau Meyer und stellt dann beide ihrem Mann vor. Der weitere Verlauf ist gleich, doch sitzt die Botschafterin auf alle Fälle rechts hinten. Sie könnte Frau Meyer neben sich bitten („Dann können sich die Männer vorne unterhalten.")

Wenn Frau Meyer in der Botschaft arbeitet, begrüßt zuerst sie den Botschafter/die Botschafterin und stellt dann ihren Mann vor.

2. Szenario: Abendessen

Die Szene spielt in der Residenz des chinesischen Botschafters in Australien (es könnte genauso gut das Haus eines Vorstandsvorsitzenden oder Ihres Chefs/Ihrer Chefin in Hamburg sein). Er gibt ein Abendessen für zehn Personen.

Gastgeber sind

der Botschafter von China, Herr Li (Li) und seine Frau (Frau Li).[485]

Die Gäste sind

der schon ältere britische Botschafter, John Cumberland, der erst vor kurzem in Australien eingetroffen ist (BoUK) und seine Frau Jane (Frau BoUK),

die junge französische Botschafterin, Simone Bridot, die schon seit 2 Jahren im Land ist (Bo'inF) und ihr Ehemann Serge (Serge),

die Nummer 2 der österreichischen Botschaft, Dr. Horst Meyer (M), ohne Begleitung,

der australische Geschäftsmann Willy Sears (WS) und seine Frau Josephine (JS),

sowie ein junges weibliches Mitglied der chinesischen Botschaft, Ms Ching-Ling (Chi-Li).

Die Frau des chinesischen Botschafters spricht kaum die Landessprache (Englisch) und liebt Schokolade.

Der chinesische Botschafter ist ganz in Ordnung, aber schwach in Tischordnungen und Reden.

Der britische Botschafter ist begeisterter Golfspieler; seine Frau ist wie er schon älter und sehr konservativ.

Die französische Botschafterin ist der Star des diplomatischen Corps, ihr Mann Serge ein unkonventioneller Künstler.

Dr. Meyer ist ebenfalls begeisterter Golfspieler und sehr stolz auf seinen akademischen Grad.

Willy Sears ist nicht besonders wohlerzogen, aber reich und ein berühmter Produzent der besten Schokolade Australiens. Seine Frau Josephine ist sehr schüchtern und bliebe deshalb am liebsten die ganze Zeit an seiner Seite. Bei ihm ist es genau umgekehrt.

---

485 In Klammern stehen die später benutzten Abkürzungen.

Miss Ching-Ling ist neu in der Stadt und muss noch viel lernen.

Die Gäste sind um 20.00 Uhr eingeladen. Alles ist vorbereitet. Der chinesische Botschafter und seine Frau warten – innerlich stöhnend, dass sie wieder keinen freien Abend haben – auf die Gäste. Um 20.02 Uhr fährt der Wagen der Briten vor. Sie steigen aus und betreten das Haus.

Beide Paare kennen sich gut und begrüßen sich freundschaftlich, die Herren mit Handschlag, die Damen mit Wangenkuss.[486] Sie gehen gemeinsam in das Wohnzimmer.

Willy und Josephine Sears betreten das Haus. Er trägt eine große Schachtel Konfekt. Der chinesische Botschafter geht ihnen entgegen und begrüßt sie. Wie?[487]

Inzwischen ist auch Frau Li dazugekommen. Ihr Mann stellt ihr die Neuankömmlinge vor. Er sagt zu seiner Frau, die die beiden nicht persönlich kennt: „Meine Liebe, dies hier sind Herr und Frau Sears. Herr Sears stellt, wie Du weißt, die beste Schokolade im Lande her."[488] „So ist es", ruft Willy Sears und ergreift die Hand von Frau Li, um sie kräftig zu schütteln.[489] Dann drückt er ihr die große Pralinenschachtel in die Hand.[490] Sie betrachtet diese beeindruckt und sucht schweigend einen Platz, um das enorme Geschenk abzulegen.[491]

---

486 Ganz in Ordnung.

487 Er: „Herr und Frau Sears, wie schön, dass Sie kommen können." Er könnte den Satz auch mit „Ah, das Ehepaar Sears" oder „Frau Sears, Herr Sears" einleiten. Diese sagen ihrerseits: „Guten Abend, Herr Botschafter. Wie schön, Sie wiederzusehen. Herzlichen Dank für die Einladung." Sie könnten ihn auch mit „Herr Li" ansprechen, aber man weiß ja nie, wie protokollbewusst so ein ausländischer Botschafter ist.

488 Richtig. Erklärende Einführung ist immer gut; dabei kann beim Lob auch ein wenig übertrieben werden.

489 Verbesserungsfähig. Willy Sears hätte zunächst „Guten Abend" sagen und warten sollen, dass die Gastgeberin ihm die Hand entgegenstreckt. Außerdem schüttelt man einer Dame, am wenigsten wohl einer Asiatin, heftig die Hand. Wenn seine Frau nicht so schüchtern wäre, hätte sie eigentlich zuerst Frau Li begrüßen sollen, aber angesichts der Umstände geht es auch so.

490 In Ordnung.

491 Verbesserungsfähig. Frau Li sollte erst danken: "Vielen Dank, Herr Sears. Wie freundlich von ihnen. Ihre Schokolade ist ja in ganz Canberra berühmt!" Dann wäre es auch gut, wenn sie einen Platz für Geschenke vorgesehen oder einen dienstbaren Geist in Reichweite hätte, dem sie das Geschenk geben kann.

Willy Sears möchte besonders nett sein und sagt: „Frau Li, wir sind sehr glücklich, von Ihnen eingeladen worden zu sein. Ich hoffe, Sie bieten heute typisches chinesisches Essen. Ich stehe auf Sushi!“[492]

Herr Li geleitet das Ehepaar Sears zu den anderen Gästen und sagt: „John und Jane, ich würde Euch gerne mit dem Ehepaar Sears bekannt machen. Ihr kennt Herrn Sears sicher als erfolgreichsten Chocolatier der Stadt. Dies sind John und Jane Cumberland; John ist der kürzlich eingetroffene britische Botschafter.“[493] Alle schütteln sich die Hand, idealerweise die Frauen zuerst.

Dr. Meyer trifft ein. Frau Li steht noch an der Tür. Er küsst ihr bei der Begrüßung die Hand.[494] Sie führt ihn zu den beiden Paaren im Wohnzimmer und stellt ihn diesen vor. Kann sie das, oder muss sie damit auf ihren Mann warten?[495]

Sie beginnt mit dem britischen Paar[496] und sagt: „Liebe Jane, lieber John, ich möchte Euch mit Herrn Meyer bekannt machen. Er ist Geschäftsträger der österreichischen Botschaft. Herr Meyer, dies sind der gerade eingetroffenen britische Botschafter, Herr Cumberland, und seine Frau.“[497] Meyer sagt nachdrücklich: „Bitte Doktor Meyer“ und reicht dem Botschafter seine Hand.[498] Der Botschafter schüttelt sie ihm freundschaftlich und sagt: „Wie geht es Ihnen, alter Junge? Was macht Ihr Handicap?“[499] Es stellt sich heraus, dass

492 Die Anrede ist richtig; „Frau Botschafterin“ wäre falsch. Der Rest ist in mehrfacher Hinsicht falsch. Man äußert nicht laut seine Erwartungen an das Essen, die, wenn unerfüllbar, zur Verlegenheit der Gastgeber führen könnten. „Iäch stehe auf“ ist nicht ganz die richtige Sprachebene, aber das hängt von den Umständen ab und davon, wie gut sich die Personen kennen. Vor allem sollte man aber die Länder nicht durcheinander werfen (Sushi wären für Japan typisch).

493 Gut. Kleine Einführungen helfen, einen Anknüpfungspunkt für das folgende Gespräch zu geben.

494 In Ordnung, wenn auch in Australien recht unüblich.

495 Sie kann.

496 Richtig, da höherrangig als Sears, der als Geschäftsmann insoweit ohnehin schwer einzuordnen ist. Reihenfolge ist aber nicht wichtig; das am nächsten stehende Paar ist eine akzeptable (und sehr praktische) Wahl.

497 Richtig.

498 Das ist aus didaktischen Gründen etwas karikaturhaft, im Übrigen dreifach falsch. Man insistiert nicht auf Titel. Hinzu kommt, dass im angelsächsischen Raum der „Doktor“ nur bei Ärzten benutzt wird. Auch müsste Meyer erst Frau Cumberland begrüßen.

499 Ganz in Ordnung.

sie sich schon vom Golfplatz kennen. Jane Cumberland streckt ihre Hand aus und sagt: „Wie interessant. Ein Arzt in der österreichischen Botschaft. Gut zu wissen. Sind Sie Tropenmediziner?“[500]

Die Gastgeberin, nach der Titel-Korrektur durch Meyer nun völlig verwirrt, wendet sich zu dem Ehepaar Sears und sagt, jetzt einmal auf Englisch: „Please meet the Ambassador of the Australian Embassy, Dr. Horst Meyer“.[501] Meyer lächelt zufrieden.[502] Er sagt: „How do you do“ und küsst Frau Sears, die kaum weiß, wie ihr geschieht, die Hand. Dann schüttelt er Willy Sears die Hand. Dieser weiß nicht so recht, ob der Handkuss eine Unverschämtheit war oder ob sich seine Frau und Meyer vielleicht näher kennen, und sagt etwas angesäuert: „Australischer Botschafter? Hier in Canberra? Eigenartiger Akzent! Haben Sie lange mit den Aborigines (Ureinwohnern) gelebt?“[503]

Das französische Paar trifft ein und wird von den Gastgebern formvollendet begrüßt und vorgestellt. Serge winkt allerdings allen nur locker mit der Hand und fragt: „Wo ist der Champagner?“ Josephine Sears denkt neidisch: „Er ist so extravagant! Wunderbar! Wenn ich doch auch nur diese lässige Eleganz hätte!“[504]

---

500 Geht gerade so. Entweder ist sie naiv oder sie will Meyer wegen seines Bestehens auf den Titel auf den Arm nehmen.

501 „Kann ich Sie mit dem australischen Botschafter in Canberra bekanntmachen?“ Der Wechsel ins Englische erfolgt wegen der dort häufigen Verwechslung zwischen „Austrian“ (österreichisch) und „Australian“ (australisch). Natürlich gibt es in Australien keine australische Botschaft. Die englische Form der Vorstellung ist zwar häufig gebrauchte, doch ist der Imperativ nicht ganz so gut; eleganter wäre „May I present“ oder „Have you met“.

502 Meyer hätte sofort verbessern sollen, dass er nicht Botschafter ist, anstatt wohlgefällig den Titel zu genießen. Dass er das falsche Land und damit das Englisch der Gastgeberin nicht verbessert, könnte eine Höflichkeit der Gastgeberin gegenüber sein.

503 Falsch, falsch, falsch. Kommentieren Sie nie den Akzent oder die Aussprache einer Person. Machen Sie sich nicht über andere lustig – weder über Frau Li, die Austria und Australia verwechselt hat, noch über die Aussprache Meyers durch den Hinweis auf die Aborigines. Der Abend fängt ja gut an! Aber so ist Sears halt, wenn er in Rage gerät.

504 Sie hat allerdings keinen Grund zu Neid. Bei einer solchen Veranstaltung schüttelt man sich die Hand, denn es ist so üblich. Demonstrativ extravagantes Benehmen und laut vorgetragene anspruchsvolle Getränkewünsche sind unpassend. Es wird getrunken (und gegessen), was angeboten wird; allenfalls kann man den Kellner leise fragen, ob er ein bestimmte Getränk hat. Hier ist die Frage nach Mineralwasser akzeptiert. Die Frage nach Bier ist bei einem gesetzten Essen schon grenzwertig; es hängt davon ab, ob man erwarten kann, dass der Wunsch gerne und leicht erfüllt werden kann.

Ching-Ling kommt außer Atem an. Frau Li sagt laut: „Sie hätten früher kommen sollen, um mir bei der Vorbereitung zu helfen!“[505] Ching-Ling macht die traditionelle Verbeugung vor Frau Li und antwortet: „Es tut mir fürchterlich leid. Aber ich wusste nicht, dass hier so dichter Verkehr herrscht.“[506]

Da die Gastgeber beschäftigt sind, geht Ching-Ling alleine auf die Gäste zu und stellt sich dem britischen Paar vor: „Guten Abend, Herr Botschafter, guten Abend Frau Cumberland. Ich bin ein neues Mitglied der chinesischen Botschaft und arbeite in der Politischen Abteilung. Ich bin erst vor zwei Tagen angekommen.“ Sie schüttelt beiden die Hand.[507]

Dann geht sie zu dem französischen Paar, wo sie zuerst die Botschafterin begrüßt; beide sagen „How do you do“.[508] Serge küsst sie zur Begrüßung sofort auf die Wange.[509] Als sie sich dem Ehepaar Sears zuwendet, ruft Willy voll Begeisterung aus: „Was haben wir denn hier für eine scharfe Braut!“[510] Seine Frau sagt zu Chi-Li: „Entschuldigen Sie bitte, meine Liebe, mein Mann ist so impulsiv!“[511] Meyer sieht Ching-Ling tief in die Augen, führt ihre Hand langsam an seine Lippen und zelebriert einen hingebungsvollen Handkuss.[512] Ching-Ling kichert vor Verlegenheit.[513]

Bald gehen alle zu Tisch. Serge hat sein drittes Glas Champagner noch nicht ausgetrunken und nimmt es mit.[514]

---

505 In der Sache richtig, aber im Ton falsch. So etwas sagt man später freundlich im Gespräch unter vier Augen, insbesondere einem neuen Botschaftsmitglied.

506 Akzeptable Entschuldigung für einen Neuling. Traditionelle Begrüßung ganz in Ordnung.

507 In Ordnung. Auch dass sie zuerst den Botschafter begrüßt und dann seine Frau; der Abend ist beruflich geprägt, sodass das ebenso gut geht wie anders herum. Gut auch die Nennung ihrer Zuständigkeit; das könnte den britischen Botschafter interessieren.

508 Korrekt.

509 Serge hätte sich den Wangenkuss verkneifen sollen, obwohl er in Frankreich üblich ist, da er Ching-Ling nicht kennt und sie ohnehin aus einem Land kommt, wo diese Art der Begrüßung ungewöhnlich ist – selbst wenn Diplomaten für andere Gebräuche mehr Verständnis aufbringen sollten als andere.

510 Falsch, vulgäre Sprache. Daher als Kompliment untauglich.

511 Gut. „Meine Liebe“ einer Unbekannten gegenüber ist im Deutschen eher ungewöhnlich, „my dear“ im Englischen aber ganz gebräuchlich.

512 Falsch, eingebildeter Kerl. Mit dem Flirten sollte er noch ein bisschen warten.

513 Ist ihr nicht zu verdenken.

514 So etwas macht man nur bei guten Freunden.

Der chinesische Botschafter hat sich folgende Tischordnung ausgedacht:

- Willy Sears als bedeutender Geschäftsmann mit Verbindungen zum Premierminister bekommt den Ehrenplatz rechts neben der Gastgeberin, zumal sie auch seine Schokolade so gerne isst.[515]
- Links neben die Gastgeberin kommt dann der britische Botschafter, da er der älteste ist.[516]
- Den Ehrenplatz rechts neben dem Gastgeber bekommt die Frau des britischen Botschafters, da ihr Mann der älteste Botschafter und sie die älteste Dame ist.[517] Auf seine andere Seite setzt Li die französische Botschafterin.
- Der britische Botschafter und Dr. Meyer werden, da beide Golf spielen und sich deshalb sicher bestens unterhalten werden, nebeneinander gesetzt.[518]
- Botschafter Li setzt Serge neben die französische Botschafterin, da beide frisch verheiratet sind und er das junge Paar nicht trennen will.[519]
- Frau Sears fühlt sich bei offiziellen Essen bekanntlich unsicher; sie wird daher neben ihren Mann gesetzt.[520]
- Miss Ching-Ling bekommt als jüngster Gast und Botschaftsmitglied den Platz, der bleibt, also zwischen Herrn Meyer, der auch ohne Begleitung

515 Falsch. Höchstrangig, da Vertreter eines Staatsoberhaupts, ist der dienstälteste Botschafter oder die dienstälteste Botschafterin. Das ist die Französin. Als Frau kann sie aber nicht neben der Gastgeberin sitzen, sondern gehört rechts neben den Gastgeber. Man könnte daran denken, ihren Mann Serge, der ja an ihrem Rang teilhat, rechts neben die Gastgeberin zu setzen. Tischordnungen sind deshalb häufig so symmetrisch, da Ehepaare rangmäßig gleich behandelt werden. Doch da Serge sehr jung ist, der britische Botschafter aber alt und selbst Botschafter (also nicht abgeleiteter Rang), sollte der Brite rechts neben der Gastgeberin sitzen.

516 Falsch. Hier wäre jetzt Serge als Mann der französischen Botschafterin dran.

517 Falsch. Der Ehrenplatz rechts neben dem Gastgeber gebührt der französischen Botschafterin als dienstältester Botschafterin und damit höchstrangiger Dame.

518 Falsch. Erstens „bunte Reihe“ beachten. Zweitens geht es in erster Linie nach Rang und nur hilfsweise und bei Gefahr von gewisser Sprachlosigkeit danach, ob sich die Betreffenden auch gut unterhalten können.

519 Falsch. Spielt keine Rolle. Zu viel des Feingefühls. Man setzt Ehepaare nicht nebeneinander, es sei denn, sie müssen sich wegen einer Behinderung helfen.

520 Im Prinzip falsch, im Einzelfall aber richtig, damit sich die Gäste wohl fühlen. Unter Umständen liegt dem schüchternen Ehepartner so viel daran, nicht von dem anderen getrennt zu werden, dass man beide des Gelingens des Abends zuliebe doch nebeneinandersetzt.

gekommen ist und daher über diese Nachbarin begeistert sein dürfte, und Mrs Cumberland, die sie unter ihre mütterlichen Flügel nehmen kann.[521]

Das sieht dann so aus:

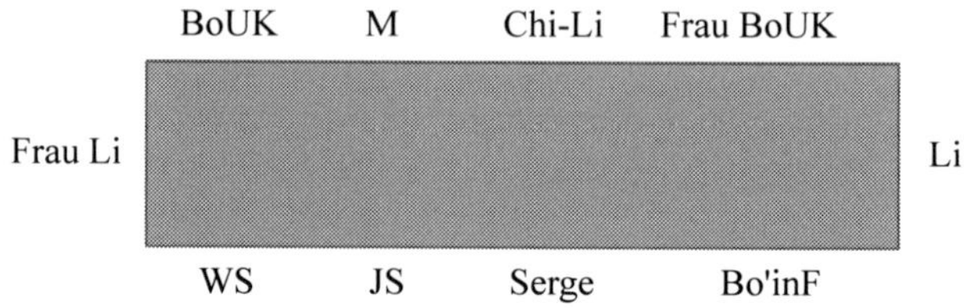

Die Tischordnung ist allerdings aus den in den Fußnoten genannten Gründen falsch. Richtig sähe sie so aus:

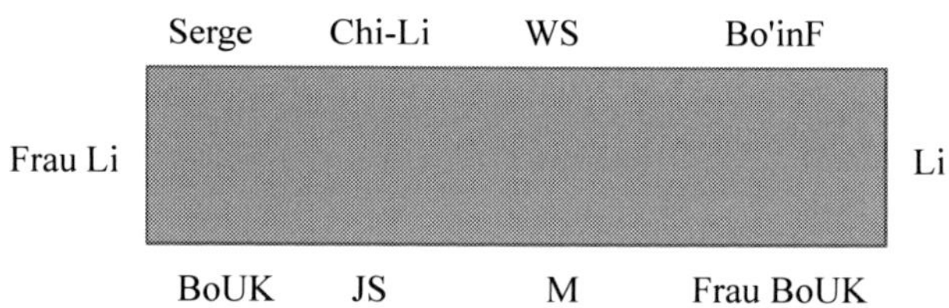

Es ist ein interessanter Fall einer asymmetrischen Tischordnung, da wir rechts neben dem Gastgeber eine junge Botschafterin haben, die höherrangig ist als die (ältere) Ehefrau des „dienstjüngeren", aber älteren britischen Botschafters. Rechts neben die Gastgeberin könnte man dementsprechend den jungen Serge als Ehemann des ranghöchsten Gastes setzen, aber angesichts des Alters des britischen Botschafters und der Tatsache, dass er als Botschafter Vertreter der Königin und Serge nicht Vertreter seines Landes ist, ist es besser, den britischen Botschafter auf den Ehrenplatz zu setzen.

Man könnte versucht sein, Willy Sears statt Serge auf den Platz links neben die Gastgeberin zu setzen, wenn er ein wichtiger Wirtschaftskontakt und dem Premierminister nahe ist. Doch wäre das protokollarisch nicht korrekt, da Serge am Rang seiner Frau teilhat. Die in Protokolldingen geübte französische Botschafterin wird für die Bevorzugung des britischen Kollegen noch Verständnis haben, die gänzliche Verdrängung ihres Mannes von der Seite der Gastgeberin würde ihr aber schon unangenehm auffallen. Das wollen wir vermeiden.

521 Im Prinzip richtige Überlegung.

Bei dem Mittelteil des Tisches sind wir flexibel. Das Ehepaar Sears sollten Sie nur nebeneinandersetzen, wenn es ausdrücklich darum gebeten hat. Hier ist das nicht der Fall. So freut sich der Charmeur Serge, neben Ching Ling zu sitzen. Pech für Meyer, es sei denn, er hat eine Schwäche für Schokolade und ihre Produzenten.

Doch nun geht es mit der falschen Tischordnung weiter.

Alle haben sich gesetzt. Willy Sears beginnt gleich zu essen.[522] Der Kellner fragt jeden: „Weißwein oder Rotwein?“ Obwohl, wie der Menükarte zu entnehmen ist, der erste Gang aus einem Fischgericht besteht, bittet Sears um Rotwein und sagt dann noch: „Könnten Sie mir bitte noch ein Glas von dem exzellenten Brandy des Botschafters geben? Ich habe meines im Wohnzimmer gelassen.“[523] Serge erhebt sein Glas Wein, prostet dem Gastgeber zu und sagt: „Ist zwar kein französischer Wein, aber nicht schlecht. Allen Prost!“[524]

Schnell erhebt sich nun Botschafter Li und sagt: „Meine Frau und ich, wir freuen uns sehr, Sie alle heute Abend bei uns begrüßen zu können. Besonders freuen wir uns über das Kommen des Ehepaars Sears.[525] Herr Sears ist, wie Sie wohl alle wissen, – die es noch nicht wissen sollten, werden für meinen Hinweis ewig dankbar sein – Hersteller einer köstlichen Schokolade, die meine Frau besonders liebt. Jeden Abend schafft sie locker 300 Gramm.[526] Heute ist meine neue Mitarbeiterin, Fräulein Ching-Ling, unter uns, die erst vor Kurzem in Canberra eingetroffen ist. Bitte zeigen Sie ihr die gleiche große Kollegialität, die Sie mir entgegengebracht haben und für die ich so dank-

---

522 Falsch. Er muss warten, bis einer der Gastgeber das Zeichen zum Beginn des Essens gibt.

523 Rotwein ist ganz ok, das ist Geschmackssache und er wird ja auch angeboten. Doch bittet man bei Tisch nicht um Sonderbehandlungen, insbesondere scharfe Sachen.

524 Das mag als Kompliment gemeint sein, ist aber völlig unpassend: Keinen negativen Vergleich mit Produkten aus dem eigenen Land, keine Kritik an Essen oder Trinken, und unbedingt abwarten, bis der Gastgeber die Gäste begrüßt und den Startschuss zum Essen und Trinken gegeben hat. Anschließend kann jeder trinken, wann er will. Wasser kann man immer trinken.

525 Ein wenig familiär, aber es geht. „Mr and Mrs Sears“ wäre richtig. Man muss auch genau aufpassen, welchen Gast man besonders hervorhebt; die Begründung sollte allen einleuchten, damit sich keiner auf die Füße getreten fühlt. Hier in Ordnung, da Li versucht, witzig zu sein und eine Information zu geben..

526 Falsch. Botschafter Li will witzig sein, ist es aber auf Kosten seiner Frau, und das noch auf der falschen Sprachebene. Alle lächeln unsicher, Frau Li schaut betreten auf ihren Teller.

bar bin.[527] Noch einmal: Herzlich willkommen und zum Wohl!“[528] Er greift nach seinem Weinglas und trinkt, ohne zu versuchen, seinen Gästen vorher kurz in die Augen zu schauen.[529] Die Frau des britischen Botschafters versucht, mit ihm anzustoßen, aber er reagiert nicht darauf.[530]

Das Essen nimmt seinen Fortgang. Der Gastgeber unterhält sich den ganzen Abend angeregt mit der charmanten französischen Botschafterin.[531] Die Frau des britischen Botschafters auf seiner anderen Seite langweilt sich und weiß nicht, worüber sie sich mit der jungen Ching-Ling unterhalten soll. Meyer und der britische Botschafter unterhalten sich nur über Golf und schauen weder rechts noch links, zumindest zunächst einmal. Serge kommt angesichts des begeistert mit seiner Frau plaudernden Gastgebers nicht dazu, ein paar zärtliche Worte mit ihr zu wechseln, und Mrs. Sears interessiert ihn überhaupt nicht. Diese findet alles so aufregend. Willy Sears muss seine Frau beruhigen, doch lässt er seine Augen immer wieder zu Ching-Ling schweifen. Der Gastgeberin bleibt – ebenso wie der Frau des britischen Botschafters, Ching-Ling und Serge – nichts anderes übrig, als sich dem Essen zu widmen, da Sears nur wenig Zeit für sie hat.

Nachdem sich Meyer ausführlich mit dem britischen Botschafter darauf geeinigt hat, dass man bei Loch Acht mit Eisen Drei und nicht mit Holz Fünf beginnen sollte, wendet er sich Ching-Ling zu und fragt sie „Sind Sie verheiratet?“[532] Sie antwortet verlegen: „Nein“, und ergänzt: „Mein Freund wird nächsten Monat auch nach Canberra kommen.“[533] Willy Sears will auch sein Glück versuchen und ruft Ching-Ling über den Tisch zu: „Hallo, junge Frau, wann kommen Sie denn einmal in meinen Schokoladenladen? Ich habe eine

527 Nett, dass er seine neue Mitarbeiterin einführt, aber er sollte besser „Frau“ Ching-Ling sagen. Möglicherweise verbietet ihm das aber der chinesische Sprachgebrauch.

528 In Ordnung.

529 Falsch. Man muss es zumindest versuchen, beim Zuprosten jeden Gast kurz anzuschauen, und sei es bei vielen Gästen auch nur angedeutet.

530 Falsch. Anstoßen ist nicht überall üblich, doch sollte man einer Einladung dazu entsprechen.

531 Das ist eine Zeit lang schon in Ordnung. Allerdings muss er seine Aufmerksamkeit auf die beiden neben ihm sitzenden Damen verteilen. Und nach seiner eigenen Tischordnung sollte er sich in erster Linie sogar der Frau des britischen Botschafters widmen, die auf dem Ehrenplatz sitzt (wenn auch zu Unrecht).

532 Falsch, zu indiskret und zu persönlich.

533 Kann sie sagen. Unnötig persönlich, aber kühlt Meyer vielleicht ab.

besondere Überraschung für Sie!“[534]

Sie ignoriert das.[535]

Gleich nach der Suppe steht die Frau des britischen Botschafters auf und sagt: „Ich bin immer so nervös, wenn ich die Dankesrede zu halten habe. Es verschlägt mir geradezu den Appetit. Daher möchte ich jetzt schon sagen, wie sehr ich den Abend genieße und wie sicher ich bin, dass das Hauptgericht so gut schmecken wird wie die Vorspeise. Cheers!“[536]

Der Nachtisch ist „Mousse au Chocolat“. Serge liest es auf der Menükarte und sagt: „Oh, französisch, großartig.“[537] Willy Sears probiert den Nachtisch, schiebt den Teller weg und sagt: „Sie sollten lieber einmal meine Instant Schokoladenmousse versuchen, 250 Gramm für dreieinhalb Dollar.“[538] Die Gastgeberin beherrscht sich nur noch mit Mühe und hebt bald die Tafel auf, obwohl sich Serge noch mit Genuss der Mousse au Chocolat widmet.[539]

Alle stehen auf und gehen in das Wohnzimmer. Chi-Li schlüpft gleich verstohlen aus dem Haus, da sie um 23.00 Uhr einen Anruf von ihrem Freund erwartet.[540] Die Diplomaten gehen auch bald. Willy Sears, der sich über die

---

534 Ganz offensichtlich falsch; keine Anmache!

535 Mit Recht.

536 Falsch. Es spricht entweder der Mann auf dem Ehrenplatz neben der Gastgeberin. Das wäre bei der falschen Tischordnung Willy Sears, er denkt aber wahrscheinlich nicht dran. Oder als nächster der britische Botschafter. Bei der richtigen Tischordnung wäre es die französische Botschafterin, die aber wahrscheinlich dem älteren britischen Kollegen den Vortritt gelassen hätte. Zur Rede von Jane Cumberland ist inhaltlich zu sagen, dass man persönliche Probleme nicht ausbreitet. Das perspektivische Lob des Essens ist nicht sehr elegant. Dasselbe gilt für „cheers!“: das ist die falsche Sprachebene.

537 Geht. Vielleicht ist der Nachtisch ja sogar eine Verbeugung der Gastgeber vor der französischen Küche und dem Schokoladenfabrikanten Sears.

538 Ganz offensichtlich falsch. Wem das Essen nicht schmeckt, der isst es einfach nicht, ohne weiter Aufhebens davon zu machen. Ein Gericht nicht zu essen, ist akzeptiert; es gibt ja auch medizinische Unverträglichkeiten. Werbung für ein eigenes Produkt, sogar mit Preisangabe, ist in dieser Situation nun völlig daneben.

539 Offensichtlich falsch; alle müssen fertig sein, bevor einer der Gastgeber die Tafel aufhebt.

540 Teilweise falsch. Sie müsste als Botschaftsmitglied eigentlich warten, bis alle Gäste ihres Botschafters gegangen sind. Wenn sie, wie hier, früher gehen will, muss sie das vorher dem Botschafter sagen und dann diskret – insoweit macht sie es richtig – und ohne dass die anderen Gäste es merken und als Zeichen des Aufbruchs verstehen, verschwinden.

Brandy-Vorräte des chinesischen Botschafters hermacht, und seine Frau bleiben bis Mitternacht.[541] Die Gastgeberin geht um 23.00 Uhr zu Bett, weil sie müde ist.[542] Ihr Mann bleibt, tapfer gegen die Müdigkeit kämpfend, um dem Ehepaar Sears Gesellschaft zu leisten und sie verabschieden zu können. Braver Botschafter Li, egal wie seine Tischordnung war!

541 Gäste können gehen, wenn der Höchstrangige gegangen ist, oder mangels ersichtlicher Rangordnung auf jeden Fall, wenn die übliche Zeit nach dem Essen (30 bis 45 Minuten) vergangen und an dem schleppenden Gespräch oder den herabfallenden Augenlidern der Gastgeber ersichtlich ist, dass es Zeit zum Aufbruch ist. Anders ist es nur bei einem nach dem Essen entstehenden angeregten Gespräch oder wenn die Gastgeber auf ein längeres Bleiben Wert legen (etwa Feiern in einen Geburtstag hinein).

542 Das geht eigentlich nicht und ausnahmsweise nur dann, wenn die Gäste rücksichtslos lange bleiben. Hier ist das so ein Fall.

Register[543]

543 Es werden nur die Seiten aufgeführt, auf denen inhaltliche Aussagen zu den Stichworten gemacht werden. Dafür werden auch Seiten genannt, auf denen das Stichwort zwar nicht fällt, aber inhaltlich behandelt wird. Kleinere Wiederholungen sind beabsichtigt, um dem Leser das Zurückblättern zu ersparen.

Literaturverzeichnis

Allgemeiner Deutscher Tanzlehrer-Verband, Fachausschuss für Umgangsformen, *Umgangsformen heute*, 2. Auflage, Wiesbaden und Köln, 1975

Asserate, Asfa-Wossen, *Manieren*, 10. Auflage, Frankfurt a.M. 2004

Au, Franziska von, *Der kulinarische Knigge,* München 2007

Baedeker, Karl, *Indien*, Leipzig 1914

Binder, Elisabeth, *So kann's gehen,* Der Tagesspiegel, Berlin 2011

Brissa, Enrico, *Auf dem Parkett*, München 2018

Callies, Frank, *Netiquette,* Kindle 2011

Calm, Marie, *Die Sitten der guten Gesellschaft",* Stuttgart 1886

Czeschner, Jürgen, *Die Netiquette,* erstellt im Rahmen eines Seminars über Internet Dienste an der Universität Ulm, Version vom 11.8.2003

Debrett's *Correct Form*, compiled and edited by Patrick Montague-Smith, London 1978

Debrett's *Netiquette*, London 2012

Dold, Wolfgang, Interview, in InternAA, Oktober 2017, S.6f.

French, Mary Mel, *United States Protocol,* Lanham 2010

Graudenz, Karlheinz/Erica Pappritz, *Etikette neu,* 10. Auflage, München 1968

Helbach-Grosser, Susanne, *Erfolg mit Takt und Stil*, 10. Auflage, Renningen 2018

Helbach-Grosser, Susanne/Jutta Hofmann, *Stil und Intuition*, Renningen 2017

Helbach-Grosser, Susanne/Jutta Hofmann, *Business-Etikette für Frauen*, Zürich 2006

Hickey, Robert, *Honor and Respect. The Official Guide to Names, Titles, and Forms of Address,* The Protocol School of Washington, Columbia, South Carolina 2013

Jelinski, Olaf, *Diplomatisches Protokoll versus Corporate Protocol,* Frankfurt 2017

Knigge, Adolph Freiherr von, *Über den Umgang mit Menschen*, 3. Auflage Hannover 1790, Nachdruck Köln 2011

Krabs, Otto, *Von Erlaucht bis Spektabilis. Kleines Lexikon der Titel und Anreden,* München 2014

Lomeli, Roland (ed.), *Netiquette*, Anaheim, CA 2017

Meissner, Hans-Otto/Isabella Burkhard, *Gute Manieren stets gefragt*, München 1962

Meyden, Nandine, *Business-Etikette,* 2. Auflage, Berlin 2011

Post, Emily (Mrs. Price Post). *Etiquette in Society, in Business, in Politics, and at Home*, USA 2015

Rohner, Susanne, *Knigge,* Eggolsheim, o.J.

Rusche, Thomas, *Kleines SØR-Brevier der Kleidungskultur,* 6. Auflage, Münster 2006

Schneider-Flaig, Silke, *Der neue große Knigge,* München 2016

Schönburg, Alexander von, *Die Kunst des lässigen Anstands,* München 2018

Schönfeldt, Sybil Gräfin, *Anstand,* München 2008

Starlay, Katharina, *Der Stilcoach für Männer"*, Frankfurt a.M. 2017

Stemmler, Theo, *Royals und Co.*, FAZ vom 17.5.2018

Turunen, Ari, *Bitte nach Ihnen, Madame,* München, 2016

Wohlan, Martina, *Das diplomatische Protokoll im Wandel*, Tübingen 2014

Zehnder, Barbara/Daniel Senn, *Meeting, Dining, Dress Codes,* Zürich 2016

Websites:

www.dresscode-guide.de/festliche-kleidung

Protokoll Inland der Bundesregierung, www.protokoll-inland.de/PI/DE

US-StateDepartment,State.gov/documents/organization/176174.pdf

https://en.wikipedia.org./wiki/Courtesy_titles_in_the_United_Kingdom

Über den Autor

Wolfgang Schultheiß wuchs in Bonn auf und studierte in Tübingen, Genf, Bonn und Charlottesville, Va. (USA) Rechtswissenschaften.

1974 trat er in den Auswärtigen Dienst ein. Seine Auslandsstationen waren Pressereferent in Algier, Mitglied der deutschen Delegation bei den MBFR-Abrüstungsverhandlungen in Wien, Botschafter in Santo Domingo (Dominikanische Republik 1986-89), Gesandter in Kopenhagen (1992-1996) und Botschafter in Athen (2005-2010). Im Inland war er mehrfach mit Personalfragen befasst, zuletzt als Vertreter des Chefs der Personalabteilung des Auswärtigen Amts. 2001 wurde er für vier Jahre Leiter der Auslandsabteilung des Bundespräsidialamts und damit außenpolitischer Berater der Bundespräsidenten Rau und Köhler.

Wolfgang Schultheiß ist Herausgeber der Sammelbände „Zukunft der Religionen" (2003), „Meilensteine deutsch-griechischer Beziehungen" (zusammen mit Evangelos Chrysos 2010) und „Die Krise in Griechenland" (zusammen mit Ulf-Dieter Klemm 2015). Sein Buch „Zuspitzungen" (2012) fasst die Kritik an dem Bericht der 2005 eingesetzten Historikerkommission über die Geschichte des Auswärtigen Amts zusammen und ergänzt sie aus der Sicht eines Insiders. Er diskutiert regelmäßig mit den Attachés des Auswärtigen Amts über dieses Thema.

2011 gründete er die Beratungsplattform „DiploConsult" (www.diploconsult.de) und führte 2013 und 2014 für den Senat von Kambodscha und die OSZE-Vertretung in Kirgisistan Protokollfortbildungen durch.

Kleidungskultur

Katharina Lau
Gentlemen und Dandys
Studien zur Darstellung eines männlichen Ideals im englischen Porträt des frühen 19. Jahrhunderts
Das Gentlemanideal, das in der englischen Kultur tief verwurzelt ist, erlangte Ende des 18. Jahrhunderts seinen Höhepunkt. Je weiter man sich der *Regency* nähert, desto stärker lässt sich parallel zum Gentleman das Aufkommen eines neuen gesellschaftlichen Typus, des sogenannten Dandys, beobachten. Beide Rollenentwürfe entwickelten ihre Spezifika in ihrer äußeren Erscheinung und ihrem Auftreten in der Gesellschaft.
Das Buch reflektiert erstmalig die propagierten Männlichkeitsideale von etwa 1790 bis 1840 anhand von englischen Herrenporträts und fokussiert auf die Unterschiede beider Leitbilder.
2019, ca. 404 S., ca. 34,90 €, br., ISBN 978-3-643-13877-4

Die Krawatte
Ein Brevier des Geschmacks. Reprint von 1912
Dieses Büchelchen behandelt ein Thema, das uns im wahrsten Sinne des Wortes zum Halse heraushängt: Die Krawatte.
Wir haben alles was man von der Krawatte weiß, historisches, ästhetisches, ethisches, praktisches, alltägliches und witziges gesammelt und zusammengestellt...
Leute, die auch für das Oberflächliche ein tiefes Verständnis haben, werden viel Interessantes in diesen Kapiteln finden und manchem angegebenen Winke folgen.
(Aus dem Vorwort)
1997, 68 S., 10,90 €, gb., ISBN 3-8258-3121-3

Thomas Rusche
Kleines SØR-Brevier der Kleidungskultur
Das Interesse an Kleidung ist lebendig. Fragen zur Kleidung werden heute zumeist als Modefragen angesehen. Der vorliegende Ratgeber beschreitet einen anderen Weg: Er bietet umfassende Informationen zur Kleidungskultur des Herren.
Es finden sich Antworten zu vielen Kleidungsanlässen. Damit lassen sich alle denkbaren Situationen sicher bewältigen.
Als Enzyklopädie der internationalen Kleidungskultur ermöglicht das SØR-Brevier dem informierten Leser eine Abrundung seines Wissens. Dem stilsicheren Leser vermittelt es Anregungen.
6. Aufl. 2006, 264 S., 12,90 €, gb., ISBN 3-89473-101-4

Hardy Amies
Anzug und Gentleman
Von der feinen englischen Art, sich zu kleiden
1997, 120 S., 17,90 €, gb., ISBN 3-8258-3456-5

Oscar Lenius
Kleines SØR-Brevier der Kleiderpflege
3. Aufl. 2006, 160 S., 12,90 €, gb., ISBN 3-8258-2694-5

Oscar Lenius
The Well-Dressed Gentleman
2010, 224 pp., 12,90 €, pb., ISBN 978-3-643-10744-2

Marita Bombek
Kleider der Vernunft
Die Vorgeschichte bürgerlicher Präsentation und Repräsentation in der Kleidung
2005, 448 S., 39,90 €, br., ISBN 3-8258-2676-7

LIT Verlag Berlin – Münster – Wien – Zürich – London
Auslieferung Deutschland / Österreich / Schweiz: siehe Impressumsseite

Außenpolitik – Diplomatie – Sicherheit/ International Relations – Diplomacy – Security

Wolbert Klaus Smidt (Hg.)
Ethik der Geheimdienste in der Demokratie
Bd. 6, 2019, ca. 160 S., ca. 29,90 €, br., ISBN 978-3-643-14209-2

Wolbert Klaus Smidt
Nachrichtendienste im Spannungsfeld der Demokratie
Einsichten aus dem Inneren internationaler Geheimdienstarbeit
Der vorliegende Band versammelt Aufsätze, die sich aus verschiedenen Blickwinkeln mit der drängenden Frage beschäftigen, was die Rolle der Nachrichtendienste in der modernen Demokratie ist und sein kann. Die hier vorgestellten Diskussionsbeiträge und Erfahrungsberichte beruhen auf jahrzehntelanger Arbeit des Autors als Nachrichtendienstler und sind aus seiner Arbeit im Gesprächskreis Nachrichtendienste in Deutschland (GKND) hervorgegangen. Ein Themenkomplex widmet sich der Frage nach dem Verhältnis der Nachrichtendienste zu Fragen der Ethik und der Demokratie, aus bundesrepublikanischer Perspektive, während sich ein zweiter Themenkomplex mit der Arbeit von Nachrichtendiensten im internationalen Kontext beschäftigt. Hinter allen Beiträgen steht zentral die Frage: Wie kann gesichert werden, dass rechtliche und ethische Normen die geheimdienstliche Arbeit leiten? Die verbreitete Sensibilität der Bevölkerung ist hierbei ein hilfreiches Kontrollmoment. Der Autor plädiert für ausgewogenes Urteilen und einen transparenteren Umgang mit Geheimdiensten.
Bd. 4, 2018, 298 S., 49,90 €, br., ISBN 978-3-643-14014-2

Theodor H. Winkler
The Dark Side of Globalization
And How to Cope with It
We live in an era of globalization that is driven by a revolution in communication, computing, and knowledge management. It is benefiting mankind massively. Yet it has also its dark side: Our cyber integrity is under attack; the financial markets may be less stable than we would wish; global warming and pollution reach dangerous levels; demography, conflict, climate change and a lack of economic perspectives combine to create massive migratory pressure. Winkler analyses where we stand and what must be done to cope with the challenges that threaten our future and undermine political stability.
vol. 3, 2018, 222 pp., 39,90 €, pb., ISBN 978-3-643-80265-1

Theodor H. Winkler
The Box was Happy that I was Thinking Outside of It
Memoirs
The author was deeply involved in Switzerland's transformation of the Cold War policy of comprehensive defence into a modern security policy designed to foster stability and peace. Intellectual father of the Geneva Centre for Security Policy, the Geneva International Centre for Humanitarian Demining, and the Geneva Centre for the Democratic Control of Armed Forces, Winkler has helped to create a set of foreign and security policy tools of world renown. He was also instrumental in shaping the vision of the „*Maison de la Paix*", in the very heart of international Geneva, home to the Graduate Institute of International and Development Studies, the three Geneva centres and more than a dozen other institutions serving peace and development - a place to meet, to think, and to act unique in the world.
In his memoirs Winkler tells the story how this transformation came about. It is a unique testimony on a crucial period of Swiss foreign and security policy. The book is a must for anybody interested in Swiss policy and international security.
vol. 2, 2018, 300 pp., 39,90 €, pb., ISBN 978-3-643-80264-4

Max Schweizer (Hg.)
Aussenpolitisches Lesebuch
Schweiz, Europa, Welt
Bd. 1, 2018, 376 S., 39,80 €, br., ISBN 978-3-643-80269-9

LIT Verlag Berlin – Münster – Wien – Zürich – London
Auslieferung Deutschland / Österreich / Schweiz: siehe Impressumsseite